民國滬上初版書·復制版

中國報學史

戈公振 著

上海三联书店

图书在版编目(CIP)数据

中国报学史 / 戈公振著. ——上海:上海三联书店,2014.3

(民国沪上初版书·复制版)

ISBN 978-7-5426-4648-4

Ⅰ.①中… Ⅱ.①戈… Ⅲ.①报纸—新闻事业史—中国 Ⅳ.①G219.29

中国版本图书馆 CIP 数据核字(2014)第 038306 号

中国报学史

著　　者 / 戈公振

责任编辑 / 陈启甸 王倩怡

封面设计 / 清风

策　　划 / 赵炬

执　　行 / 取映文化

加工整理 / 嘎拉 江岩 牵牛 莉娜

监　　制 / 吴昊

责任校对 / 笑然

出版发行 / 上海三联书店

(201199)中国上海市闵行区都市路 4855 号 2 座 10 楼

网　　址 / http://www.sjpc1932.com

邮购电话 / 021-24175971

印刷装订 / 常熟市人民印刷厂

版　　次 / 2014 年 3 月第 1 版

印　　次 / 2014 年 3 月第 1 次印刷

开　　本 / 650×900　1/16

字　　数 / 400 千字

印　　张 / 29.75

书　　号 / ISBN 978-7-5426-4648-4/G·1325

定　　价 / 139.00 元

民国沪上初版书·复制版

出版人的话

如今的沪上，也只有上海三联书店还会使人联想起民国时期的沪上出版。因为那时活跃在沪上的新知书店、生活书店和读书出版社，以至后来结合成为的三联书店，始终是中国进步出版的代表。我们有责任将那时沪上的出版做些梳理，使曾经推动和影响了那个时代中国文化的书籍拂尘再现。出版"民国沪上初版书·复制版"，便是其中的实践。

民国的"初版书"或称"初版本"，体现了民国时期中国新文化的兴起与前行的创作倾向，表现了出版者选题的与时俱进。

民国的某一时段出现了春秋战国以后的又一次百家争鸣的盛况，这使得社会的各种思想、思潮、主义、主张、学科、学术等等得以充分地著书立说并传播。那时的许多初版书是中国现代学科和学术的开山之作，乃至今天仍是中国学科和学术发展的基本命题。重温那一时期的初版书，对应现时相关的研究与探讨，真是会有许多联想和启示。再现初版书的意义在于温故而知新。

初版之后的重版、再版、修订版等等，尽管会使作品的内容及形式趋于完善，但却不是原创的初始形态，再受到社会变动施加的某些影响，多少会有别于最初的表达。这也是选定初版书的原因。

民国版的图书大多为纸皮书，精装（洋装）书不多，而且初版的印量不大，一般在两三千册之间，加之那时印制技术和纸张条件的局限，几十年过来，得以留存下来的有不少成为了善本甚或孤本，能保存完好无损的就更稀缺了。因而在编制这套书时，只能依据辗转找到的初版书复制，尽可能保持初版时的面貌。对于原书的破损和字迹不清之处，尽可能加以技术修复，使之达到不影响阅读的效果。还需说明的是，复制出版的效果，必然会受所用底本的情形所限，不易达到现今书籍制作的某些水准。

民国时期初版的各种图书大约十余万种，并且以沪上最为集中。文化的创作与出版是一个不断筛选、淘汰、积累的过程，我们将尽力使那时初版的精品佳作得以重现。

我们将严格依照《著作权法》的规则，妥善处理出版的相关事务。

感谢上海图书馆和版本收藏者提供了珍贵的版本文献，使“民国沪上初版书·复制版”得以与公众见面。

相信民国初版书的复制出版，不仅可以满足社会阅读与研究的需要，还可以使民国初版书的内容与形态得以更持久地留存。

2014 年 1 月 1 日

戈公振著

中國報學史

中華民國十六年十一月初版

自序

民國十四年夏，國民大學成立，延予講中國報學史。予維報學（Journalism）一名詞，在歐美亦甚新穎，其在我國，則更無成書可考。無已，姑取關於報紙之掌故與事實，附以己見，編次爲書，時未越歲，已裒然成帙矣。

以記者爲職業，在我國有時實較他國爲難。蓋社會上未認識記者之地位爲如何尊嚴，軍政界中人爲尤甚；而就記者自身言之，亦多不明瞭其責任之所在，而思有以引起人之尊重者。欲除此弊，非提倡報學不可。

報業之進步，雖與教育實業交通諸端有連帶之關係，然吾人之從事此業者，決不能謂報學之進步，須坐待報業之進步；更不能謂報業之進步，須坐待社會之進步也。蓋二者互爲因果，自有賴於吾人之努力，必人人皆有種此善因之決心，然後生生不已，而相互關係之善果乃見。

歐美人有不讀書者，無不讀報者。蓋報紙者，人類思想交通之媒介也。夫社會爲有機體之組織，報紙之於社會，猶人類維持生命之血，血行停滯，則立陷於死狀；思想不交通，則公共意識無由見，而社會不能存在。有報紙，則各個分子之意見與消息，可以互換而融化，而後能公同動作，如身之使臂，臂之使指然。報紙與人生，其關係之密切如此。故報紙之知識，乃國民所應具。

軍事擾攘，歲無寧日，吾人欲挽此危局，非先造成強有力之輿論不可。報紙既爲代表民意之機關，應屏除己見，公開討論俾導民衆之動作入於同一軌道須知戰事一日不停止則和平一日不可期，舉凡有待解決之政治社會文化外交諸問題，卽無由進行。長此停滯，其何以立國於今之世界。念光復之艱難，懍棟折榱崩之懼，操筆前驅，吾報界實責無旁貸。

秉茲四義，予遂不揣譾陋，以此書公之於世，爲研究報學者之嚆引。

中華民國十五年六月　　東臺戈公振

時報之新建設

時報之歷史，詳民報勃興時期一章中，茲之所述，乃近二年來之新建設。

時報於民國十四年二月，經陳景寒氏之介紹，由黃伯惠氏接辦。黃氏嗜毀學機械及照相，喜閱報紙而研究其同異，民國二三年，赴日本歐美遊歷，頗留心機械礦務及經濟，目睹美墨開釁及歐洲大戰，當時對於戰事前後之報紙閱覽甚勤，於倫敦時報之設施觀察尤詳，黃氏之對報業有興味，蓋出於天性也。

黃氏回國後，與楊心一氏謀以經濟發展中國，後楊氏忽逝世，事頗受挫，迨歐戰告終，滬上經濟頓呈異態，黃氏爲避免捲入漩渦，乃在上海附近闢地種樹，經一年之研究，始知核果樹可利用瘠地，以救饑荒，遂與美國核果專家畢司卑氏 (Willard G. Bischy) 特明氏 (Dr. W. C. Deming) 瓊司氏 (G. F. Jones) 公共研究改良採集核果方法，曾屢次被舉爲美國寒地核果研究會 (Northern Nut Growers Association) 之副會長。近十年來，常於夜間至時報及申報，與陳景寒氏討論時局問題，而於吾國多事之秋，恆夤夜不倦，其對於報紙興味之濃厚，又有如此者。

黃氏嘗謂「吾人欲於一日之內，與多數友人晤談，頗覺缺此良機，欲與全國及全世界人晤談，則更不易，惟有報紙，可將吾之意見遍告於人人，人人之意見亦得藉報紙之宣布而遍告於其他人人，欲求智識交換之速且夥，莫過於此，其無形中之有益國家，較任何事業爲大。」黃氏之不惜犧牲精神以從事於此無利可圖之事業，其懷抱可於此數語見之，我國之純粹爲報而辦報，不雜絲毫政治或商業之觀念者，當以黃氏爲第一人。

黃氏之計畫，以爲欲使時報成爲中國之良好報紙，非精神物質兩方面同時並進不可，而欲使精神方面得充分之發揮，又覺無物質方面之完美設備，不足以圖之。故二年以來，除評論與新聞之揭載，務求平實外，其機械建築之設備，殊有可言之價值。

銅模　我國報館通用之銅模，向分一號，二號，三號，四號，五號，六號六種。其大小一號一枚當四號四枚，二號一枚當五號四枚，三號一枚當六號四枚，三種各自獨立，不相統屬。今時報在日本所定製者分甲號，乙號，丙號，丁號，戊號五種。其大小有一定比例，卽甲號九枚，乙號十六枚，丙號三十六枚，丁號六十四枚，戊號一百四十四枚，其面積相等，排列時易於齊整，無勉強湊集之弊。全副約八千元。

鑄字機　舊用手搖機五架，現改用新機，係日本依美國式改良製造，專以鑄漢字者，不但出數迅速，且無須磨洗之勞，大小二架約八千元。

字盤　舊每字一副，二八合用，係所謂南京式。今改用新聞式，每人用字一副不致虛糜時間。

紙版　舊用毛刷手打，糊銀紙敷粉火烘每成一紙，費時一刻。今用瑞士自動安全壓紙版機及德國紙版每成一紙，祇須一分鐘，且不損鉛字，雖細紋銅版，亦甚清晰，全副約九千元。

鉛版　現仍用舊法，每澆一塊，費時約六分鐘。歐洲近有新式自動澆鉛版機，每分鐘可製三塊，時報已在調查中。

大印機　此機係法國福美廠製，開關純用電力，輸入墨汁亦然，故快慢濃淡，可以隨意。機中有空間，便於入內視察。紙卷有皮帶牽引，雖開至極速亦無斷碎之虞，每小時可印二張報紙七萬八千份，兼套一色。若每小時印五萬二千份，可套三色，每架約十一萬元。

照相室　此室長四十四尺，用六十公分（Voigtlander Halier 1 : 4.5）鏡頭，可照成最渾而最完美之相。照相室有如此之長及用德國最長鏡頭，爲我國所罕見，其餘鏡頭爲三十二公分（Heliostigmat 1 : 2.5）感光極速，可於夜間照相。又有 Deckrollonettel 兩架及 Soho Reflex 一架，係出外照新聞用者，皆用 Zeiss 鏡頭。又有 Ica Universal 兩架亦 Zeiss 鏡頭，快者爲 1 : 2.7 普通爲 1 : 4.5，可攝顏色照相，全副約三千元。

銅版室　鏡箱爲美國 Penrose 廠製，堅固而正確，網版自六十線起至一百三十三線止。近有新發明之照相紙，直接曬銅版法正在調查中，全副約四千元。

印畫報機　美國美麗廠製，最爲平整，每架一萬元。

印刷所　水泥鋼骨造，可以防火，第一層爲大印機室，中層爲紙版室，第二層爲排字室，第三層爲照相室。

中國報學史目次

第三章　外報創始時期

第四章　民報勃興時期

中國報學史

東臺戈公振編

第一章 緒論

第一節 報學史之定名

報字本作𡙇。說文：「當罪人也；從㚔從𠬝，𠬝，服罪也。」其義猶今言判決。今世用爲報告之義，乃赴字之假借。禮記喪服小記：「報葬者報虞」注：「報讀爲赴，急疾之義，」此用爲急報之意之始。今報紙，報館，報界等名詞，爲世所習用，其源蓋出於此也。

我國之所謂報，卽日本之新聞，（我國之所謂新聞，在日本爲報道，報知，雜道，新知，新報，）英國之 Newspaper，德國之Zeitung, Nachricht, Bericht，法國之Journal, Nouvelle, Couriur, Mesager，義國之Jiornale，俄國之Газета。外此尚有形容詞的名稱極多，不備舉。惟報字稱謂簡而含義廣，且習用已久，故本書之所謂報，嘗包括雜誌及其他定期刊物而言。

報字之定義既如上述，報紙之定義將於下節詳言之。今請進而言報學史之定義。所謂報學史者，乃用歷史的眼光，研究關於報紙自身發達之經過，及其對於社會文化之影響之學問也。本書所討論之範圍，專述中國報紙之發達歷史及其對於中國社會文化之關係，故定名曰中國報學史。

第二節　報紙之定義

報紙果爲何物？此本書一先決問題也。諸家之說紛紜，大概可分爲三類：

(一)以報紙作用爲基礎而下定義者；

(二)從法律上所規定報紙之性質而下定義者；

(三)從報紙之形式上與作用上之觀察而下定義者。

就第一方法而論，如吉文(Given)之見解，謂「報紙爲輿論之製造者與新聞之紀錄者。」(註一)但將此一語細加玩味，卽覺微有偏頗。大凡一事物之作用，極易變化，若僅從作用上而卽定一事物之意義，無乃太淺，且從報紙之發達上觀，已有許多變化之跡可尋，故此定義不能謂爲確當。不過此定義係明舉易見之作用，而暗示其原質之特色，亦大可留意也。又如畢修（Bücher）以經濟家之見解，謂「報紙爲新聞公布之方法，」於作用上之義意，可謂揭發無遺。但吾人所欲知者，乃報紙全部之定義，此不能不與他種見解相比較也。

就第二方法而論，如民國三年公布之報紙條例規定：「用機械或印版及其他化學材料印刷之文字圖畫，以一定名稱繼續發行者，均爲報紙。」日本明治四十二年公布之新聞紙法規定：「本法所稱之新聞紙，係指用一定之名稱，定期發行，或在六個月之期間內不定時期而發行之著作物，及同一名稱之臨時發行著作物而言。」英國一八八一年公布之報紙法規定：「報紙係指揭載公報新聞事件註釋及觀察之紙片，因販賣而印刷，在英格蘭或愛爾蘭發行，或係專門或大部分登載廣告，在二十六日以內每週一次或一週以上印刷販賣及爲公衆刊行之紙片。」凡此雖均可藉以窺知報紙定期性與繼續發行性之特色，但事實上卻包含報紙與雜誌之二義。蓋法律爲取締上之便宜，認報紙爲一種定期爲公衆之刊行物，而不與其他同類物相區別。倘欲以此爲定義，則尚須加以修正也。

就第三方法而言，此種定義均在吾人目前，但因研究之初步不同，故定義亦異。如班祿客（Belloc）之見解，謂「報紙爲不定期或定期（普通每日）而印刷發行之紙片，報告新聞，暗示觀念。」（註三）又如建部之見解，謂「報紙以每日一次以上刊行爲原則，以報告政治，經濟，教育等一切社會生活上之事態爲主，且常有若干評論。」（註四）

此二種定義中，建部之見解，對於現代報紙之意義，頗能挈其綱要，且將報紙與同一定期刊行物之雜誌有加以區別之意。不過此定義側重報紙外觀之特色，乃一種常識上之見解耳。其以科學的眼光，從報紙內部之特色而下定義者，如薩羅門(Salomon)之見解，謂「報紙為定期刊行物，以機械複製，將一般有興味之現在事件狀態之混合的複雜的內容化為通俗揭載物。」〔註五〕此定義注意在一般興味現代之事件狀態及內容之諸點，極有見地。但機械複製，乃外觀之特色，可不必羼入。較此而更精密者，如布潤和波(Brunhuber)之見解，謂「報紙為不定時期而發行，不限於某人而為公衆刊行之出版物，內容乃複雜時宜(或是實在)而有一般的興味。」〔註六〕此定義之可注意者，為承認報紙發行為不定期，卽承認繼續發行性而不承認定期性，及表明報紙為公衆而刊行。報紙為繼續發行而不定期之一點，雖有討論之餘地，但複雜的時宜的(或實在的)，一般興味的內容公布之一點，不能不加以承認。故布潤和波之定義，從全體而言，曾經過科學之整理，在研究上極有助於吾人也。

觀於以上各種見解，可略知報紙之意義。惟有一端不可不注意者，卽報紙與雜誌之區別如何是。從普通情形而言，雜誌之形式內容及其對於社會之作用，與報紙相似，可以包括於定期刊行物中。但從實際上言，二者之間，對於社會作用之範圍及程度，則大不相同；且其形式內容，顯有不能混為一談者在。

報紙與雜誌，普通包括於定期刊行物名義之下，正以其形式內容及對於社會之作用，有許多相似之點也。且特殊之報紙，如政治學術團體之機關報等，以及普通日刊報紙之副張，均往往含有雜誌的濃厚色彩，可見二者漸相接近。在社會未進化時代，對於社會之作用上，殆有同一效果。但時至今日，報紙爲尋求社會的心理之基礎始有獨立色彩；故二者對於社會之作用上，其區別乃漸顯明矣。今於研究報紙與雜誌區別之前，爲便於探求二者間關係起見，先一根求印刷（press）一字之變遷。Press 一字由印刷機械之名稱而來。最初之書籍雜誌報紙等，幾純作爲機械所製之印刷物；次則以爲定期發行之報紙與雜誌之名稱；今則僅日刊報紙可用之。（註七）普通區別報紙與雜誌之方法，多從外觀着手，如報紙爲折疊的，雜誌爲裝訂的。此爲一種皮相的見解，夫人而知之，於尋求報紙內容之特色上，無絲毫之裨益也。又有從外觀之特色上而側重數量之多寡者，如建部謂以雜誌與報紙相比，其刊行數量即一定時間內編輯發行之總次數，常覺較少。由此數量之一點，以求報紙與雜誌之區別，較純從外觀之特色而着手者，其見解固已稍有進步，但欲認此點爲根本，以爲其他性質均由此附帶而生，則又未必。故欲求二者區別最適當之點，則不能不從內容方面乃至原質方面着手，即報紙以報告新聞爲主，而雜誌以揭載評論爲主，且材料之選擇，報紙是比較一般的，而雜誌是比較特殊的。此乃建部布潤和波與笪艾（Diez）所一致承認者也。笪艾並謂報紙之論說（article），對於時事表示臨時的反映；雜誌之論文（essay）則以研究對於時事之科學的解決，且雜誌之能力，乃在問題自身之解決，是尤有卓識也。報紙與雜誌之區別，如上所言，自以從內容乃至原質之特色而決定爲最適當。但一方面有偏重某點之機關報，一方面則報紙之雜誌的色彩又漸濃厚，此種現象，殊使吾人對於二者之區別，從客觀上引起懷疑。不過雜誌終屬報紙之一部分，則可直率的加以判斷者也。

一般對於報紙之定義，及報紙與雜誌之區別，既如上述。茲更進一步而爲有統系的綜合的研究。以上所述諸家之定義因各人之見解而不同。但綜合言之，並非不相容。茲將前所研究者，試再列舉於下：

(一)報紙爲公衆而刊行；
(二)報紙發行有定期；
(三)報紙爲機械的複製（卽印刷）；
(四)報紙報告新聞；
(五)報紙揭載評論；
(六)報紙之內容乃一般的；
(七)報紙之內容以時事爲限；
(八)報紙之內容乃及於多方面的。

上述各點，或注意外觀，或注意內容，而成爲一方面之見解，然於報紙之構成要素，均甚重要。茲爲便利研究計，試化複雜而爲單一，如(一)(二)(四)(五)以報紙爲公衆而刊行，發行有定期，揭載新聞及評論等四項，此種觀察雖有根本與枝葉之殊，然在報紙之認識上，可承認其爲明確之事實。如(五)以報紙爲機械的複製(印刷)，此點太拘泥於外觀，乃法律上之見解。觀於近今科學之進步，則將來未必如此，故殊無意識。如(六)(七)(八)以報紙之內容爲一般的時事的多方面的。則又不啻從嚴密之眼光觀察，以新聞之性質定其價值。故現將新聞一字作爲廣義的，不將上三項作爲獨立的表現，爲免見解之分歧而綜合下一定義曰：

報紙者報告新聞，揭載評論，定期爲公衆而刊行者也。

上述定義，非反對其他定義，不過將紛紜不定之見解，加以整理，爲便宜計，而作一比較明顯之定義耳。從社會學上而研究報紙，其要點在研究其對於某特別時代之特定社會之文化所發生而反應之各種特色，因此各特色之發生與發達之過程，而表明其性質，探討其本源，以求所謂報紙原質之一物。如此，則方有社會學者所需要之定義。今爲求達此目的，故對於報紙之四特點：(一)報紙之所以爲公衆刊行物之基礎，卽所謂報紙之公告性，(二)報紙之所以爲定期發行物之基礎，卽所謂報紙之定期性，(三)報紙內容之時宜性，(四)報紙內容之一般性，將順次而加以研究。又此種研究乃用歷史的眼光，注意實際需要，非用哲學家之態度以討論概念之自身也。

公告性　報紙之公告性，卽消息傳達之方法。故報紙之成立，卽在公開性質可以證明之時。像畢修所言，報紙與私函及公函無異，由傳達消息之需要而生。不過公函係寫與多數確定之人，私函專寫與一人，但報紙乃寫與多數不定之人，此唯一不同之點也。換言之，私函及公函爲個人傳達消息之方法，報紙乃消息公開之方法也。(註八)又如布潤和波所言，古代及中世紀作客遠方者，託友人爲之通信，其信中常言及時事問題，但此仍爲私人通信，不能作爲報紙。(註九)因此種私函，對於第三者絕對守祕密也。至於公函，從其接受之人數論，似乎有公布之性質，但對受信以外之人，則依然守祕密，卽此種私函與公函，其內容萬一有公布的價值，亦必經過受信人之口述，而後始能成爲街談巷議之資料。故王公貴人，政治家，議員，大學教授，從事於教會公共事務之人，大商人，重要人物之駐京代表，郵務局長等，有接受與傳遞私函及公函之最大便利，常將信中完全關於私人之消息略去，而將有公開性質之一部分加以整理，公之於其友人或主顧；此種報告，卽所謂 Zeitung 或是 Neue Zeitung。據畢修所言，十六世紀之初葉，此種 Zeitung 方發生，義大利及德意志諸城市頭腦較新之商人，對於此新消息傳達之方法，方使之獨立存在。卽向來可以接受之少數特別人間，以私人傳達消息之方法，取一定之代價，推廣於不定人之間。如此而中世紀之手寫報紙(Geschriebene Zeitung)遂獨立存在。對於定閱者供給新聞之職業，亦由此發生。時至今日，報紙更成爲資本家營利事業之上品，超過中世紀經濟組織的所謂主顧的定閱者，於是報紙之公告性，乃擴大至於無限。

由斯言之，報紙之公開性質，卽報紙有公告性之一語，其義甚明。但由此進而論報紙之社會作用，尙覺不足。蓋報紙不過爲適合於公告性之一種媒介物，所以承認此特色者，爲其介紹包含有公告性之新聞耳。

定期性　報紙之定期性，能作爲其特色之一否，此誠一問題也。布潤和波將報紙之定期性(periodicity)，僅作爲廣義的續刊性(Fartgesetzte Erscheinung)，爲報紙之構成要素。薩羅門謂十六世紀定期發行之手寫報紙，爲報紙正式成立之起原。至於每遇大事發生之時，不定期而報告而販賣之 Neue Zeitung 或 Relationen，乃報紙之類似物。(註十) 又據李氏 (Lee) 言，一六〇九年前後發行之一面印刷品 (broadside)，因其非定期，故不承認爲正式報紙。(註十一)又據朝倉言日本之讀賣瓦版亦因爲非定期，不與報紙同論。(註十二)然則從何時期始有正式報紙，此非俟諸家意見統一不可。今爲便利研究計，姑以定期性之有無爲報紙正式構成之特色。畢修謂報紙之定期發行，不過爲求適合於交通之狀況。如報紙發達史上所公認最初定期印刷之半年報 relationes Semestrales 在一五八〇年發行。至一六〇九年前後，即有週報 Strassburger Blatt 發生。在半年報與週報之間，應有月報之一階級。但不經此階級，突然發生定期性之變化，即因每半年所開之年市將商業及交通之中心之印刷通信向一切方面分佈。但郵政在重要之路線上，係每星期往返一次。故英國最初之週報在一六二二年發生；荷蘭在一六二六年發生；法國在一六三一年發生。且所謂手寫報紙實起原於書信，即多數駐於都會之通信人所傳遞，其與郵政制度相關，尤爲明顯。(註十三)但由報紙自身之性質而言，從社會學上觀察之，人人立於國家政治之下，養成共同之利害關係。而此種社會生活，又因共同動作而漸趨複雜，故對於社會現象乃有統一之要求。是則報紙之定期刊行，即所謂新聞之公布，自爲可能之事。此見解如非謬誤，則報紙之刊行，不期而與交通之情形相一致；而定期性遂發生。舍此理由外，使定期性成爲報紙之重大要素者，即社會之閱讀書報習慣 (reading habit) 實由定期性存在之故也。

時宜性　報紙之時宜性爲報紙構成之特色，此爲人所盡知。如新聞之「新」，由時間之距離而起。Zeitung

一字，由 Zeit 一字變化而來，原有當時所發現之事（Was in der Zeit geschieht）之意也。（註十四）由是言之，報紙以現在發生事件爲內容，則時宜性之特色，固甚顯明也。布潤和波於其書內，在用時宜性(Zeitgemassigkeit)之處，均用現實性（Aktualitat）。但新聞之價值，不止一時間條件可以決定，且須滿足讀者之感覺，而引起其興味。故現在發生之事件，在新聞價值上言，當然首屈一指。但從讀者興味上言，材料不必限於現在發生之事件。故與其謂爲現實性，不如謂爲時宜性，則一切廣義有新聞價值之材料，均可包含於內也。

若將現實性及時宜性除去，則報紙尚有何物存在乎？故現實性之與報紙，猶維持生命之血，舍此更無他物也。今日報紙上之新聞與事件之發生，其中究有若干距離，誠一有興味之問題。但絕不似中世紀事件與新聞，爲交通所限制，完全分而爲二。且事件卽新聞，新聞卽事件，其時期當已不遠。蓋因無線電與無線電話之進步無已，將使報紙之現實性，有極可驚異之發展。英國報紙協會會長唐乃爾（Robert Donald）嘗在年會席上演說報紙之將來，謂「吾人現時家中已有電燈自來水等種種供給，不久將裝置新發明類似留音機器之物，可以隨時聽新聞。」

故現實性與時宜性之發展，當然與各時代之交通機關並行。如驛傳，輪船，鐵路，電報，電話，無線電話，無線電報，飛行機等之種種進步，均極影響於報紙之新聞，此固盡人而知之矣。不過報紙之新聞，所以有現在程度之現實性，不僅賴交通機關之能力，報紙自身之努力亦未可輕視，如報館自設電報房以求新聞之迅速是也。當一九〇三年英國修改關稅會議於伯明罕（Burmingham）舉行時，其地距倫敦百七十基羅米達，而殖民大臣張伯倫（G.

Chamberlain）演說後，相隔只十五分鐘，其詞已傳布於倫敦全市；此爲極有名之一事。各報館之通信網，其範圍日以擴大，昔只臨時裝置，今且每日爲新聞之搜集矣。不特此也，印刷等方面技藝上之改良，亦於現實性之發展大有貢獻。此非本處所注意之事，姑存而弗論。總之，現在報紙之最大特色爲現實性，則固可承認而無疑也。現實性既爲報紙之最大特色，則報紙之搜集材料，對於一分一秒之迅速，努力競爭，亦係自然之趨勢。因此而報紙之現實性對於社會上，其結果不能有功而無過。何以言之？所應承認爲功者，爲世界之縮小，將人類之種種意識及活動，在同一時間內，可以互相交換而響應。如勞韋爾（Lowell）所言，人類生活之過程，在極小極速之進化內發展，至不許有時間之停留，此均報紙之功。吾人不必乞憐於「時間之門」，可於報紙上得新觀念之供給。至所應承認爲過者，當分自然的與人爲的二種。自然之過，爲新聞之機械化。據班祿客所言，報告一事件時，吾人若直接從某人訪得，必須將對方人格及自己對於該事件之見解有充分之預備，但此頗費時間與金錢，故只有將新聞照所得者報告，並不加以思索。倘吾人能取多數人之材料，加以長時間之研究，所得印像，方爲有機的，若今日報紙之印像，則爲無機的。（註十五）人爲之過，則揑造事實，今日非常流行。此爲報學家所諳知，尤以美國黃色報紙爲甚，幾視爲當然之事。報館中常備名人之小影與署名，隨時可以取用。如關於馮國璋與馮玉祥之事跡，美報常誤爲一人而登載之。奚羅弗（Sherover）爲攻擊美國資本家之報紙，計搜集之揑造新聞，竟成一厚册。（註十六）故兩者之過，有積極與消極之殊。積極之過，當然讀者不能不負一部分之責任，此乃所謂社會問題。因人類之複雜心理，而引起報紙感覺主義之發展，由現實性而趨向時宜性，卽現在人類對於「最新之事」「未聞之事」有異常之要求，故僅以機械方法依樣供給，斷不能使現在人類滿足。於以知此種滿足，非僅現在發生之事件所可博得，而在尋求讀者之感覺，及一般心理所構成現實之狀態。但現實性終爲報紙之要素，不能加以輕視。且在此觀念之適用範圍內，比較廣義之時宜性，可作爲吾人所要求報紙之特色也。

一般性　報紙之一般性，指普通報紙之內容有一般興味而言。此與時宜性相似，爲報紙與雜誌最易區別之一點。但報紙欲有一般興味，其內容非關係於多方面不可。故薩羅門勞韋爾與布潤和波均以內容的多方面性(Vielseitigkeit des Inhaltes)作爲報紙內容之特色。其實所謂內容的多方面性，卽不似雜誌有專門性質。內容爲一般的，則興味亦爲一般的，此爲自然之結果，固不必強爲分別也。且報紙之內容，如政治經濟文藝等一般社會紀事，種類甚多，當然數量一方面須有一般興味，同時每一紀事，其性質亦須有一般興味也。關於此點，卽如初期報紙，雖編制與今日稍有參差，而大致不甚相遠。故凱薩大帝 (Julius Cæsar) 之每日紀聞 (Daily Acts or Acta Diurna) 報告每日發生之事件，包含祭祀遠征羅馬軍之勝利冒險社會或文學等多種。(註十七)十六世紀後半葉，在德國發行之報紙，不但歐洲及近東方面有定期之通信，且有波斯中國日本與美洲之通信。此外文藝批評，新書紹介，劇場紀載，商業農業市價等之經濟紀事，亦均加網羅。(註十八)此尤足以承認其性質之有一般興味之一端。於是一般性與時宜性，充塞於報紙之內容；報紙之所以能獨立存在，其基礎在此，其所以根本鞏固之原因亦在此。

報紙之內容，一般性若何重要，至今日而更明顯。故政黨之報紙，宗教之報紙，及特殊之報紙，均不易發展。如一九一一年在芝加哥（Chicago）創刊之 Day Book，完全不載廣告，致家庭之主婦不能於此報覓得日用品之價目，因而遂於一九一六年停刊。又如一九一二年在加利福尼（California）所創刊之 Municipal News，完全送閱不取費，但因缺少電報，社論，及關於政治之意見，不久亦即停刊。又如一九〇一年在剛薩司（Kansas）創刊之 Daily Capital，將星期日之宗教演說每日在報上發表，但不久亦廢。現存之宗教報紙，僅有一九〇八年在波士頓（Boston）創刊之 Christian Science Monitor，因此報與普通宗教報紙不同，關於藝術，教育，海外貿易諸方面均極注意。又如勞動團體之報紙，由今日情形而言，似應有勢力；其實不然。英國雖有勞動會員三百萬人，而週刊不過四種。且此種報紙，僅準勞動黨之 Daily Herald 銷數稍多，然亦不能過會員全體十分之一。以上所述，雖原因甚爲複雜，而各種特殊報紙，因缺乏一般性，故終於不能存在，似可承認而無疑。班祿客嘗排斥資本家經營之報紙，而提倡所謂報紙自由運動，然彼亦將特殊性（particularity）作爲自由報紙難以持久之一原因，（註十九）是以今日之報紙，吾人稱爲社會自身之縮影或反映者，實已不啻確定其社會作用之基礎矣。

以上四者，已將報紙之公告性，定期性，時宜性，一般性構成之要素，加以單簡之說明。然大都以諸家學說爲根據，而不免綜合上之缺點。今再從根本上討論報紙之原質。

報紙之原質，質言之，即新聞公布之謂也。大凡事物之原質，其特色必具恆存性；尤以事物之發生，經過一切發達之過程，卽在任何時代，該事物之形式上有發展之特色，方可謂之原質。否則無稱原質之價値也。但一切事物，其最初所定之目的，未必完全不變；有時且發生預期以外之結果；且其作用之特色著明時，往往誤認爲原質之特色。不過作用之特色，並非永遠不變，乃附帶而生者。故恆存之特色，不能不加以承認。

報紙之原質如何，向無專門之硏究。若將各種主張歸納，則多認爲發表意見。此種觀念之根據，以報紙爲輿論之機關。吾人由報紙發達史及現在情形而言，報紙與輿論之生成有關係，確爲當然之事實。不過其間不能不加以分別，卽報紙與輿論生成有關係之事實，其程度如何，其意思如何，應加以硏究耳。輿論爲社會之意識，其成立之過程，爲消極意思之潛力歟？抑爲積極意思之顯力歟？爲二者之一歟？抑二義俱兼歟？此種詳密硏究，惜尙無人爲之。夫上述意見之發表，若作爲報紙之原質，則有積極意思之諸問題，如政治經濟社會等一般時事，報紙以社會之眼光，用指導之意思，發表一己之意見，似可如斯解釋。試以歷史上事實證之，如十七世紀英國之所謂大報，在長期議會時，批評政治時事，以論說爲主要材料。又如現在報館之內部組織，有所謂以主筆爲領袖之論說記者團，在編制上誠爲一種事實也。但報紙之內容，由發生及發達上加以考査，則中世紀之手寫報紙，僅爲事實之報告，或與此相類之新聞，至積極發表意見，可謂決無。

關於時事之各種通信，由各方面搜集而來，在登載以前，不能無去取。對於一般事實，初未嘗不思用客觀態度；但至最後，依然入於主觀態度。且報紙旣已成爲商業化，因上述編輯上之便利，記者之主觀化，亦係當然之結果。同時報紙不斷的處置此種通信，有特別之權能，使報紙對於時事問題，有先覺者或專門家之優越地位。此種現象，使報紙不僅報告事實，對於重要問題，且獨立加以評論，且其評論乃以個人之豐富智識爲根據，有時可以超越普通僅由事實觀察者之意見，甚且超越一報紙之意見，因而成爲一般公衆之意見，是卽謂之輿論。此種可能性，適爲社會所要求；其最顯明可見者，乃十七世紀英國報紙之特色也。

報紙之此種特色，從一般事物之發達過程上觀之，日久漸成規律。在法國大革命時代，報紙積極活動，方有所謂輿論之建議（initiative）。今日之報紙，一方受資本家之蹂躪，一方因平民教育之普及，此種榮譽，漸次減色而日趨退化。不過從報紙之全體言，此種評論之重要，依然存在，其特色終不變也。

由上所述，從報紙發達史上研究，發表意見，決非報紙原質之特色，乃附帶而生者也。若統觀公告性，定期性，時宜性，一般性之特色，卽可知前二者爲報紙外觀方面之特色，後二者爲報紙內容方面之特色，卽報紙具體成立之特色，及從外觀的及內容的兩種特色而成。若外觀上或內容上之特色而缺少其一，則報紙之形體不完；形體不完，當然無原質之可言。故吾人不可不脚踏實地，從報紙外觀與內容之形體上而求其特色也。

外觀的原質　吾人研究報紙外觀之特色時，究竟公告性與定期性二者之間，何者爲原質，何者爲根本？夫所謂定期性，在報紙形體成立上，關係頗重。但定期性之存在，常受交通機關及其他情形之影響，不能作爲原質，至於公告性，只須社會存在一日，彼亦存在一日也。且初期報紙，當造成報紙形體之時，卽手寫報紙，由私人書信蛻化而來，不過將有公告性之客觀內容，搜集而描寫之。故由此種事實加以觀察，公告性乃報紙不可缺之要素；固甚明顯也。且古代報紙之發行，常在公衆最易知之地方，與公衆最密集之時季，更可證明公告性爲報紙之原質。卽在今日，報紙之公告性，依然爲其重要之特色也。不過報紙外觀之原質的公告性，漸由消極的性質而成爲積極的性質，在今日社會上，占廣告的動力 (advertising factor) 之重要地位；一方面從單純性質的公告而帶宣傳色彩，一方面報紙之內容上加入附屬事項，是卽所謂廣告欄是也。

內容的原質　時宜性與一般性，二者孰爲重要？若純從價值上判斷，當然別有見解。若以新聞內容爲目的而限定其範圍，則二者不應分離討論。如普通私人通信可以缺少時宜性及一般性，若其通信而作爲報紙上材料之時，卽不能成立。據向來報學家所言，均以時宜性爲新聞內容之楔子，卽報紙自身之生命。不過此種見解，乃從常識上着想。若用科學眼光研究，吾人與報紙上之新聞接觸之時，其知新聞之時宜性必較一般性爲早。因時宜性僅由個人之認識而卽可知，至一般性之認識，卻間接有待於社會。而社會之意識，常隱匿而不易見也。故從主觀之認識作用上，使一般性之承認比較陷於不利，而從客觀上研究，一般性依然爲新聞內容不可缺少之要素。卽所謂公告性之報紙外觀的原質，對於新聞內容，必須加入如何之限制乎？卽如何性質之內容，方與公告性之外觀相配乎？知此，則一般性在內容上之特色，可了然矣。

總之，時宜性與一般性，二者不能分離而存在，且互相維繫而成報紙之特殊形體，故不能不以此特殊形體之自身，作爲報紙內容之原質。此特殊形體，可名之曰新聞，卽新聞爲報紙內容之原質。因此爲報紙自身問題，雖作新聞的問題觀，亦無不可。

新聞(news)果爲何物？此一極有興味之問題也。美國各大學自設立報學科以來，對於新聞之科學研究，方開其端。其中較得要領者，以布乃雅 (Bleyer)，哈潤登 (Harrington) 與弗潤開寶 (Frankembery) 爲最。據布乃雅所紹介者，計有十種之多。(註三十)各種研究之中，其簡而賅者，如(一)新聞者，讀者所欲知之事物也。(二)新聞者，使人人引起興味之發生事件也。稍加詳細之解釋，如(三)新聞者，對於讀者引起興味與響影之事件，發見，意見等正確而得時之報告也。(四)新聞者，有人類之興味，與人類生活上及幸福上能發生影響之一切事件及觀念等相關之原質的事實也。上述四者之中，(一)與(二)說明過於簡單，頗難得明確之槪念。但於人類所欲知及引起興味之事物云云，已有一種暗示。至於(三)(四)將上述暗示充分表明，卽(三)所謂正確而得時之報告，表明何種事項以何種性質狀態使讀者引起興味。(四)說明對於人類生活之影響，以表示其性質，但遺其狀態之所謂得時的條件；此雖爲其所短，但與(三)之報告云云相反，主張原質的事實而研究新聞之題目如何，此點極可注意。總之，此四者均暗示新聞應以何種性質而規定。於是可知新聞之性質，不可不令一般人引起興味，不可不得時，此二條件極爲易知。是卽布乃雅所謂新聞者；使多數之人有興味而得時之一切事物也。使多數之人有興味云云，是卽所謂一般性之意；所謂得時云云，是卽所謂時宜性之意。所謂時宜性，卽新的，現在的，得時的一切條件，若均能包括，方可謂爲完全。但如布乃雅之定義，對於報紙之形體如何，似未注意。由上述四者之見解，或云發生之事件，或云發生之事件及發見意見等諸事項之報告，或更云此等事件之原質的事實，已有追求明確觀念之傾向。關於新聞之形體之見解，則有三：(一)主張爲發生事件之自身，(二)主張爲發生事件之報告，(三)不云發生事件，不云其報告，直接主張爲時宜性及一般性之自身。(一)與(二)根本爲同一旨趣，但若求適合於報紙內容所限定之標準，則(一)較(一)之見解爲適當。但若以(一)與(二)爲同一旨趣，根據布乃雅之見解而推闡之，則易限於謬誤，以爲發生事件之自身（卽固定事物）卽爲新聞。所以取此見解者，由新聞之具體的事項以求新聞與否之甄別，此於實際上雖若便宜，但於報學之處置上，有散漫而不明顯之憾。由科學的眼光以決定新聞之形體者，卽爲(三)之見解，卽哈潤登與弗潤開寶之性質說（Quality Theory）。由此見解而言，性質與具體的事實乃同一體，其結果可以避免謬誤，不致以新聞事實之自身爲新聞與否之區別，只須包含上述性質之事實，均可作爲新聞，而廣告一物爲新聞與否之問題，亦卽易於解決。蓋新聞既作爲一般抽象的性質而加以承認，同時又將新聞作爲一種具體的特別性質帶有所謂報紙之背景，詳言之，卽報紙內容之一般發生事件，當然含有時宜性及一般性。此二者非對立而存在，乃以聯合而互相維繫之狀態，作爲新聞之要件。新聞既爲一種性質，故由感覺力而採取以後，其時乃發生主觀的外形。例如有「紅」之性質，對於生理構造不同之二人，不能成爲同一之「紅」的感覺。所以新聞之價值，若求範圍廣汎，則不能不對多數之人卽有主觀的多數之人使之發生興味。

大凡一種事物之存在，必有外觀與內容之二者。若加以分析，則外觀常確定，內容時有改變。故觀察報紙之原質，其外觀之公告性毫不變更，只其內容之新聞有變更。即在公告性形式的限制之下，新聞之變化，使原質亦起變化。由此一種變化，在報紙發達之過程中，造成種種形式之變化，即所謂內容的新聞之變化，不外求適合於社會而已。當然新聞之變化並無原型消滅之意，僅其外貌改變耳。總之，報紙之變態，無非對於各特別事情求其適合，因而造成種種報紙。今日之日刊報紙，殊可稱爲過去各種報紙形式之結晶。若細加觀察，除少數之論說，小說，學術論文，雜記，及廣告以外，其他各種紀事，決非純粹的新聞之原型，毫不加以彫琢，即因新聞對於社會有一種順應性也。且新聞之變型，爲要求適合於公告性的形式，故在一定範圍以內受有限制。而決非無限制。即因新聞之一般性，乃公告性之裏子。若用社會學之眼光，解釋公告性之意義，所謂公告性者，即對於多數民衆或者至少對於某特別關係範圍，用認識行爲，藉交通之媒介，如言語文字之類，行價值的決定及意志決定之精神公開是也。（註二十一）所謂新聞之一般性，雖受主觀的限制，然既爲社會之認識行爲價值決定及意志決定，承認由特別的多數人而代表，故即得作爲一般的而加以公告。

由此觀之，公告性之一物，可以解釋爲由新聞一般性之特色而來。故報紙之原質，直可謂爲新聞。若用科學眼光，欲使報紙之研究能概括而明確，則上述之分析方法，似較適當。此處所以舉出新聞之公告性，而不僅言新聞，其原因在此。畢修謂「報紙乃新聞公布之方法」猶是意也。

以上所述，頗取日人藤原勘治之說，對於報紙原質之研究，用概括的態度，可謂推求盡力。但既以社會學的眼光，注意報紙之社會作用方面，姑且假定如此，不能謂已無討論之餘地也。

（註一）Given: Making a Newspaper, p. 4.

（註二）Bücher: Die Entstehung der Volkwirtschaft.

（註三）Belloc: The Free Press, p. 4.

（註四）建部：教政學第一一九九頁

（註五）Salomon: Allgemeine Geschichte des Zeitungswesens, S. 1.

（註六）Brunhuber: Das Moderne Zeitungswesens, S. 15.

（註七）Jone: Fleet Street and Downing Street, p. 10.

（註八）Bucher: Die Entstehung der Volkswirtschaft.

（註九）Brunhuber: Das Moderne Zeitungswesens, S. 23.

（註十）Salomon: Allgemeine Geschichte des Zeitungswesens.

（註十一）Lee: History of American Journalism.

（註十二）朝倉：日本新聞史

（註十三）Bücher: Die Entstehung der Volkswirtschaft.

（註十四） **Bücher: Die Entstehung der Volkswirtschaft.**

（註十五） Belloc: The Free Press, p. 96.

（註十六） Sherover: Fakes in American Journalism.

（註十七） Salamon: Allgemeine Geschichte des Zeitungswesens.

（註十八） Bücher: Die Entstehung der Volkswirtschaft.

（註十九） Belloc: The Free Press, p. 60.

（註二十） Bleyer: Newspaper Writing and Editing.

Harrington and Frankemberg: Essentials of Journalism.

Schäffle: Bau und Leben des Sozialeu Körpers.

第三節　本書編輯之方法

報紙之定義既明，吾因進而一述本書編輯之方法。

凡稍研究報紙之共通歷史者，必知有所謂口頭報紙(spoken newspaper)，手寫報紙木版印刷報紙與活版印刷報紙之四類。我國報紙之進化，當然亦循此階級，惟口頭報紙，頗不易得明確之材料，吾故存而勿論。

我國報紙爲便利研究計，可分四時期如下：

第一官報獨占時期　自漢唐以迄清末，以邸報爲中心。在此時期內，因全國統於一尊，言禁綦嚴，無人民論政之機會，清末雖有外報民報甚多，但爲時極短，故稱之爲獨占時期。

第二外報創始時期　自基督教新教東來，米憐(William Milne)創察世俗每月統紀傳，其內容有言論，有新聞之紀載，是爲我國有現代報紙之始。故稱之爲創始時期。在此時期內，報紙之目的，有傳教與經商之殊，其文字有華文與外國文之別，吾爲便利計，並一述外報今日在我國之狀況。

第三民報勃興時期　我國人民所辦之報紙，在同治末已有之，特當時只視爲商業之一種，姑試爲之，固無明顯之主張也。其形式既不脫外報窠臼，其發行亦多假名外人。迨中日戰爭之後，強學會之中外紀聞出，始開人民論政之端，此後上海香港與日本，乃成民報產生之三大區域。其性質又有君憲民主國粹及迎合時好之多種，故稱之爲勃興時期；而辛亥革命之成功，實基於此。

第四報紙營業時期　民國成立以後，黨爭歲不絕書，凡不欲牽入政治漩渦之報紙，遂漸趨向於營業方面，物質上之改良，日有進步，商業色彩，大見濃厚，故謂之爲營業時期。分民國以後之報紙及報界之現狀二節詳述之。夫自常理言之，報館經濟不獨立，則言論罕難公而無私，但近觀此種商業化之報紙，則不然，依違兩可，毫無生氣，其指導輿論之精神，殆浸失矣。

第二章　官報獨占時期

世之尊報紙者，常以之比附春秋，蓋根據王安石「斷爛朝報」之一語也。(註一)按說文有訂字，讀與記同，(註二)與後世記者之職爲近。辺从丌，其義爲薦陳，猶今言報也；辺从辵，其義爲行走，猶今言訪也。孟子云；「詩亡而後春秋作，」辺之所採爲詩，辺之所記亦卽爲春秋。左傳引夏書曰，「遒人以木鐸徇於路，官師相規，工執藝事以諫，正月孟春，於是乎有之。」劉歆與楊雄書曰，「三代周秦軒車使者，遒人使者，以歲八月巡路，求代語童謠歌戲。」知辺之爲職，於春秋二季出而采風問俗，故歸而記之，卽謂之春秋。魯史曰春秋，然春秋不必爲魯史。墨子書言「杜伯之鬼射殺周宣王，周人從者莫不見，遠者莫不聞，著在周之春秋；莊子儀之鬼荷朱杖擊燕簡公，燕人從者莫不見，遠者莫不聞，著在燕之春秋；祩子豪祏觀辜殪之壇上，宋人從者莫不見，遠者莫不聞，著在宋之春秋；羊觸中里徼殪之盟所，齊人從者莫不見，遠者莫不聞，著在齊之春秋」凡此所謂春秋，均與後世報紙之性質爲近。此王氏之說之所由來也。

雖然，自狹義言之，春秋紀已往之事，僅爲一種良史，似不能卽謂之報。故本書之言官報，仍自邸報始。至春秋以嚴謹之筆，定大公之予奪，故「春秋作而亂臣賊子懼，」乃後世報紙紀事之極則。吾人時遭喪亂，痛輿論之委靡無

力而愈爲嚮往不置耳

邸報始于漢唐，亦稱雜報、朝報、條報；其源蓋出於起居注、月表、月曆、時政記之類。(註三) 歷代因之。清初改名京報，亦稱塘報、驛報；外此又有宮門抄、轅門抄、諭摺彙存之類。所紀無非皇室動靜，官吏升降，與尋常諭摺而已。清末預備立憲，由政府刊行政治官報，後改名內閣官報，各省亦各有官報。民國成立，又改名政府公報，各省亦改名公報。至是，官報遂成爲國家之制度矣。

歐美報紙之濫觴，亦爲官報。西曆紀元前六年，羅馬凱薩大帝所刊之每日紀聞，乃共和政府之公報，以戰事爲主要材料，選舉之勝負次之，宗教之儀式等又次之，由政府頒發於各地軍隊；或揭諸政廳之壁；與我國邸報之性質極相似也。

(註一) 海陵集跋先君講春秋序後云：「初王荆公欲釋春秋以行天下，而莘老之書已出，一見而有惎心，自知不復能出其右，遂詆聖經而廢之，曰此斷爛朝報也。」

(註二) 說文五篇上第廿二頁。

(註三) 「起居注」官名，卽周左右史之職，動則左史書之，言則右史書之。漢時起居注，本宮中女史任之。魏晉有職無官，後魏始置起居令史。唐宋置起居郎及起居舍人，分掌其職。明初設起居注，後裁革，屬翰林院。清曰起居注官，以翰林兼之。

「月表」列表記每月之大事也。史記有秦楚之際月表。

「月曆」記一月中所行政事之書也。後漢書「每月朔旦，太史上其月曆，有司侍郎尚書見讀其令，奉行其政。」

「時政記」唐時朝廷有政事及奏對，由宰相撰錄者，謂之時政記。唐初每日朝退，太宗與宰相每日參議政事，卽令起居郎一人執簡記錄，故貞觀

鐸圖

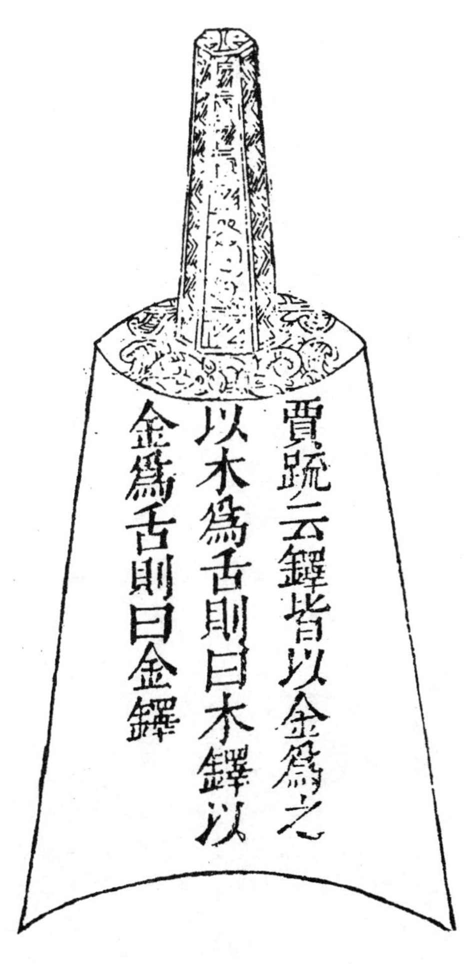

元人畫孔子修春秋圖

注記政事極詳。高宗命宰相一人專司撰錄，每日分送史館。穆宗時，則歲終付史館。文宗時分委中書門下丞二人隨時撰錄，每季送館，則不必宰相自撰矣。因每日記載，亦謂之日曆。

第一節　邸報名稱之由來

邸，說文「屬國舍也。」漢書注：「郡國朝宿之舍，在京師者率名邸。邸，至也；言所歸至也。」史記封禪書：「方士多言古帝王有都甘泉者，其後天子又朝諸侯甘泉，甘泉作諸侯邸。」則邸之制度，由來舊矣。邸中傳抄一切詔令章奏以報于諸侯，謂之邸報。猶今日傳達消息之各省駐京代表辦事處也。

第二節　漢有邸報乎

西漢會要：「大鴻臚屬官有郡邸長丞。」注：「主諸郡之邸在京師者也。按郡國皆有邸，所以通奏報待朝宿也。」(註一)通奏報云者，傳達君臣間消息之謂，即邸報之所由起也。

秦築馳道，漢收其利而定驛制。(註二) 書寫之具，竹帛之外，又有紙之發明，其用亦日備。當時西域既通，夷越朝鮮既平，疆宇大拓，商業大興。君主固極留心邊事，而諸侯之心懷叵測者，又極注意皇室動靜，則傳遞消息之方法，因政治上之需要與交通書寫之便利，自宜較前代為進步也。

昭帝時，燕王旦遣人告霍光謀反。光懼，不敢見帝。帝召之，光免冠謝罪。帝曰：「將軍冠！此事朕知其誣也。不然，更調羽林事方八日，燕王何由知之，已使告變矣？」夫更調羽林事與燕無涉，帝既不詔諭燕，知羣臣亦斷不敢以朝事私告外藩，親王亦斷無僅據民間傳聞即告大臣謀反之理。帝所謂燕王何由知之者，意或彼時已有邸報傳知朝政之事，特史書未明言之耳。

（註一）西漢會要第六十六卷第十二頁。

邸驛圖

（註二）漢制每三十里置驛，有驛馬，亦稱驛騎。驛各有傳，傳置車，稱曰傳車。旋又改置馬，稱曰傳馬。傳車有一乘傳、四乘傳、六乘傳、七乘傳之稱，以其數之多寡別之。又有置傳、馳傳、乘傳諸稱，則以傳馬之良否別之。置傳謂四馬之高足者，馳傳謂四馬之中足者，乘傳謂四馬之下足者。驛傳而外，有步傳，或稱郵，亦稱郵驛馬、傳馬、步傳等，皆以供公家之用，非公事不用。又承秦制，十里置亭，有亭長。武帝元光六年，始於南夷置郵亭。此外所置諸亭皆秦置。迨武帝通西域，自敦煌臨澤之間，皆置亭。後漢時，亦常有亭傳郵驛之制，或通未開之地，置亭傳，皆鑿山而設郵驛，以利交通焉。

第三節　邸報見於集部之始

邸報二字之見於集部者，自唐始。全唐詩話：『韓翃久家居。一日，夜將半，客扣門急賀曰，「員外除駕部郎中知制誥。」翃愕然曰，「誤矣！」客曰「邸報制誥闕人中書兩進君名，不從又請之。」』(註一)按此爲唐德宗初年事，民國前一千一百三十年也。唐之藩鎮皆置邸京師，以大將主之，謂之「上都邸務留後使」，後改爲「上都知進奏院官」，以傳達文報。據西京城坊考載，崇仁坊有東都、河南、商汝、汴、淄、青、淮南、兗州、太原、幽州、冀州、豐州、滄州、天德、荆南、宣歙、江西、福建、廣桂、安南、邕州、黔南進奏院。此均邸報之所自出也。按隋唐皆都於西北，而財賦則仰給於東南，故開運河以通南北，開廣運渠以通長安，修榆林御道以通塞外，修大庾嶺道路以通粵東。唐又更定驛制，(註二)遲速有定程，運價有定數。于是京師與各道交通利便，消息靈通，無隔閡之病。吾國文化之統一，實利賴之，而報紙在政治上之地位，亦由是確立矣。

(註一)全唐詩話第三卷第十五頁。

(註二)唐制每三十里置驛，若其地險阻，置驛尤多。天下陸驛凡一千二百九十七，水驛凡二百有六十，兼水陸者凡八十六。驛有驛長，有驛馬。都亭置驛馬凡七十五匹；諸道一等驛置六十匹，二等驛置四十五匹，三等驛置三十匹，四等驛置十八匹，五等驛置十二匹，六等驛置八匹，皆供公用。凡乘驛者，必先領券，在京由門下省給發，在外由諸軍州給發。其行程約以日行十驛爲率。至頒行赦急等須緊速者，日行五百里。水驛衡繁者，每驛置舟四，每舟給丁三人，其下置三舟二舟不等。凡重舟泝河而行者，限日行三十里，泝江者四十里，餘水四十五里。空舟泝河者，限日行四十里，泝江者五十里，餘水六十里。其順流而下者，無輕重之別，泝河者限日行百五十里，泝江者百里，餘七十里。運價平地驢馱每百斤行百里一百文，山阪處百二十文；車載千斤九百文；江河，上水十六文，下六文；餘水，上十五文，下七文。

第四節　唐代邸報之一斑

經緯集雜著類，有讀開元雜報文：「樵曩於襄漢間，得數十幅書，繫日條事，不立首末。其略曰：某日皇帝親耕藉田，行九推禮。某日百僚行大射禮于安福樓南。某日諸蕃君長請扈從封禪。某日皇帝自東封還，賞賜有差。某日宣政門宰相與百僚廷爭十刻罷。如此，凡數十百條。樵當時未知何等書，徒以爲朝廷近所行事。有自長安來者，出其書示之。則曰，吾居長安中，新天子嗣國，及窮虜自潰，則見行南郊禮，安有藉田事乎？況九推非天子禮耶？又嘗入太學，見叢甓負土而起，若堂皇者，就視若石刻，乃射堂舊址，則射禮廢已久矣。國家安能行大射禮耶？自關以東，水不敗田，則旱敗苗，百姓入常賦不足，至有賣子爲豪家役者。吾嘗背華走洛，遇西戍還兵千人，縣給一食，力屈不支。國家安能東封？從官禁兵安能仰給耶？北虜驚嚙邊甿，勢不可控，宰相馳出責戰，尙未報功。況西關復驚於西戎，安有扈從事耶？武皇帝以御史竊議宰相事，望嶺南走者四人，至今卿士齚舌相戒。況宰相陳奏於仗乎？安有廷奏諍事耶？語未及終，有知書者自外來，曰，此皆開元政事，蓋當時條布於外者。樵後得開元錄驗之，條條可復云。然尙以爲前朝所行不當盡爲墜典。及來長安，日見條報朝廷事者，徒曰今日除某官，明日授某官，今日幸於某，明日畋於某，誠不類數十幅書。樵恨生不爲太平男子，及覩開元中事，如奮臂出其間，因取其書帛而漫志其末。」（註一）唐代人文，孫可之爲鉅擘，昌黎門下，首推斯人。是篇慨談時事，挾聲泪以俱下，有類今日報端之社論。吾國之從報紙以觀政局者，當以孫氏爲最早矣。

據中國雕板源流考載「近有江陵楊氏藏開元雜報七葉，云是唐人雕本。葉十三行，每行十五字，字大如錢。有邊線界欄，而無中縫，猶唐人寫本款式，作蝴蝶裝。是影漫漶，不甚可辨。」(註二)唐代邸報之內容與外觀，讀此可見一斑。按雕版肇自隋時，唐刻留世絕少。祇我國之開元雜報與日本之陀羅尼經二本耳。此不僅爲版本家所重視，在報界尤爲奇珍。余雖勤加訪求，但尚未能一見之也。

(註一)經緯集第三卷第九頁。

(註二)中國雕版源流考第二頁。

第五節　宋代邸報之一斑

宋本王荊文公詩，有讀鎮南邸報篇；李壁註云：「仁宗慶曆三年三月，呂夷簡罷相，上遂欲更天下弊事，增諫官員，以王素歐陽修余靖爲之；又除蔡襄知諫院，風采傾天下。四月甲辰，韓琦范仲淹，并自陝西召爲樞密副使。乙巳，罷夏竦，令赴忠武本鎮，以杜衍代之。富范韓杜同居政府。公詩謂癸未歲四月作，卽此時也。」(註一)汪文定集與朱元晦書：「見報有旨引見而未報登對之日。竊計誠心正論，從容獻納，所以開寤上意者多矣。」又與李運使書：「翌田之議，頃於邸報中見之，頗訝其首尾不貫串；今得見全文，甚幸」(註二)讀此可知宋代邸報略而不詳，然而欲知朝政，又舍此莫由也。

宋因唐制，各州鎮亦設進奏院於京師，始由州鎮補人爲進奏官。太宗始簡充進奏官，以京朝官及三班使臣監之。熙寧四年詔應朝廷擢用才能賞功罰罪事可懲勸者，中書檢正樞密院檢詳官月以事狀錄付院，謄報天下。元祐初罷之。紹聖元年詔如熙寧舊條。靖康元年三月，詔諸監司帥守文字應邊防機密急切事許進奏院直赴通進司投進。舊制，通進司掌受銀臺司所領天下章奏案牘，及閤門在臣百司奏牘，文武近臣奏疏以進御，然後頒布於外。銀臺司掌受天下奏狀案牘，抄錄其目進御，發付勾檢，糾其違失而稽其淹緩。發敕司掌受中書樞密院宣敕著籍以頒下之。此乃當時中央與各道傳遞文報之大概，因交通與印刷之進步，較唐代爲周至。（註三）且朝事公布，見之詔令，是邸報之發行，儼若國家之制度矣。通政使曾改名承進司，後世有稱報館記者爲大通政者，蓋本此。

（註一）王荆文公詩第二十五卷第五頁。

（註二）文定集第十五卷第三頁，第十六頁。

（註三）宋代交通之機關大別爲四：一曰步遞；二曰馬遞；三曰急脚遞；四曰水運。步遞卽漢之步傳，馬遞卽漢唐之驛馬，急脚遞乃軍事所用者，而其最發達者爲水運。乾德間諸路置轉運使掌之。京畿及江淮等樞要之地，有發運使。皇祐中，諸路所置發運使尤多。印刷參看第六章第六節。

第六節　邸報見於史册之始

宋史劉奉世傳：「熙寧三年，初置樞密院諸房檢詳文字，以太子中允居吏房。先是進奏院每五日具定本報狀上樞密院，然後傳之四方。而邸吏輒先期報下，或矯爲家書以入郵置。奉世乞革定本，去實封，但以通函謄報，從之。」

(註一) 呂溱傳：「儂智高寇嶺南，詔奏邸毋得輒報。溱言一方有警，使諸道聞之，共得爲備。今欲人不知，此意何也？」

(註二)曹輔傳「政和後，帝多微行，乘小轎子，數內臣導從。置行幸局，局中以帝出日，謂之有排當；次日未還，則傳旨稱瘡痍，不坐朝。始民間猶未知，及蔡京謝表有輕車小輦，七賜臨幸語，自是邸報聞四方。」(註三) 劉氏之言，所以矯偷傳之弊；呂氏之言，則以邊氛不靖，何可聾瞶國民，亦隱有以戢飾敗之非；曹氏之言，可知事雖微細，苟據實直書，亦足使在上者有所儆戒。總之，在君主專制之下，敢爲斯言，是無異爲報紙擴張勢力也。

(註一)宋史第三百十九卷，第十頁。
(註二)宋史第三百二十卷第三頁。
(註三)宋史第三百五十二卷第八頁。

第七節　小報與新聞

宋時，邸報最爲流行，如楊萬里致周必大函：「近讀邸報，得感事詩。」東坡集：「坐觀邸報談迂叟，閒說滁山憶醉翁，」則更以之入詩矣。茲擇有關報紙之自身者錄之，以見當時風氣。海陵集論禁小報：「方陛下頒詔旨，布命令，雷厲風飛之時，不無小人譸張之說，眩惑衆聽。如前日所謂召用舊臣，浮言胥動，莫知從來。臣嘗究其然矣，此皆私得之小報。小報者，出於進奏院，蓋邸吏輩爲之也。比年事有疑似，中外不知，邸吏必競以小紙書之，飛報遠近，謂之小報。如曰，「今日某人被召，某人罷去，某人遷除，」往往以虛爲實，以無爲有。朝士聞之，則曰，「已有小報矣！」州郡間得之，則曰，「小報到矣！」他日驗之，其說或然或不然。使其然耶，則事涉不密；其不然邪，則何以取信？此於害治，雖若甚微，其實不可不察。臣愚欲望陛下深詔有司，嚴立罪賞，痛行禁止。使朝廷命令，可得而聞，不可得而測；可得而信，不可得而詐。則國體尊而民聽一。」（註一）朝野類要：「邊報，係沿邊州郡，列日具幹事人探報平安事宜，實封申尙書省樞密院朝報日出事宜也。每日門下後省編定，請給事判報，方行下都進奏院，報行天下。其有所謂內探省探衙探之類，皆吏私小報，率有漏洩之禁，故隱而號之曰新聞。」（註二）讀此，則小報與新聞二名詞，在宋時蓋已有之矣。

（註一）海陵集第四卷第二頁。

（註二）朝野類要第四卷第六七頁。

第八節　元初之邸報

癸辛雜識續集：「浙之東言語黃王不辨，自昔而然。王克仁居越，榮邸近屬也。所居嘗獨燬於火，於是鄉人呼爲「王火燒」。同時有黃瑰者，亦越人，嘗爲評事。忽遭臺評，云其積惡以遭天譴，至於獨焚其家。鄉人有「黃火燒」之號。蓋誤以王爲黃耳。邸報既行，而評事之鄰有李應麟者爲維揚幕，一見大驚，知有被火之事，亟告假而歸。制史李應山憐之，饋以官楮二萬。及歸，則家無恙，乃知爲誤耳。」（註一）讀此，可知邸報所載不必盡爲官事；社會消息，亦錄入焉。說者謂此乃供行李閱覽者也。

(註一)癸辛雜識續集第三十七頁。

第九節　禁止傳報之無益

明因宋制，設通政司，掌受內外章奏；置驛傳，掌交通行政。(註一)通政司等官，爲把持朝政者所必爭，故嚴嵩當道，即以位置其私黨趙文華，蓋欲豫知一切而上下其手也。臯明典故紀聞：「故事章奏既得旨，諸司抄出奉行，亦互相傳報，使知朝政。自成化時汪直用事，其黨千戶吳綬，以爲洩漏機密，請禁之。奸人恐不便己私，遂往往禁諸傳報者，然卒未有不傳，亦可笑矣」。此與今日軍人之檢查郵電實無以異！

(註一)明制置驛傳，掌交通行政。在京曰會同館，在外曰馬驛，水驛，遞運所。又十五里置急遞鋪。馬驛分三等：上等置馬八十匹，次六十匹，又次三十匹。其非衝要者置馬二十匹，十匹，五匹不等。驛馬有自備者，有官給者，爲馬夫者免賦役。水驛亦分數等，置驛船二十艘，十五艘，十艘不等；其支路置七艘、五艘不等。每船備水夫十名，以供駕駛之用。急遞鋪每鋪置鋪司一人，鋪兵四人。凡充鋪司鋪兵者，均免差役。

第十節　邸報用活字之始

書籍之以活字排印者，在宋時已有之。如天祿琳瑯：「宋本毛詩唐風內「自」字橫置，可證其爲活字板。」至報紙之以活板排印，則自明崇禎時始。顧亭林與公肅甥書：「竊意此番纂述，止可以邸報爲本，粗具草藁，以待後人；如劉昫之舊唐書是也。憶昔時邸報，至崇禎十一年方有活板；自此以前，幷是寫本。而中祕所收，乃出涿州之獻，豈無意爲增損者乎？訪問士大夫家，有當時舊鈔，以俸薪別購一部，擇其大關目處，略一對勘，便可知矣。」(註一)書隱叢說：「印板之盛，莫盛於今矣。吾蘇特工；其江寧本多不甚工。比有用活字板者。宋畢昇爲活字板，用膠泥燒成。今用木刻字，設一格於桌，取活字配定，印出，則攪和之，復配他頁。大略生字少刻，而熟字多刻，以便配用。余家有活板蘇斜川集十卷，惟字大小不劃一耳。近日邸報，往往用活板配印，以便屢印屢換，乃出於不得已。卽有訛謬，可以情恕也。」(註二)報紙而用手寫，其費時可知；一旦改用活板，其出數可以隨意增加。則當時閱報者，亦勢必因之日衆。故改用活字，於報紙之發達，極有關係也。

(註一)亭林文集第三卷第十五頁。

(註二)書隱叢說第十三卷第十二頁。

第十一節　京報

清因明制，設內閣以總攬機要。通考：「大學士掌贊理庶政，奉宣綸音。內外諸司題疏到閣，票擬進呈，得報轉下六科，鈔發各部施行，以別本錄旨送皇史宬。」又會典：「每日欽奉上諭，由軍機處承旨，其應發鈔者，皆下於閣。內外陳奏事件，有摺奏，有題本。摺奏或奉硃旨諭旨，或由軍機處擬寫隨旨；題本或票擬欽定，或奉旨改籤。下閣後，諭旨及奏摺，則傳知各衙門鈔錄遵行；題本則發科由六科傳抄。」朝廷消息之傳布，其手續大畧如此。

京報之封面

京報

集文報房

京報內容之一斑

頭品頂戴湖[illegible]署湖北巡撫臣翁同爵跪
奏為恭報越南貢使入湖北境日期仰祈
聖鑒事竊臣等前准湖南撫臣王文韶咨并廣西撫臣涂宗
瀛移會越南恭遣貢使裴文禩等三員齎進年例
貢品飭屬照例妥為護送前進等因當經行司查照向例派
委湖北候補知府楊恩壽湖北督標中營都司高殿魁前往
湖南巴陵縣入境首站地方迎護並將應付事宜飭屬妥
為辦理在案茲該使臣恭齎貢品於[illegible]月三十日入湖北嘉魚

宮門鈔

泥版印

十月初一日禮部學部正紅旗值日　內閣奏派驗放之王
大臣　派出倫貝子戴鴻慈張德彝文海　欽天監呈進時
憲書　吏部呈進月官冊　戴鴻慈假滿請安　召見軍機
皇上明日卯正二刻還宮至　坤寧宮入座吃肉畢還海

活字版印

◎宮門鈔◎
十月二十九日　內務府　八旗兩翼值日　延秀續假十五日　鄭沅謝授翰林院侍
講　恩　御前大臣奏　派查驗箭枝
派出洵貝勒　色楞額
召見軍機　戈炳琦

（楊仲華先生贈）

據北京報房中人言，清初有南紙鋪名榮祿堂者，因與內府有關係，得印縉紳錄及京報發售。時有山東登屬之人，負販於西北各省，擕之而往，銷行頗易。此輩見有利可圖，乃在正陽門外設立報房，發行京報，其性質猶南方之信局也。

京報所載，首宮門抄，次上諭，又次奏摺，皆每日內閣所發鈔者也。以竹紙或毛太紙印之，多者十餘頁，少者五六頁；以黃色紙爲面，長約六寸，寬約三寸。光緒間又有諭摺彙存，其材料即積數日之京報而成者。蓋雜誌式之官報，與京報並行而不悖也。

京報以活體木字排印，常漶漫不可讀；各報房所出，其內容亦不盡同。蓋內閣發抄之文件甚多，又往往有一件長至萬餘字者，而京報之篇幅則有限，不能畢登，有此有而彼無者，有此無而彼有者。斯時尚係手印，雖可另製泥板，然出數究不能多也。

京報每日發行，每册取費十文。若在京師，則另有宮門抄送閱，每月取費二百文。每日下午，閣抄既出，有老於刻字者，不必書寫，隨可刻於一種石膏類之泥板上。此板質柔易受刀，俗稱「豆腐干兒板」，以火微烙之，則立堅。用煤屑和水印之，故墨色甚黯淡。此中又分詳略兩種：略者於黃昏時即可送出，詳者須夜午，猶今日之晚報也。鉛印既行，遂改由北洋京華兩書局印售。且當時南方報紙，均以轉載京報爲唯一材料。迨京中報紙發生，所載亦無非京報材料。報房所出之京報，至是遂日歸淘汰矣。

第十二節　傳鈔僞稿案

清乾隆十五年七月，撫州衛千總盧魯生，慮及辦差賠累，希圖停止巡幸，乃商同南昌衞守備劉時達揑造奏稿，有五不解十大過名目，因尚書孫嘉淦敢上條陳，卽借其名，交各提塘傳鈔，印入京報。十六年七月，由雲貴總督碩色發覺奏聞。當諭令直隸山東河南山西湖北湖南貴州督撫密訪嚴拿，可想見當時傳播之廣。中間因各省畏事，任意周內，無辜去官受刑者，不知凡幾。直至乾隆十八年二月，始行破案。判盧魯生凌遲處死，其子錫齡錫榮及劉時達俱斬監候。凡辦理不力之官吏，或奪職，或交部議處。誠清初一大文字獄也！茲將重要諭旨摘錄如下：(註一)

乾隆十六年八月諭軍機大臣等：「據雲貴總督碩色摺奏本年七月初一日接古州鎭總兵宋愛密稟內稱：六月二十二日據駐安順府提塘吳士周呈稟內，另有密稟一紙，詞殊不經。查係本月初八日，有赴滇過普之客人鈔錄傳播。見卽著落提塘吳士周跟追。閱密稟所鈔傳播之詞，竟係假託廷臣名目，膽肆訕謗，甚至揑造硃批。種種妄誕，不一而足。顯係大惡逆徒，逞其狂悖，不法已極等語。著傳諭步軍統領舒赫德，直隸總督方觀承，河南巡撫鄂容安，山東巡撫準泰，山西巡撫阿思哈，湖北巡撫恆文，湖南巡撫楊錫紱，貴州巡撫開泰，令其選派賢員，密加緝訪，一有蹤迹，卽行嚴拿，奏聞請旨，勿令黨羽得有漏網。務須密之又密，不可稍有張揚洩漏。」

乾隆十七年二月諭軍機大臣等：「浙省傳鈔僞稿案內仇英供，係提督內衙傳出，應將吳進義家人究明來歷。

今據吳進義前後具摺奏辯，以承審官逼令畫供，已成冤獄，請特派大臣審訊等語。僞撰逆稿本出情理之外。在吳進義身受厚恩，若謂此稿竟出伊手，朕可保其必無是事。但伊本屬武人，年已衰老，交移案件豈能一一過目。或由提塘以新聞稟報，吳進義不加檢點，自有應得之咎。若併此俱欲洗刷淨盡，轉非實在情形。若謂喀爾吉善與之不協，亦何必藉此大案授意問官，株連文致？且平日亦未見其有不協之處，何值特派大臣赴審，駭人聽聞？朕看來，吳進義不過如此。是以從前降旨，止以年老解任，不因關涉僞稿，即行革職治罪也。著喀爾吉善將此旨傳諭吳進義知之。若有別情，亦令喀爾吉善據實直奏，不可迴護。」

乾隆十八年正月諭軍機大臣等「據鄂容安奏，查審傳鈔僞稿之盧魯生一案，係南昌衛守備劉時達給與。隨提訊劉時達，據供十五年七月伊子劉守樸前任浙江金華縣典史時，在家書內封寄。並供劉守樸業已告病，回廣東原籍等語。看來此案傳稿年月，較他案爲最早，似於根株漸近。所有供出之劉守樸或係聞風畏罪，先期託病潛回，亦未可定。劉守樸前在金華，既傳此稿，則金華地方必有僞稿蹤迹。必得幹員前往訪辦，庶能得其根柢。著將供單鈔寄莊有恭、雅爾哈善，令其即派承辦此案之周承勃、錢度速往該處，密行確加訪查辦理。應拏問者即著拏問，令其從權行事。並將劉守樸從前在浙係於何時告病回籍，及是否實係患病，或係揑詞，該地方有無僞稿傳播之處，一併詳悉體訪。務須得其確據，不可稍有疏漏。」

又諭：「各省傳鈔僞稿一案，朕屢經降旨，宣示中外。此等奸徒，傳播流言，其誣謗朕躬者，有無虛實，人所共見共知，不足置辨。而譸張爲幻，關繫風俗人心者甚大，不可不力爲整飭。乃各省督撫，僅視爲尋常案件，惟任屬員取供詳解，過堂一審，即爲歸案了事，以致展轉蔓延，久迷正線。各省就案完結情形大略不過如此，而在江西爲尤甚。即如施廷翰案內之張三施奕度，江西承審各官草率錯謬。及到江南，亦不能審出實情，幾認爲揑造正犯。經朕命軍機大臣等審明昭雪。而千總盧魯生在江西兩次到案，俱被狡飾脫漏。又經軍機大臣等從解京之書辦段樹武彭楚白等供詞互異之處細加窮詰，始將千總盧魯生守備劉時達傳稿情節，逐層究出。比盧魯生劉時達先後到京，朕督令諸臣虛心研鞫，反復推求。始則借端支飾，繼則混指同寅，既不能推卸傳稿實情，又不能供得稿來歷。詰問再四，即各委之伊子。忍心害理，莫此爲甚。迨情竭詞窮，始將其會商揑造種種奸僞情節，並將僞稿條款逐一默寫，及其造謀起意，於破案後商同借線掩飾情由，一一吐露，矢口不移。當此光天化日之下，乃有此等魑魅魍魎潛形逞僞，實出情理之外。今不待重刑，供情俱已確鑿，殆由奸徒罪大惡極，傳鈔貽累多人，好還之道，自無所逃耳。盧魯生劉時達著議政王大臣，大學士九卿科道會同軍機大臣再行詳細研鞫，定擬具奏。至督撫爲封疆大吏，不特此等大逆之犯，即尋常案件，孰非民生休戚攸關。而養驕飾僞，妄自託爲敦體，可乎？此案若查辦之始，即行竭力根究，自可早得正犯。乃麤率苟且，江西舛謬於前，江南迷誤於後，均無所辭咎。江西近在同城，羣衛弁騰口囂囂，毫無顧忌，串供借線，幾於漏網吞舟，厥罪較重於南省。解任巡撫鄂昌，按蔡使丁廷讓，知府戚振鷺，俱著革職拏問，交刑部治罪。總督尹繼善及派往江西同審之周承勃高麟動，俱著交部嚴加議處。錢度朱奎揚等，尙與專委承辦者有間，俱著交部議處。至衛弁乃總漕專責，瑚寶亦不能辭責，亦交部嚴察議奏。當日查辦之始，未知根源所在，須披葉尋枝，勢不得謂法不及衆，畏難中止，以致顢頇了事。朕猶恐拖累者衆，屢經密諭各省督撫，分別發落，以省拖延。即武弁大員曾經私看者，亦悉置之不問。然在伊等食毛履土，見此大逆不道之詞，當爲痛心疾首。譬如聞人詈其父祖，轉樂爲稱述，非逆子而何？然使非有首先揑造之人，則伊等亦無從傳閱。是傳閱本有應得之罪，不可謂被所愚弄。而朕則憫其無知，譬子雖不孝，父不忍不慈。今首犯既得，不妨曲宥。除在京人犯已予省釋外，著傳諭各省督撫通行出示曉諭，無論已未發覺，概行從寬免究釋放。凡屬此案例應擬罪人衆，蒙朕格外寬宥，務宜痛自改悔，動尊君親上之天良，戒造言喜事之惡習，庶不至良苗化爲稂莠，永受朕保全愛養之恩。夫讒說殄行，爲聖世所不容；奸頑不除，則風俗人心何由而正？而吏治狃於因循，尤關治道。朕宵旰憂勤，與諸臣共相敦勉者，豈可稍存姑息，致啓廢弛之漸？將此一併宣諭中外知之。」

乾隆十八年三月諭：「軍機大臣刑部奏揑造僞稿一案，先經雲貴總督參奏，展轉追至江西傳鈔之江錦章，遞究至彭楚白，經江撫審擬彭楚白得稿於段樹武，發落完結。臣等因案情可疑，將傳鈔授受未明之段樹武彭楚白等，請旨行提到京，詳細推究，據段樹武供稱，實未給稿，曾經彭楚白告知伊另有得稿來歷。及研訊彭楚白，始供係伊本官撫州衛千總盧魯生給稿傳鈔，所供得稿於段樹武，實因盧魯生之次子盧錫榮屬令隱瞞等情。隨提盧魯生審訊，詰其得稿來歷，初供係次子盧錫榮不知從何處鈔來。迨再三究詰，忽供係伊在贛州衛千總李世璠處得稿於永新衛千總石憲曾，忽供得稿於南昌衛守備劉時達，並稱係劉時達之子劉守樸任所寄來。因其言語支離，反復開導，始據該犯供認，自行起意，與劉時達商謀揑造。緣該犯係四川南部縣人，曾任長淮衞守備，緣事降調千總。乾隆十五年七月內，在劉時達家，慮及辦差賠累，妄希停止巡幸，與劉時達編造奏稿，湊成五不解十大過名目。復思孫嘉淦肯上條陳，借名聳聽。於各幫會議公事時，給衆閱看，交書辦彭楚白鈔傳。旋據劉時達供，係廣東海陽縣人，見任南昌衞守備。於乾隆十五年七月內，盧魯生起意揑造僞稿，一時聽從編湊。當經盧魯生取去，給人鈔傳。從前所供兒子劉守樸金華寄來，實係自知罪重，希圖推卸，一一供認不諱。盧魯生業經先行正法，其通同揑造之劉時達應照不分首從律，凌遲處死。盧魯生之子盧錫齡盧錫榮，均應斬立決。緣坐家屬及見稿不首之犯，均按律分別定擬。得旨，盧魯生劉時達二犯商撰僞奏，肆行傳播，其誣謗朕躬，凡天下臣民，自所共曉，不足置論。而當此承平之時，乃敢作僞逞奸，搖惑衆聽，其貽害於風俗人心者甚鉅，自應並置重典，以昭炯戒。但劉時達提解來京，一經研訊，即將與盧魯生商謀僞撰及從前串供揑飾情節，逐一據實供認。且伊子劉守樸係患病垂斃之人，該犯亦何難堅執江省初供，以希狡卸。而王大臣等再三詳鞫，始終自認不諱，此可見其天良猶未盡昧矣。朕君臨海宇，刑賞一秉至公，從無絲毫成見。盧魯生起意揑造，實爲此案罪首，已經先行正法。劉時達著從寬免其凌遲處死，改爲應斬。盧魯生之子盧錫齡盧錫榮亦著改爲應斬，俱監候秋後處決。其劉時達家屬之應行緣坐者，俟解京之日，該部另行請旨。」

（註一）東華錄第十二卷第十四頁，至第十三卷第四頁。

第十三節　所謂「塘報」與「良鄉報」

清之驛制，與明無異。兵部車駕司，於東華門左近，設兩機關：一曰馬館，專司夫馬；一曰捷報處，收發來去文移。兵部另派武職十六員駐紮各省，曾歸按察使司管轄，經管該處直接寄京之文報「名曰提塘」。此塘報名稱之所由來也。當時所分之區域，爲直隸、江南、山東、山西、河南、陝西、浙江、福建、江西、湖北、湖南、廣東、四川、雲南、及黃河、運河一帶。凡經驛站傳寄各省之官封，先由車駕司驗妥蓋戳，隨卽送往捷報處，經由馬館預備夫馬，然後由京傳至第一站，西路卽係良鄉縣，東路則係通州；此一州一縣，負轉發下站之責，如是沿途遞轉，以達原封應投之處所，而各省之文報，亦係如是送達北京，卽交提塘發交首站，再由各站遞轉，以達在京之車駕司。因此報由驛寄遞也，故又稱驛報。

京報出版後，本由塘兵排日傳遞；然歷久弊生，塘兵餉額，不足以自贍，或以一人而兼充數名，或同在一途，而此省兼帶彼省；雖京中有專司其事者，然不能沿途稽查也。因而塘報多過程限，如蘇浙皆止四五十日者，往往遲至三四月。大憲詰責提塘，終無良法。而塘餉或裁或減，益成虛設矣。道咸之間，有所謂良鄉報者，蓋有信局特設於良鄉，於京報出京後，由良鄉按站雇人接遞。省中上官，自出資購買之，然價貴，常月費三五千錢。於是省中提塘，又買良鄉報而翻印售賣矣。

第十四節　請刊邸報之受斥

京報內容簡略，寄遞遲延，且價貴不易得。故咸豐元年，張芾奏請刊刻邸報，發交各省，(註一) 後奉諭嚴行申斥，有「識見錯謬，不知政體，可笑之至」語。謂「國家設官分職各有專司。逐日所降明發諭旨及應行發鈔內外臣工摺奏，例由內閣傳知各衙門通鈔，即由各該管衙門行知各直省，或由驛站，或交提塘分遞。該衙門自能斟酌緩急輕重，遵令妥辦，豈有各省大吏無從聞知之理？所有刊發鈔報，乃民間私設報房，轉向遞送，與內閣衙門無涉。內閣爲綸重地，辦事之侍讀中書，從無封交兵部發遞事件。若令其擅發鈔報，與各督撫紛紛交涉，不但無此體制，且恐別滋弊端。」蓋當時朝廷因循畏事，故不問其事之可行與否，及有益與否，即嚴詞而深拒之也。

(註一)欽定大淸會典事例第十五卷第五頁。

第十五節　太平天國之辦報條陳

太平天國己未九年(咸豐九年)，軍師干王洪仁玕進呈資政新篇，(註一) 其中有設新聞館之建議，謂：「所謂以法法之者，其事大關世道人心，如綱常倫紀，教養大典，則宜立法以爲準焉。是以下有所趨，庶不陷於僻矣，然其不陷於僻而登於道者，必又教法兼行，如設書信館以通各省郡縣市鎭公文；設新聞館以收民心公議及各省郡縣貨價低昂事勢常變。上覽之得以資治術，士覽之得以識貫通，商農覽之得以通有無。服法律，別善惡，勵廉恥，教忠教，皆借以行其教也。教行則法著，法著則知恩，於以民相勸戒，才德日生，風俗日厚矣。」硃批，「欽定此策是也。」又謂：

「一與各省新聞官，其官有職無權，性品誠實不阿者，官職不受衆官節制，亦不節制衆官，卽賞罰亦不准衆官褒貶，專收十八省及萬方新聞，篇有招牌圖記者以資聖鑒，則奸者股慄，存誠忠者清心可表，於是一念之善，一念之惡，難逃人心公議矣。人豈有不善，世豈有不平哉。」硃批，「此策現不可行，恐招妖魔反間，俟殺絕殘妖後行未遲也。」時客干王幕者多教士，故能見之獨早，我國之言新政者，當莫先於此書矣。

（註一）資政新篇一書，現藏英國牛津大學圖書館，由許地山君抄出。

第十六節　西士關於官報之建議

中日戰爭之後，清廷廣徵善後之策，英人李提摩太（Timothy Richard）乃草「新政策」以進。其中關於創辦官報之事，曾一再言之。如謂：「教民之法，欲通上下有四事。一曰立報館。欲強國必先富民，欲富民必須變法，中國苟行新政，可以立致富強，而欲使中國官民皆知新政之益，非廣行日報不爲功，非得通達時務之人主持報事，以開耳目，則行之者一泥之者百矣，其何以速濟，則報館其首務也。」又謂：「中國目下應辦之事，其目有九，（六）國家日報關係安危，應請英人傅蘭雅（John Fryer）美人李佳白（Gilbert Reid）總管報事，派中國熟悉中西情勢之人爲之主筆。」並請增立廣學部以總攬其成。按光緒十三年，旅華基督教新教派之英美官吏與教士，組織廣學會，以贊助中國革新相標榜，李氏其中堅人物也。

第十七節 官書局報與官書局彙報

光緒二十一年，京師官紳文廷式等設強學書局，講求時務；發行中外紀聞，以資宣傳。由御史楊崇伊，以誹議朝政名義，奏請封禁。旋於翌年正月，御史胡孚宸奏請將強學書局改歸官辦，嗣經總理各國事務衙門奏准改爲官書局，命孫家鼐管理。此爲清廷提倡新學之始。蓋時當中日戰後，民氣鬱張，故孫奏有「近者倭人搆釁，創鉅痛深。一二文人學士，默參消息，審此富強之端，基乎學問。講肄所積，爰出人才。砥礪奮興，消除畛域，以洞中外之情形，保國家於久大。此與同治初年，設立同文館之意，實相表裏。誠轉移風氣一大樞紐也」等語，欲藉以緩和之也。局中除譯刻各國關于律例、公法、商務、農務、製造、測算之學，及武備、工程之書籍外，又刊行官書局報與官書局彙報二種；其形式與京報相似，內容除諭摺外，尚有若干關於新事新藝之譯文。雖章程中有「印送各路電報，只選擇有用者，照原文鈔錄，不加議論，凡有關涉時政，臧否人物者，概不登載」之語，然不能不謂其有進步也。迨戊戌政變，斯報遂被裁撤。

第十八節 時務官報

中日戰後，光緒銳意維新。二十四年，自初夏至初秋，督責中外大臣實行新政之上諭，凡數十起。如廢八股，改科舉，興學堂，汰冗員，廣言路，保薦經濟特科人材，删改各衙門則例，廢祀典不載之廟宇，裁老弱無用之額兵，是其犖犖

諭摺彙存之封面

（蔣霞泉先生贈）

官書局彙報之封面

（王小隱先生贈）

原報均高九英寸寬五英寸

大者。同時從御史宋伯魯之請，將上海時務報改歸官辦，命康有爲督辦。（註一）又從學士瑞洵之請，在北京創設報館，以爲上海官報之續，即命瑞洵辦理。幷令順天府府尹五城御史勸導官紳士民創辦報館，以期一律舉行。然當時朝臣非眞贊成新政及創辦報館，特忌康有爲屢有陳奏，欲假名義以出之，故有催其赴滬之諭。（註二）迨八月慈禧太后訓政，立於十一日下諭，謂「時務官報無裨於治，徒惑人心，著即裁撤。」於是官辦之事，遂成虛話。

（註一）光緒二十四年六月，孫家鼐奏：『五月二十九日內閣奉上諭，「御史宋伯魯奏請將上海時務報改爲官報一摺，著總理大學堂大臣孫家鼐酌核妥議，奏明辦理，欽此。」臣竊維明目達聰，唐虞之盛德，采風問俗，三代之隆規。自古聖帝明王，未有不通達下情而可臻上理者也。今之論治者，皆以貧弱爲患矣。臣竊爲貧弱之患猶小，壅塞之患最深。該御史請將時務報改爲官報，進呈御覽，擬請准如所奏。該御史請以梁啓超督同向來主筆人等，實力辦理。查梁啓超奉旨辦理譯書事務，現在學堂既開，急待譯書以供士子講習，尙恐分譯書功課，可否以康有爲督辦官報之處，恭請聖裁。抑臣更有請者。唐臣魏徵對唐太宗曰，「人君兼聽則明，偏聽則暗。」泰西報館林立，人人閱報，其報能上達於君主，亦不問可知。今時務報改爲官報，僅一處官報得以進呈，尙恐見聞不廣。現在天津、上海、湖北、廣東等處，皆有報館，擬請飭各省督撫飭各處報館，凡有報單，均呈送都察院一份，大學堂一份，擇其有關時事無甚背謬者，鈞一律錄呈御覽，庶幾收兼聽之明，無偏聽之蔽。如此，則皇上雖法宮高拱，萬里之外，如在目前，於用人行政，似有裨益。臣謹擬章程三條，開列於后：

（一）時務報雖有可取，而龐雜猥瑣之談，夸誕虛誣之語，實所不免。今既改爲官報，宜令主筆者愼加選擇。如有顚倒是非，混淆黑白，挾嫌妄議，瀆亂神聽者，一經查出，主筆者不得辭其咎。

（二）官書局雖有彙報，係遵總理衙門奏定章程，不准議論政事，不准臧否人物，專譯外國之事，俾閱者略知各國情形。今新開官報，旣得隨時進呈，臚陳利弊，將官書局報亦請開除禁忌，仿陳詩之觀風，准鄉校之議政。惟各處報紙送到，臣仍督飭書局辦事人員，詳愼選擇，不得濫爲印送。

（三）原奏官報紙經費一節，臣查官書局印報例，令閱報者出價。惟所售無多，故每月經費不足，由書局貼補。茲新設報館，閱報者自應一體出價。

擬請將此項官報隨時寄送各省督撫，通行道府州縣，均令閱看。每月出價銀一兩，統十八省一千數百州縣，約計每月得價近一千兩。常年核算，約在兩萬四千兩之譜。加以官商士庶閱報出價，經費亦可得距款。於紙墨印刷工本，自當游刃有餘，可無庸另籌經費。惟創設之始，需費必在數千金。若在上海開辦，或由上海道代爲籌畫，可令該員自往籌商。以上遵旨議奏，及所擬辦法，是否有當，伏乞皇上聖鑒訓示。』旋奉上諭：「孫家鼐奏遵議上海時務報改爲官報一摺。報館之設，所以宣國是而通民情，自應亟爲倡辦。該大臣所擬章程三條，均尙周妥。所請將時務報改爲官報，派康有爲督辦其事。所出之報，隨時呈進。其天津上海湖北廣東等處報館，凡有報單，均着該督撫咨送都察院及大學堂各一冊，擇其有關時務者，由大學堂一律呈覽。至各報體例，自應以指陳利害開擴見聞爲主。中外時事，均許據實昌言，不必意存忌諱，用副朝廷明目達聰勤求治理之至意。所籌官報經費，亦依議行。」

光緒二十四年七月孫家鼐奏：『本月十六日工部主事康有爲轉傳軍機大臣面奉諭旨，「將籌辦官報事宜與孫家鼐說。」臣詢之康有爲云，時務報之設，經費皆由士夫捐助。今改爲官報，則無人捐款。此報前經湖廣督臣張之洞等札行州縣閱看，每州縣每年報費共銀四元，未便驟增至十二兩。捐款既無，價又難增。既爲官報，自應撥以官款。擬照官書局月撥千金，請旨飭下兩江督臣在上海洋務局按月撥交官報局一千兩，以資經費，另撥六千兩，以資開辦。官報既發明國是民隱，各省羣僚皆應閱看，以開風氣。且教案既煩，交涉日多，官欲通外國之故，尤以閱報爲要。應請旨飭下直省督撫，令司道府廳州縣文武衙門，一律閱看。用報若干份，將報費解向上海官報局，按期照數由驛遞交各省會，分散各衙門。每年仍收四元，仍按湖廣督臣張之洞舊例，由善後局先行墊解官報局，以資辦公。至報律由康有爲采譯各國報律，交臣送呈御覽，恭候欽定。臣以康有爲所籌，事尙可行，請俯如所請，謹具摺呈明。』旋奉上諭：「孫家鼐奏，遵議上海時務報館改爲官報，派康有爲督辦其事。並據廖壽恒面奏，嗣後辦理官報事宜，應令康有爲向孫家鼐商辦。當諭令由總理衙門傳知康有爲遵照。茲據孫家鼐奏陳官報一切辦法。報館之設，義在發明國是，宣達民情，原與古者陳詩觀風之制相同。一切學校、工商、兵制、賦稅，均准臚陳利弊，藉爲鞀鐸之助，兼可翻譯各國報章，以便官商士庶開擴見聞。其於內政外交，裨益非淺。所需經費，自應先期妥籌，以爲久遠之計。著照官書局之例，由兩江總督按月籌撥銀一千兩，兼另撥開辦經費銀六千兩，以資布置。各省官民閱報，仍照商報例價，著各督撫解至報館。所著論說，總以昌明大意，決去壅弊爲要義，不必拘牽忌諱，致多窒礙。泰西律例，專有報律一門，應由康有爲詳細譯出，參以中國情形，定爲報律，送交孫家鼐呈覽。」

(註二)光緒二十四年八月二日上諭：「工部主事康有爲，前命其督辦官報，此時聞尚未出京，實堪詫異。朕深念時艱，思得通達時務之人，與之治理。康有爲素日講求時務，是以召見一次，命其督辦官報，誠以報館爲開通民智之本，職任不爲不重，現已籌辦公款，着康有爲迅速前往上海，毋得遷延觀望。」

第十九節　官報全盛時期

庚子一役，慈禧太后受鉅創，乃不能不議改革，以塗飾人民之耳目。光緒二十九年，四川學政吳郁生請修政治專書，(註一)由政務處議覆：「嗣後凡有內外各衙門奏定各摺件，擬由軍機處抄送政務處。其非事關慎密，即發交報房刊行，日出一編，月成一册，傳觀既速，最易流通。則現行政要，外間均可周知。」三十年，御史黃昌年請刊諭旨閣鈔，(註二)亦由政務處議覆：「嗣後具奏摺件，除事關慎密及通例核覆之件毋庸鈔送外，所有創改章程及議定事件，皆于奉旨後咨送政務處，陸續發刊，以廣傳布。凡軍機處於京外摺件，向係明發諭旨及有辦法者，概交發鈔。」均奉旨依議。三十二年，適當日俄戰事之後，日本立憲之效大著。要求立憲之聲，遂騰播于全國。清廷不得已，乃下詔預備立憲。御史趙炳麟請創辦官報，俾人民明悉國政。翌年，由考察政治館議復，定名政治官報。(註三)宣統三年，新官制之內閣成立，又改政治官報爲內閣官報。(註四)一切新法令，以報到之日起發生效力。至是官報始成爲公布法律命令之機關，其用益宏偉矣。

天津者，北方商務之中心，當時新政之試驗場也。時直隸總督爲袁世凱，頗熱心于改革。故光緒二十七年冬，卽首有北洋官報之刊行，（註五）以爲鼓吹直隸新政之機關。其體例首載聖諭廣訓直解，次上諭，次本省學務，次本省兵事，次近今時務，次農學，次工學，次商學，次兵學，次教案，次交涉，次外省新聞，次各國新聞。每期常有詰誡式之序文一篇，與時事風景圖畫一二紙，附帶發行者又有北洋學報與北洋政學旬報，誠可謂開風氣之先矣。

北洋官報既出，山西踵起。光緒二十九年，辦理商約大臣呂海寰伍廷芳於奏陳近今要務摺內，又有推廣官報之請。嗣外務部議覆，「推廣官報，實爲轉移整頓之要義。現北洋所刋官報，首刋聖諭廣訓，恭錄諭旨，並載奏議、公牘、時政、新聞等類，與該大臣等所擬條例大致相同。且月出一册，尤便觀覽。南洋現尙無官報，應令仿照北洋章程，妥酌開辦，一體發交各屬，銷售各學堂閱看。南北洋官報如能暢行，各省亦可逐漸推廣。」朝廷既視爲功令，各省自風景雲從。於是有兩日刋，如南洋官報；有五日刋，如安徽官報；有旬刋，如湖北官報；有官商合辦者，如江西日日官報；有官督商辦者，如豫省中外官報；有始官辦而終歸商辦者，有始商辦而終歸官辦者，如漢口日報等。體例大率相同，而辦法至不一律，蓋各省政務繁簡，財政豐嗇異也。惟湖北官報之體例，係張之洞所手訂。一、聖訓，二、上諭，三、宮抄，四、轅抄，五、要電，六、要聞，七、政務，八、科學，九、實業，十、雜纂，十一、圖表，十二、論述，十三、國粹篇，十四、新說郛，十五、糾謬篇。後半則均他官報所未有，謂如是方可以正人心，增學識。張氏于官報文字，必取雅馴。幕府擬稿，偶不愜意，輒令重改，再三不厭。

政府公報之封面

政治官報之封面

內閣官報之封面

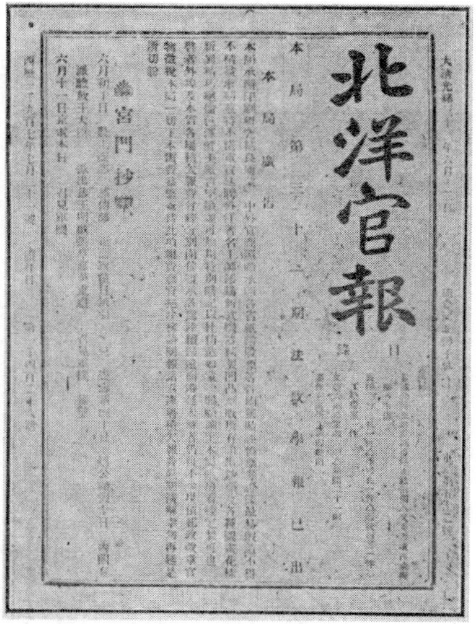

商務官報之封面

商務官報 第一期

轅門鈔內容之一斑

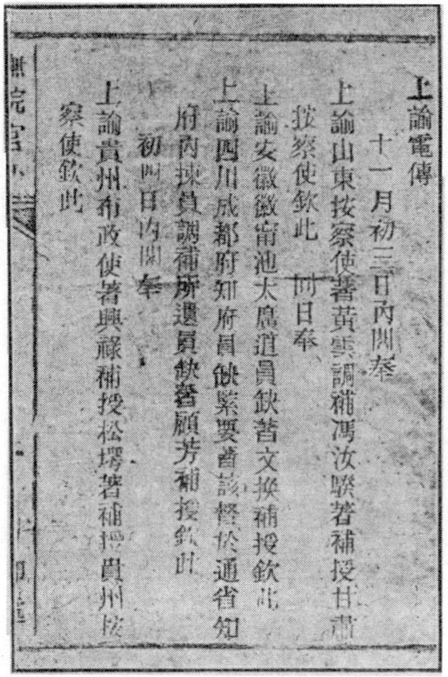

上諭電傳

十一月初三日內閣奉

上諭山東按察使著黃雲調補馮汝騤著補授甘肅按察使欽此 同日奉

上諭安徽徽甯池太廣道員缺著文焕補授欽此

上諭四川成都府知府員缺緊要著該督於通省知府內揀員調補所遺員缺著顧芳補授欽此

初四日內閣奉

上諭貴州布政使著興祿補授松堎著補授貴州按察使欽此

北洋官報之封面

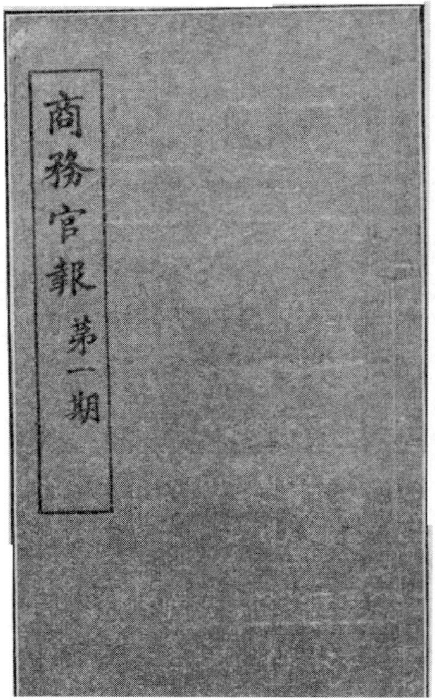

北洋官報

其第一期曾贈送至二萬份之多，此亦有足述者。

一部之有官報，自光緒三十二年之商務官報始，（註六）學務官報次之。蓋當時以二部之事爲最殷繁也。商務官報所載，可別爲論說、譯稿、公牘、法律、章程、調查、報告、專件、紀事諸類；學務官報所載，可別爲上諭、學務、報告、文牘、章程、奏摺、雜誌、各國學務、新聞、審定教科書目諸類；官報中之含有專門性質者也。光緒二十九年，直隸總督袁世凱請飭外務部仿照藍皮書辦法，刊發交涉事件。嗣外務部議覆，「交涉重要，不得不加愼密，未便一律宣播。臣部條約章程，均經刊布，其餘或通行知照，或有案可稽，辦事者並非毫無依據，所請應無庸議。」三十二年，外務部曾有將商辦之外交報改歸官辦，以張元濟經理之議；但未實行。

（註一）原摺謂：「簡易辦法，莫如廣刻邸鈔。故大學士陳宏謀曾國藩等，均以點讀邸鈔爲課程。近來報房所錄，大抵各省例摺，而於在京各衙門摺件，僅千百之十一，實屬無從取裁。外務部爲洋務總匯，區六部爲天下政事根本。庚子定亂以後，朝廷勵精圖治，迭經諭令中外，刪定舊例，舉行新政。所有各該部議覆摺件，及各省辦事各章程，時愈近則事愈詳，益有裨於實用。」

（註二）原摺謂：「各衙具奏奉旨准駁之件，須令各衙門皆知。重要則明發諭旨，次要則編發閣鈔。擬請飭政務處妥擬辦法，凡政務處、練兵處、學務處、及銀行、鐵路、鑛務、電報一切舉行要政，或揭署前，或發閣鈔，或刊刻告示。」

（註三）政務處摺：「光緒三十二年十月三十日御史趙炳麟奏設印刷官報局一片，奉旨『考察政治館知道。欽此。』查該御史奏稱朝廷立法行政，公諸國人，擬請參用東西各國官報體例，設立官報，以仰副七月十三日懿旨使紳民明悉國政，爲預備立憲基礎之意等語。竊惟預備立憲之基礎，必先造成國民之資格，必自國民皆能明悉國政始。東西各國開化較遲，而進化獨速，其憲法成立，乃至上下一體，氣脈相通，莫不藉官報以爲行政之機關。是以風動令行，纖悉畢達。或謂英國人民政治智識最富，故其憲法程度最高，蓋收效於官報非淺鮮也。中國風氣甫開，國民教育尙未普及，朝章國典，罕有講求。向行邸報，大抵例摺居多。而私家報紙，又往往摭拾無當，傳聞失實，甚或放言高論，熒惑是非。欲開民智，而正人心，自非辦理官報不可。前政務處曾經奏明，彙取中外文牘，編纂政要一書，祇因各家抄送寥寥，未能編輯。今學部、農工商部、暨南北洋、山東、陝西等處已有官報，刊行，惟關於一部一省之事。亟應兼綜條貫，彙集通國政治事宜，由館派員專辦一報，以歸納衆流，啓發羣治。即如該御史所奏，凡一切立法行政之上諭，及內外臣工摺件、電奏、并咨牘、章程等類，除軍機外交祕密不宜外，所有軍機處發鈔暨各衙門隨時咨送事件，依類分門，悉心選錄。取東西各報敏速之意，先辦日報一種。一俟鈔送日多，流布寖廣，再行查照前次奏案，擇其尤要，編輯月報，一體印行，以期周備。通國官民，從此傳觀研究，俾皆曉然於政令條教之本，無不與民休戚相關，自然智慮開通，共識負担國家之意，忠愛激發，咸有服從法律之心。非特憲法日以修明，而鞏固邦基，要不外此。謹奏」光緒三十三年三月初五日奉旨「依議。」

政治官報章程

一定名 本報專載國家政治文牘，由考察政治館辦理，每月發行，卽名曰政治官報。

二宗旨 本報敬體上年七月十三日上諭，使紳民明悉國政，預備立憲之意，凡有政治文牘，無不詳愼登載。期使通國人民開通政治之智識，發達國家之思想，以成就立憲國民之資格。

三辦法 本報先出日報一種，將每日發鈔咨送到館文件，依類登錄，必詳必備。如日後鈔送漸多，再行按照前政務處奏定章程，擇取精要，編輯月報，一體印行，以求完善而備掌故。所有辦事人員，約分四項：一編輯，二校對，三印刷，四發行。

四體類 分類如左： 諭旨批摺宮門抄第一（如有廷寄業經覆奏發鈔者一併敬謹登錄）電報奏咨第二；奏摺第三（次錄次序約分外務、吏政、民政、典禮、學校、軍政、法律、農工商政、郵電航路政十門，除軍機外交祕密不宜外，凡由軍機處發鈔暨內外各衙門具奏事件，隨時錄送到館，以備登載，以下各類文牘仿此，如咨劄章程等件，漏未咨送者，并由館隨時咨取，以期詳備）咨劄第四；法制章程第五（如改定官制、軍制、民法、刑法、商律、礦律，及部章省章一切規條，均歸此類）條約合同第六（如訂定頒行條約，及聘訂東西各國教習工師技師等員合同文件，均歸此類）；報告示諭第七（如統計報告、及各部示諭、各省督撫衙門緊要告示等件，均歸此類）外事第八（如繙譯路透電報、泰晤士報、及東四各國緊要新聞及在外使臣領事報告等件均歸此類）廣告第九（如官辦銀行、錢局、工藝陳列各所、鐵路鑛務各公司、及經農工商部註册各實業，均准送館代登廣告，酌照東西各國官報廣告辦法辦理）；雜錄第十（如各學堂公所訓詞、演說、及已經採錄之各條陳，或見於各官報之緊要調查記事等件，均歸此類。）以上十類，每日有則登錄，不必具備。凡私家論說及風聞不實之事，一概不錄。

五發行　本報爲開通政治起見，無論官民皆當購閱，以擴見聞。除京內各部院暨各省督撫衙門，由館分別送寄外。其餘京師購閱者，由館設立派報處，照價發行。外省司道府廳州縣及各局所學堂等處，均由館酌按省分大小，酌定數目，發交郵局，寄各省督撫衙門分派購閱。所有報價，

應待出版後酌定，知照辦理。

（註四）宣統三年內閣奏改設內閣官報以爲公布法令機關摺云：「竊查東西各國，均以官報爲宣布法令之用。凡中央政府之規章條教，一經擬定，卽宣付官報刊登。酌量遠近路程，分別到達期限。以官報遞到之次日或數日爲實行之期，法令卽生效力。整齊迅捷，與吾國古昔讀法懸書之擧，同爲意美而法良。而其編輯發行，由內閣主之。蓋以其地爲發號施令之總樞，卽有宣化承流之責任。責專任重，所以謀統一而杜紛歧。我國向來諭旨章奏及各部通行文件，由京師達於外省，由長官達於庶僚，不知幾何日月，幾經轉折，而其效力僅及於少數之官憲。至於承學之士，受治之民，隔閡茫昧，有如秦越。欲其率循觀感，人人有國家觀念，具法律精神，不可得也。邇來旣奉明詔，實行憲政，先立內閣以爲集合政權之基。凡法制之變更，規章之釐定，以及條文法律之解釋，文書傳佈，倍於曩日。若猶用通咨之例，非特觀聽有限，不能收法治之成效，卽下級官廳亦且因文移遲滯，無以資因應而赴事功。臣等再四籌商，擬將內閣印鑄局接收之政治官報改爲內閣官報，卽請先將明發諭旨及各部院章奏咨劄例須備文通行京外各衙門，一體遵照者，量爲變通，以爲公布法律命令之程式。凡欽奉明發諭旨，敬謹登載官報，宣示中外，一體欽遵。官報到達之日，卽作爲奉旨日期。各衙門奏准事件，例應通行者，奉旨後，恭錄諭旨，抄黏原奏，蓋用堂印，片送內閣印鑄局，刊登官報。其通行咨劄等件，一併用印片徑送該局刊登，均卽以此傳佈。內閣例應通行之件，亦卽照此辦理。自後京外各衙門，應卽以官報所刊布者爲依據，毋庸另文通行。至各衙門對於一部一省幷非通行事件，或雖應通行而事關祕密者，仍令各以文書傳達，以示區別。每日官報登載例應通行之奏章咨劄，篇幅字體，特別區分，以期明顯。各部各省接到官報之日，卽爲文書遞到之期。應擧行者卽擧行，應遵守者卽遵守。似此辦理，庶幾國家政令一經刊布，而遠

近上下可以周知下令如流水之源效應如桴鼓之捷。而楮墨之費，吏胥之煩，藏匿僞失延宕欺矇之弊，均不禁自絕。其餘內外緊要奏咨及示諭條約等項，亦均依類附載，供官府之引證，學人之研求。惟目前交通尚未盡便，到達之期，不能一律迅速。擬暫照已設郵政處所及驛遞辦法，酌定遞到各省省城及將軍都統辦事大臣駐紮地方日期，以資考核。餘俱由該省布政局或度支司，分別遠近，逐日寄發。此擬改辦內閣官報大概情形也。除飭印鑄局擬定編輯體例及妥訂發行章程，由臣等核定遵行外，謹將內閣官報條例十二條，繕具清單，恭呈御覽，伏候欽定施行。抑臣等更有請者。此次印鑄局接收政治官報，查悉各省應解報費，按期解到者固多，而歷年積欠尚有九萬餘元之譜，已由內閣電催速解。惟聞外省州縣各官零星欠解者實少，司庫收集後或有挪移，幷間有一二省報紙遞到之時，書吏抗匿不發，以致各官不能如期領閱，甚且有需索領費之弊。此後改設內閣官報，爲公布法律命令機關，代從前通行文書之用，實與重要公文無異。應飭各督撫責成各該司，按照條例章程，妥爲分布，不得如前玩愒。各省領報之數，暫照現在數目給發。不敷之處，准予增加。每年每份仍收回工紙費銀幣八元。從前欠解政治官報費，即交印鑄局接收，以爲擴充內閣官報之用。限令各省於八月以前，一律解淸。自內閣官報發行之日起，仍令照章預繳半年報費，不得延欠，庶幾此項要政可以維持於不敝。謹奏。」宣統三年閏六月二十五日奉旨「著依議。」

內閣官報條例

第一條　內閣官報爲公布法律命令之機關，凡諭旨、章奏、及頒行全國之法令，統由內閣官報刊布。

第二條　凡京師各衙門通行京外文書，均由內閣官報刊布，各衙門毋庸再以文書布告。其各衙門單行文件，幷非通行及未公布者，仍應自用文書傳達。

第三條　凡法令除專條別定施行期限外，京師以刊登內閣官報之日始，各行省以內閣官報遞到之日起，即生一體遵守之效力。其各行省先期接有官發印電者，不在此限。

第四條　凡未經內閣官報刊布之章程奏摺，有在商辦報章登載者，不得援據。

第五條　各部院衙門均須指派專任報告員，將例應通行之章奏咨劄逐條檢校，蓋用堂印片送內閣印鑄局，刊登官報。其非通行之章奏咨劄而應行刊布者，得幷送內閣印鑄局，依次刊布。各衙門專任報告員，得隨時與內閣印鑄局辦理官報人員商訂刊登事宜。

第六條　各省布政司衙門，應於所屬科員中特派一員，經理寄送內閣官報及收集報費事宜，幷將該員銜名，申報內閣，年終彙案考成，有延誤者，照遺誤公文例懲處。其無布政司省分，由該省督撫飭令度支司派員辦理。

第七條　各省應解內閣官報費，仍照從前政治官報派定之數，由該布政司或度支司預將半年報費先期墊匯，以重官本。各該司仍自行向本省閱報各官廳按數分收，歸繳司庫。

第八條　內閣官報既爲代達公文之用，凡逐日寄送各省官署之官報，應於封面蓋用印鑄局印信，交大清郵政局遞寄，准免郵費。郵政局凡接有內閣印鑄局印信之官報包封，即爲免郵費之憑證。

第九條　內閣官報遞送之法，凡到各省各城之督撫及布政司或度支司衙門，暨各將軍都統辦事大臣駐紮地方，應暫照郵局章程及驛遞章程，酌定日限如下：

奉天省城	七日	直隸　天津 保定	四日
吉林省城	十二日	黑龍江省城	十四日
山東省城	五日	山西省城	五日
河南省城	六日	湖北省城	七日
湖南省城	十五日	江西省城	十六日
安徽省城	十四日	江蘇　江寧 蘇州　省城	十四日 十五日
浙江省城	十六日	福建省城	十八日
廣東省城	二十日	廣西省城	二十二日

四川省城	五十日	陝西省城	三十日
甘肅省城	五十五日	新疆省城	九十日
雲南省城	六十日	貴州省城	五十日
興都副都統	十二日	察哈爾都統	五日
熱河都統	十六日	荊州將軍	十五日
烏里雅蘇台將軍及參贊大臣	七十五日		
綏遠城將軍	十六日	伊犁將軍	一百二十日
青州副都統	十二日	寧夏副都統	六日
山海關副都統	十八日	涼州副都統	六十五日
京口副都統	十五日	歸化副都統	十六日
守護西陵大臣	三日	守護東陵大臣	七日
泰寧鎮總兵	三日	馬蘭鎮總兵	七日
駐藏辦事大臣	一百六十五日	庫倫辦事大臣	四十五日
科布多參贊大臣	九十日	塔爾巴哈台參贊大臣	一百四十日
川滇邊務大臣	一百另五日		

第十條　各省督撫應將自省城至各屬之官報到達日限，分別酌定列表，咨報內閣備案查核。

第十一條　京外大小官署，均有購讀內閣官報之義務。

第十二條　本條例自內閣官報發刊之日實行。

內閣官報發行章程

第一條 印鑄局設發行所，專管官報寄遞內外事宜。

第二條 內閣官報每日出版一份，每月收回大洋八角，常年八元，郵費在外，概不另售。

第三條 內閣官報發行以十二個月爲一年，六月爲半年。

第四條 在京各部院按日送閱一份至三份，不收報費外，其各署廳司局處另行在本局訂購者，均於每日出版後，即刻派人專送。

第五條 應發各省官署之官報，按日包封，於封面蓋用印鑄局印信，分交郵政總局寄遞。除總督或巡撫及將軍都統辦事大臣按照在京各部院之例，分別送閱，不收報資外，餘均暫照原認領報之數，寄交各該布政司或度支司衙門轉發。如有不敷分布，再由印鑄局增加。

第六條 各省除行政司法各官廳皆有購讀官報義務外，凡武職旗營、自治團體、學堂及候補人員、本地紳民，均可向布政司或度支司衙門經理官報處購買。

第七條 前條閱報人員有欲逕向印鑄局掛號按日經寄者，每分先繳報費，并酌交郵費，由局按日另寄。

第八條 在京分送各報，係由印鑄局送報夫役走送者，均登送報簿，如有遺漏遲誤，閱報人得隨時函告印鑄局處理。外寄各報，有遺漏者，由經理官報處或閱報人函知印鑄局查補。

第九條 遠近定購本報，至少須先定半年，預交報費後，給與定報收單，即照開明地址，分別送寄。如有遷移事故，隨時知照，以便更改。

第十條 應寄出使各國大臣官報，每日照數包封，送交外務部轉發。

第十一條 內閣官報除在京由印鑄局發行，及准各報房承領，在外由布政司或度支司發行外，各省官報局、商報館以及殷實店鋪，有願代銷者，函告印鑄局發行所，書明認領報數，即可訂定照寄，扣給報價二成，作爲酬勞。惟應常年先付報價三月，以照憑信。願領銷多分者，得另訂合同。

第十二條 除各官廳官有事業、官立學堂示諭廣告外，凡京外官商曾經奏請辦理之銀行、鐵路、鑛務，及在農工商部註冊設立各項公司，並有確實證據之不動產，欲刊印單篇告白隨報附送者，可函請本局刊登。其附送以本京爲限。五行起碼，第一日至三日每日五元，四日以下四元五角。六行以下，第一日至第三日每日每行加五角，四日以下每行加四角五分。其附登本報，則以半面起碼，第一日每半面洋十元，第二日至第十日每半面日收洋八元，十一日至一個月每半面日收洋六元，第二月後每半面日收洋五元。以後官報行銷愈廣，再行改訂。凡各官廳及官有事業學堂公益等事欲附登本報者，酌收半費。

第十三條　凡由印鑄局印行各書板權，均歸所有，各處不得翻刻翻印。

第十四條　書報各項，無論何處代銷，除照郵政定章酌收郵費外，概照印鑄局定價發售，不能私自增加。

（註五）北洋官報序：『大易之義，上下交而志通爲泰，反之爲否。誠以民與民相積而成國，必有人焉以治之。其積愈衆，待治之事愈多，其勢亦愈急，而治之者之心必愈勞，其法亦必愈求詳而不已。此其相維相繫之故，至切極鉅。凡所以求其志之交通者，故不可苟焉已也。古者輶鐸之設，芻蕘之詢，皆欲使下之性畢達於上；而象魏之懸書，月吉之讀法，則欲使上之意徧喩於下。後世如書疏章表一切奏議之類，皆所以述下之性也。制誥諭勅一切詔令之類，皆所以明上之意也。然自三代以前，以封建治天下，百里數十里之間，嘗有君卿大夫士以分治之。一國之情事，上下得以周知，其相通也猶易。自秦以後，易封建以郡縣，合數千里或萬里而統治於一人。守宰令長，不得專制。上下之間，已有難於相通之勢矣。且上之所以治下者，代有國家之律令，勒爲成書，臣若民相與遵守之。承平日久，國家詔誥，率皆依於故事；則遵守者相習相安，而漸以相忘。乃至自簿書期會以外，一若上之意則無待喩於民者。此在安常處順之時，固亦未覺其弊也。及乎世變多故，一切因時爲治之法，非小民所習見，則相與驚異而不安；有告以立法之意者，亦或仍頑固而不信。上下岌岌，勢不得已，乃取其尤愚梗者以法繩之；於是上下隔阻之弊，暴著而大顯，而所謂求其志之交通者，乃愈知其不可一日已矣。泰西報紙之興，所以廣見聞，開風氣，而通上下，爲國家之要務。中外大通以來，中國識時之士，亦稍稍仿西法，立報館矣。然皆私家之報，非官報。官報嘗一設於京師，未久而旋罷。夫私家之報，識議宏通，足以覺悟愚蒙者，誠亦不少。獨其間不無詭激失中之論，及或陷惑愚民，使之莫知所守。然則求其所以交通上下之志，使人人知新政新學爲今日立國必不可緩之務，而勿以狃習舊故之見，疑沮上法，固不能無賴於官報也。今設直隸官報，以講求政治學理，破錮習，濬智識，期於上下通志，漸致富強爲宗旨。不取空言危論，首載聖諭廣訓直解，次上諭，次本省政治，次本省學務，次本省兵事，次近今時務，次農學，次工學，次商學，次兵學，次教案，次交涉，次外省新聞，次各國新聞。事必其切實可行，文必其明顯易曉。凡百有位，與我士民，當其詳觀而審察之哉！」

北洋官報章程

第一章　總則

一、官報專以宣德通情啟發民智爲要義；登載事實，期簡明易解，力除上下隔閡之弊。

一、官報篇首恭錄聖諭廣訓一節，次則恭錄諭旨，再次則本省之政治學務兵事，旁至時務各學之新理，農工商業之近效，教務洋務之交涉，各國各省之新聞，凡足以警動國人之心目者，靡不擇要登載。

一、官報爲直隸本省而設，總局設於天津，分局設於保定、北京，按期遞寄各府廳州縣，分送各村長各學堂閱看。至外省之商埠城鎮，亦可推廣分售。

一、官報每份一册，每册至少八頁，多至十餘頁。開辦伊始，間日一出，嗣後酌量情形，或按日一出，以符日報之例。

一、開辦官報本省以一個月爲限，外省以十日爲限，概由本局捐送，不收報價。

第二章　職務

一、本局總辦一員，總理局務。舉凡局內應辦之事，以及官報之體例，辦事之規則，寄報之章程，報價之數目，統由總辦核定，稟明遵辦。

一、本局自總辦以次，分編纂處、繙譯處、繪畫處、印刷處、文案處、收支處爲六股，每股按事務之繁簡，定人數之多寡，統由總辦延聘之。

一、編纂處有總纂有副纂，司撰述論注選錄校勘等事；報務是其專責。

一、繙譯處專譯東西各國現售之新聞紙及諸雜誌諸新書。

一、繪畫處專摹外國新圖，以輿圖爲大宗，旁及名人勝迹。凡足資觀感之一名一物，每圖必有說以發明之。

一、印刷處，司印刷蓋戳號碼裁訂簡封等事，兼存儲圖籍畫器及一切需用之物料。

一、文案處，司稟啓移咨公牘各件，幷刊發公私告白，掌管卷宗，謄寫報册，蓋用關防等事。

一、收支處，司發售官報，收回報價，採辦物料，發給薪俸火食雜用，及一切出入等款。

第三章　條規

一、總辦須分別設立各股每日辦公之時刻，局員各有專責，一律遵守。除有疾病大故等情，由總辦酌予假期，勿得曠廢誤公。

一、副纂所訂原稿，必經總纂詳加參閱後，統由總辦過目畫戳，於設定時刻內發印。印刷處不得擅改印樣，仍送總纂校閱無訛，始准發售。

一、發售由收支處經管，必於設立時刻內按號分送，勿許停滯。報價照章核收，必受有憑照者，始准發行。

一、報章之體裁，圖畫之有無，記載之事項，及文章之工拙，均有關於風氣之通塞，報章之銷數，准由總纂隨時斟酌修改，惟須總辦意見之相同。

一、不准妄參毀譽，致亂聽聞。

一、不准收受私函，致挾恩怨。

一、所有離經害俗委談隱事，無關官報宗旨者，一概屏不登錄。

一、記載各條，必其事實有根據，其或偶涉訛誤者，應隨時聲明更正。

一、各股應辦事務，遵現立定章實辦奉行。凡章程未盡事宜，准由各股隨時商請總辦修改；其有應行變通者，即隨時商明改訂，附入現章，一體遵行。

(註六)商務官報章程

第一節　總綱

第一條　本報照商部奏定章程開辦，隸屬商部，名曰商務官報。

第二條　本報發行一切事宜，由商務官報局經理。

第三條　本報宗旨得分列數項如後：（一）發表商部之方針；（二）啓發商民之智識；（三）提倡商業之前途；（四）調查中外之商務。

第三節　體例

第四條　本報體例酌定如下：（一）論說，以經濟學理爲基礎，而參以實際應用之方法，此爲發揮本報主義之地；（二）譯稿，東西各報，其關係商務者，精理明言，不遑枚擧，至各國之對我經營，尤足注意，譯錄於此，以示他山之助；（三）公牘，凡關涉商務重要問題者，節錄登載，其例行公事從略，分類如左：（甲）諭旨，（乙）奏稿，（丙）咨文，（丁）批示，凡商部各種批示，悉行登載，商民得以爲據；（四）法律章程，凡商部所定各種商律及新頒各種部章，悉行首先登載，以示公布；（五）調查報告，凡調查報告之件，足資參考者，節錄登載，或全文照登，約分三類：（甲）本部特派員之報告，（乙）各省商務機關之報告，（丙）各埠領事之報告；（六）專件，凡關於商務上各種條約合同條陳章程等類，悉歸此門登載；（七）記事，以關涉商部及商界中之事爲限；（八）附錄，不拘條例。

第五條　本報每月三册，逢五發行，每册四十頁，全年三十三册，閏月增刊三册。

第六條　本報除定期刊行外，遇有要件，仍隨時發行，作爲臨時增刊。

附售報章程

（一）本報總發行所設在商埠工藝局內，此外各省商務局官報局及商會等處，均有本報寄售。

（二）本京上海漢口三處，均設有總代售所，經理另售及定報各事，凡願閱本報者，可就近購取。

（三）本報定價，全年大洋五元，半年三元，另售每册二角。京外一律，除總代售所外，概不另售，以半年起碼，閏月加洋五角。

（四）凡郵政已通之處，本報不另取郵費，惟內地由民局轉遞者，寄資由閱者自給，外洋加收郵費半年五角，全年一元。

（五）凡向總發行所定報者，均須先付報資，由本所掣取收條爲憑。

（六）凡願代售本報者，可函致總發行所，書明認銷若干，并附切實舖保，即可照寄。至本報寄出三期後，除應除去酬勞外，函外須先將報資半年匯寄本所，否則停寄。

(七)凡代售本報者，照通例提二成作爲酬勞。代售至百分以上，再加酬勞半成。所有匯寄報資匯費，由代售所認付。

(八)凡向總發行所定報者，如遷徙他處，應卽先期知照，以免誤送。

第二十節　政府公報

辛亥革命，武昌軍政府發行中華民國公報；南京臨時政府成立，又發行臨時政府公報。迨正式政府成立，乃由印鑄局仿照內閣官報，擬訂政府公報條例及發行章程，(註一)經國務會議議決施行。歷年以來，以事實上之窒礙，又屢有修改。如各縣定報，向由省城轉寄，往往耽延時日，中間又徒多收發手續，後改爲直接寄遞之類。袁世凱稱帝，以政事堂爲其承流宣化之機關，各官署文件均由機要局抄送，故政府公報所載，率爲通行之公文。有關係者，均爲隱匿。袁死，始行恢復舊制。是亦關于政府公報之一故實也。

政府公報之體例，略可分：(一)法律，由國會議決，經大總統命令公布之一切法律屬之；(二)命令，大總統命令、軍令、及國務院令、各部院令等屬之；(三)布告；(四)公文，京內外各官署呈文、咨文、咨呈、公函等屬之；(五)批示；(六)公電；(七)通告；(八)判詞；(九)外報，駐外各使署領事館商務隨員等之報告通信屬之；(十)附錄，凡不屬于上列各類之文件屬之，如地方自治及衞生消防違警等事項，幷譯錄東西文各報，惟旣名附錄，自與正報有別，不一律發生效力也。

武昌起義時之官報

中華民國公報

特殊之官報

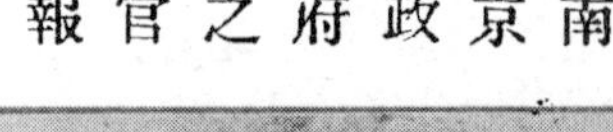
南京政府之官報

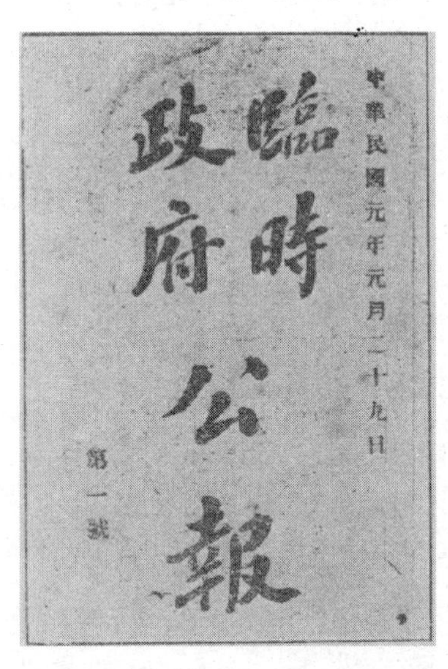

洪憲元年之官報

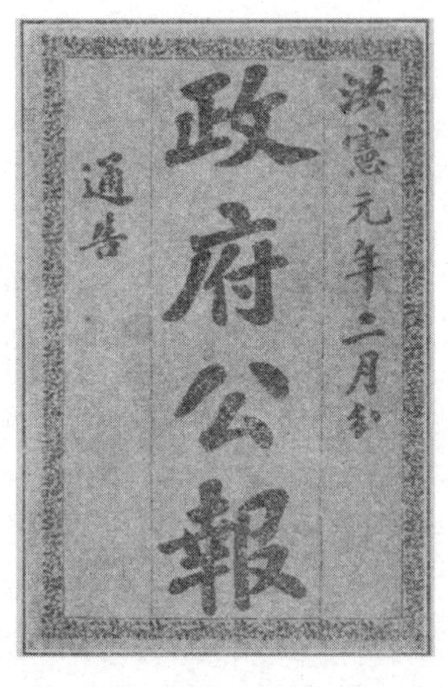

宣統九年之官報

廣州政府之官報

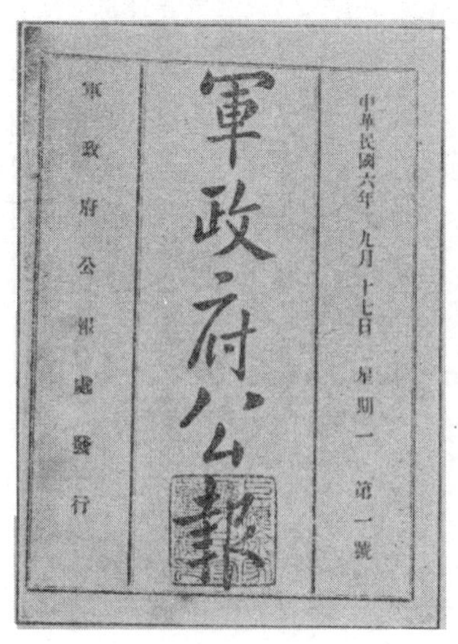

民國以來，事務日繁，部有部公報，省有省公報，一省之內，廳局又各有公報。其他如參議院、衆議院，亦莫不有公報。其名不勝枚舉，亦時勢所要求也。吾因政府公報及其他公報與官報之性質同，且有連續之關係，遂附述于本章之末焉。

（註一）政府公報條例

第一條　政府公報爲公布法律命令之機關，凡法令及應行公布之文電等，統由政府公報刊布。

第二條　中央各官署通行官外文書，既由政府公報刊布，各官署毋庸再以文書布告。其各官署單行之件，并非通行及未便公布者，仍自用文書傳達。

第三條　中央各官署，均須派定專員，將應通行之文件逐件檢校蓋章簽字，送交印鑄局刊登公報。有非通行文件可以刊布者，得並送印鑄局酌量刊布。各署專員與印鑄局辦理公報人員，得互相商訂交付文件事宜。

第四條　凡未經政府公報刊布之章程文電，有在其他報紙及印刷品登載者，不得援據。

第五條　凡法令除專條別定施行期限外，京師以刊布政府公報之日起，各省以政府公報遞到該省最高行政官署之日起，即生一體遵守之效力。其先期接有官發印電及文書者，不在此限。

第六條　政府公報到達各地方日期，酌定如左：

奉天省城	五日	直隸 天津 保定	三日	吉林省城	十二日
黑龍江省城	十四日	山東省城	五日	山西省城	四日
江西省城	十日	湖北省城	五日	湖南省城	十日

浙江省城　十日	河南省城　四日	江蘇（江寧、蘇州）　十日
廣西省城　二十六日	安徽省城　十日	廣東省城　十二日
福建省城　十二日	四川省城　三十日	青州　十四日
甘肅省城　三十日	新疆省城　八十日	陝西省城　二十日
貴州省城　四十日	興京　十二日	雲南省城　四十日
熱河　十日	綏遠城　十二日	察哈爾　四日
寧夏　四十日	烏里雅蘇台　七十五日	伊犁　九十日
密雲　四日	涼州　四十五日	歸化城　十二日
山海關　四日	馬蘭鎮　七日	泰寧鎮　三日
庫倫　十二日或二十日	西藏　一百二十日	西寧　四十五日
阿爾泰　八十日		

第七條　各省城及各屬所閱之政府公報，均由印鑄局直接逕寄各屬，應繳之報費郵費，均交該省行政長官彙齊匯解印鑄局。

第八條　各省行政長官應於屬員中特派一人經理收集報費事宜，並將該員簡明履歷咨送印鑄局備案，准由所收報費中提給二成以示獎勵。

第九條　京外各官署均有購閱政府公報之義務，應由各該長官派定數目，開單送印鑄局照寄。

第十條　在京各官署送刊之件，每日下午三點鐘以前到局者，即登翌日公報；逾時則須延第三日登布。其收到時刻，以印鑄局收文憑單所註為據。

第十一條　在京各官署送刊之件，字畫務求明晰，易於辨認；如過於草率或致錯訛，應由各官署自負其責。

政府公報發行章程

第一條　政府公報由印鑄局發行所發行。

第二條　政府公報按照陽曆每日出報一號。定購一月者，收回報費大洋八角，三月二元三角，半年四元五角，常年八元。須先繳報價，郵費在外。零售以本日爲限，每號銅元五枚。

第三條　中央各部院及各地方高級官署，按日送閱一份，不收報費；其向印鑄局定購公報者，在京於每日出報後即刻派人專送，各地交郵局遞寄。

第四條　在京分送各報，係由印鑄局送報夫役走送者，均登送報簿，如有遺漏遲誤，閱報人得隨時函告印鑄局辦理，其外寄各報如有遺誤者，亦同。

第五條　應寄各地方官署之報，按日包封，於封面蓋用印鑄局發行戳記。

第六條　凡遠方定購公報，預繳報費後，給予定報收單，即照開明地址，分別寄送。如有遷移事故，須隨時知照以便更改。

第七條　政府公報除在京由印鑄局發行所直接收費外，其外省報房各公報局商報館以及殷實店鋪，有願代銷者，告知印鑄局發行所，訂明認領報數，即可照發，另給報價二成作爲酬勞。惟應先付報價三個月，以昭憑信。願領多分者另訂合同。

第八條　凡內外官商紳民欲刊印單篇告白隨報附送者，可函告印鑄局核定刊登，其附送以本京爲限。五行起碼，每日五元。六行以外，每行加五角。紙費另加。刊登廣告者第一日每行二角四分，第二日至第七日每日每行一角六分，第八日至第十五日每日每行一角二分，第十六日至一個月每日每行八分。登至半年，每月每行一元六角。均以兩行起碼，每行四十字，大字照加。其各官署官有事業官立學堂之廣告，除第一日照公布之例不收刊費外，其繼續登載，一律收費。

第九條　凡代銷政府公報者，除照郵政定章酌收郵費外，概照印鑄局定價發售，不得私自增加。

第十條　本章程自公布之日施行。

第二十一節　結論

本書從順序上不得不先論官報，於未論官報功過之先，應一述歷史上之事實。

秦得天下，民議其政者有誅，民相偶語者有禁，君與民隔，何啻萬里？漢法稍疏，故三老尚得干預朝政，而有進言於皇帝者。然孔光於温室之樹，尚不敢言其數，其他可知；其朝政之祕密，亦可知矣。魏晉以後，李唐以前，治少亂多，兵不厭詐，事更祕密，故臣下愈無敢洩漏其機密者。貞觀之治，稍覺近古。太宗好名，尚能不隱過失，民間疾苦，亦不壅於上聞。厥後高宗昏暗，武氏臨朝，下有告密之風，上多羅織之事，其朝政更不堪言。明皇紹統，開元之治，幾及貞觀；天寶之後，艷妻擅寵于內，奸相專權於外，及至播遷之日，始聞父老之言，而勢已無及矣。至德以後，天下用兵，詔制皆從中出。乃妙選臣僚爲翰林學士，內擇一人年深德重者爲承旨，獨承密令，其禁有四：曰漏泄，曰稽緩，曰遺失，曰忘誤。雙日起草，單日宣旨，遇有機要，則亦雙日繕焉。首禁既在漏泄，臣下又何敢故犯其禁以買禍？所以遇有機要之事，其底稿不敢宣示於衆，惟同列尚能知之。其他朝臣，不敢過問，即問之，恐亦如孔光之不言，反不如不問之爲愈也。又安敢筆之于書，播之于衆，相傳于草野之間哉？由唐而五代，而兩宋，而元，而明，而清，相沿成風，未之或改。故邸報之所得而傳錄者，僅在習聞習見之事，至于機要大事，則付缺如。專制之下，言禁必嚴，勢也！

雖然，昔人有言；欲知古事，莫如閱史；欲知今事，莫如閱鈔。故明季黃陶庵，館于錢牧齋家，得閱邸報，知朝政，發爲文章，遂多譏諷時事之作。卒能以一書生守孤城，死節報國。清初顧亭林，讀書旅中，實錄奏報，手自鈔節。其日知錄一書，由體及用，將以待一治於後王，而躋斯世于隆古之盛。故古之學者，莫不誦當世之法，讀當世之書，學貴致用，理宜然也。

我國之有官報，在世界上爲最早，何以獨不發達？其故蓋西人之官報乃與民閱，而我國乃與官閱也。「民可使由，不可使知，」爲儒家執政之祕訣；階級上之隔閡，不期然而養成。故官報從政治上言之，固可收行政統一之效；但從文化上言之，可謂毫無影響，其最佳結果，亦不過視若掌故，如黃顧二氏之所爲耳。進一步言之，官報之唯一目的，爲遏止人民干預國政，遂造成人民間一種「不識不知順帝之則」之心理；於是中國之文化，不能不因此而入於黑暗狀態矣。

第三章　外報創始時期

我國現代報紙之產生，均出自外人之手。最初爲月刊，週刊次之，日刊又次之。本章所述，以中文雜誌爲一類，日報爲一類，外國文報紙又爲一類，而譯報附焉。並爲便利起見，一論今日外報在我國之狀況。至我國人所自辦之報紙，並無外人資本在內，僅雇用外人或掛洋旗者，概不列入。

第一節　外報之種類

(一) 中文雜誌

官報僅輯錄成文，無訪稿，無評論，蓋 Bulletin 之一類耳。若在我國而尋求所謂現代的報紙，則自以馬六甲(Malacca) 所出之察世俗每月統紀傳(原名 Chinese Monthly Magazine)爲最早，時民國前九十七年(嘉慶二十年) 西曆一八一五年八月五日也。

先是，嘉慶十二年(一八〇七年)之春，倫敦佈道會遣馬禮遜(Robert Morrison) 來我國傳教，是爲基督教新教入我國之始。馬禮遜在倫敦，嘗從粵人揚善達遊。又在博物院中得讀中文新約及拉丁文中文字典合璧，而一一親自謄錄之。至廣州後，又繼續練習中語，故當時歐人之精通中文中語者只三人，馬禮遜其一也。

當時歐人之來我國者，以經商爲範圍。故馬禮遜之行爲，極爲官廳所注意。基督教舊教中人尤忌之，至不許其居留澳門。馬氏幸兼任東印度公司翻譯，始得免於驅逐。馬禮遜之工作，最致力於文字。初編輯華英辭典及文法，又翻譯新約爲中文，祕密雇人刻板。乃事機不密，爲官廳所知，刻工恐禍將及己，舉所有付之一炬，以滅跡，損失甚鉅。嘉慶十八年，倫敦佈道會又派米憐（William Milne）東來爲之助。次年，馬禮遜亦收得刻工蔡高爲教徒，此爲我國人崇信基督教新教之始。馬禮遜知官廳偵之嚴，恐再蹈前轍，乃遣二人同往馬六甲設立印刷所，印刷書報，並創辦華英書院，教授中國人以英文。察世俗每月統紀傳，即發刊於斯時也。

米憐先生

察世俗每月統紀傳，自嘉慶二十年起，至道光元年止，（一八一五年至一八二一年）凡七卷，五百七十四頁。內有數期，由馬禮遜麥都思（Walter Henry Medhurst）及梁亞發三人編輯，餘均出自米憐一人之手。梁氏爲

馬禮遜　梁滔　梁亞發

合編書報圖

梁亞發（亦譯梁發）生於乾隆五十四年。世居粵東內地，距廣州約二百里。家貧，十一歲始就塾讀書，十四歲輟學。初在廣州學筆工，繼爲梓民。嘉慶十五年，因母喪，曾返里一次。嘉慶二十年，隨米憐赴馬六甲，刻印華文書報。次年受洗入基督教新教。嘉慶二十四年回國，爲宣傳教旨特刊小書，分貽諸親友。時官廳視該教爲異端，捕梁笞三十，並籍沒小書木版火之。越二日，由馬禮遜設法保釋，再往馬六甲。道光三年，由馬禮遜聘爲倫敦傳道會助手。道光七年，受教士職，中國之第一基督教新教教士也。道光十四年，官廳以其在內地分送教會書報，又捕之，幸馬禮遜之子時在英領署，出資斡旋，乃得釋放。親友咸勸其避往馬六甲，梁因挈子去南洋，來往馬六甲新加坡間，勤勞無間。道光十九年，再返祖國，每日向鄉人講道，老而不倦。至咸豐五年謝世，享年六十六歲，葬廣州河南鳳凰岡。其著述之可考者，有救世撮要略解，熟學聖理略論，眞道問答淺解，聖書日課初學便用，勸世良言小書等。其最後一種，洪秀全曾加翻印，傳播最廣。

米憐所收之教徒，我國之第一基督教新教教士亦即正式服務報界之第一人也。

此報所載關於宗教之事居大半，餘爲新聞及新智識。最初每期印五百册後增至二千册。每逢粵省縣試府試與鄉試時由梁亞發攜往考棚與宗教書籍一同分送；餘則藉友人遊歷船舶之便利，銷售於南洋羣島暹羅交趾支那各地華僑薈萃之區。其第二期中，米憐曾自述辦報之旨趣如下：

「第一期本報文字印刷，皆不免於簡陋之譏。惟績學之士，當能心知其意，而曲爲之諒。記者深願此後假以時日，俾得於中國文字研究益深而逐漸加以改善。至本報宗旨，首在灌輸智識，闡揚宗教，砥礪道德，而國家大事之足以喚醒吾人之迷惘，激發吾人之志氣者，亦兼收而並蓄焉。本報雖以闡發基督教義爲唯一急務，然其他各端，亦未敢視爲緩圖而掉以輕心。智識科學之與宗教，本相輔而行，足以促進人類之道德，又安可忽視之哉。中國人民之智力，受政治之束縛而呻吟顚頓，無以自拔者，相沿迄今二千餘載。一旦欲喚起其潛伏之本能，而使之發揚蹈厲，夫豈易事？惟有抉擇適當之方法，奮其全力，竭其熱忱，始終不懈，庶幾能挽回於萬一耳。作始雖簡，將畢必鉅，若干人創之於前，若夫發揮光大，則後之學者，責無旁貸矣。是故不揣譾陋，而率爾爲之，非冒昧也，不過樹之風聲，爲後人之先驅云爾。

「本報篇幅有限，種種資料，自不能網羅無遺；然非割棄或停止也，將循序而爲之耳。前此所載論說，多屬宗教道德問題，天文軼事傳記政治各端，採擇甚寡。此則限於地位，致較預計爲少，非本意也。

「欲使本報隨時改良以引起讀者之興味,非竭教士一人半月之時間以從事於斯不爲功,且須徵求外來稿件,以補其不足。記者甚願致力於是。他日國人之習華文者日多,當有佳作以光本報之篇幅,而年來最不易得者,即此項資料是也。本報發展,尙在萌芽時代,更無酬報可言。年來月印五百册,藉友人通信遊歷船舶之便利,以銷售於南洋羣島暹羅交趾支那各地華僑薈萃之區,而內地亦時有輸入焉。近者改印一千册,需要大增,銷路漸暢,三四年後,或能增至二千册以上,未可知也。」(註一)

繼察世俗每月統紀傳而起者,爲特選撮要(原名Monthly Magazine)發刊於巴達維亞(Batavia)。自道光三年起,至道光六年止(一八二三年至一八二六年)凡四卷,所載爲宗教、時事、歷史及雜俎等。

天下新聞(原名 Universal Gazette)。自道光八年起至道光九年止,(一八二八年至一八二九年)發刊於馬六甲,爲麥都思等所編輯,所載爲中國新聞、歐洲新聞、科學、歷史與宗教之類。此報係活版與報紙所印,在當時爲創見。

東西洋考每月統紀傳(原名 Eastern Western Monthly Magazine),自道光十三年起至十七年止,(一八三三年至一八三七年)凡四卷。最初發刊於廣州,所載爲宗教、政治、科學、商業與雜俎等。後由郭實獵(Charles Gutzlaff)主持,遷至新加坡。至道光十七年,又讓與在華傳播實用知識會(The Society for the Diffusion of Useful Knowledge in China)。此報發刊於中國境內,故我國言現代報紙者,或推此爲第一種,因前三種皆發

遐　邇　貫　珍

封　面

一千八百五十三年十月朔日　第叁號

遐邇貫珍

香港中環英華書院印送
每號收回紙墨錢十五文

中文紀事

近日雜報

江蘇上海縣於八月初五日晨，爲閩粵人聚黨搆鬭，戕縣令，刼監司，毀文武大小各署，蓋所謂小刀會也。玆述其事之始末於篇。上海邑處邊疆，五方雜處，而閩粵人居多，良莠不齊，居恒逐利構怨，樹黨相讐殺，近則小刀會興焉。會中設判七黨，閩則曰建，曰興，曰化，粵則曰廣，曰潮，曰嘉應，浙則曰寧波，而土著則上海也，合之數千人，居無恒產，出無執業，擄掠搶攘，其資生之具，莫非開所從來。癸丑春，金陵戒事，起上海備兵觀察使吳，修具戒嚴，遂募其黨人，號壯勇，備防堵，給餉有差。然黨與既衆，餉不能遍及，且集事不久，時患稍紓，輒去其籍。隙乃由此生，未幾，厦門警報至，益附和思亂，道路藉藉，皆言小刀會起事在旦夕矣，當事者微聞之，不以爲意，使此時設法解散，或俟其釁萌始生時，聚而殲旃，固向易爲力，而當事

英文目錄

CHINESE SERIAL.

Vol. I.　No. 3.

INDEX OF CONTENTS.

I.—History of Foreign Intercourse with China. (1st Part.)

II.—The late Comet. (Communicated.)

III.—The British Constitution.

IV.—Fable of the Lion, the Gnat, and the Spider.

V.—Miscellaneous News:—

Capture of Shanghae.

Edict of Canton Authorities declaring Mexican Dollars and other Foreign Coins current at their intrinsic value.

Proclamation by the Queen of England declaring the Silver Coins of the United Kingdom an illegal tender in payment of Sums exceeding Forty Shillings; to take effect in Hongkong on the 1st October, 1853.

香港新聞

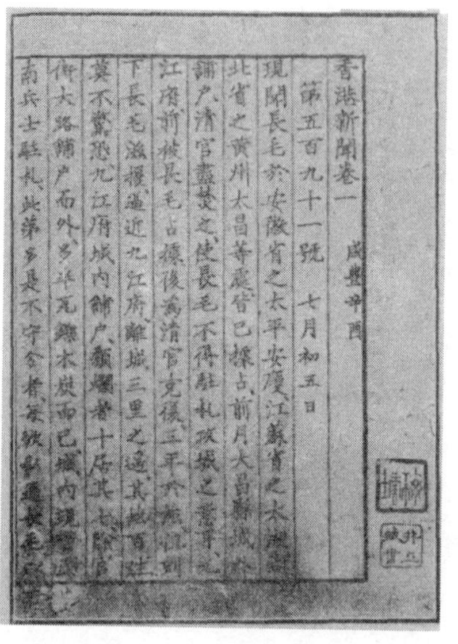

香港新聞卷一　咸豐辛酉

第五百九十一號　七月初五日

現聞長毛於安徽省之太平安慶、江蘇省之太[illegible]
此省之黃州大昌等處皆已擄占，前月大昌縣城於
舖戶清官盡焚之，使長毛不得駐札，攻城之營寺
江府前被長毛占據後為清官克復，三平[illegible]
下長毛滋擾逼近九江府，離城三里之遙，其地百姓
莫不驚恐，九江府城內舖戶搬遷者十居其七[illegible]
街大路舖戶面外多半瓦礫木炭而已，城內現[illegible]
兩兵士駐札，此等多是不守令者，恣放[illegible]

中外新報

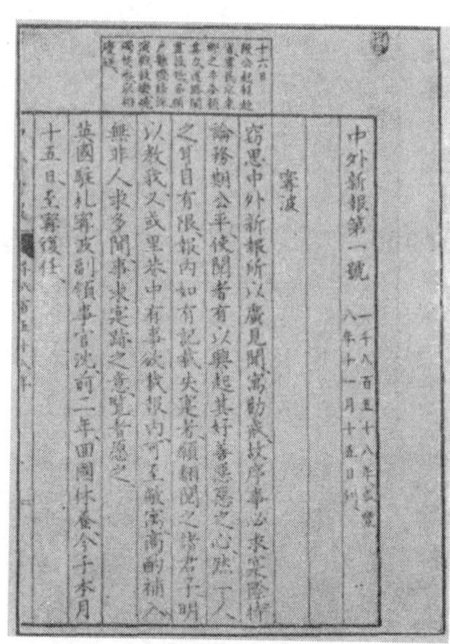

中外新報第一號　一千八百五十八年咸豐八年十一月十五日刊

寧波

竊思中外新報所以廣見聞、寓勸戒，故序事必求實際，持
論務期公平，使閱者有以興起其好善惡惡之心，然一人
之耳目有限，報內如有記載失實者，願翻閱之諸君子明
以教我，又或里巷中有事欲載報內，可至敝寓商酌補入，
無非人求多聞事求實跡之意，覽者恕之

英國駐札寧波副領事官沈，前二年回國休養，今于本月
十五日至寧復任。

六合叢談之內容

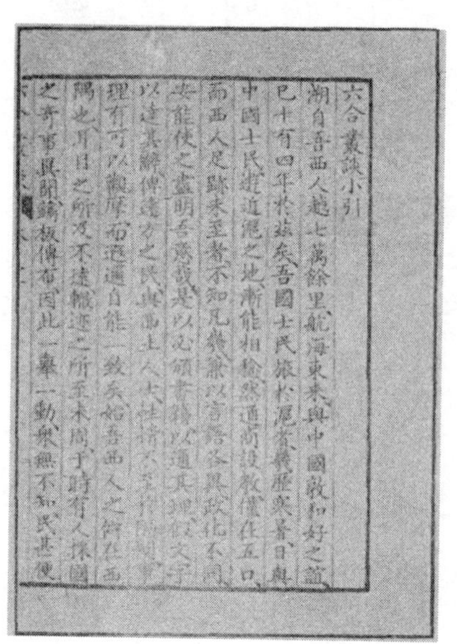

六合叢談小引

溯自吾西人越七萬餘里，航海東來，與中國敦和好之誼，
已十有四年於茲矣。吾國士民旅於滬者，歷有年日，與
中國士民遊。滬之地漸能相輸，然通商設教僅在五口，
而西人足跡未至者，不知凡幾。余以言語各異，政化不同，
安能使之盡明吾意哉？是以必頒書籍以通其理，假文字
以達其辭，俾遠方之民與西土人士，性情不至[illegible]
理有可以觀摩而透通，自能一致矣。始吾西人之僑在西
隅也，耳目之所及，不達舟車之所至，未周于時，有人採國
之奇事異聞，鑄板傳布，因此一舉一動，無不知，民甚便

六合叢談之封面

六合叢談

九月朔日

江蘇松江上海墨海書館印

刊於南洋也。

道光二十二年（一八四二年），香港以鴉片戰爭之結果，割於英。英華書院卽由馬六甲遷至香港。斯時教士之從歐美來者漸衆，所製中國鉛字亦漸完備，於是出版事業日興。茲擇其重要者，略記於後：

遐邇貫珍（原名 Chinese Serial），自咸豐三年起（一八五三年），每月發行於香港，每册自十二頁至二十四頁。初由麥都思爲主筆；次年由奚禮爾（C. B. Hillier）爲主筆；咸豐六年（一八五六年），改由理雅各（James Legge）爲主筆。旋卽停刊。

中外新報（原名 Chinese and Foreign Gazette），爲半月刊，於咸豐四年（一八五四年）發刊於寧波；每期四頁，所載爲新聞、宗教、科學與文學。咸豐六年（一八五六年）改爲月刊，始由瑪高溫（Daniel Jerome Macgowan）主持；後彼赴日本，乃歸應思理（E. B. Inslee）主持，至一八六〇年停刊。

六合叢談（原名 Shanghai Serial）（註二），於咸豐七年（一八五七年）發刊於上海，每月一册，所載爲宗教、科學、文學與新聞等。大半出自偉烈亞力（Alexander Wylie）之手，餘係投稿。次年遷至日本印刷，較精美。但關於宗教之著作，均被删去文字之旁，且加入日本文法之符號。旋卽停刊。

香港新聞爲孖剌報（China Mail）之副刊。自咸豐十一年（一八六一年）起，凡八卷，專紀船期、貨價，係純粹商業性質之雜誌。

中外雜誌（原名 Shanghai Miscellany），於同治元年（一八六二年）發刊於上海。每月一册，約十二頁至十五頁，所載除普通之新聞外，有關於宗教、科學、與文學之著作；英人麥嘉湖（John Macgowan）爲主筆。至同治七年（一八六八年）停刊。

林樂知先生

中外新聞七日錄（原名 Chinese and Foreign Weekly News），於同治四年（一八六五年）發刊於廣州。所載爲新聞、科學、宗教、與雜俎等；查美司（Chalmers）爲主筆。

教會新聞，自同治七年（一八六八年）起，每週發行於上海。林樂知（Young J. Allen）爲主筆，慕維廉（William Muirhead）艾約瑟（Joseph Edkins）助之。此報既專言宗教，則銷路自不能暢，故出至三百期時，即易名萬國公報（原名 Chinese Globe Magazine），每月發行，兼言政教。光緒二年（一八七六年），又增出益智新錄（原名 A Miscellany of Useful Knowledge），爲專言科學之姊妹刊。光緒十七年（一八九一年）又增出中西教會報（原名 Missionary Review），爲專言宗教之姊妹刊。惟亦因銷路不暢，未幾即廢。至萬國公報之

中外雜誌之封面

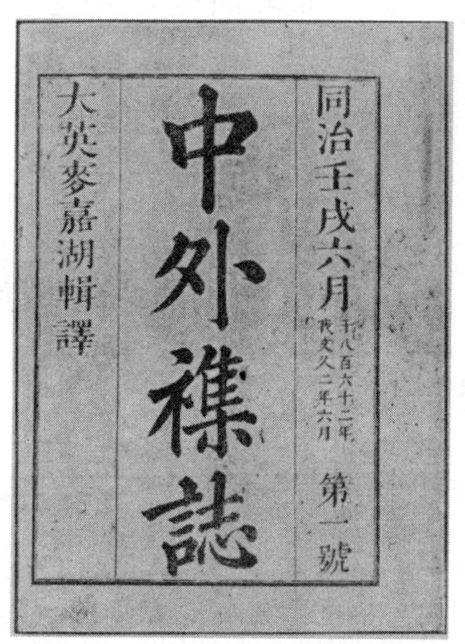

中外雜誌之內容

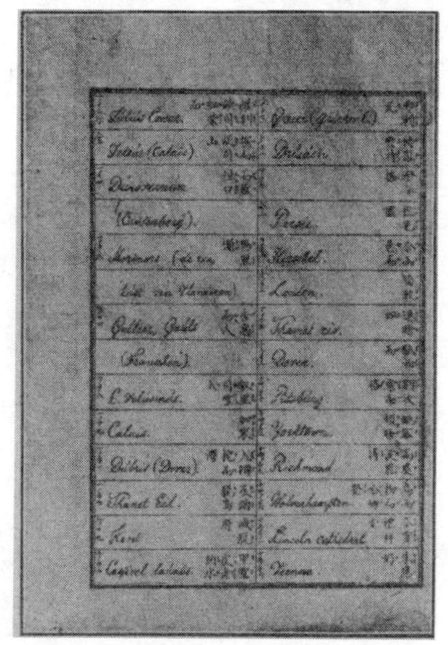

教會新報創刊號

西國近事彙編

益聞錄

天主降生一千八百七十八年十二月十六日

大清光緒四年十一月廿三日 本書館聯設上海徐家滙

第一號

益聞錄創刊號

體例，亦屢有更變。蓋出資者多教士，主張盡登有關傳教之文字，而普通閱者則又注重時事，故於政教二方面之材料，頗難無所偏重。然至光緒三十年（西曆一九〇四年）始停刊，其中所載文字，以中東戰紀爲最有價值，足以喚醒中國人士。林樂知支持此報先後至三十七年之久，其熱心毅力，不能不令吾人欽佩也。

中西聞見錄，於同治十年（一八七二年）七月發刊於北京。由京都施醫院編輯，雜錄各國近事，及天文、地理、格致之學。時北方多雨，河決屢見，該報關於預防水災之法，言之綦詳，故頗爲學者所稱道。光緒二年（一八七六年），易名格致彙編（原名 Chinese Scientific Magazine）發行於上海，由英人傅蘭雅主持，後由月刊改爲季刊，至光緒十六年（一八九〇年）始終止。

小孩月報（Child's Paper），於光緒元年（一八七五年）出版於上海，爲范約翰（J. M. W. Farnham）所編輯。連史紙印，文字極淺近易讀，有詩歌、故事、名人傳記、博物、科學等。插畫均雕刻銅版，尤精美。至民國四年改名開風報，但出五期即止。

益聞錄自光緒四年起（一八七八年）發行於上海，爲半月刊，未久改爲週刊，由南匯李杕主編。光緒二十四年（一八九八年）與格致新聞合併，易名格致益聞匯報，每星期發行二次。光緒三十四年（一九〇八年）又簡稱匯報（原名 Revue Pour Tous），而分別出版。時事彙編，每星期出兩次；科學彙編，每兩星期出一次。關於科學問答，由比人赫師慎（Van Hee）任之。次年赫師慎回國，科學彙編遂停，此後匯報乃成專紀時事之半週刊，至民國元年，又易名聖教雜誌，每月發行，至今存在。此報爲基督教舊教之言論機關，繼續出版四十餘年。在外人所創辦之雜誌中，當以此爲最久。

圖畫新報（原名 Chinese Illustrated News），自光緒六年（一八八〇年）起至民國二年止，爲上海聖教書會所出版。每月發行，連史紙雕刻銅版精印。有地圖、風景、天文、地理、科學、風俗、時事、名人像等。

益文月報創刊於光緒十三年六月，每月發行於漢口。首論天文、地理、格物之學；次載一切新機新法，及略選各省近事；末錄詩詞歌賦，並醫學。木版印，每册三十頁左右。

亞東時報，自光緒二十四年五月至二十六年三月，發行於上海，爲日人組織之乙未會所編輯。每册約三十頁，連史紙印。始爲旬刊，繼改爲半月刊。所載分論說、彙譯、雜錄、詩賦等；以中日攜手相標榜。

大同報爲上海廣學會所出版。自光緒三十二年（一九〇六年）至民國六年止，每週發行。分論說、譯著、新聞三部。譯著材料最豐富，包括哲學、教育、歷史、宗教、農業、動植物等。

外此，據倫敦中國報載，西曆一八九五年，德國勃立門地方，曾出一中文報紙，名曰日國（日耳曼），爲柏林大學掌教東方語言文字者所編輯，印刷極精美，專言中德商務。其創刊號凡一百五十二頁。又據聖彼得堡威得莫斯地報載，同年俄京曾出一中俄文合璧之報紙，爲聖彼得堡大學東方學科清語學系所編輯，專紀中俄交涉事宜。外人在本國創辦中文報紙，當以此爲僅見。

(註一)見 Chinese Repository 第二卷第二百三十四頁。惟彼從漢文譯成英文，此又從英文譯成漢文，與原義恐不無出入。

(註二)六合叢談小引　溯自吾西人越七萬餘里航海東來，與中國敦和好之誼，已十有四年矣。吾國士民旅於滬者，幾歷寒暑，日與中國士民遊，近滬之地，漸能相稔。然通商設教，僅在五口，而士人足跡未至者，不知凡幾，乘以言語各異，政化不同，安能使之盡明吾意哉?是以必須書籍以通其理，假文字以達其辭，俾遠方之民與西土人士性情，不至於隔閡，事理有可以觀摩，而遐邇自能一致矣。始吾西人之僻在西陲也，耳目所及不遠，轍迹所至未周，於時有人採國之奇事異聞，鐫板傳布，因此一舉一動，衆無不知，民甚便之。迨後日積月盛，其規漸拓，至於家喻戶曉，不獨富貴者能知之，卽貧賤者亦預聞焉。軍國之政，先覩爲快，貨殖之書，不脛而走，蓋幾視四海如一室矣。今予著六合叢談一書，亦欲通中外之情，載遠近之事，盡古今之變，見聞所逮，命筆志之，月各一編，罔拘成例，務使穹蒼之大，若在指掌，瀛海之遙，如同衽席。是以瑣言皆登諸紀載，異事不遺於流傳也。是書中所言天算輿圖及民間事實，纖悉備載。粤稽中國載籍極博，而所紀皆陳迹也。如六經諸子三通等書，吾人皆喜泛覽涉獵而獲其益，因以觀事度理，推陳出新，竭心思以探奧略，舍舊說而拟妙法，惟在乎學之勤而已。比來西人學此者，精益求精，超前軼古，啓名哲未言之奧，闡造化未洩之奇，請略舉其綱：一爲化學，言物各有質，自能變化，精識之士，條分縷析，知有六十四元，此物未成之質也；一爲察地之學，地中泥沙與石，各有層累，積無數年歲而成，細爲推究，皆分先後。人類未生之際，鴻濛甫闢之時，觀此朗如明鑑，此物已成之質也；一爲鳥獸草木之學，舉一骨卽能辨析入微，知全體形狀之殊異，植羣卉卽能區別其類，如列國氣候之不同；一爲測天之學，地球一行星耳，與他行星同，遠地球者爲定星，定星之外，則有星氣，星氣之說，昔以爲天空之氣，近以遠鏡窺之，始知係恆河沙數之定星所聚而成，今之談天者，其法較密於古，中國古時有天元求一諸法，今泰西代數最深者爲微分法，以之推算天文，無不觸處洞然矣；一爲電氣之學，天地人物之中，其氣之精密流動者曰電氣，發則爲電，藏則隱含萬物之內，昔人畏避之，以其能殺人也，今則聚爲妙用，以代郵傳，頃刻可通數百萬里；別有重學流質數端以及聽視諸學，皆窮極毫芒，精研物理，凡此地球中生成之庶彙，由於上帝所造，而考察之名理亦由於上帝所畀，故當敬事上帝，知其聰明權力無限無量。蓋明其末必深其本，窮其流必溯其源也。泰西歷代相傳之聖經新舊約書，自開闢宇宙以迄聖子降生，上下數千年間，治亂興廢之事，靡不悉舉，讀之深信不疑。劉覽古今，援考史册，知聖經所言，若合符節。今於是書中，亦當詳論之，以明非世人所能臆說其言。帝子耶穌，爲世救主，普天之下，咸當敬畏，率土之廣，並宜尊崇吾儕託其宇下者，自宜闡發奧旨，藉以顯其榮光。因思大地之上，惟一造物主，萬民之生，惟一救世主，眞道流行，無遠弗屆，聖教所被，靡人不從，是則所望於格物名流也。嗚呼，疆域雖有攸別，學問要貴相資，聖人不能無過，愚者尙有一得，以中外之大，其所見所知，豈無短長優絀之分哉？

(二) 中文日報

我國現代日報之產生，亦發端於外人。蓋斯時商務交涉日繁，其材料非雜誌所能盡載也。香港之孖剌報，於民國前五十四年（咸豐八年）卽西曆一八五八年，由伍廷芳提議，增出中文晚報，名曰中外新報；始爲兩日刊，旋改日刊，爲我國日報最先之一種。繼之而起者，爲西洋人羅郎也之近事編錄；德臣報（Daily Press）之華字日報，上海則有字林洋行之上海新報，與滬報，英人美查（F. Majer）之申報；丹福士之新聞報；天津則有德人德璀琳（S. Detring）之時報，及漢納根之直報，北京有德人畢連士之北京日報。惟歲月既久，人事變更，今巍然尙存者，祇上海之申報與新聞報，香港之華字日報三種耳。

中外新報爲孖剌報之中文版。初該報因印刷中英合璧字典，曾購中文活字一副，旋從伍廷芳之建議，附刊中文報紙，卽延伍氏主其事。西人對於中文報紙之經營，當然非其所長，且在斯時，華人之有報紙，實爲創見，辦理尤非易易；故名爲孖剌報所有，實爲華人單獨主持，所有一切營業權利，皆屬華人，而孖剌報只每年享有若干權利，以爲報酬而已。聞其互惠條件，大約孖剌報之店面及機器鉛字，供中外新報之用，不取租值，只取印刷工價，中外新報則

香港中外新報

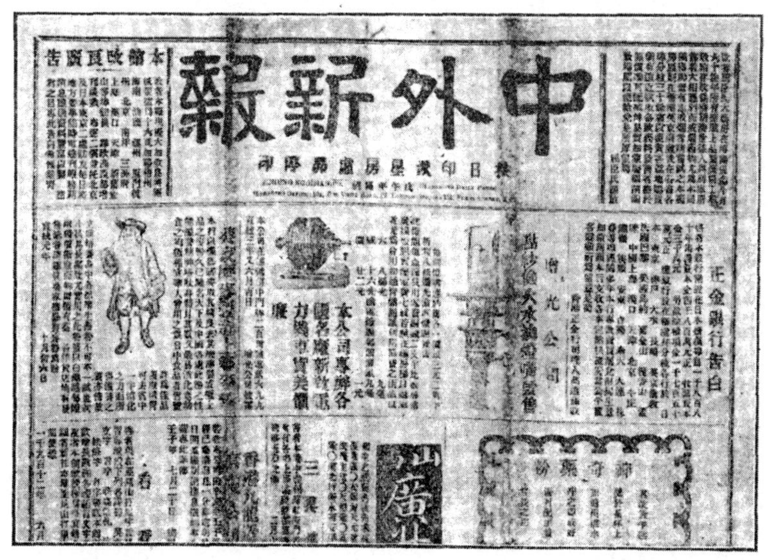

中外新報

華字日報

正面　　背面

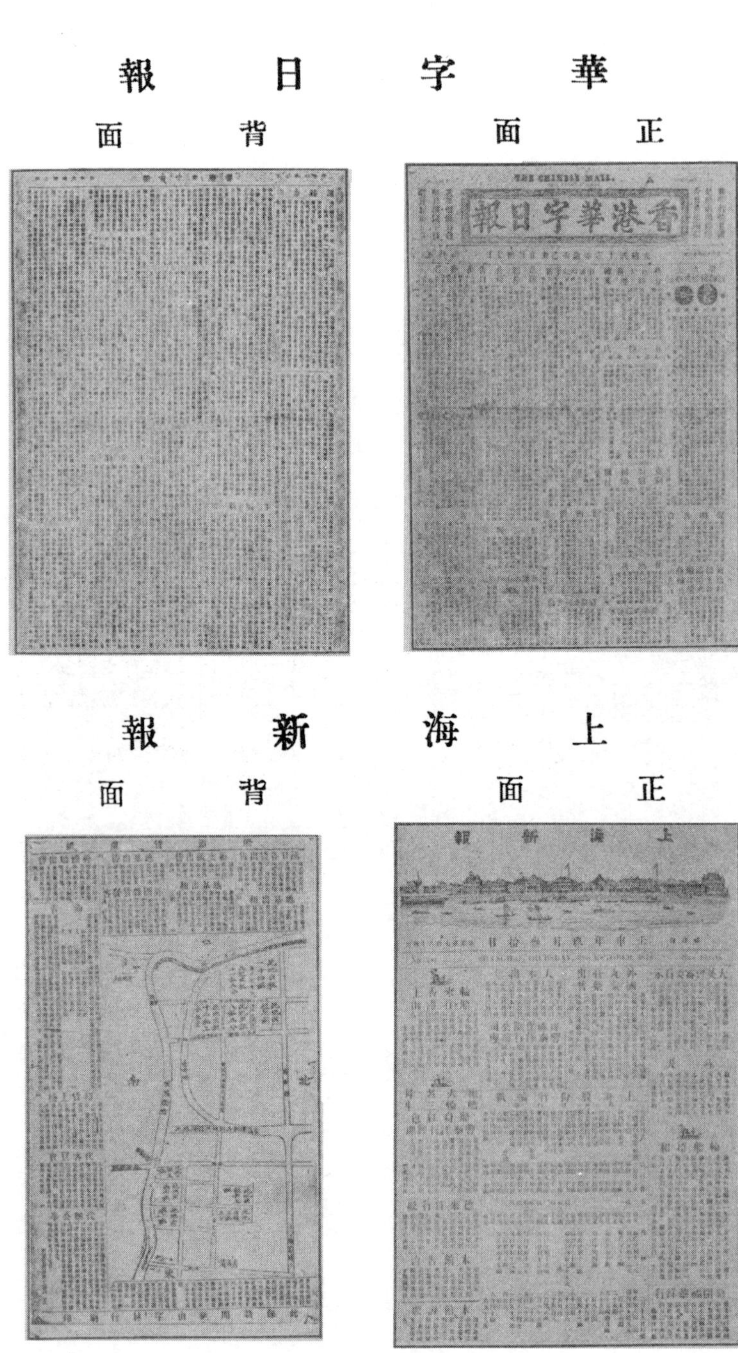
THE CHINESE MAIL.

香港華字日報

上海新報

上海新報

正面　　背面

登載孖刺報所招來之西人廣告，亦不取費。此爲淸末時事，創始時是否如此，則不得而知之矣。民國初元，該報攻擊龍濟光頗力，爲粵人所歡迎，銷數逾萬，爲該報之最盛時期。然經理無方，財政非常蹋蹶，乃加入新股若干。歐戰時，段祺瑞力主參戰，該報持論反對，爲港政府所控，從輕罰鍰百零一元。該報新股東多係穩健商人，經此波折，不欲再辦。其時龍濟光已退守瓊崖，而圖粵之心未死，乃收買該報，以爲言論機關。然該報之機器鉛字，並非己有，龍氏之所謂收買者，不過每月撥款若干，充該報經費，而派人管理收支，主持編輯而已。於是該報言論，遂由反龍而變爲擁龍，前後若出兩報，誠該報歷史上之一大缺憾也。迨龍氏再敗，瓊崖不守，該報經濟告絕，惟有停版，資格最老之中外新報，至此遂廢。

中文日報之現存者，當以華字日報爲最早。該報創刊於同治三四年間，爲德臣報之中文版。動議者爲該報主筆陳藹亭，而其戚伍廷芳何啟實助成之。陳氏邃於國學，因鑒香港割讓於英以後，華人以得爲買辦通事爲榮，不特西學僅得皮毛，且將祖國文化視若陳腐，思藉報紙以開通民智，乃展轉向教會西人購得舊鉛字一副，編輯陳氏自任之，印刷發行由德臣報任之。初創時，篇幅甚小，僅及今日該報四分之一。其取材亦不外翻譯西報及轉載京報而已。未幾，陳氏奉命爲駐美使館參贊及古巴總領事，乃由其子斗垣繼任。篳路藍縷，漸臻發達。後報館失愼，舊報盡付一炬，從此中西兩報乃各立門戶，華字日報不復爲德臣報之附庸矣。

上海新報發刊於同治元年正月，（一八六二年）爲字林報（North China Daily News）之中文版。洋紙兩面印大小約抵普通報紙四分之一。每二日出一紙星期日亦停刊。由伍德（Wood）林樂知等編輯，其新聞太半譯自字林報，餘則轉錄京報及香港報紙。時洪秀全已奠都金陵，該報以外人及教會之關係，能探得官軍及太平軍雙方消息而並載之。故凡注意戰事者，靡不人手一紙。迨申報出版，該報亦改爲日刊，且核減報價，刷新內容，以與之競爭。報首畫黃浦江風景，頗足代表一地方之特色。後申報挽人游說，以同係英商，何苦相煎。字林洋行亦以經營西文報紙，事務已繁，何必再勞精疲神於毫無利益之中文報紙。於是上海最早之上海新報，遂自動停刊。

申報發刊於同治十一年（一八七二年）三月二十三日，爲英人美查所有。美查初與其兄販茶於中國，精通中國語言文字。某歲折閱，思改業。其買辦贛人陳莘庚鑒於上海新報之暢銷，乃以辦報之說進，並介其同鄉吳子讓爲主筆。美查贊同其議，乃延錢昕伯赴香港調查報業情形，以資倣效。時日報初興，競爭者少，其兄所營茶業亦大轉機，故美查得以歷年所獲之利，先後添設點石齋石印書局，圖書集成鉛印書局，申昌書局，燧昌火柴廠與江蘇藥水廠等。光緒十四年，美查忽動故國之思，乃添招外股，改爲美查有限公司，而收回其原本。託其友阿拍拿及芬林代爲主持。光緒三十二年，公司以申報館營業不振，及江蘇藥水廠待款擴充，由申報館買辦席裕福（子佩）借款接辦，名義則猶屬之外人。民國元年，席將申報館售於史家修（量才），於是申報館遂完全歸於華人。史氏延陳冷（景寒）爲主筆，張竹平爲經理，採取新法，引用新人，營業蒸蒸日上矣。

申報創刊號

申報

壬申三月二十三日

新聞報創刊號

直報(天津)

滬報創刊號

時報(天津)

美查雖爲英人，而一以營業爲前提。謂「此報乃與華人閱看」，故於言論不加束縛。有時且自撰社論，無所偏倚，是其特色也。光緒二年，以申報文字高深，非婦孺工人所能盡讀，乃附刊民報，間日出一紙，每月取費六十五文。光緒十年，又附刊畫報，每十日出一紙；一紙八圖，所繪多時事，每紙取費八文。此爲我國日報有增刊之始。同治十三年，台灣生番戕殺琉球人，日本興問罪之師，美查四出探訪，務得眞相。光緒十年，法越搆兵，美查僱俄人至法營探報，旣詳且確。次年，法艦侵寧波，又遣人前往觀戰，且繪圖附說以明之。此爲我國報紙有軍事通信員之始。光緒七年，津滬電線初通，美查卽用以傳遞諭旨。迨京津電線續成，朝野大事，亦間有以電報傳遞者。由是社會知閱報之有益。凡此犖犖大端，均當時所深爲詫怪，而至今報紙尚有未能踵行者。至於增加材料，推廣銷路，免除誤會，亦頗煞費苦心，逐漸前進。雖其間有效有不效，然美查開路之功，不可沒也。(註一)

滬報亦爲字林報之中文版，創刊於光緒八年（一八八三年）四月二日；其所以不於初一日出報者，以是日爲日蝕之期，舊俗以爲不吉也。先是該報主筆巴爾福氏(Frederic Henry Balfour)見館中存有全副中文鉛字，置而不用，以爲可惜，乃商得該行同意，延戴譜笙、蔡爾康（紫黻）等爲主筆，重振旗鼓，續出滬報。其材料大半譯自字林報，雜著有野叟曝言、花團錦簇樓詩等。據蔡氏語予，當時報界有一種迷信，謂報名縱書者，俱不能長存，以彙報益報爲殷鑒，故滬報後改名字林滬報而橫書之。但營業仍不振，乃售於日人之東亞同文會，改名同文滬報。

時報於光緒十二年一月（一八八六年十一月六日）出版於天津，爲津海關稅務司德璀琳與怡和洋行總理笳臣集股所創辦，延李提摩太爲主筆。每日著論一篇，每七日登一圖，均希望中國仿行新法，以躋富强者。時事新論一書，卽集報中論説成之。是報封面畫初出之日，上書『在明明德』四篆文，蓋隱寓時字之意也。

新聞報發刊於光緒十九年（一八九三年）之元旦，初爲中外商人所合組，推英人丹福士爲總董，延蔡爾康爲主筆。嗣以經濟蹎蹶，遂爲美國 Buchesster 公司所有。丹福士於光緒二十五年以個人所辦浦東磚瓦廠折閱，由美公堂宣告破產，該報遂由美人福開森（John C. Ferguson）出資購得。光緒三十二年，改組英國公司，照香港法律註册。民國五年又改組美國公司，照特來福省法律註册。福開森任汪龍標（漢溪）爲總理，汪事必躬親，二十餘年未嘗稍懈。故中國報紙之能經濟獨立者，以新聞報爲最早。汪氏逝世，由其子伯奇繼任。

最近三十年中，外人在華所刊之中文報紙，屬於日人者爲最多，英德人次之。兹舉其知名者如下。

閩報於光緒二十三年十二月，發刊於福州，爲日人報紙在華之第一種。

順天時報於光緒二十七年發刊於北京。民國四年，以反對袁世凱爲帝，銷數頗暢，其言論多關係中國內政，與該國外交政策相吻合。

盛京時報於光緒三十二年十月，發刊於奉天。以張作霖取締中國報紙頗嚴，而該報獨肆言中國內政，無所顧忌，故華人多讀之，東三省日人報紙之領袖也。

泰東日報於光緒三十四年十月，發刊於大連。大連者，日人在東三省之商業根據地也。後此又有民國八年十一月發刊之關東報，與民國十年七月發刊之滿洲報。鐵嶺每日新聞於民國六年十一月，發刊於鐵嶺。大北日報於民國十一年十月，發刊於哈爾濱。膠東新報於民國十三年七月，發刊於青島。後此又有民國十四年發刊之大青島報。

其已廢刊者，有上海之華報，亞洲日報；漢口之湖廣新報，濟南之濟南日報等。

英人於歐戰時，曾於上海發刊誠報，所附戰事畫

誠報
CHENG PAO

歐戰時英人發行之華文報

報印刷甚精美，後此又於北京發刊華文東方時報，但現已入華人之手。

德人曾於上海發刊協和報，今廢。

（註一）申江新報緣起　書册之興，所以紀事述言，因其意以傳之世者也。惟今書而賴衆口以傳，則其所傳必不能廣且大，且必不能確；而人之得聞所聞而習所習者，抑亦寡矣。吾申新報一事，可謂多見博聞而便於民者也。曷言乎其便於民？蓋古書之事，昔日之事；而新報之事，今日之事也。今日之事何便乎？蓋古書僅集前人之意以爲今事之鑒；新聞則書今日之事，以見今人之才。若無新報，則古書所傳可朝稽而夕攷，而今人之事，所謂天下之大無奇不有者，心所未識，耳所未聞，使徒賴衆口以揚目前之事焉，又烏足以殫見而博聞哉？乃世局既以時爲變遷，猥之天下

之大，萬民之衆，則古記之所云，實不足以窺今時之全豹矣；又烏可不有新報以集其大成乎？卽如今歐羅巴諸國，其規模之日與月盛，人得者知之；而溯其由來，卽在數百年之內，人又烏得而知之？蓋歐洲諸國，數百年之前，無新聞紙以紀其事；其人之留心見聞者，亦僅有之。迨近數百年間，有新聞紙出，而天下之名山大川，奇聞異見，或因其人而傳之，或因其事而傳之，而人之所未聞者，亦得各擅其矜奇鬬巧之才，以傳其智能之技，作者快之，聞者獲之；甚且不遠千萬里而受教者有之，講求者有之。至合爲成書，如遠者遐邇貫珍，近者飛龍報篇等書，至流傳中國，豈不獲益無窮者哉？則其所以日新而月盛者，非新聞紙其誰歸美乎？今如英京倫敦一處，每日所發之新報不啻數十紙，而每紙且如中國史鑑數十紙之多，其語言文字皆出於才人之筆，故閱之者不憚煩；則所以廣其意而大其識者，豈淺鮮哉？僕嘗念中華爲天下第一大邦，其間才力智巧之士稀奇怪異之事，幾乎日異而歲不同，而聲名文物從古又稱極盛，則其紀述之詳明，議論之精實，當必大有可觀者；又豈僻壤遐陬之可比哉？惜乎聞於朝而不聞於野，聞於此而不聞於彼，雖有新聞而未能傳之天下。尤可異者，朝廷以每日所下之訓諭，所上之章稟，咸登京報，爲民表率，而民間無一事一聞以上達於君。所謂上行而下效者，其果何心乎？夫京報以見國家之意，而民亦宜皆有意；苟民之意不達於上，而上所爲治理者，其何能如乎民心乎？是故新聞者，眞可使民而有益於國者也。夫民間不立新聞者何？懼其有誹謗之罪也；懼有虛妄之嫌也，乃朝廷不憚煩以垂教萬民，而民反無以獻於上，揆諸古者採風問俗之典，其咎將安歸乎？吾今特與中國士大夫縉紳先生約，願各無惜小費而惠大益於天下，以冀集思而廣益。其法捷，其價廉，爲活字版以印行，將見日異而月不同焉。倘此舉可久行，無大虧損，則不脛而走，得以行吾志焉；是蓋鄙念所甚慰已。本館先設海上，故顏曰申報。至於價目日期，另字申明，不贅書。申報主人啓。

申報館條例

啓者：新聞紙之設，原欲以闢新奇，廣聞見，流佈四方者也。使不事遐搜博採，以廣我見聞，復何資衆聽並觀以傳其新異，是不可徒拘拘於一鄉一邑也。茲者本館特將條例開列於左，如貴客願賜教或樂觀者，祈惠顧一切爲幸。

一、本新報議價，於上海各店，零售每張取錢八文，各遠處發賣每張取錢十文；本館躉售每張取錢六文。

一、如有騷人韻士有願以短什長篇惠教者，如天下各名區竹枝詞，及長歌紀事之類，概不取值。

一、如有名言讜論，實有係乎國際民生，地利水源之類者，上關皇朝經濟之需，下知小民稼穡之苦，附登新報，概不取酬。

一、如有招貼告白、貨物船隻、經濟行情等款，願刊登入本館新報者，以五十字爲式。買一天者，取刊資二百五十文；倘字數多者，每加十字照加錢五十文。買二天者取錢一百五十文；字數多者，每加十字照加錢三十文起算。如有願買三四天者，該價與第二天同。

一、如有西人告白附刻本館中者，每五十字取洋一元。倘五十字以外，欲再添字數，每一字加洋一分，並先取刊資。此只論附刊一天之例。如欲買日子長久，本館新報限於篇幅，該價另議。如係西字，本館代譯亦可。

一、西人告白，惟輪船開行日期及拍賣二款，刊資照中國告白一例。倘係西字，欲本館譯出者，第一天加中國刊資一半，並祈先惠。

一、蘇杭等處地方有欲刊告白者，卽向該賣報店司人說明，某街坊某生理，並須作速寄來，該價另加一半爲賣報人飯資。

一、本館開設伊始，今雇人分送各行號，或沿街零售。如貴客欲看者，請向該送報人取閱，每張取錢八文。如有願買一月之新報者，先請向送報人註明入册，本館上期收一月之價，每張取錢六文，餘二文爲送報人飯資。俟其於月底自取，以免逐日零星收錢之累。

一、本報之設新報，原冀流傳廣遠，故設法由信局帶往京都各省銷售。貴信局如有每日躉買一二百張者，請先赴本館註明入册，以便逐日分送。本館議價每張六文，該價於月底算賬時再付。各處不能銷售，俟月底仍將新報交回本館，不取報資。

一、貴客如欲販至他處銷售，其價錢一切與信局一式，請赴本館面議可也。

一、本館新報係整賣；貴客如欲零買，向送報各店自取，本館事繁，不能躬顧也。

以上各款，本館經營伊始，條例未周，望四方君子賜教爲幸。

㊂　外國文報紙

外人之在我國辦報也，最初目的，僅在研究中國文字與風土人情，爲來華傳教經商者之嚮導而已；而其發榮滋長，實亦藉教士與商人之力。今時勢遷移，均轉其目光於外交方面矣。語其時間，以葡文爲較早；數量以日文爲較多；勢力以英文爲較優。外人在我國殖民政策之努力，可於此推而知也。

此種外國文報紙之發行，當然係供給其本國人閱覽；然外人在華所設學校之中國學生及少數注意外事之華人，亦有購而讀之者；同時亦能招致我國大商店及有關外人之廣告，故不能謂其直接與華人無關係也。

今舉外國文報紙之比較知名者如下，其專言教務者未列入。

葡文報紙

▲澳門

A Abelha da Chine（譯意蜜蜂華報）發刊於一八二二年（道光元年）九月十二日。一八二四年，入一急進黨之手，易名 Gazetache Macao。越二年停刊。

Chronica de Macao（譯意澳門鈔報）發刊於一八三四年十月十二日。一八三八年停刊。

O Macaista Imperial（譯意帝國澳門人）發刊於一八三六年六月九日。一八三八年爲政府所封禁。

Ta-ssi-yang-Kuo（譯音大西洋國）發刊於一八三六年十月八日。

O Verdadiers Patrial（譯意眞愛國者）發刊於一八三八年。

The Boletim Official de Governo de Macao（譯意澳門政府公報）發刊於一八三九年一月九日。自第二期起，易名 Gazette de Macao。

按粵省於明初即有葡人足跡，嘉靖十四年，官廳納葡人賄，以晒貨爲名，劃澳門地與之。三十四年，互市由廣州移澳門，西人荷人義人踵至，法人英人繼之，於是澳門遂成當時東方第一商埠矣。英人善經商，葡人忌之，常陰掣其肘，英以鴉片啟釁，葡報頗袒中而抑英，蓋恐中國併外人爲一談，則將有害於彼之商業也。海國圖誌所載之「夷情備采」，大率譯自上述各報所謂澳門月報，似即 Chronica de Macao 之譯文也。

英文報紙

▲廣州

Canton Register（譯意廣東紀錄）發刊於一八二七年，（道光六年）十一月八日，爲在華英文報紙之第一種。係馬德生 James Matheson 所創辦。執筆之知名者有馬禮遜施賴德(John Slade) 等。每周一冊。第二冊易名 The Canton Register，一八三九年，遷至澳門發行，一八四三年又遷至香港，易名 Hongkong Register。一八三三年起在廣州，曾附刊 Canton General Price Current，一八四五年起在香港曾附刊 The Overland Register and Price Current，於中英之初期商務，言之綦詳。

Canton Press（譯意廣東報）發刊於一八三五年九月十二日，每周一冊。一八三九年，遷至澳門並附刊 Commercial Price Current。一八四四年停刊。

Chinese Courier and Canton Gezette（譯意華人差報與廣東鈔報）發刊於一八三一年七月二十八日，次年四月十四日，簡稱 Chinese Courier。

The Canton Miscellany（譯意廣東雜誌）發刊於一八三一年。

Chinese Repository（譯意中國文庫）發刊於一八三二年五月，爲美國醫生柏克(Peter Parker) 所創辦。每月一冊。執筆之知名者，爲馬禮遜郭實獵等。至一八五三年停刊。其中所紀，多爲當時英人在華之商務報告，對於中國文字及華人生活，有極精密之研究。

▲香港

Hongkong Gazette（譯意香港鈔報）發刊於一八四一年五月一日，爲馬禮遜等所創辦。次年併入 The Friend of China。

The Friend of China（譯意中國之友）發刊於一八四二年三月十七日，係半週刊。執筆之知名者，爲馬禮遜華德 (James White) 卡爾(Jorr Carr) 宜潤特 (William Tarrant) 等。一八五八年，以英政府不滿意於其論調，曾停刊數月。一八六〇年遷至廣州發行。一八六六年又遷至上海，改爲晚報。一八六九年易名 The Friend of China and Shipping Gazette 旋卽停刊。

China Mail (舊譯孖刺報) 發刊於一八四五年二月二十日。初爲晚週刊，執筆者爲蕭德銳 (Andrew Shortrede)。後與一八六四年發刊之 Hongkong Evening Mail and Shipping List 合併至一八七六年二月一日改爲日刊，爲香港重要報紙之一。

The Overland Friend of China (譯意中國之外友) 發刊於一八四五年八月三十日。

Daily Press (舊譯德臣報) 發刊於一八五七年十月一日，爲香港重要報紙之一，發行兼編輯爲英人茹兒 (Ges. M. Ryden)

Dixions Hongkong Recorder (譯意狄輿氏香港紀載) 發刊於一八五〇年六月十七日，於一八五九年一月十四日簡稱 The Hongkong Recorder。

Hongkong Shipping List (譯意香港航運錄) 發刊於一八五五年八月一日，三年後停刊。

The Chinese Magazine (譯意華人雜誌) 發刊於一八六八年三月七日。

The Daily Advertiser (譯意香港廣告報) 發刊於一八六九年十一月一日，於一八七三年五月一日易名 The Hongkong Times，越三年停刊。

The Hongkong Government Gazette (譯意香港政府公報) 發刊於一八五三年九月二十四日，每週一冊。

China Punch (譯意中國滑稽報) 發刊於一八七二年八月二日。

The Far East (譯意遠東) 發刊於一八七六年七月，每月一冊，在香港上海及東京三處發行，由布納凱 (J. R. Black) 編輯。圖畫極多。

South China Morning Post (譯意南華晨報) 發刊於一八八一年，爲英人所有。

Hongkong Telegraph (譯意香港電報) 發刊於一八八一年爲英人所有。

Central Post (譯意中央郵報) 發刊於一九〇四年。

▲上海

The Journal of the North China Branch of the Royal Asiatic Society (譯意皇家亞細亞文會北中國分會報) 發刊於一

八五八年，爲偉烈亞力所編輯，每年一册，今尙繼續出版。其中如梅雅士(W. F. Mazers)之華人發明火藥史，宜偉德(Abbe Armond David)之中國博物志，布潤珠(Emill Bretschueider)之馬可波羅(Marco Polo)事畧，與鮑乃迪(Archimandrite Palladius)之中古時代亞洲中部地誌等篇，均極有値價。

Evening Express (譯意晚差報) 發刊於一八六七年十月一日，係中國之友主筆瓊斯(C. Treasure Jones)所編輯，數年後停刊。

The Shanghai Courier(譯意上海差報) 發刊於一八六八年十月一日，係郞格(Hugh Long)所編輯，評論多出其手。

The Shanghai Budget and Weekly Courier(譯意上海錦囊與每週差報) 發刊於一八七一年一月四日，一八七五年爲Evening Gazette 所併。

The Evening Gazette (譯意晚報) 發刊於一八七三年六月二日，購入 The Shanghai Courier and China Gazette 後，由巴爾福編輯。

The Celestial Empire (原名華洋通聞) 發刊於一八七四年，係葡人陸芮羅(Pedro Loureiro)所發行，後由巴爾福編輯，巴爾福所著之 Waifs and Strays from the Far East (譯意遠東浪游) 卽集此報與上海差報之論文成之者。

North China Herald (譯意北華捷報) 發刊於一八五〇年八月三日，爲重要英文週刊之一，一八六七年四月八日，增加商情，易名 North China Herald and Market Report，一八七〇年一月四日又發行The Supreme Court and Consular (譯意最高法庭與領事公報) 但不久卽合而爲一，易名 North China Herald and Supreme Court and Consular Gazette。一八六四年七月一日，因關於船舶及商業之材料日多，乃別出 North China Daily News (原名字林報，) 今已成爲重要英文日刊之領袖，而北華捷報轉成此報之附刊。先後執筆於北華捷報之有名者，爲奚安門(Henry Shearman)馬詩門 (Samuel Mossman) 詹美生(R. Alexander Jamiesson)盞德潤(R. S. Gandry) 海單(G. W. Haden) 巴爾福李德爾(R. W. Little) 畢爾(H. T. Montague Bell) 葛林 (O. M. Green)等，其中所載上海開埠後之情形，頗足供我國歷史家之參考。字林報爲純粹英國式之報紙，在上海爲工部局之喉舌，故在社會上頗占勢力。其立論常與華人意志相反，故注意外事之華人多閱之。近因經營有方，自建房屋，駸駸然爲英人在東方之唯一言論機關矣。

Shanghai Daily Times（譯意上海每日時報）發刊於一八六一年九月十五日，一八六二年停刊。

Notes and Queries on the Far East（譯意遠東釋疑）發刊於一八六七年，每季一册，爲當時在華學者偉烈亞力等所組織，泛論中國歷史宗教語言等及批評關於遠東之書籍。至一八七二年易名 China Review，每二月一册，至一九二〇年又易名 The New China Review，至一九二三年又易名 China Journal of Science and Art（原名中國科學美術雜誌），每月一册，由蘇萬歲(C. Sowersy)編輯。科學方面，蘇氏自任之，美術方面，由福開森任之，甚有精采。

The Cycle（譯意循環）發刊於一八七〇年五月七日，主筆爲詹美生，爲海關之言論機關，專談政治與文學，每週出版，一八七一年停刊。

Mesney's Chinese Miscellany(原名華英會通）發刊於一八九五年，爲梅思來(William Mesney)所創辦，未數年停刊。

The Shanghai Recorder（譯意上海載紀）發刊於一八六七年正月，旋即破產。

The Shanghai Mercury（原名文匯報）爲上海重要晚報之一，係英人開樂凱(J. D. Clark)布納凱李闌登(C. Rivington)等於一八七九年四月十七日創辦。近數年其股份大半曾爲日人購入，故論調頗有更變，但日人現又將股份售出矣。

Shanghai News Letter for California and the Atlantic States（譯意上海通信）發刊於一八六七年十月十六日，爲美人所有，每月一册，至一八七四年，爲上海差報所併。

Commonwealth（譯意共和政報）爲上海通信之主筆茹波特 (J. P. Robert) 馬爾 (John Morne) 所創辦，但六星期後即停刊。

Shanghai Times（原名泰晤士報）爲英人所創辦，帶親日之彩色。

China Press（原名大陸報）爲美人密勒(F. Millard)等所創辦，華人亦有若干股份，爲純粹美國式之報紙。學界初頗喜閱之，今已爲英人所有，論調一變矣。

Weekly Review of the Far East（原名密勒氏評論報）爲美人所創辦，係論政治與財政之週刊，由鮑威爾（J. B. Powell）編輯。

British Chamber of Commerce Journal（原名上海英商會報）

China and Far East Commerce and Finance（譯意中國遠東商業金融報）爲英人所創辦，係論金融之週刊。

The East of Asia Magazine（譯意東亞雜誌）發刊於一九〇二年正月，爲研究中國社會問題之季報。其中如李提摩太之中國社會與風俗，海寧漢（Father Henninghams）所譯之今古奇觀等，均極有趣味。

Far Eastern Capital and Trade（譯意遠東資本與商業）

Far Eastern Review（原名遠東時報）發刊於一九〇四年，係論商業工程金融之月刊。

China Medical Journal（原名博醫會報）爲教會之中外人士所合編。

Oriental Motor（譯意東方汽車報）爲美人所創辦之月刊。

Oriental Advertising（譯意東方廣告報）爲法人所創辦之月刊。

▲漢口

Hankow Times（譯意漢口時報）發刊於一八六六年一月六日，二年後停刊。

Central China Post（原名楚報）發刊於一九〇四年。

The Independent Herald（原名自由報）以上均英人所創辦。

▲福州

The Foochow Courier（譯意福州府差報）發刊於一八五八年十月十二日。

The Foochow Advertiser（譯意福州廣告報）

The Foochow Daily Echo(譯意福州每日回聲報)

The Foochow Herald (譯意福州捷報)

▲廈門

The Amoy Gazette (譯意廈門鈔報) 發刊於一九〇二年七月十六日。

▲天津

The Peking and Tientsin Times(原名京津泰晤士報) 發刊於一八九四年三月，初為週刊，至一九〇二年十月一日，始改為日刊。為英人裴令漢(W. Bellingham) 所創辦，北方英文報紙之翹楚也。

China Times (譯意中國時報) 發刊於一九〇一年正月二十一日，為高文(J. Cowen) 所創辦。

North China Daily Mail(原名華北日報)

China Illustrated Review (原名星期畫報) 以上二種亦英人所創辦。

North China Star(原名華北明星報) 為美人所創辦，華人執有一部分之股份。

The China Advertiser (譯意中國廣告報) 為日人所創辦。

North China Commerce (譯意華北商務報) 為論商業之週報。

China Critic (譯意中國評論)

▲煙台

Chefoo Express (譯意之罘差報) 發刊於一八九四年，為沙泰(H. Sietas) 公司所有。

▲北京

North China Standard(譯意北華正報) 為日人所創辦。

Peking Leader（原名北京導報）爲華人所創辦，現已入美人之手。

Far Eastern Times（原名東方時報）爲英人所創辦，現已入華人之手。

Chinese Political and Social Science Review（譯意中國政治社會科學評論）爲教會中之中外人士所合編。

法文報紙

▲上海

La Nowvelliste de Shanghai（譯意上海報界）發刊於一八七〇年十二月五日，每周出版，一八七二年停刊。

Le Courrier de Shanghai（譯意上海差報）發刊於一八七三年一月十六日，每週出版但至三期卽停刊。

Le Progrès（譯意進步）發刊於一八七一年三月二十一日，每週出版，因與上海報界競爭頗烈，遂同歸於盡。

L'cho de Shanghai（譯意上海回聲報）發刊於一八八五年。每日出版，但數月卽止。

L'cho de Chine（原名中法彙報）發刊於一八九五年，每日出版，篇幅甚小，但爲在華法文報紙之領袖。

▲北京

Le Journal de Pékin（原名北京新聞）

La Politique de Pékin（原名北京政聞報）

▲天津

Echo de Tientsin（譯意天津回聲報）

La Tientsinois（譯意天津人報）

德文報紙

▲上海

Der Ostasiatische Lloyed（原名德文新報）發刊於一八六六年，至一九一七年，我國對德宣戰而止。

Der Ferne Osten（譯意遠東報）發刊於一九〇二年，爲德文新報主筆蘇克 C. Fink 所創辦，滿三卷即停。

▲北京

Deutscher Ostasien-Bote（譯意德國東亞差報）

俄文報紙

▲哈爾濱

哈爾濱爲俄國在東方之商業根據地，故有報紙亦最多。屬於白黨者：如 Новости Жизни（譯意新生活報）創立已二十一年，每星期增刊畫報一紙。但現漸與該國政府接近，有左轉之傾向。

Заря（譯意霞報）每日發行二次。晨刊名曰朝霞，夕刊名曰晚霞。昔在哈爾濱最占勢力，在上海亦設有分館。今白黨雖失勢，但以其消息靈通，議論警闢，故仍爲俄人所愛讀。

Рупор（譯意傳聲報）僅載普通消息。

Русское Слово（譯意俄聲報）屬於皇室一派，但無勢力。

屬於紅黨者如 Эхо（譯意回聲報）爲俄政府在東三省之機關報。注意俄人在東三省之生活，宣傳共產，不遺餘力。凡中東路職員之鍅白黨者，一律送閱不取費，以期移轉其意志。

Молва（譯意風聞報）銷數甚少。

Экономический Бюллетень КВжд（中東路經濟週刊）爲中東路職員所編輯，偏重學術方面。

▲上海

Шанхайская Зара（譯意上海霞報）爲哈爾濱霞報之分支，亦以反對該國政府爲事。

Россия（譯意俄國）爲前皇族尼可來公等所組織，專事鼓吹復辟。執筆者多武人，持論頗激。又以張宗昌及張作霖之收容白黨要人，故推崇備至。

▲上海

China Observer（譯意中國觀察報）

日文報紙

▲北京

新支那（一九一三年） 支那問題（一九二二年） 極東新信（一九二三年） 北京新聞（一九二三年）

▲天津

天津日報（一九一一年） 京津日日新聞（一九一八年） 天津經濟新報（一九二〇年）

▲奉天

奉天新報（一九一七年） 奉天每日新聞（一九二〇年） 奉天商工週報（一九二二年） 大陸日日新聞（一九二二年） 滿蒙經濟新報（一九二三年）半月刊

▲營口

滿洲新報（一九〇九年） 營口經濟日報（一九二二年）

▲鐵嶺

鐵嶺時報（一九〇九年）

▲開原

開原時報（一九一九年） 開原實業新報（一九二三年）

▲吉林

吉林時報（一九一二年）週刊 松江新聞（一九二三年）

▲長春

長春日報（一九一〇年）　長春商業時報（一九一五年）　長春實業新聞（一九二〇年）

▲安東

安東新報（一九〇六年）　滿鮮縱橫評論（一九二〇年）月刊　滿鮮時報（一九二〇年）

▲大連

遼東新報（一九〇六年）　滿洲日日新聞（一九〇九年）　滿洲商業新報（一九一七年）　大連新聞（一九二〇年）　關東新報（一九二〇年）　極東（一九二四年）週刊

▲撫順

撫順新聞（一九二二年）

▲本溪湖

安東新聞（一九一二年）

▲哈爾濱

哈爾濱日日新聞（一九二二年）　哈爾濱時報（一九二三年）

▲公主嶺

公主嶺商報（一九二〇年）

▲遼陽

遼陽每日新聞（一九〇九年）

▲間島

間島新報（一九一八年）

▲四平街

四洮新聞（一九二〇年）

▲濟南

山東新聞（一九一六年）　山東商報（一九二三年）　膠濟時事新報（一九二五年）

▲青島

青島新報（一九二五年）

▲上海

上海日報（一九〇四年）上海（一九一三年）週刊　上海日日新聞（一九一四年）　上海毎日新聞（一九一八年）　上海時論（一九二六年）月刊

▲漢口

漢口日報（一九〇八年）　漢口日日新聞（一九一八年）　漢口公論（一九二二年）週刊

▲福州

福州時報（一九二四年）半週刊

▲廈門

南支那（一九二二年）週刊

▲廣州

廣州日報（一九二三年）

▲香港

香港日報（一九一〇年）

此外尚有發刊於其本國之外國文雜誌，而以研究東方政治宗教社會文學美術爲事者，其文字之關於中國者極多，今舉其知名者如下。此種雜誌中最先之數種，係在東方編輯，因當時在東方不能得外國鉛字，故不得不寄往其本國印刷云。

倫敦 Transaction of Royal Asiatic Society.

Journal of Royal Asiatic Society.

Asiatic Researches.

Chinese and Japanese Repository.

Bulletin of the School of Oriental Students, London Institution.

巴黎 The Asiatic Quarterly Review.

Journal Asiatique ou Recueil.

Annales de I'Extreme Orient.

Revue de I'Extreme Orient.

Annales du Mussee Guirnet.

T'oung Pao.（華名通報）

Le Progres, Journal de I'Extreme Orient. ?

柏林 Mitteilung des Seminars fur Orientalische Sprachen

Ostasiatische Zeitschrift.

東京 Gesellschaft fur Natur und Volkerkund Ostasiens.

維也納 Monatsschrift fur den Orient.

羅馬 Societa Asiatica Italiana.

L'Oriente.

紐約 Asia.

新加坡 Journal of Royal Asiatic Society Straits Branch.

海南 Bulletin de l'Ecole Francais d'Extreme Orient.

(四) 譯報

鴉片之役，兩廣總督林則徐延通西文者繙譯外報，故於英人動靜，瞭如指掌。嘗將外報所論中國、茶葉、軍事、鴉片四端，附奏進呈。又編成華事夷言錄要一書，見兩江總督裕謙奏摺中。時客林幕者爲魏源（默深），倡議譯報最力。其所著聖武記及海國圖誌，頗采外報之說。其答奕山將軍防禦粵省書，至以譯報爲其一端（註一）。兵志有之，「知彼知此，百戰百勝」；以言譯報之功，魏氏實開其先也。光緒初，上海機器製造局延美人金理楷林樂知等繙譯外報，每日或數日擇要聞十餘條，印送官紳閱看，其式如手摺。其刊印成冊者名曰西國近事彙編，至光緒二十四年始止。此乃譯報之大觀。惟時過境遷，不免明日黃花之誚耳（註二）。後此，部臣疆吏多有以譯報爲言者，如安徽巡撫王篤棠奏請設立譯報館，謂「今中國貧弱至此，危殆至此，臣敢以一言括之，曰不明彼己而已。何也？我所日與爭者，地球各國也。然各國人才如何，國勢如何，學校何如，我不知也。我之人才，我之國勢，我之學校，較各國如何，我亦不知也。各國議論我國人才國勢學校如何，我更不知也。若此，豈特不知彼哉？直不知己耳。語云，知彼知己，百戰百勝。果不知也，其能勝乎？爲今日計，擬請旨設一譯洋報處，派翰林部員數人率同繙譯數人專司其事。凡所得東西洋報，有關中國政事者，逐日譯成進呈御覽。京外大小臣工，一并發觀。其言本國政事，亦一律譯呈。於是可以知彼，并可以知己矣。或云洋報壞人心術，惑人耳目，此誤國之言，欲以塞我皇太后皇上之聰明，不復求所以禦侮之策也。前兩廣督臣林則徐在任日多方求外國新聞紙閱之，遂知洋情。林則徐精忠大節，中外所敬，豈亦爲壞人心術惑人耳目之事乎？」又刑部左侍郎李端棻奏請推廣學校摺內，亦視分譯西報爲要圖。謂「知今而不知古，則爲俗士，知古而不知今則爲腐儒。欲博古者莫若讀書，欲通今者莫如閱報，二者相需而成，缺一不可。泰西各國，報館多至數百所，每館每日出報多至數萬張。凡時局、政要、商務、兵機、新藝、奇技，五洲所有事故，靡所不言。閱報之人，上自君后，下至婦孺，皆足不出戶而於天下事了然也。故在上者能措辦庶政而無壅蔽，在下者能通達政體以待上之用；富強之原，厥由於是。今中國邸抄之外，其報館僅有上海、漢口、廣州、香港十餘所；主筆之人不學無術，所言率皆淺陋不足省覽。總署海關近譯西報，然所譯甚少，又未經印行，外間末由得見。今請於京師及各省會並通商口岸繁盛鎮埠，咸立大報館，擇購西報之尤善者，分而譯之。除恭繕進呈御覽并咨送京外大小衙門外，即廣印廉售，布之海內。其各省政俗土宜，亦由各報館派人查驗，隨時報聞。則識時之俊日多，幹國之材日出矣。」嗣總署議覆，謂「西人報例有專談時務者，有專談藝學者時務之報，譯者尚多；藝學之報，譯者寥寥，而爲用甚廣，亦不妨令學堂中選擇譯之，以收知新之效。」曾奉旨允准，亦一時之風氣也。

昔時報紙，訪稿鮮少，以譯報爲大宗材料；且爲規避法律責任計，亦以譯報爲便利。上海閒話云：「上海報紙於不受政治暴力之外，尤得有一大助力，則取材於本埠外報是也。查本埠外報以字林泰晤士爲最大，繼之者爲文滙報、大陸報，皆英文也。此外復有法文報、德文報、日文報，皆各國殖民政策中之一手段也。滬上華報所得消息，其始既無本報專電，卽路透電亦僅代外人爲喉舌；而各外報則均受各該本國政治上之委任，卽各方面之消息，亦較靈通。故十數年前華報所得緊要消息，十八九均自外報轉譯而來。且一經登載，聲明由某外報譯錄，卽有錯誤，本報可不負責。蓋其時報紙爲不正當營業之一，偶有誤聞，無所謂具函更正之手續，小而起訴，大而封閉，此更辦報者之所寒心。故轉登外報，既得靈便之消息，又不負法律之責任；其爲華報之助力者大矣。」

(註一)魏源答奕山將軍書：「澳門地方，華夷雜處，各國夷人所聚，聞見較多。尤須密派精幹穩實之人，暗中坐探，則夷情虛實，自可先得。又有夷人刊印之新聞紙，每七日一禮拜後，卽行刷出，係將廣東事傳至該國，幷將該國事傳至廣東，彼此互相知照，卽內地之塘報也。彼本不與華人閱看，而華人不識夷字，亦卽不看。近雇有繙譯之人，因而輾轉購得新聞紙，密爲譯出，其中所得夷情，實爲不少。」

(註二)練青軒自強芻議：「官書局譯西報，語涉中國，多置不錄，是棄有用而收無用。江南製造局譯西報，除送要署數處，待數年後始刊近事彙編，時過境遷，何關要領，是收有用而置無用。——故通商數十年，官吏士民能識洋情者蓋寡。——駐使隨員，幷令多譯西報，彙寄刊行，必較中國輾轉譯者尤多翔實。」

第二節　當時報界之情形

吾前不云乎，「我國人民所辦之報紙，在同治末已有之，特當時只視爲商業之一種，姑試爲之，固無明顯之主張也。其形式既不脫外報窠臼，其發行亦多假名外人。」故由鴉片戰爭以迄戊戌政變，其時期舉爲外報所占有，而申報新聞報又爲此中翹楚，茲節所述，雖以外報爲中心，然此時期之一切報紙情形，可由此推而知也。

（一）編輯之形式　自同治末年，以迄光緒中葉，日報編輯之形式，大率首論說，次上諭，或宮門鈔，次爲各省各埠要聞，末爲本埠新聞。論說則有若制義。新聞必重要者始有題目；瑣屑者則各就其地冠以總名。如北京則「上林春色」「禁苑秋聲」；江寧則「白門柳色」；鎭江則「鐵甕濤聲」；蘇州則「屧廊豔影」；松江則「峯泖閒雲」；杭州則「西湖櫂歌」；嘉興則「鴛湖漁唱」；武昌則「鶴樓留韻」；九江則「湓湖潮聲」；安慶則「皖公山色」；廣州則「羊城夕照」之類，顚倒變換，應用不窮。本埠則稱某界公堂瑣案，或某界捕房瑣案而已。其時尙無專電之名詞，除電傳上諭外，如各省大員出缺，或兵變，大火災，間由訪員發電報告，然亦非常見之事。故斯時報務至簡單，午後着手，上燈時已一律竣事矣。最近五十年之中國云：「彼時報紙所摭拾，大率里巷瑣聞，無關宏旨。國家大政事大計劃，微論無從探訪，卽得之亦決不敢形諸筆墨。故報紙資料，大半模糊而瑣細。核其門目，約分數端：一爲諭旨、奏摺、宮門抄、轅門抄等，備官場中人瀏覽，藉知升遷降調等情形與迭往迎來之事迹，蓋宦海之珍聞也。一爲各省各埠瑣錄，如試場文字、書院題目、與夫命盜災異、以及談狐說鬼等，備普通社會閱之，藉爲酒後茶餘之談助；蓋裨官之別派也。一爲詩詞，彼唱此和，喋喋不休，或描寫豔情，或流連景物，互矜風雅，高據詞壇，無量數斗方名士，咸以姓名得輟報尾爲榮，累牘連篇，閱者生厭；蓋詩社之變相也。此外如商家市價，輪船行期，戲館劇目等等，皆屬於廣告性質，藉便一般人士之檢查；是又游客之指南針，旅人之消遣品也。要而言之，其時開報館者，惟以牟利爲目標；任筆政者，惟以省事爲要訣。而其總原因，由於全國上下，皆無政治思想，無世界眼光，以爲報紙不過洋商一種營業，與吾儕初無若何之關係。」一言之可謂深切。吾嘗縱覽昔日之報紙，覺其材料之簡陋，與編輯之板滯，視今日報紙之副張，猶有遜色。但此亦時勢使然，非果昔人之才智不如今人也。

(二)記者之地位　記者之職業，譽之者至謂爲無冕之王，而在昔則不敢以此自鳴於世也。上海閒話云：「昔左文襄在新疆，由胡雪岩介紹，向洋商借款一千二百萬，滬上報紙頗有非難。夫兵事借債，最爲非計，特彼時朝野上下，知此者鮮；無論借者不明斯義，即反對者亦祇知以中朝向外國貸款爲有失體面，直不過無的之矢，雙方均屬蒙昧而已。然文襄聞有反對者，即大怒不止，故與其友人書有云：江浙無賴文人，以報館主筆爲之末路之語。其輕視報界爲何如。惟當時並不以左氏之詆斥爲非者，蓋社會普通心理，認報館爲朝報之變相，發行報紙爲賣朝報之一類。(賣朝報爲塘驛雜役之專業，就邸鈔另印以出售於人，售時必以鑼隨行，其舉動頗猥鄙，而所傳消息，亦不盡可信，故社會輕之，今鄉僻尚有此等人。) 故一報社之主筆訪員，均爲不名譽之職業。不僅官場仇視之，即社會亦以搬弄是非輕薄之。宜文襄之因事大施譏評也。」夫左之言誠過矣；然當時社會所謂優秀份子，大都醉心科舉，無人肯從事於新聞事業，惟落拓文人，疏狂學子，或借此以發抒其抑鬱無聊之意思。各埠訪員人格，猶鮮高貴，則亦事實之不可爲諱者。迨梁啓超等以學者出而辦報，聲光炳然，社會對於記者之眼光乃稍稍變矣。

社會之觀察記者既如此，自報館以觀察記者又如何？最近五十年之中國云：「當時報館房屋，均甚敝舊，起居辦事之室，方廣不逾尋丈，光線甚暗，而寢處飲食便溺，悉在其中。冬則寒風砭骨，夏則爍熱如爐。最難堪者，臭蟲生殖之繁，到處蠕蠕而動，大堪驚異。往往終夜被擾，不能睡眠。館中例不供膳，每日三餐，或就食小肆，或令僕人購餐於市肆，攜回房中食之。所謂僕人者，實即館中司閽而兼充主筆房同人差遣奔走，並非專司其事之館役。薪水按西曆發給，至豐者月不過銀幣四十元，餘則以次遞降，最低之數，祇有十餘元，而飯食茗點茶水洗衣薙髮與夫筆墨等等無不取給於中。生涯之落寞，蓋無有甚於此者。」此種情形，雖未必館盡如是，然設備上之簡陋，經濟上之節省，概可知矣。

(三)營業之狀況　當時報館必延一華人爲買辦，與洋行制度無異。而所謂買辦者，其職權不啻賬房。又賣報之人，即招攬廣告之人，外埠且兼任訪員，以訪員與賬房接近，偶有訪稿，亦即附致賬房信中，故無形中賬房隱有支配主筆之力焉。每日印報不過數百紙，每紙取費八文，預定六文，賣報者得增取二文。廣告每五十字起碼，每日取費二百五十文，每加十字加費五十文。報費每月一結，未賣去者可以退還。然閱報者與登廣告者，仍以洋商或與洋商有關係之人爲多。報館經濟之維持，惟賴此耳。上海閒話云：「昔日每日發行之報，無過數百份。每份僅一紙，其事務之簡單可知。而偏有一種雇用之人，爲今日之所無須，乃爲昔日之所必有。其人惟何？則每日挨門送報之人是也。緣今日各日報，其發行本埠之報紙，均由販報者先時訂定，或由一人承包，已爲今日滬上一種專業。若彼時則無有也。而社會間又不知報紙爲何物，父老且有以不閱報紙爲子弟勗者。故每日出報，外埠則託信局分寄；而本埠則必雇有專人，於分送長年定閱各家者外，其剩餘之報，則挨門分送於各商店。然各商店並不歡迎，且有厲聲色以餉之者。而此分送之人，則唯唯承受惟謹。及屆月終，復多方善言，乞取報資，多少即亦不論，幾與沿門求乞無異。惟其中有一事，至可爲吾人紀念者。報館每日所出之報，其總數無過於數百份，而社會之不歡迎又如上述，則所謂長年定閱之各家，究係何人？蓋大率洋商開設之洋行公司，及與洋商有關係之商店爲多。噫！中西人知識之不侔，於此可見矣。」

至於各報之間，既無公會，且少聯絡，當時並有一種風氣，各報喜於筆戰，誇己之長，蹈人之短，而所爭者乃極細微而無意識之事。自今視之，亦可笑矣。

第三節　當時國人對外報之態度

外人之在我國辦報，自別有其作用。昔之有識者，已慨乎其言之。盛世危言云：「中國通商各口，如上海、天津、漢口、香港等處，開設報館，主之者皆西人。每遇中外交涉，間有詆毀當軸，蠱惑民心者。近通商日久，華人主筆議論持平，廣州復有廣報、中西日報之屬，大抵皆西人爲主，而華人之主筆者，亦幾擯諸四夷矣。今宜於沿海各省，次第倣行，概用華人秉筆而西人報館，止准用西字報章。」此指外人所辦之華字日報而言也。

至對外人所辦之西字日報，則有主張自創西文報紙者。如王韜之上方照軒軍門書云：「一宜設洋文日報以挽回歐洲之人心也。邇來西人在中土通商口岸，創設日報館，其資皆出自西人。其爲主筆者，類皆久居中土，稔悉內地情形。且其所言論，往往抑中而揚外，甚至黑白混淆，是非倒置。泰西之人，祗識洋文，信其所言爲確實，遇中外交涉之事，則有先入之言爲主，而中國自難與之爭矣。今我自爲政，備述其顚末，而曲直則自見。彼又何從以再逞其鼓簧哉？」又嘗在報端著論，言中國自設西文日報之利。謂「由今之時，觀今之勢，中國之所宜自設者，不在乎華字日報，而在乎西字日報。蓋日報而係華字，而傳而誦之者，只華人而已；西人則無從辨其文義也。中外交涉，於今稱勝，遠非昔日之比。修好睦隣之道，首在於聯聲氣，通悃素，明事理，達情形。然此則非一朝一夕之所能致，必先於平日預爲之地然後可。若是者，非自設西字日報不爲功。請進而言其利。以西國之人，述中國之事，容有擇焉不精，語焉不詳之病，斯固勢之所必然，而無足怪者。中國既自設西文日報，則可以拾其遺而補其缺，糾其謬而正其訛，然後事理不至於乖錯，卽可泯猜貳於無形。就使西報一無錯誤，而我復重言以申明之，亦未始非互證旁稽之一助。此其利一。凡中外利病之所在，因革損益之所宜，或在事前，或在事後，皆得秉公論斷，指陳得失，使彼知孰爲不便，因以定從違之準，分取舍之途，則彼此可免扞格不通之病。此其利二。交涉巨案，兵戎玉帛，胥於是焉繫。西報苟稍存左袒之心，或措辭之輕重失其宜，敍事之詳略失其當，皆足以激憤而致禍。要之，直道自在天壤，吾第據事直書，不以加減臧否褒貶於其間，務使公是公非燦然大白於天下，則彼求全責備之心，不煩言而自解，國家或於此得轉圜之力。此其利三。斯三者，皆其彰明較著而於中國政事人民極有關係者也。」後此言創辦西字報而較有計畫者，爲熊希齡之呈請設立寰球通報社。謂「外交之術，不外乎通。通者，知彼知己之謂也。歐美各國，犬牙相錯，消息靈通。苟有關於政治問題，甲國之密議初開，乙國則新聞縷載；丙國之報章方出，丁國則詆辯旋來。捕風捉影之談，轉瞬卽而冰釋。秣馬厲兵之說，當時立見調和。故報館之力，幾若操各國和戰之權，不獨聳世界人民之觀聽已也。日本自變法以來，卽於各國都城開設洋文雜誌，政府助以津貼。故日俄之役，俄雖以黃禍之說煽動歐美各報，日本卽於其所設雜誌中反覆申辯，以釋各國之疑忌，而免其干涉。卒以是收效果焉。近更於吾國各省，設立華文報，如上海同文滬報，北京順天時報、天津報、奉天遼東新報、盛京時報，約有數十餘家。俄法仿之，亦於吉林、青島、上海等處，開設華字新報，意在與各國商務競爭，并以聯吾國官民之感情也。然上海雖有西人所設之字林報、南方報之附譯洋文，足以供西人之瀏覽。然各國居滬者多屬商人，於其本國政界無甚勢力，言之未足以動聽也。夫東西各國，立國既異，而政體、歷史、風土、人情、語言、文字，亦不相同。中國文學之艱深，言語之複雜，政體歷史之相沿，風俗人情之習慣，尤非西人所能盡悉。希齡等游歷歐美，與其國官紳來往酬答，知其於東方事實，全屬隔膜之談，故於吾國外交，多憑耳食，往往誤會宗旨，相持不下。一教案之交涉，則疑爲官吏之唆成；一聘使之往來，則疑爲朝廷之密約。上海公堂一案，而西文各報則指爲販奴之惡習；抵制美貨一案，而西文各報則指爲排外之風潮。南北大操，爲吾國講武之政，而各國咸有疑心；路礦爭抗，爲吾國自主之權，而各國皆謂爲仇外。甚至北京聘一教習，直省延一顧問，各國報紙喧騰，非以爲偏重日德，則以爲左袒法俄。因訛生疑，因疑生忌，忌則機械變詐，牽制抵抗，見之實行，而吾國政府應辦之內政，亦多受其影響，幾不能出各國勢力範圍之外矣。苟於各國都城，設立洋文雜誌，遇有關於各國政治之交涉者，則先爲登述；遇有各國報紙之誤疑中國政策者，則曲爲申辯，使之洞然於理之是非，時之難易，事之曲直，而更正焉，而扶助焉，將於吾國外交界中，實有無形之裨益也。希齡等擬倣日本之意，糾集公私各股，專於日本英美德法俄奧意八國，次第設立洋文雜誌，每月一冊，贈送各國政府官紳及各報館，餘則售諸民間。其經費匯寄各國駐使，請其按月發給。其雜誌則雇請外人主筆，而由本國學生授之以意。其事實，則由各省官吏鈔寄案件，而由上海通信員爲之轉遞。希齡等前在歐美各國時，彼此集商，意見相同。又以上海一埠，濱臨江海，中外交通，極形利便，擬先設立寰球通報社一所，以爲樞紐。由日而美而英而法而德而俄而奧而意，次第開辦，漸求完全。此舉係爲通外情申公論起見，合應仰懇憲台鼎力維持，並咨行內地各省督撫憲，遇有交涉應登之件，郵寄寰球通報社，以便轉遞外洋登之雜誌。庶幾聯國際之感情，解條文之誤會，實於目前大局，極有關係。」當時東三省總督曾批准年撥五萬兩，以爲之倡，惜未見之實行。近人之言辦西字報者日多，然出版不過數種，且規模甚小，宗旨又時變易，以云宣傳，戛戛乎其難之矣。

以上乃對國內外報及自辦西字報而言也。至注意國外外報而所見更進一層者，如壽萱室條陳，列結納洋報爲其一端謂「查外洋各報，大者日出兆數，小者亦銷萬餘。一紙傳來，爭相購閱。況其流布之捷，秉筆之公，有時反足爲中國助。昔者越南事起，曾惠敏適秉駐法使節，除與譯署隨時電商機要外，一面卽結好各洋報之主筆訪事。故維時各報之論說，不致祖法侮中，其首相兼外部斐禮，遂大不理於人口。民志騷然，竟有袖鎗以謀擊刺者。厥後鎮南之敗，斐禮至議院請再添餉添兵，而議院竟不之允。斐禮不得已，卽日辭職卸權。是以繼任之茀來西尼遂肯乘勢轉圜議和就款，不復索償兵費，則實洋報維繫之功也。惟近來各報於彼國在華之種種迫脅要求，每多附和之詞。雖法國奴弗利斯忒報之主筆訪事，如盧素拂拉維男爵白呂楠及覃爾瑪三人，尙能獨排衆議，秉公昌言，然卒以勢孤而無濟於事。至該三人之所以肯出此者，不過曾與中國使署往還耳。而其發議，已肯爲中國代鳴不平如此。誠使各出使大臣平日皆以曾惠敏爲法，則月旦公評，遍於道路，其受益有在於無形者。此事關係匪輕，擬請旨密令各出使大臣及參贊譯員等，於外洋各報館之主筆訪事，廣爲結納，幷許以寶星之奬，俾作隱援而聯聲氣，則於交涉事件，實大有裨益也。」

第四節　外報對於中國文化之影響

外報之影響於中國文化，可略舉數端如下：

(一)政治方面　甲午以前，報紙罕言政事，對於官場中人尤不敢妄加隻字。如英使郭嵩燾在倫敦畫像，爲彼國報紙所譏諷，申報載之大費交涉。又如江南提督譚碧理往來松滬，爲報紙所紀載，卽命人與報館交涉，不得登載。後又行文總督，大肆詆諆。在今日視之，固不值一哂也。迨戊戌政變，滬報始對舊派有微詞。至庚子之役，北方陷於匪域，在朝王公大臣多半爲狂毒所中，然江南半壁卒能保守聯盟，則事前上海報紙一致主張勦匪；不爲無功焉。至各報之論說，亦常建議創辦路航郵政，改良市政水利，諸凡興利除弊，裕國便民之事，雖不盡爲當局所採納，而促起其注意之力，則甚偉也。

（二）教育方面　明清以制義取士，同光間其風尤盛，時報紙初興，爲迎合社會心理，常徵刻時藝，謂以供士子揣摩。而每逢考試，則題目視爲重要新聞之一，榜名尤須快著先鞭，不惜糜金錢耗精神以赴之。有所論列，亦皆科場中事。而學政黃某提覆一案，尤哄傳一時。（註一）蓋亦受科舉之影響也。上海閒話云：「清時科舉盛行，每當直省鄉試之年，則各報必延聘一科甲者，於放榜之前，擬作江浙兩省闈題文，登之報首，以代論說。此風不知始自何時，其後乃相沿成例。蓋舉世爲科舉夢所浸灌也。猶憶丁酉江南鄉試首場，第一題爲「文學子游」四字，申報既延某太史擬作闈墨，發之報端矣；嗣於九月初旬，俞曲園自蘇寄來擬作一篇，囑登報端，其破題爲「殿四科以文學，聖道南矣。」云云。通篇卽以此作骨。一時士子轟傳。未幾，該報郵寄南京監臨某攜達主考官，時距放榜之期，尚有兩旬，兩主考官見曲園擬作如是云云，卽就以習禮作骨之閱定各卷，重行去取，而以聖道南行作骨之各卷補其額。吾友孫君霆銳卽被擯於此者。孫其時卽主申報之筆政者。揭曉後，其薦卷房師某過滬，以語霆銳，幷詢曲園之文之所自來，幷爲孫惋惜不置。此爲報紙之用，本不在科舉之末政，而影響反中於是。亦上海自有報紙以來之異聞矣。」又「當戊戌四五月間，朝旨廢八股，改試經義策論，士子多自琢磨。雖在窮鄉僻壤，亦訂結數人合閱滬報一份。所謂時務策論，主試者以報紙爲藍本，而命題不外乎是。應試者亦以報紙爲兎園册子，而服習不外乎是。書賈坊刻，亦間就各報分類摘抄，刊售以牟利。蓋巨剪之業，在今日用之辦報，以與名山分席，而在昔日，則名山事業且無過於剪報學問也。」當時主筆之職責，以報首論說爲重要。每星期中某人輪某日，預爲認定。題則各人自擬，大概采取本報所載時事，或論、或說、或議、或書後，體裁與科場試題相彷彿，而篇幅則須滿足一千二百字左右，縱意竭詞窮，亦必敷衍至及格始已，又與科場程式爲近。夫以縱談時事之文，而限以字數，使言者不得盡其意，其無理孰甚於此。迨甲午一戰以後，誹議雜興，旋廢八股試士之法，此風始稍稍革矣。

（三）科學方面　外人之傳教也，均以輸入學術爲接近社會之方法。故最初發行之報紙，其材料之大部分，舍宗教外，卽爲聲光化電之學。惟當時我國人因鴉片之戰，洪楊之役，見西人之船堅砲利，以爲西學卽在於此，致有中學爲體西學爲用之說。一方面，來華之教士，亦未必均爲博學之士。報中文字又極膚淺，分期出版，亦覺一鱗一爪，破碎不完。重以報紙因傳教之關係，有使科學同被厭棄之傾向。故雖有印刷發行之利便，而迄不能發展我國之科學思想也。

（四）外交方面　外報之目的，爲傳教與通商，而宣傳其爲一己謀便利，夫何待言。當時教士與關吏，深入內地，調査風土人情，探刺機密，以供其國人之參考。故彼等之言，足以左右外人輿論與其政府之外交方策，而彼等直接間接與報紙均有關係。初外報對於中國，尙知尊重，不敢妄加評議。及經幾度戰事，窘象畢露，言論乃肆無忌憚，挑釁飾非，淆亂聽聞，無惡不作矣。

外報今日在中國之勢力，英人爲最，日人次之，美法等國又次之。其言論與紀載，均與其國之外交方策息息相關。一步一趨，絲毫不亂。近二十餘年來，日人所辦之華字報，如順天時報、盛京時報等，因軍人壓制言論之關係，乃與彼等以絕大推銷之機會。藉外交之後盾，爲離間我國人之手段。夫報紙之自攻擊其政府與國民可也，彼報之攻擊我政府與國民亦可也，今彼報代表其政府，以我國之文字與我國人之口吻，而攻擊我政府與國民，斯可忍，孰不可忍！附述於此，以當國人棒喝。

(五)商業方面　日報之發生，與商業極有關係。其唯一之需要，卽船期與市情之報告是。外貨之推銷，以廣告爲唯一方法，不脛而走，實報紙傳播之力也。從樂觀方面言，因新經濟學說之輸入，足以促華商之覺悟，使具國際間之智識，而漸啓其從事企業之思想。從悲觀方面言，則外貨闌入內地，漏卮日鉅，因而物價騰踊，民生日困，在我國經濟史上，誠一大變遷也。

(六)宗教方面　基督教之傳入，極注意文字上之宣傳，欲以新偶像代舊偶像，流弊所及，遂養成一種功利主義，以致民教不和，釀成義和團之禍。民國以後，教案較少。此非教會之讓步，乃外勢之屈伏，當憲法議至人民一章時，國教一問題，在國會中爭論至烈，其影響之大可知矣。其實教士之來華，不啻爲其政府之密探。此在彼等報紙通信中，及彼使館所持爲交涉之證據而知之。近者五卅案發生，彼等愛中國愛和平之假面具更揭破而無餘矣。

（註一）光緒七年十二月，江蘇學政黃某考試文童，於向例正場出圖之後卽行覆試，改爲正場之後先行懸牌提覆，於正額之外溢取若干名，俟提覆之後，再行出圖。申報著論譏之，以爲徒多周折。黃某閱報大怒，特發告示令會審公廨張貼申報館前，大致謂「本月二十四日，閱申報中列有論院試提覆信口譏評，顯係童試被黜之家散布流言，希圖洩忿，而該館受其囑託，爲之推波助瀾。事關文風士習，不得不爲該館詳悉言之。（中略）總之，此事已經奏聞，非奉旨停止，斷不爲蜚語所搖。該館平日議論，公私參半，於中朝大政，且有所是非，於廷臣直言且有所臧否，何有於學使？本官雖單寒出身，一官如寄，焚香清夜，臨上質旁，心苟無瑕，即使羣不逞者聚而詛咒之，強有力者隨而排擠之，亦所不顧，何有於該館執筆之徒？惟素性酷愛人才，樂聞己過。該館既明目張膽，不必隱姓埋名。如另有剔僞求眞之良法，實在有利無弊，至公無私，自應降心採擇。至各學書斗，與本署丁役人等，如果有從中索詐，如所稱曩年童生鮑某一案，儘可據實指斥，以開本院之耳目。除訊明懲治，心感無旣，萬萬不至於護前。若專斥提覆爲非法，指被黜爲寃屈，誣愼重爲害人，袒橫議爲近理，藏頭露尾，自居於匿名揭帖之列，此端一開，必至失意各生童紛紛私囑使執筆者以簧鼓士林，於風俗人心，貽害不淺。本院當移咨本省各大憲轉飭地方官按律懲辦。毋謂有恃不恐也。」

第五節　結論

秦漢唐元以還，我國聲威遠播，幾乎震爍全球。然而文化實力，終覺局於一隅。其與我國接近之民族，又無一不爲我國文化所濡染；卽有可爲我國他山之助者，仍因限於東方之一部分，故於文化之進步上未能有充分發達。雖元代以兵力溝通歐亞，在戰爭史上誠爲無上光榮；而在文化史上，頗足阻同化之進行。至若意人馬可波羅之東來，及其留仕我國，此只一堅苦卓絕之旅行家，曠代一至，於交通上之關係甚微。明代遣鄭和七下南洋，誠可化干戈而爲玉帛，但亦祗一時之盛事，均無裨於文化之交換。蓋當時我國人之心理，對於西人，若漢之於西域，東晉之於五胡，唐之於東西兩突厥，以文明之地位自居，以域外蠻荒擬人也。

自葡人發見印度航路，基督教東來，而後我國人始知世界大勢。基督教傳教之方法，舊教由上行下，故重在著書；新教由下向上，故重在辦報。而均以實學爲之媒介以自重。其中如利瑪竇（Matteo Ricci）、湯若望（Johann Adam Schall Von Bell）、南懷仁（Ferdinand Verbiest）、偉烈亞力等之天算物理，慕維廉、禕治文（Elizah Coleman）等之地志，艾儒略（Jules Aleni）、艾約瑟等之重學，瑪高溫之電學，丁韙良（William Martin）之律學，合信（Thomas Hall Hudson）之醫學，以及哲學、礦學、藝術、外國文字等，均足補我國舊有學術之不足，而另闢一新途徑。同時渠等又致力我國經籍，貫串考覈，討流溯源，別具見解，不隨凡俗。其印爲專書而銷行歐美者不少。中間又經過中英與英法之戰，我國人士之守舊思想，漸次爲之打破，而以研究新學相激勵。至是，中西文化融和之機大啓，開千古未有之創局。追本溯源，爲雙方灌輸之先導者，誰歟？則外人所發行之書報是已。雖然，從文化上之全體以觀，外報在我國，關於科學上之貢獻，當然爲吾人所承認；惜以傳教爲主要目的，是去一偶像而又立一偶像也。且流弊所及，一部分乃養成許多 Boy 式之人材，舍本逐末，爲彼輩之走狗，得不償失，無過於此。若就近日之外報言之，幾一致爲其國家出力，鼓吹資本主義與帝國主義。關於外交問題，往往推波助瀾，爲害於我國實大。不過以第三者眼光觀之，外報於編輯發行印刷諸方面，均較中國報紙勝一籌，銷數不多而甚有勢力，著論紀事，均有素養，且無論規模大小，能繼續經營，漸趨穩固。是則中國報紙所宜效法者也。

第四章　民報勃興時期

官報，無民意之可言也。外報，僅可代表外人之意思；雖其間執筆者有華人，然辦報之宗旨不同，卽言之亦不能盡其意也。我國民報之產生，當以同治十二年在漢口出版之昭文新報爲最早。次爲同治十三年在上海出版之匯報，在香港出版之循環日報，光緒二年在上海出版之新報，及光緒十二年在廣州出版之廣報；斯四者皆當時深悉外情者之所爲，惜國人尚不知閱報爲何事，未爲社會所見重耳。迨光緒二十一年，時適中日戰後，國人敵愾之心頗盛，強學會之中外紀聞與強學報，先後刊行於京滬，執筆者皆魁儒碩士，聲光炳然。我國人民之發表政論，蓋自此始。後此時務報與時務日報等接踵而起，一時報紙，興也勃焉。語其比較知名者如下：

上海：　蘇報，國民日日報，俄事警聞，警鐘日報，時報，神州日報，中國公報，新世界日報，指南報，維新報，博聞報，愛國日報，華洋報，申江日報，少年中國報，獨立報，江浙匯報，蘇海彙報，民吁報，民立報，民呼報，天鐸報，民意報，時事報，輿論報，輿論時事報，海上日報，時事新報，國民公報，商務日報，南方報，世界通報。（以上日報）

農學報，藝學報，算學報，中外算報，實學報，萃報，工商學報，商務報，江南商務報，政藝通報，國粹學報，普通學報，

通學報，學報，新學報，格致新聞，新世界學報，政治學報，集成報，求是報，女報，外交報，求我報，蒙學畫報，新中國白話報，大陸，教育世界，教育雜誌，中外大事報，五洲時事彙報，揚子江叢報，新小說，科學世界，東方雜誌，譯林，選報，衞生報，預備立憲公會報，書畫譜報，歐美法政介聞，飛影閣畫報，飛雲閣畫報，政論，國風報，民聲雜誌，進步。(以上雜誌)

北京：京話日報，強學報，燕京時報，京報，芻言報，北京日報，中華報，中國報，全京日報，帝國日報，京都時報，帝京新聞，華字彙報，金臺組報，憲志日報，公論實報，國民公報，新聞彙報，京津時報。(以上日報)

啓蒙畫報，工藝報，憲法新聞，地學雜誌，北京商務報。(以上雜誌)

天津：津報，國聞報，天津時報，天津日日新聞，大公報，時聞報，北方日報，多聞報，通報，中外實報。(以上日報)

國聞彙編，農學報。(以上雜誌)

廣州：博文報，嶺南報，嶺海報，寰球報，商務報，紀南報，廣智報，羊城報，七十二行商報，越嶠紀聞，南越報，商務總會報，人權報，粵東公報，公言報，時敏報，亞東報，亞洲報，醒報，廿世紀報，國事報，光華報，光漢報，震旦報，天運報，國民報，中原報，又新報，可報，陀城報，安雅書局世說編。(以上日報)

振華五日大事紀，南洋七日報，半星期報，農工商報，保國粹旬報。(以上雜誌)

潮州：公理報。

蘇州：蘇報，蘇州白話報，日新報。

無錫：錫金日報（日報）。無錫白話報（雜誌）。

鎮江：揚子江日報。

揚州：淮南日報。（日報）廣陵濤（雜誌）。

蕪湖：商務日報，皖江日報，皖報，鳩江日報。

安慶：愛國新報。

南昌：博聞報，新民報，自治日報。

九江：江報。

贛州：又新日報。

漢口：漢報，商務報，武漢新報，中西報，大江報，夏報，楚報，湖北日報，漢皋新聞，鄂報，繹言報，新漢報，大漢報。

武昌：通俗報，湖北商務報。

長沙：湘報，長沙日報。（以上日報）外交俚語報，湘學報，經濟報，廣雅俗報，算報，蒙養學報，演說通俗報，通俗教育報。

（以上雜誌）

重慶：救時報，重慶日報。（以上日報）渝報，廣益叢報。（以上雜誌）

成都：蜀學報，蜀報。（雜誌）

濟南：濟南報，簡報。（以上日報）國文報。（雜誌）

烟台：膠州報，芝罘日報，山東日報，勃海日報。

青島：青島報。

太原：晉報，晉陽日報。

奉天：東三省日報，大中公報，微言報，醒時報，盛京報。

吉林：自治日報。

長春：長春公報。

營口：營商日報。

哈爾濱：濱江日報，東陲公報。

伊黎：伊黎白話報。

杭州：杭報，經世報，全浙公報，浙江日報，危言報。（以上日報）杭州白話報，醫學報，五日報，新政交儆報，羣學社編。（以上雜誌）

寧波：四明日報，甬報。

廈門：漳泉日報，福建日日報。（以上日報）鷺江報。（雜誌）

福州：福報，福建日日新聞，福建日報，福建新聞報。（以上日報）福建七日報。（雜誌）

汕頭：嶺東月報，中華新報。

貴州：西南日報。

桂林：廣仁報。（日報）官話報。（雜誌）

梧州：廣西新報。

香港：循環日報，中國日報，公益報，維新日報，香港新報，公益報，有所謂報，少年報，香港商報，通報，廣東報，香海日報。

澳門：澳報。（日報）知新報。（雜誌）

星加坡：天南星報，日新報，叻報，總匯新報，圖南報，中興日報，陽明報。

檳榔嶼：檳城新報。

雪梨：東華新報，廣益華報。

爪哇：烏島日報。

巴達維亞：華鐸報。

馬尼剌：岷報。

舊金山：文興日報，金港日報，華洋報，大同晨報，世界日報，少年中國晨報，翰香報，實文報，中西報，華美報，萬球報。

檀香山：新中國報，隆記報，華夏報，麗記報。

温哥武：大漢公報，華英日報。

紐約：光報，紐約日報。

巴黎：新世紀。

神戶：東亞報，日華新報。

東京：浙江潮，湖北學生界，江蘇，雲南雜誌，四川雜誌，河南，晉乘，粵西，直說，游學譯編，譯書彙編，新譯界，中國新報，學報，牖報，學海，醫藥學報，衛生世界，中國商業研究會日報，南洋羣島商業研究會雜誌，農商雜誌，中國蠶絲業會報，法政學交通社月報，政法學報，憲法新志，大同報，廿世紀之中國，女子，新女界，廿世紀之支那，天義報，民報，復報。（以上雜誌）

横濱：大同學錄，開智錄，清議報，新民叢報。（以上雜誌）

高麗：皇城新聞。

暹羅：啓南報，華暹新報。

西貢：光興日報。

循環日報

循環日報

新報創刊號

新報

THE Sin Pao

PUBLISHED EVERY MORNING

目錄

以上各報，其中一大部分，始因外侮之激刺，倡議維新，繼以滿人之頑固，昌言革命。武漢義旂一舉，而清社遂屋。雖曰天命，豈非人事哉！

第一節　日報之先導

我國人自辦之日報，開其先路者，實爲昭文新報，循環日報次之，匯報新報廣報又次之。今碩果僅存者，惟循環日報耳。

昭文新報，於同治十二年閏六月卽民國前三十九年創刊於漢口，爲艾小梅所發起。最初每日一出，以閱者甚少，乃改爲五日一出。但銷路仍不佳，未幾遂停。

循環日報，創刊於同治十三年之春。先是有王韜（紫銓）者，以上書太平天國忠王楊秀清之嫌，清庭欲得而甘心，乃隨麥華陀牧師走香港。旋應英華書院之聘，編輯聖經，遂家焉。迨歐海理牧師解散英華書院，王氏遂與該院買辦黃平甫集股購入，易名中華印務總局，此同治十年事也。後就印務總局改組循環日報。循環云者，意謂革命雖敗，而藉是報以傳播其種子，可以循環不已也。王氏自主筆政，洪幹甫及其壻錢昕伯輔之。錢氏蓋奉申報主人美查之命，赴港調查報務以資倣效者也。初創時，新聞用洋紙印刷，船期尙用土紙（南山貝）。新聞常佔篇幅三分之一，區爲三欄：首欄選錄京報，次欄爲羊城新聞，又次則爲中外新聞欄。然其時交通未便，消息難通，故主筆政者常須述野語稗史以補白。次年，附刊月報，擇重要時事彙爲一册，每年取費一元。嗣因銷數不多，未期年而罷。當時該報有一特色，卽冠首必有論說一篇，多出自王氏手筆。取西制之合於我者，諷清廷以改革。弢園文錄外篇，卽集該報論說精華成之。其學識之淵博，眼光之遠大，一時無兩。自是而後，上海新加坡等地報紙漸興，互相轉錄，材料遂不虞缺乏。光緒四年，該報因省港消息靈通，特將每日報紙於先一夕派送，是爲香港漢文晚報之先聲。但往省船隻，例於下午四時開行，而報紙印竣須在八時，故寄往廣州澳門者，仍須俟諸次日。歷四年，因時促事忙，遂取消晚報。光緒三十年，增加篇幅，分爲莊諧二部，附以歌謠曲本字句加圈點，閱者一目了然。光緒三十四年，京滬要事以電報傳達，於是港中各報遂以專電互競優劣。近年該報又迭有改良，無待縷述矣。

匯報，於同治十三年五月初三日創刊於上海，爲中國第一留學生容閎（純甫）所發起。集股萬兩，投資者多粵人，招商局總辦唐景星實助成之。然又以文字易於賈禍，乃延英人葛理爲總主筆，黃子韓賈季良等爲編輯。新聞中時涉及官事，股東不以爲然。至七月二十一日，由葛理出名承頂，易名彙報，延管才叔爲主筆。以申報爲外人所開設，遇有當時以爲不利於中國之事，卽與之筆戰。但營業不佳，乃清理賬目，加入新股，於光緒元年六月十四日，易名益報，延朱蓮生爲主筆。至是年十一月初七日，朱氏辭職，斯報遂廢。此三報以爲時勢所限，致難銷行。然每日報首必載新聞目錄，使閱者一目了然，是其特色也。

新報，於光緒二年十月初八日創刊於上海。由各省商幫出名，而其款實出自道庫。新聞中英文並列；後此南方

匯報

第叄號 禮拜肆

匯報

本局開設上海大馬路口保家行對門

目錄

京報全錄

益報創刊號

益報

彙報創刊號

彙報

報太平洋報實仿之。惟外人未必閱此報，故次年五月即將英文取消，報名亦改橫寫爲直寫。至八年五月二十九日，以銷路不暢，遂歸併於製造局。

廣報，於光緒十二年五月二十三日創刊於廣州，爲鄺其照（蓉階）所發起。延吳大猷林翰瀛爲主筆。其形式與申報同。當道以報館之館字不妥，令改爲局字。光緒十七年，以事觸怒粵督李小泉，令番南兩縣封閉，不准復開。有「辯言亂政，法所不容。廣報局妄談時事，淆亂是非，膽大妄爲，實堪痛恨，亟應嚴行查禁，以免淆惑人心」等語。該報不得已，乃遷沙面租界，請英商必文出面，改名中西日報，繼續出版。後又易名越嶠紀聞，但不久亦停。

第二節　中外紀聞與強學報

強學會者，清季維新運動之總機關也。先是，康有爲及其弟子梁啓超、徐勤、湯覺頓等，在南方組織桂學會，謂非變法自強，則無由救國；並聯合公車一再伏闕上書，請求革新政治，此光緒二十年事也。時北方由文廷式之主倡，亦有強學會之組織，已而改爲強學會書局，其目的亦在改良政治。其會員有黃紹箕、汪康年、黃遵憲、岑春煊、陳寶琛、陳三立等，而工部尚書孫家鼐、湖廣總督張之洞，皆其有力之後援者。康有爲等聞之，因即遵海北遊，往來上海北京，加入斯會，於是強學會勢益大振，時光緒二十一年秋季也。斯會最初著手之事業，爲辦報館與圖書館。袁世凱首捐金五百，加以各處募集，得千餘金，遂在北京後孫公園設立會所，向上海購得譯書數十種，而以辦報事委之梁啓超，英人李提摩太亦參與之。當時會中殊無自購印刷機器之力，而坊間亦不聞有此物，乃向售京報處，託用粗木板雕刻印行，日出一册，名曰中外紀聞。其形式與京報相似，卽託售京報人隨宮門鈔分送諸官宅，酬以薪金。發行月餘，每日居然可送出二三千册。是年冬季，上海分會亦發行強學報，（註一）用鉛字排印，每日出一小册，亦不取費。守舊派見而忌之，由楊崇伊奏請封禁。翌年二月下諭：「御史楊崇伊奏參翰林院學士文廷式一摺，據稱文廷式在松筠菴廣集徒衆，妄議朝政，及賄通內監，結黨營私等事，雖查無實據，事出有因。文廷式著革職永不敍用，並卽行驅逐回籍，不許逗留。」於是中外紀聞與強學報，遂同歸消滅。

（註一）康有爲之強學會報序云：號物之大者，曰駝象騾馬牛，皆彭亨龐巨，倍於人體。然而檻之，縶之，服之，乘之，甚且刲之，烹之。駝牛馬宛轉悲啼痛苦，受縶縛駕乘刲烹，而呼號終莫救，仇怨終莫雪者，何哉？爲其弱也。牛馬無罪無辜，服勤供役，勞亦甚矣；而不免宰割者，何哉？爲其愚也。書曰：「兼弱攻昧，」既弱既昧，自召兼攻，奈之何哉？嘗考三千年靑史氏之册，五大洲萬國之志，若劉石之破洛陽，耶律氏之取石晉，金斡離不之破汴，驅虜擄掠，有若犬羊，斷殊骨肉，宛轉道路，託命異類，寄生鼎俎。當此之時，其與象駝牛馬之受縶維駕乘封割，豈有異哉？豈有異哉？彼馬基頓之破波斯，回教突厥之破羅馬，及近者泰西之分非洲，虜掠凌暴異種殊族，皆以愚弱被吞食者。然則天道無知，惟佑強者。易首繫乾以自強不息；洪範六極，弱居極下。蓋強弱勢也，雖聖人亦有不能不奉天者歟？然則惟有自強而已。夫強者有二：有力強，有智強。虎豹之猛，而扼於人；虎豹不能學問考論則愚，人能學問考論則智，是智勝也。至于天人鬼物昆蟲草木，莫不考論，則益智，故貴學。美人學會繁盛，立國百年，而著書立說多於希拉羅馬三千年。故兵僅二萬，而萬國莫敢誰何？此以智強也。夫物單則弱，兼則強，至累重什百千萬億兆京陔之則益強。荀子言物不能羣，惟人能羣，象馬牛駝不能羣，故人得制焉。如使能羣，則至微之蝗，羣飛蔽天，天下畏焉，況莫大之象馬而能羣乎？故一人獨學，不如羣人共學；羣人共學，不如合百億兆人共學。學則強，羣則強；累萬億兆皆智人，則強莫與京。吾中國地合歐洲，民衆倍之，可謂龐大魁鉅矣，而吞割於日本。蓋散而不羣，愚而不

時務報創刊號

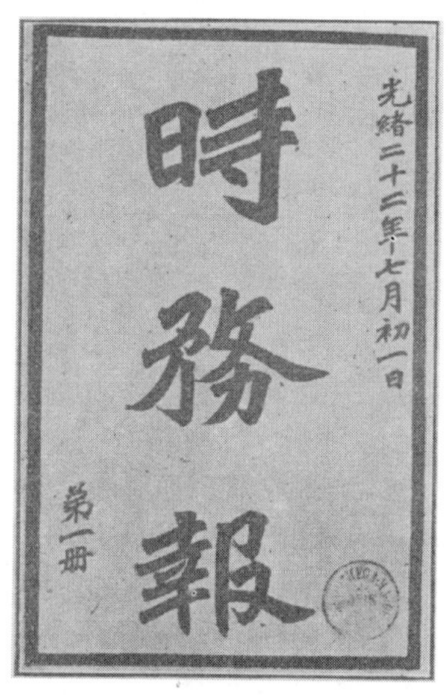

時務報

光緒二十二年七月初一日

第一册

强學報創刊號

强學報

第一號

孔子卒後二千三百七十三年

光緒二十一年十一月二十八日

湘學新報創刊號

湘學新報

光緒二十三年三月二十一日

報第一

知新報創刊號

知新報

光緒二十三年正月二十一日第一

每册取費一毫 閏一月者五毫 全年先交費者四圓半

前定者五圓 算南洋八圓 美洲十圓

本館在澳門大井頭第四號

學之過也。今者思自保之，在學羣之。昔在京師，既與諸君子開會以講中國自強之學，朝士集者百數；然猶未足合天下之才，海內耆賢通學，棒手推襟，欲推廣京師之會，擇合羣之地，而益宏厥規則。滬上總南北之滙，爲士夫所走集，乃羣中外之圖書器藏，羣南北之通人志士，講習無間，而因推行於直省焉。凡吾神明之胄，衣冠之族，思保其教，思保其類，以免爲象駝牛馬之受檻縶刲割，豈無同心乎？抑其甘淪異類耶？其諸有樂於會友輔仁歟？仁者何？仁吾神明之胄，先聖孔子之教非歟？

第三節　雜誌之勃興

北京強學會既被封禁，其上海支會不得已乃改爲時務報館；由汪康年爲經理，梁啟超爲主筆，努力繼續鼓吹其主張，時光緒二十二年七月也。時務報每旬一冊，每冊二十餘頁，以石版印連史紙上，極清晰而美觀。所載有論說、諭摺、京外近事、域外報譯等；而域外報譯，獨占篇幅至二分之一而強。時四方新學士子喜康梁之議論新穎，羣相呼應，起而組織學會，討論政治問題與社會問題。舉其著者，如長沙之湘學會時務學堂，衡州之任學會，蘇州之蘇學會；北京之集學會；其他如算學會、農學會、天足會、禁煙會等，尤不可以計數，而每會必有一種出版物以發表其意見。於是維新運

梁任公先生

勸，頓呈活躍之觀，而雜誌亦風起雲湧，盛極一時。勸學篇謂：「乙未以後，志士文人創開報館，廣譯洋報，參以博議，始於滬上，流衍於各省，內政外事學術皆有焉。雖論說純駁不一，要以擴見聞長志氣，滌懷安之酖毒，破捫籥之瞽論。於是一孔之士，山澤之農，始知有神州；筐篋之吏，煙霧之儒，始知有時局。不可謂非有志四方之男子學問之一助也。」蓋指此時而言也。

時務報乃捐款所開辦，而湖廣總督張之洞所捐最多。張以報中論說太新，頻加干涉，視主筆若資本家之於雇傭。時梁啓超年少氣盛，不能耐，翌年冬舍而之他；報事遂由汪康年一人主持。迨光緒二十四年夏，朝廷允御史宋伯魯之請，改時務報爲官報，命康有爲督辦。汪康年乃改時務報爲昌言報，延梁鼎芬爲主筆，另行出版。於是時務報館乃發生移交與否之問題，而大開筆戰。但未幾戊戌事起，康梁出走海外，昌言報亦旋停。此事遂無人過問。(註一)

梁啓超走日本後，又創清議報，以攻擊慈禧太后及剛毅榮祿爲事。清廷相疾甚，至禁止入口。庚子後，創新民叢報，偏重灌輸常識，極受社會歡迎，嘗複印十餘版，至今流行。光緒三十三年，發起政聞社，發行機關報，名曰政論，但旋爲清廷所封禁。宣統二年，創國風報，從各種政治問題，爲具體之研究討論，思灌輸國民以政治常識。與新民叢報同時又創新小說報，以鼓吹革命。中有一小說，名新中國未來紀，其理想的國號曰大中華民主國，所言多與後事暗合。

清議報創刊於光緒二十四年十月，每旬出版於橫濱，每册約四十頁。所載分論說、名家著述、新書譯叢、文苑、外論彙譯、紀事、羣報擷華等。閱三年，以不戒於火而止。

新民叢報，創刊於光緒二十七年冬季，每半月發行於橫濱，發行人爲馮紫珊。每冊約四十頁。所載分論說、學說、時局、政治、雜評、小說、文苑等。出至七十二冊而止。

政論，創刊於光緒三十三年九月，每月發行於上海，由蔣智由編輯，爲政聞社之機關。每冊六十餘頁。所載分演講、論著、記載、社報等。出至七期而止。

國風報，創刊於宣統二年正月，每旬出版於上海，發行人爲何國楨，每冊五六十頁。所載分論說、時評、著譯、調查、紀事、文苑等。出至五十三期而止。

當時繼時務報而起者，爲光緒二十三年正月在澳門出版之知新報，同年三月在長沙出版之湘學新報，時有三足鼎立之稱。

知新報由康廣仁何廷光爲經理，徐勤何樹齡等爲主筆。始五日一出，後改每旬一出，每冊約十五頁，杭連紙鉛印。所載分論說、上諭、近事、譯報等。初擬名廣時務報，後以報主維新不取複沓，乃用此名：至光緒二十四年十二月始止。

湘學新報後簡稱湘學報，爲長沙校經書院所編輯。每旬發行，每冊約四十頁，木刻連史紙印。內分史學、掌故學、輿地學、算學、商學、交涉學、格致淺例等，蓋講義體也。出至二十三期而止。

其以紀述國內外大事與介紹新學術與新知識，繼此發行，足資稱述者，有光緒二十三年七月在杭州出版之經世報；同年八月在上海出版之實學報；同年十月在重慶出版之渝報；光緒二十四年三月在成都出版之蜀學報；五月在上海出版之東亞報；光緒二十七年正月在上海出版之東方雜誌及譯林；光緒二十八年六月在廈門出版之鷺江報；光緒二十九年正月在上海出版之大陸；光緒三十三年三月在廣州出版之振華五日大事記；及三十四年三月出版之半星期報；與宣統二年七月在成都出版之蜀報。

經世報爲章炳麟（太炎）宋恕等所編輯，論說外多譯英法文報章；十餘册卽止。

實學報爲王斯源王仁俊等所編輯，每月三册，首載章奏及英日報文，後附刻中西人書籍甚多，均未全。原此報主義，將分天地人物爲四綱，包舉宏廣；惜十餘册卽止。

渝報之總理爲宋育仁（芸子），主筆爲潘淸蔭（季約）。每旬發行，每册約二十頁，木刻貢川紙印。所載分諭摺、譯報、新論、川省物價、渝城物價、各省新聞、本省新聞、外國新聞等；出至十六期而止。

蜀學報每旬發行，爲尊經書局所出版。每册約二十五頁，木刻毛邊紙印。總理爲宋育仁，主筆爲吳之英（伯傑）。所載分諭旨、學會議義、專論、海外近事、中國近事、蜀中近事等。叢書報爲此報之附刊。

東亞報爲韓曇首等所編輯，分論說、宗教、政治、法律、商務、藝學、經世文選諸門。每月三册，發行未一年而止。

東方雜誌，爲商務印書館所出版，注意國內外大事。始每月一出；十七年後，改爲半月刊。至今繼續發行，爲雜誌中時期最長久而最努力者。前年爲該報二十週紀念，曾取二十年內材料之有系統者，仿叢書體例，編爲東方文庫，

昌言報 光緒二十四年七月初一日 第一册

昌言報

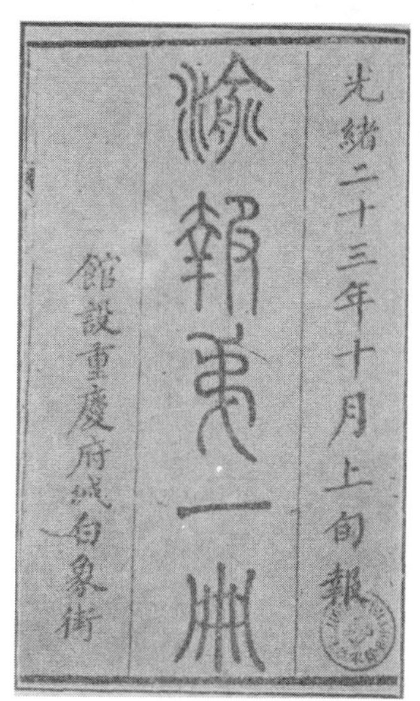
光緒二十三年十月上旬報

渝報第一册

館設重慶府城白象街

渝報

西歷壹仟玖百零叁年弍月二十七日

鷺江報

光緒弍拾玖年弍月初壹日

第二十三册

鷺江報

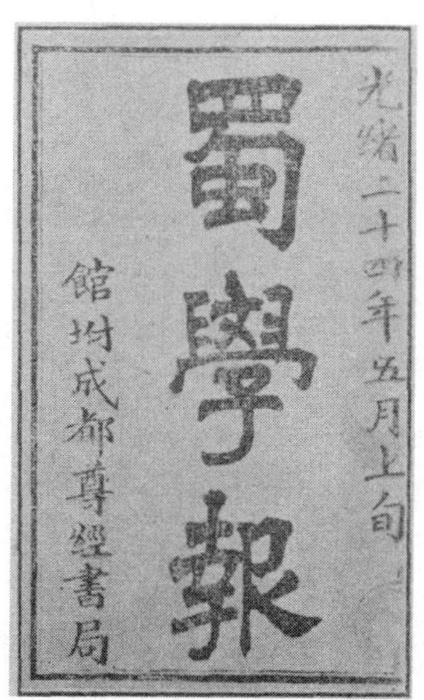
光緒二十四年五月上旬

蜀學報

館設成都尊經書局

蜀學報

計八十二種一百冊，該報精粹之所在也。

譯林每冊二十五頁考貝紙印。所載分法律、經濟、名人傳、商業史、遊記等。執筆者爲林長民魏易等，林紓監譯。出至十二冊卽止。

鷺江報每旬發行，每冊二十餘頁，杭連紙印。所載分論說、諭摺、中國紀事、各國紀事、匯論、西文譯編、閩嶠瑣聞等。出至八十六期而止。

大陸爲歸國留日學生江吞所編輯。每月發行，每期約百頁。所載分言論、學術、史傳、軍事、商工、教育、時事批評、雜錄、文苑、小說、外論等。出至三十四期而止。

振華五日大事記，每小冊約二十頁。所載分論說、羣言、學理、世界大事、中國大事、本省大事、淺說、白話、學聲等。出至五十一期而止。

半星期報，每三日發行，爲莫梓幹所編輯。每冊約二十頁。所載分論說、短評、科學新法、羣言、小說、文苑、世界大事、中國大事、本省大事等。

蜀報，每半月發行，每冊約三十頁，鉛字考貝紙印。由朱山編輯。所載分論著、文彙、譯叢三大類，出至十二期而止。

其仿各史紀事本末及中西紀事體者，有光緒二十三年八月在上海發行之萃報，主持之者爲朱強父。每週發行，連史紙石印，每冊約三十頁。所載分諭摺、中國要務、各國要務、中華新聞、外事新聞、路透電音等。繼之者爲同年九月出版之求是報，爲曾仰東陳彭壽等所編輯。內編分交涉、時事、附錄、外編分西報、西律、製造、格致、泰西稗編諸門，所採多出自法文書報。每旬發行。後此又有集成報，及光緒二十八年所出之選報，均每旬發行。而集成報印刷最精，所載多各省緊要成案，及各使館擋案，分類編纂，删繁而就簡焉。

其提倡改良農工商事業者，有光緒二十三年四月在上海出版之農學報；光緒二十四年八月出版之工商學報；光緒二十九年出版之商務報；光緒三十三年在廣州出版之農工商報與實業報。

農學報，每半月發行，每册約二十五頁，連史紙石印。主持之者爲羅振玉（叔蘊）蔣斧。所載分公文、古籍、調查、譯述、專著等。二十四年改爲旬刊，九月讓渡於日人香月梅外。出至三百十五册而止。

工商學報，爲張德坤編輯，每月四册，每册二十餘頁，連史紙石印。所載分諭摺、論說、公牘、工商情形、譯論、調查、市情。不久卽停。

商務報，每旬發行，每册三十餘頁。所載分上諭、公牘、論說、淺說、商情、譯述、實業、小說等。出至六十五期而止。

農工商報編輯者爲江寶衍（俠菴）每旬發行，每期約二十餘頁。所載分論說、農業、工業、商業、工商時事等。至五四十期，改名廣東勸業報，至宣統二年始止。

實業報，每旬發行，每册約二十頁，爲曾公健等所創辦。體例與農工商報相彷彿。至光緒三十四年十月止。

其偏重數理者，有光緒二十三年七月在上海出版之新學報；光緒二十四年三月出版之格致新聞；光緒二十

新學報

農學報

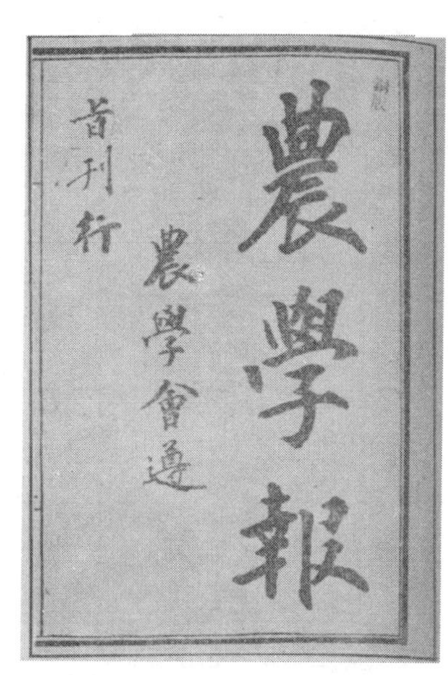

格致新報

工商學報

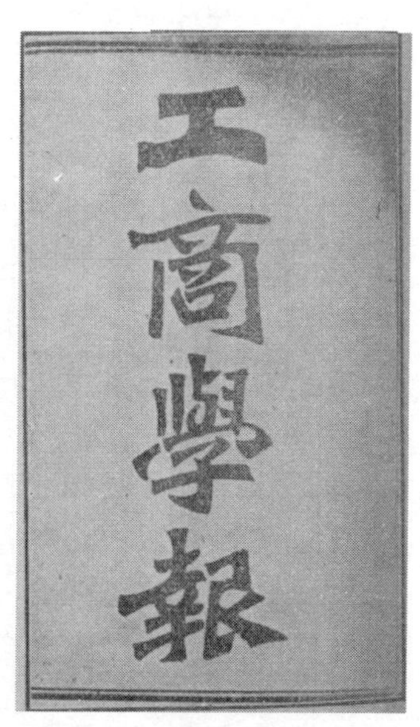

蘇州白話報

無錫白話報

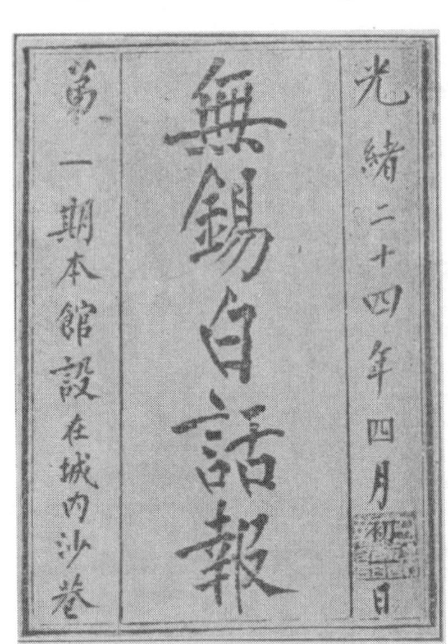

京話報

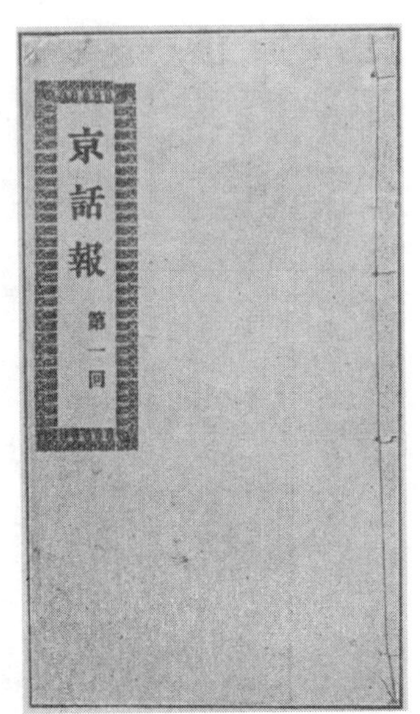

杭州白話報

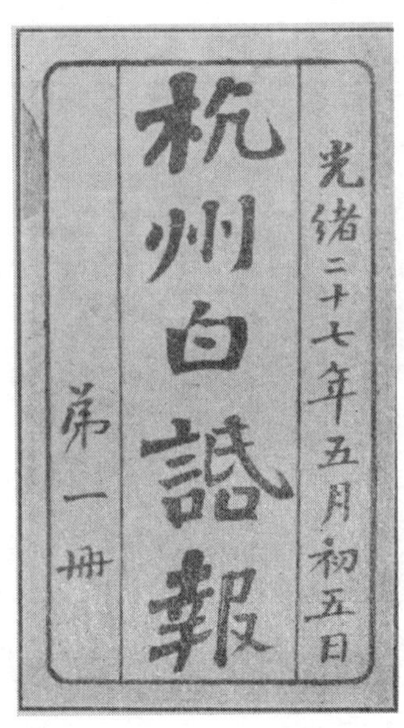

七年出版之普通學報；光緒二十八年出版之中外算報。

新學報，每半月發行，爲新學會與算學會所編輯。每册二十餘頁，石版連史紙印。所載爲上諭、算學、政學、醫學、博物等。

格致新聞，每旬發行，爲朱開甲王顯理所創辦，連史紙石印。報中有問答欄，頗便於初學者。又設學舍，請教士講演，幷實地試驗，且得代購一切理化器械。後因事中止，與益聞錄合併。

普通學報，每月發行，連史紙石印小册，每册約四十頁，所載分經、史、文、算、格致、博物、外國語、學務等。

中外算報，每月發行，有光紙石印小册，每册二十餘頁，爲杜亞泉等所編輯。

其專言教育者，則有光緒二十七年四月在上海出版之教育世界，與宣統元年正月出版之教育雜誌。

教育世界之創刊，爲羅振玉所發起，王國維爲主筆，每旬發行。初專事譯述；自六十九期起，改爲半月刊，始加改良，分論說、學理、教授、訓練、學制、傳記、小說、本國學事、外國學事等，出至百十六期而止。

教育雜誌，爲上海商務印書館所出版，每月一册。今尚繼續發行。

其注意通俗教育者，有光緒二十四年三月在無錫出版之無錫白話報，每五日發行，木刻活字毛邊紙印，每册十餘頁，爲裘毓芳（梅侶）女士所創辦。第五期起，改名中國官音白話報，每半月發行。繼此者，有蘇州白話報、杭州白話報、揚子江白話報、京話報等，其名不勝枚舉。我國報界之有女子，當以裘女士爲第一人矣。（註二）

其提倡女學與女權者，則有光緒二十八年在上海出版之女報，爲蘇報主人陳範之女擷芬所創辦。每月發行一小册，每册約二十頁。所載分論說、新聞、翻譯、教育論等。初出版時，隨蘇報附送六期，我國之有女報自此始。後此有丁初我曾孟樸等所創辦之女界月刊；陳以益所創辦之新女子世界；秋瑾女士所創辦之中國女報。秋女士就義後，新女子世界與中國女報合而爲一，易名神州女報。

其提倡兒童教育者，則有光緒二十四年正月出版之求我報，每半月發行，連史紙石印。所載分方名、正蒙二編，由淺入深，與今日通行之初等小學教科書無異。繼此者，有光緒二十九年在北京出版之啓蒙畫報與光緒三十四年上海中華學會所出之蒙學畫報，均每半月發行，若今之兒童教育畫也。

其專言外交者，有光緒二十七年十一月上海普通學書局所出之外交報，及三十年所出之日俄戰紀。外交報每半月發行，每册約二十頁，考貝紙印。所載分論說、諭旨、文牘、外交紀聞、譯報、要電等，出至一百三十二期而止。日俄戰紀，爲上海商務書館所發行，每册約五十頁。所載分地圖、圖畫、軍事、小史、戰國文牘、海陸戰事、日本防務、俄國防務、中國中立、各國中立、韓國近事、戰地人物、雜記、時論，自開戰迄議和，凡三十册。

其專研究外國語者，有光緒二十三年正月在上海發行之通學報，爲任獨(申甫)所編輯。始每旬發行，二年後改爲月刊。所載有英語與世界語，分歷史、地理、理化諸學科，由淺入深，與今之函授講義同。發行六年始止。

圖畫演說報創刊號

女報創刊號

求我報創刊號

其專言僑務者，有宣統元年四月巴達維亞華巫編輯所所出之華鐸報，主筆爲白蘋洲。每週發行，每册約二十頁，以引導華僑有獨立合羣尚武之性質，有國家之思想爲宗旨。出至次年八月而止。

其專言地理者，有地學雜誌，於宣統二年正月出版於北京，爲中國地學會之言論機關。由張相文編輯。始全年十册，後改月刊，有光紙印。分論叢、雜俎、說部、記事諸欄。民國八年十二月休刊。

其專言法政者，有法政雜誌，於宣統三年二月出版於上海，由陶保霖等編輯，以研究法律政治現象，參證學理，以促進羣治爲宗旨。每月一册，分社說、資料、雜纂、記事諸欄。民國四年十二月休刊。

清代文字受桐城派與八股之影響，重法度而輕意義。自魏源、梁啓超等出，紹介新知，滋爲恣肆開闔之致。留東學子所編書報，尤力求淺近，且喜用新名詞，文體爲之大變。守舊者不以爲然，乃創國學保存會，發行國粹學報等雜誌，以期挽救。但雖注重舊學，而實寓種族革命思想，是其特色也。

政藝通報，創刊於光緒二十八年正月，每半月出版於上海，編輯者爲鄧實（秋枚）。每册約四十頁，考貝紙印。每册分上下兩篇，上篇言政，下篇言藝。宣統元年，改爲月刊；但旋卽停止。

國粹學報，創刊於光緒三十年正月，每月發行於上海。編輯者亦爲鄧實。每册約四十頁，所載以章炳麟、劉師培之文字爲多。有光紙印。分政篇、史篇、學篇、文篇等。出至八十二期而止。（註三）

國文報後改名山東國文報，創刊於光緒三十二年二月，每旬發行於濟南。每册三十餘頁，考貝紙印。所載分論識、序跋、考古、公牘、書札、講義等。出至二十八期而止。

國粹叢編，創刊於光緒三十三年正月。所載爲佚書、遺籍。出十二期而止。

保國粹旬報，創刊於宣統二年正月，每旬發行於廣州。爲黃德鈞（繼和）所編輯。但僅出六期卽止。

慈禧太后復政後，立於光緒二十四年八月二十四日下諭，謂「莠言亂政，最爲生民之害，前經降旨將官報局時務報一律停止。近聞天津、上海、漢口等處，仍復報館林立，肆口逞說，妄造謠言，惑世誣民，罔知顧忌，亟應設法禁止。著各該督撫飭屬認眞查禁。其館中主筆之人，率皆斯文敗類，不顧廉恥。卽飭地方官嚴行訪拿，從重懲辦，以息邪說，而靖人心。」大有藉口康梁，將報館一網打盡之意。逮清議報出版，清廷銜康梁益甚，故於光緒二十六年正月十五日又下諭，謂「前因康有爲梁啓超罪大惡極，迭經諭令沿海各省督撫，懸賞緝拿，迄今尙未弋獲。該逆等狼子野心，仍在沿海一帶煽誘華民，幷開設報館，肆行簧鼓。種種悖逆情形，殊堪髮指。著南洋閩浙廣東各省督撫，仍行明白示諭，不論何項人等，如有能將康有爲梁啓超緝獲送官，驗明實係該逆犯正身，立卽賞銀十萬兩。如該逆犯早伏天誅，只須呈驗屍身，確實無疑，亦卽一體給獎。此項銀兩，幷着先行提存上海道庫，一面驗明交銀，免致展轉稽延。如有不願領賞，願得實在官階及各項升銜，亦必予以破格之賞。至該逆犯開設報館，發賣報章，必在華界。但使購閱無人，該逆犯等自無所施其伎。幷着各該督撫實力嚴查，如有購閱前項報章者，一體嚴拿懲辦。此外如藏有該逆犯從前所著各逆書，幷着嚴行銷燬，以申國憲而靖人心。」但康梁均寓海外，此諭固無若何之效力也。

（註一）汪康年啓事：

（一）康年於丙申秋創辦時務報，延請新會梁卓如孝廉爲主筆，至今二年。現旣奉旨改爲官報，則時務報名目，自非草野所敢擅用刻印。卽從七月初一日起，謹遵六月初八日據實昌言之諭，改爲昌言報。另延請番禺梁節庵先生鼎芬爲總董，一切體例，均與從前時務報一律，繙譯諸人，亦仍其舊。祈代派暨閱報諸君共鑒之。

（二）自甲午以來，吾華士大夫鑒於中國以二十一行省之大，四萬萬之衆，敗於扶桑三島，割地償金，爲世大辱，始有亟亟於知彼知己，舍舊謀新，以圖自強而洗大恥者。丙申春，康年與諸人同議，知非廣譯東西文各報，無以通彼己之郵；非指陳利病，辨別同異，無以酌新舊之中，乃議設時務報館於上海。時梁卓如孝廉方留滯京邸，致書康年，有公如設報館某當惟命是遵之語，乃發電信延之來館，專司論說。及公延古城坦堂張少堂二君繙譯東文西文報。是後諸君去來不常，故撰論譯報，時易其人，而要其直言無隱，冀以草野之見聞，上備朝廷之採擇，則猶夫初志。辦理兩年，未敢謂盡妥善，猶幸上承京外諸大吏之扶掖，中賴同志諸君之輔助，得以漸次推廣，遍及各行省。館中經費，全賴集資。覈計五月開館時，南皮制軍倡捐千元，強學會留存餘款七十餘元，又康年經手斥賣無用器具銀三百數十元，收回多付房租銀一百數十元，（以上三項，卽首次捐款清單內所列之六百二十元，）暨出版後諸同志陸續捐助，計共收銀一萬一千餘元，又二千六百餘兩，報費五萬八千餘元（約及十成之八五）撙節支用，幸得撐拄至今。竊自謂可告無罪於海宇士夫矣。惟是去夏以來，人言藉藉，咸謂康年有虧空八千金情事。康年先時猶謂無根之言，不足置辯。近日則言者愈多，京城尤甚，並風聞業已見諸奏章，上塵天聽。事之可詫，莫過於斯。夫館中所收之經費，以捐款報資二者爲大宗，其餘均爲數甚微。捐款除隨時登報誌謝外，又於每六閱月所開之收支清册，將實收之數，詳細開列。試問助資諸君，有已付款而未登報者否？使此八千金之款，康年取爲已用，匿不以報，則彼助資諸君何爲默不一言？至於所收報資，亦已兩次開列寄報收款清單表，供人檢核。大約除所託非人被其乾沒，或其人不善經理，以致報費無着，又或相距較遠，尚未收到外，其餘卽已盡數列入表內。使康年所侵匿之八千金，或取之報費，則必有曾付八千金而未獲列入表內者矣。盍亦就代派諸君而一問之乎？收款之數鑿鑿可指，旣已如是，則必支用之帳或有不實，而後此八千金之數乃可融入其中而使人不覺。然自丙申初秋以至今夏，計共用七萬二千餘元又二百兩，其用之也，有其時，有其人，幷有其籍，且舊年以前，姑不置論。今歲上半年，計共用一萬八千餘元，內除薪資、印報費、寄報費、暨遣代派處各款共一萬四千八百餘元外，其餘房租、飯金、各項零用，都共三千二百餘元。以半歲七月除之，計月用四百五十餘元。其爲欵歸實用，確鑿可知，更何處容此八千金之虛數乎？至於此時所存銀四百兩又一千八百餘元，(以六月底爲斷)除實存現銀外，亦有欵可抵。(此皆有着之欵，惟暫不能入帳，諸君欲知其詳，請到館查閱可也。) 則虧空八千金之說，抑亦不辯而自明矣。此外蜚語謗言，尤不一而足。凡此流傳之言，本不願瑣瑣辯論。惟是吾輩辦事，貴使人信其無他。若所辦之事，甫經就緒，而生平之操守幾不能自白於人，則此後卽日與人言維新，言開化，而人將以不肖相待，更有何事可爲，不益爲當世士大夫所羞辱乎？附綴數言，以諗知者。或不以爲嘵嘵也。

(三)茲將康年上黃欽使之呈稿，刊錄於後，藉呈助資諸公公鑒。現在帳目均已齊備，一俟奉有明文，卽行交出。仍另行籌款，續辦昌言報，合并奉聞。「具呈進士汪康年，呈爲據實申呈事。竊康年七月二十九日奉到蘇松太道蔡諭開：七月二十三日，奉南洋大臣劉札，准總理衙門電開：兩江總督轉電出使日本大臣黃，湖廣總督轉電出使日本大臣黃，奉旨，劉坤一電稱，康有爲電，奉旨改時務報爲官報，汪康年私改爲昌言報，抗旨不交等語。該報館是否創自汪康年，及現在應如何收交之處，着黃遵憲道經上海時，查明原委，秉公核議，毋任彼此各執意見，致曠報務。欽此等因。到本大臣承准此，合行恭錄札飭，札道卽便遵照，轉飭該報館欽遵等因。奉此，合卽諭飭，諭到該報館卽便欽遵毋違等因。奉此，康年竊惟已前之時務報館，係由衆人集捐而成，卽是商欵商辦。故款項出入，非康年所敢獨專。伏讀六月初二日特派康有爲督辦之諭，中并有另給開辦費六千兩之旨。又檢查協辦大學士吏部大堂孫覆奏，第籌議開辦常年各經費，亦未提及交收一字。名爲開辦，事實創而非因；費有常年，責在官而無藉商力。是朝旨既未令交代，而康年所辦又係衆人集捐之事，亦何能獨自擅交。此康年難於交代之緣由也。康年於獲見電傳上諭後，遵卽暫行停辦時務報，一面電催康主政速行來滬，候其主持，以明不敢擅專之意。又讀諭旨，令民間廣開報館以開風氣，康年竊思時務報館原有之款，本係公共糾集，以爲辦報之用，故卽續辦昌言報，上副聖天子廣開言路之盛心，下答捐款諸人集資委託之重任。商款仍歸商辦，此則康年另辦昌言報之緣由也。康年辦理報館，至今兩年，以衆人公捐之財，辦衆人願辦之事，若未奉交代之明旨，又未見督辦官報之康主政，遽以商館所有，率行交出，置身事外，設捐款諸人責康年以未能體會諭旨，任意委棄，康年豈能任此衆怨？現在帳目一切，本自齊備。所有以前時務報館之商款，應否併歸官報之處，迭次上諭並無明文，理合靜候秉公核議，諭示遵行。自當按照臨時帳目交代。茲奉前因，合將先今辦理情形，及聽候核議交收緣由，呈明查核。除呈蘇松太道蔡轉呈南洋大臣劉外，合行據實申呈。謹呈。」據呈，時務報館原係民間設立之報，商款商辦，由該進士經理其事。既奉旨改時務報爲官報，派員督辦，由官撥欵。該進士遵卽就原辦報館另擬昌言報，刊印發售，尙無不合，應准照辦。候咨明總理衙門查照。該報所出報單，並應按時呈送來轅，以憑彙擇咨送。至時務報應否交收，仰候出使黄大臣過滬查明，秉公核議具奏，並印繳照此批。

又梁啓超有創辦時務報原委記一文，照錄於下：

本日在國聞報中見有汪君穰卿告白云：「康年於丙申秋在上海創辦時務報，延請新會梁卓如孝廉爲主筆等語」閱之，不勝駭詫。現時務報既奉旨改爲官報，又適派吾師南海康先生督辦。局外人見穰卿告白，恐將有謂啓超攙奪彼所獨創之事業者，故不得不詳細言之。夫所謂創辦者何：一曰籌款，二曰出力而已。查時務報初起，係用上海強學會餘欵。當乙未九月，康先生在上海辦強學會，張南皮師首倡捐一千五百兩爲開辦經費，滬上諸當道亦有捐助者。遂在王家沙地方開辦。當時康先生以母壽之故，不能久駐上海，因致穰卿一函兩電，屬其來滬接辦。當時穰卿猶在湖北就館也。既而穰卿到滬，而京師強學會爲言者中止，滬會亦因之停辦。當時尙餘銀七百餘兩，又將原租房屋已交去一年之租銀追回半年，得三百五十元，又將會中所置器物書籍等項變賣，得二百餘元，共得一千二百金，實爲時務報嚆矢。第一期報中所登汪穰卿進士梁卓如孝廉捐集銀一千二百兩者，卽此項也。第三期以後，改爲張孝達制軍捐銀七百兩，汪梁集捐六百元者，係原存七百兩，乃南皮師原捐，故改登，其追回房租變賣器物等項，無從指名，故仍冒我等二人名也。當時穰卿因欲滅康先生舊跡，故不將此款聲明強學會之餘款，而登爲汪某等捐集云云。黄公度京卿改之，使并列兩名，實則啓超何嘗有捐集之功，而冒此稱，實滋不安耳。此時務報最初之起點也。強學會停辦之後，穰卿卽在滬度歲。（穰卿已移家上海）時啓超方在京師，康先生並招至滬，改辦報以續會事。同鄉黄公度京卿遵憲適在滬。公度固強學會同事之人，憤學會之停散，謀再振之，亦以報館爲倡始。於是與穰卿啓超三人日夜謀議此事。公度自捐金一千元爲開辦費，且語穰卿云：吾輩辦此事，當作爲衆人之事，不可作爲一人之事，乃易有成。故無所謂集欵，不作爲股份，不作爲墊款，務期此事之成而已。此等語固公度屢言之，穰卿屢聞之者也。創辦時所印公啓三十條，係由啓超所擬草稿，而公度大加改定者。（彼時穰卿力主辦日報，欲與天南遯叟爭短長，公度及啓超力主旬報之說，乃定議。）其後聘請英文繙譯張少堂，係公度託鄭瀚生司馬代請者。東文繙譯古城貞吉，係由公度託日本駐上海總領事代請者。所立合同，亦出公度之手。其致函各處勸捐，託各處派報，亦均公度之力。當時公度在上海，至九月方北行。數月之中，報館一切事，公度無不與聞。其捐款之獨多也如彼，其開辦之出力也如此。今穰卿自稱時務報爲彼所創辦者，不知置公度於何地也？鄒展書部郎凌瀚，亦強學會同事之人，志願與公度同，故首捐五百金開辦。吳季清大令德潚與公度穰卿啓超皆至交，當時又與啓超同寓京師，故時務報開辦，一切事無不共之，丙申五月，季清先生與其子亡友鐵樵石樵同到滬，即寓在報館，朝夕商榷一切。故時務報公啓，即以公度季清展書穰卿及啓超五人出名，此人人所共見者。（當時公啓訂成一小本，自四五月間即分送各處同志，至第一期出報時，用單張夾在報內，想閱報諸君無不共見。四人之名，豈可剔去？）今穰卿自稱時務報爲彼所創辦，不知置季清庶書於何地也？同人既議定此報爲衆人之事，不得作爲一人之事，因得以公議向各同志助捐，而海內君子亦以公議之故而樂助之。二年以來，得欵至萬餘金。此實時務報公事而非私事之明證。今穰卿稱時務報爲彼所創辦者，不知置捐欵諸君於何地也？至啓超既爲穰卿雇工之人，亦復何足比數。然自問創辦時，固不無微勞矣。當丙申五六月間，穰卿湖北館地尚未辭去，恐報館之或不能支，住鄂住滬，不能自決，屢商之於啓超。啓超謂報能銷四千份，則此事便可支持，因固留之。啓超自以不諳會計，憚管雜務，因與穰卿約，彼理事務兼外間應酬，而啓超主報中文字，此總理撰述之名所由分也。當時各因天才，自執一職。天澤之分不甚嚴，總辦之與屬員名分平等，而啓超亦貿貿然自忘其受總辦厚恩爲總辦所請之人也。當時總辦之勤勞固云至矣，然即如啓超者，忝任報中文字，每期報中論說四千餘言，歸其撰述，東西各報二萬餘言，歸其潤色。一切公牘告白等項，歸其編排。全本報章，歸其復校。十日一册，每册三萬字。啓超自撰及删改者幾萬字，其餘亦字字經目經心，六月酷暑，洋燭皆變流質，獨居一樓上，揮汗執筆，日不遑食，夜不遑息。記當時一人所任之事，自去年以來，分七八人始乃任之。雖云受總辦厚恩，顧東家生意，然自問亦無負於時務報矣。然猶不止此。計丙申七月初一日爲時務報出報之日，而穰卿於六月前赴湖北，月底始返滬。七月下旬又因祝南皮壽辰，前赴湖北，中秋後始返滬。彼時正當創辦吃緊之時，承乏其間誰乎？雖以啓超之不才，亦只得竭蹶從事，僭行護理總辦而已。此後局面既成矣，捐款既至萬餘金矣，銷報既至萬餘份矣，穰卿之以啓超爲功狗，固其宜也。且穰卿之稱時務報爲彼創辦，不自今日始。當丙申夏秋間，海內鉅公同志提倡斯舉，捐款日多。當時我兩人商議，謂不可無謝啓。啓超謂宜將公啓內之五人作爲公函，凡有捐欵者，五人公謝之。

穰卿謂何必如斯，只我兩人出名足矣。凡此等館中雜務向章皆由穰卿主辦，啓超不能爭也。自八月以後凡有捐款者皆穰卿一人出名函謝矣。其函中之言，猶夫本日國聞報告白之言也。蓋當初辦之時，早有據爲汪氏產業之計，而天下之人視此局爲汪氏產業也，亦已久矣。穰卿既爲東家，則啓超雖欲辭傭工之名，豈可得哉？當開辦之始，公度恐穰卿應酬太繁，（蓋穰卿宗旨，謂必吃花酒，乃能廣達聲氣，故每日常有半日在應酬中。一面吃酒，一面辦事，因不能兼辦全局之事。）乃議推吳鐵樵。（名樵，四川人，季清先生之子，去年已卽世矣。）又開辦時所出公啓內辦事規條第九款云：在報除住館辦事各人外，另舉總董四人，所有辦事條規，應由總董議定，交館中照行云云。自丙申秋至丁酉夏，公度屢申此議，謂當舉總董。以此兩事之故，穰卿以此深啣公度，在滬日日向同人詆排之。且遍騰書各省同志，攻擊無所不至。以致各同志中，有生平極敬公度轉而爲極惡公度者。至去年六月，公度赴湘任，道經上海，因力持董事之議，幾乎翻臉，始勉強依議舉數人。然此後遇事，未嘗一公商如故也。總董雖有虛名，豈能干預汪家產業哉？穰卿嘗謂啟超云：公度欲以其官稍大，損錢稍多，而撓我權利，我故抗之，度彼如我何？公度一抗，則莫有毒予者矣。此言，啓超之所熟聞者也。自玆以往，正名之論大起。日日自語云：總理之名，不可不正；總理之權利，不可不定。於是東家之架子益出矣。去年一年中，館中凡添請十餘人，時啓超在滬同事也，而所添請之人未有一次與啓超言及者。雖總辦之尊，東家之闊，亦何至如斯乎？啟超性狹隘，誠不能無所芥蒂。自去秋以來，常不免有齟齬總辦之事，此實不容自諱也。至於館中開館，公度與啟超當開辦時再四熟籌，但能銷報四千份，卽可支持。乃此後捐款萬金，銷報萬餘份，而去年年底幾於不能度歲。致使萬國公報，從旁姍笑。雖曰各處報費難於收齊，然其中曲折，固有非傭工小人所能窺者。穰卿與啓超之有意見，自去年以來矣。同事之難，自古所嘆。以亂易整，旁觀所笑。啓超所以隱忍於心，絕不敢爲我同志一言之也。獨所不解者，穰卿於康先生何怨何仇，以啓超有嫌之故，遷怒於康先生，日日向花酒場中專以詆排爲事。猶以爲未足，又於時務日報中編造謠言，嬉笑怒駡。猶以爲未足，又騰書當道，及各省大府，設法搆陷，至誣以不可聽聞之言。夫謗康先生之人亦多矣，誣康先生之言亦種種色色怪怪奇奇無所不有矣，啓超固不與辯，亦不稍憤。獨怪我穰卿自命維新之人，乃亦同室操戈，落井下石，吾不解其何心也！康先生之待穰卿，自啓超觀之，可謂得朋友之道矣。乙未辦強學會，屢致函請其來接辦，是久以同志可信之人待之也。此次奉旨督辦時務報後，卽致一函一電與穰卿，請其仍舊辦理，已不過遙領而已。（電文云：奉旨辦報，一切依舊，望相助，有爲叩。其函則係六月十二日郵政局寄者，文長不能全錄。）康先生之於穰卿，可謂盡道矣。而穰卿既無覆電，又無回信，既不可同辦，又不肯交出。私衆人所捐之金爲已產，私衆人所出之力爲已功，不顧交情，顯抗聖旨，吾不解其何心也！此後之事，既改歸官辦，則亦非啓超之所敢言。惟於創辦之原委，及啓超之爲傭工與否，不得不曉曉一辯白之。褊心之誚，固不敢辭；知我罪我，聽之海內同志而已。　六月二十四日新會梁啓超謹白。

（註二）女子之服務報界，我國以裘毓芳女士爲最早。次之，則爲陳擷芬女士與胡彬夏女士。光復後，張默君（時名昭漢）女士曾創辦大漢報，同時又與湯國黎談社英楊季威三女士合編神州女報。近年胡彬夏女士曾主編商務印書館出版之婦女雜誌，張默君女士曾主編時報之婦女週刊，談社英女士曾主編中華新報之婦女與家庭。其著聲於外交界者，則有時報駐歐通信員李昭實女士；其專門研究報學而得學位者，則有張繼英女士；在北方創辦女子日報者，則有萬璞女士。就吾所知，服務報界最久及撰述最多者，又當推談女士爲第一也。

（註三）國粹學報發刊辭：「學術所以觀會通也。前哲有言，執古之道，以御今之有，睹往軌，知來轍。史公之言曰，知天人之故，通古今之變。又曰，好學深思，心知其意。班孟堅曰，函雅故，通古今。蓋化裁爲變，推行爲通，觀會通以御世變，是爲通儒之才。但所謂觀其會通者，非斷斷於訓故詞章之末，姝姝守一先生之說也。乃綜貫百家，博通今古，洞流索源，明體達用。昔莊生作天下篇，荀卿作非十二子篇，皆明學術之源流，歷叙諸家之得失。炎漢代興，通儒輩出。馬談論六家要旨，劉班誌七畧藝文，於學派源流，反覆論說，尤能洞見元本。至謂修六藝之文，采諸家之言，舍短取長，可通萬方之略，觀古人會通之學，何其盛哉？自漢氏後，二千餘年，儒林文苑，相望而起。縱其間遞興遞衰，莫不有一時好尚，以成其所學之盛，然學術流別，茫乎未聞。惟近儒章氏龔氏，崛起浙西，由漢志之微言，上窺官守師儒之成法。較之鄭焦，蓋有進矣。無如近世以來，學鮮實用。自考據之風熾，學者祖述許鄭，以漢學相高。就其善者，確能推闡遺經，抉發闔奧。及陋者爲之，則拾摭細微，勦襲成說，叢脞無用。而一二爲宋儒學者，又復空言心性，禪寂清譚，固陋寡聞，閉聰塞明。學術湮沒，誰之咎歟？海通以來，泰西學術，輸入中邦。震旦文明，不絕一綫。無識陋儒，或揚西抑中，視舊籍如苴土。夫天下之理，窮則必通。士生今日，不能藉西學證明中學，而徒炫晳種之長，是猶有良田而不知闢，徒告年凶，有甘泉而不知疏，徒虞水竭，有是理哉？嗟乎！舊籍未淪，風徽未沬，舊國舊都，望之暢然。雖百世之下，猶將感發興起，況生於其邦，可不知尚論其人乎？夫前賢學派，各有師承，懿行嘉言，在在可法。至若陽明授徒，獨稱心得。習齋講學，趨重實行。東原治經，力崇新理。椎輪篳路，用能別闢途徑，啓發後人。承學之士，正可師三賢之意，綜百

廣報

廣報

光緒十四年

正月拾八日

國聞報創刊號

國聞報

大清光緒二十三年十月初一日

西歷一千八百九十七年十月廿六號

時報創刊號

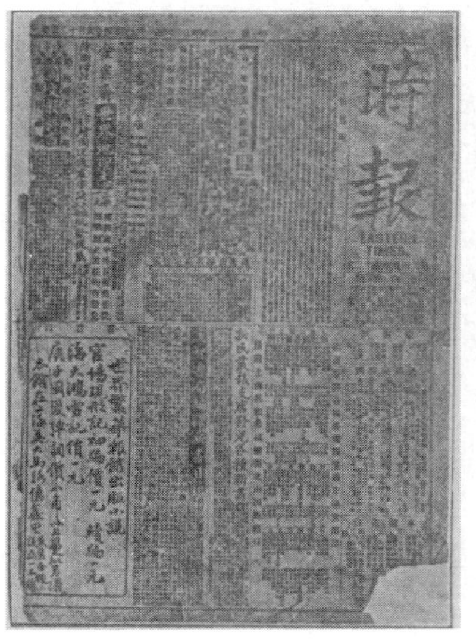

時務日報創刊號

中外日報創刊號

家之長，以覘學術之會通，豈不懿歟？惟流俗昏迷，冥行索塗，莫爲之導，雖美弗彰。不揣固陋，擬刊發報章，用存國學。月出一編，顏曰國粹。雖夏學不振，師法式微，操鑑戟於擊壤之鄉，習俎豆於被髮之俗，易招覆瓿之譏，安望移風之效。然鉤元提要，括垢磨光，以求學術會通之旨，使東土光明廣照大千，神州舊學，不遠而復，是則下士區區保種愛國存學之志也。知言君子，或亦有取於斯。

第四節　國聞報時務日報與時報

國聞報（註一）爲嚴復等所發起，於光緒二十三年十月初一日出版於天津。次月增出旬報，名國聞彙報。首譯外論，次譯俄、英、法、德、美、日本各報中之各國紀聞，乃北方報紙之最佳者。惜發行未久即停耳。

汪穰卿先生

時務日報（註二）於光緒二十四年之閏三月二十一日，創刊於上海。時時務報風行一時，然月止三冊，又以提倡變法爲主旨，故其經理汪康年（穰卿）乃別出此報，以紀載中外大事，評論時政得失，是時日報故步自封，而申報又以先進自負，汪氏乃銳意革新，增加材料，分欄編輯，用報紙兩面印刷，與申報相競爭，遂開我國日報改進之機。是年六月，時務報改歸官辦，故次月此報亦易名中外日報以別之。光緒三十四年，以經濟不充，由滬道蔡乃煌資助，是爲我國報界受政界津貼之始。蔡派其鄉人沈仲赫至館監督，編輯者咸感不便，紛紛他去，汪遂以報館全部售於蔡。惟官吏遷調靡常，辦報僅為一時計，未幾中外日報銷數大落，遂停刊。

汪氏於光緒三十二年又創京報於北京。至宣統元年，以論楊翠喜案被封。次年又創芻言報，側重評議，為三日刊之濫觴。宣統三年，汪氏逝世，此報亦停刊。其所著社論，以變法圖存為宗旨，而自強策三篇，尤傳誦於人口。汪穰卿遺著即集各報之文字而成者。

不閱中外日報之公啓

上海紳商四月初七日在商務總會議決相戒不用美貨抵制禁約經傳電全國商會並得覆電照行可知此次抵制辦法有利無弊人人有權可以實行故各埠無不激於義憤一致公認乃近日（中外日報）獨於此抵制辦法大加非議從力反對將以此鼓惑人心搖動大局該報既自外人格何至公然爲吾四萬萬同胞之公敵同人竊闢邪說起見奉勸熱血同胞以相戒**不閱該報**特爲敗壞公益袒護美貨者戒

工商學界同人公啓

關於京報，尚有一事足述。先是，京報出版，對於慶親王父子及其私人，譏刺備至。汪為軍機大臣瞿鴻禨之門人，為人所共知。以是瞿乃為權貴所側目。光緒三十三年五月某日，瞿入值軍機。慈禧太后偶與談及慶親王，頗致不滿，有擬令其退出軍機之語。瞿歸告其夫人，其夫人又告汪之夫人。汪又以告曾敬貽，初不過閒談而已。詎曾竟告之倫敦時報駐北京訪員馬利孫。馬即據以為實在消息，電告報館發表。而駐京英使反無所聞，乃向外部詢問。事為慈禧所知，甚責瞿之漏言。旋言官即起而劾瞿。所謂暗通報館，即指京報；陰結外援，即指倫敦時報。是月七日下諭：「惲毓鼎參軍機大臣瞿鴻禨暗通報館，授意言官各節，着交孫家鼐、鐵良秉公查明，據實覆奏。」同日不俟覆奏，又下硃諭：「惲毓鼎奏參軍機大臣瞿鴻禨暗通報館，授意言官，陰結外援，分布黨羽。瞿鴻禨着即開缺回籍，以示薄懲。」當時傾軋之烈可想。故九日慶親王有奏請開去軍機大臣要差之舉。然瞿去而慶親王轉得慰留，亦可見慈禧太后之好惡無恆也。

時報（註三）於光緒三十年四月二十九日，創刊於上海，主持者為狄葆賢（楚青）。先是，狄氏抱革新思想，自日本歸國後，即與湘學報主筆唐才常在上海組織中國獨立協會，圖大舉。假名東文譯社，以掩官廳耳目。經濟無出，則鬻舊藏古書畫以充之。初擬結連各祕密黨，乘間入京。尋拳禍大作，首都淪陷。乃一面邀集各省人氏，組織國會，推容閎嚴復為正副議長，以為對外代表人民之機關。一面購置軍火上溯漢口，欲占為起義之地。惜內部事機不密，功敗垂成。從此狄氏灰心武力運動，乃創辦時報，為文字上之鼓吹。延陳冷為主筆。獨創體裁，不隨流俗。如首立時評一欄，分版論斷，扼其機樞。如提倡教育，如保存國粹，如注重圖畫，如歐戰後增教育、實業、婦女、兒童、英文、圖畫、文藝等週刊，今均為各報所踵行。又如光緒三十年之冬，為粵漢路建築權，發爭回權利之議論。次年以美人虐待華工，勸國人製造國貨，購買國貨。民國五年，因日人二十一條之要挾，提倡救國儲金，藉眾力以振興實業。此皆其犖犖大端，為注意時事者所

狄楚青先生

陳景寒先生

能記憶。狄氏嘗語著者云：「吾之辦此報，非爲革新輿論，乃欲革新代表輿論之報界耳。」其所以不惜犧牲，甘與守舊者爲敵以此。北大教授胡適（適之）於十七年的回顧一文中，於時報對於報界之貢獻，言之頗詳。茲節錄如左：

「我於前清光緒三十年的二月間，從徽州來到上海，求那當時所謂『新學』。我進梅溪學堂後，不到二個月，時報便出版了。那時正當日俄戰爭初起的時候，全國的人心大震動。但是當時幾家老報紙，仍舊做那古文的長篇論說，仍舊保守那遺傳下來的老格式與老辦法，故不能供給當時的需要。就是那比較稍新的中外日報，也不能滿足許多人的期望。時報應此時勢而產生，他的內容與辦法，也確然能打破上海報界的許多老習慣，能夠開闢許多新法門，能夠引起許多新興趣。因此時報出世之後，不久就成了中國智識階級的一個寵兒。幾年之後，時報與學校就成了不可分離的伴侶了。

「我那年只有十四歲，求知的慾望正盛，又頗有一點文學的興趣，因此我當時對於時報的感情比對於別報都更好些。我在上海住了六年，幾乎沒有一天不看時報的。我記得時報有一次徵求報上登的一部小說的全份，似乎是火裏罪人，我也是送去應徵許多人中的一個。我當時把時報上的許多小說、詩話、筆記、長篇的專著，都剪下來分訂成小册子，若有一天的報遺失了，我心裏便不快樂，總想設法把他補起來。」

我現在回想當時我們那些少年人何以這樣愛戀時報呢？我想有兩個大原因：

「第一，時報的短評，在當日是一種創體；做的人也聚精會神的大膽說話，故能引起許多人的注意，故能在讀者腦筋裏發生有力的影響。我記得時報產生的第一年裏，有幾件大案子。一件是周有生案；一件是大鬧會審公堂案。時報對於這幾件事都有很明決的主張，每日不但有「冷」的短評，有時還有幾個人簽名的短評，同時登出。這種短評，在現在已成了日報的常套了，在當時卻是一種文體的革新。用簡短的詞句，用冷雋明利的口吻，幾乎逐句分段，使讀者一目瞭然，不消費功夫去點句分段，不消費功夫去尋思考索。當日看報人的程度還在幼稚時代，這種明快冷刻的短評，正合當時的需要。我還記得當周有生案快結束的時候，我受了時報短評的影響，痛恨上海道袁樹勳的喪失國權，曾和兩個同學寫了一封長信去痛罵他。這也可見時報當日對於一般少年人的影響之大。這確是時報的一大貢獻。我們試看這種短評，在這十七年來逐漸變成了中國報界的公用文體，這就可見他們的用處與他們的魔力了。」

「第二，時報在當日確能引起一般少年的文學興趣。中國報紙登載小說，大概最早要算徐家匯的匯報，那時我還沒有出世呢。但匯報登的小說，一大部分後來彙刻爲蘭苕館外史，都是聊齋式的怪異小說，沒有什麽影響。戊戌以後，雜誌裏時時有譯著的小說出現。專提倡小說的雜誌也有了幾種。例如新小說及繡像小說（商務）日報之中，只有繁華報（一種『花報』）逐日登載李伯元的小說。那些大報，好像還不屑做這種事情。（這一點我不敢斷定，我那時年紀太小了，看的報又不多，不知時報以前的『大報』有沒有登新小說的。）那時的幾個大報，大概都是很乾燥枯寂的，他們至多不過能做一兩篇合於古文義法的長篇論說罷了。時報出世以後，每日登載『冷』或『笑』譯著的小說，有時每日有兩種。冷血先生的白話小說，在當時譯界中確要算很好的譯筆；他有時自己也做一兩篇短篇小說，如福爾摩斯來華偵探案等，也是中國人做新體短篇小說最早的一段歷史。時報登的許多小說之中，雙淚碑最風行。但依我看來，還應該推那些白話譯本爲最好。這些譯本，如銷金窟之類，用很暢達的文筆，作很自由的翻譯，在當時最爲適用。倘幾道山恩仇記全書都能像銷金窟（此乃恩仇記的一部分）這樣的譯出，這部名著在中國一定也會成了一部戶曉家喻的小說了。時報當日還有平等閣詩話一欄，對於現代詩人的紹介，選擇很精。詩話雖不如小說之風行，也很能引起許多人的文學興趣。我關於現代中國詩的知識，差不多都是先從這部詩話裏引起的。」

「我們可以說時報的第二個大貢獻，是爲中國日報界開闢一種帶文學興趣的『附張』。自從時報出世以來，這種文學附張的需要也漸漸的成爲日報界公認的了。」

「這兩件都是比較最大的貢獻。此外如專電及要聞分別輕重，參用大小字，如專電的加多等等，在當日都是日報界的革新事業，在今日也都成爲習慣，不覺得新鮮了。我們若回頭去研究這許多習慣的由來，自不能不承認時報在中國報史上的大功勞。簡單說來，時報的貢獻，是在十七年前發起了幾件重要的新改革。因爲適合時代的需要，故後來的報紙也不能不儘量採用，就漸漸的變成中國日報不可少的制度了。」

狄氏於時報之外，又創民報及有正書局。民報延楊蔭杭（老圃）爲主筆，文字較時報爲激烈。後以款絀，僅出二年而止。有正書局印行碑帖名畫，以保存國粹提倡美術爲主旨，並出有佛學叢報婦女時報與小說時報。佛學叢報延濮一乘（伯欣）爲主筆，爲我國闡揚禪理之唯一月刊。狄氏工書畫詩，著有平等閣筆記與平等閣詩話，曾登載時報中，爲文學家所譜知。民國十年，狄氏積勞成疾，以時報售於黃承恩（伯惠）。

狄氏有弟曰葆豐（南士），於時報多所助力，曾創辦輿論日報。

（註一）國聞報緣起：「光緒二十三年之夏，館之主者議創國聞報於天津，略仿英國太晤士報之例。日報之外，繼以旬報。五月而後事成。報將出，客有造室而問曰，國聞報何爲而設也？曰，將以求通焉耳。夫通之道有二：一曰通上下之情；一曰通中外之故。如一國自立之國，則以通下情爲要義。塞其下情，則有利而不知興，有弊而不知去；若是者，國必弱。如各國並立之國，則尤以通外情爲要務。昧於外情，則坐井而以爲天小，捫籥而以爲日圓；若是者，國必危。道光之季，既通道於歐墨各洲；咸同以來，若廣州、若福州、若上海、若天津，各以次設立報館。自上年今大冢宰孫公奏設官書局彙報於京師，而黃公度觀察、梁卓如孝廉、汪穰卿進士繼之以時務報，於是海內人士始稍稍明於當世之務，知四國之爲矣。踵事而起者，乃有若知新報、集成報、求是報、經世報、萃報、蘇學湘學等報；講專門之業者，則有若農學、算學等報。雖復體例各殊，宗旨互異，其於求通之道則一也。雖然，凡此諸報，其撰述事例可略分爲二類：大抵日報則詳於本國之事，而於外國之事則爲旁及。旬報則詳於外國之事，而於本國之事則爲附見。閱報之人亦可分爲二類：大抵閱日報者，則商賈百執事之人爲多，而上焉者或嫌其陳述之瑣屑。閱旬報者，則士大夫讀書之人爲多，而下爲者或病其文字之艱深。夫若是，則於求通之術，其或有未盡矣乎？抑吾嘗聞之：積人而成羣，合羣而成國。國之興也，必其一羣之人，上自君相，下至齊民，人人皆求所以強而不自甘於弱，人人皆求所以智而不自安於愚，夫而後士得究古今之變，而不僅以舊德之名氏爲可食也；農得盡地利之用，而不徒以先疇之畎畝爲可服也；工得講求藝事，探索新理，而不復拘拘於高曾之規矩爲不可易也；商得消息盈虛，操計奇贏，而不復斤斤於族世之所襲爲不可變也。一羣之民智既開，民力既厚，於是其爲君相者，不過綜其大綱，提挈之，宣佈之，上既不勞，下乃大治。泰西各國所以富且強者，豈其君若臣一二人之才之力有以致此哉？亦其羣之各自爲謀也。然則今日謀吾羣之道將奈何？曰：求其通而已矣。而通下情，尤以通外情爲急。何者？今之國，固與各國並立之國，而非一國自立之國也。吾試言吾民不通外情之弊。今歐美教士，足迹遍天下，大都蒙犯霜雪，跋陟險阻，耗資財，勞筋骨，以求其所謂盡人事天之道。此不獨在吾中國然也。而吾民之相遇者，視其勸善之書，則以爲收買人心矣；得其治病之藥，則以爲迷拐人口矣。此不通西儒之所謂教也。遊歷之士，或登高山，涉大川，地學之家，或搜古蹟，考物產，以求其所謂博物窮理之學。此亦不獨在吾中國然也。而吾民之相遇者，覩其簪筆之記載，則以爲偵探矣；見其測量之儀器，則以爲魘術矣。此不通西士之所謂學也。尤甚者，見其男女之交際，而或疑爲淫亂；見其貴賤之雜坐，而或譏爲野蠻。此不通西人之禮俗也。其諸類乎此者，更僕不可以悉計。坐是不通之弊，於是平居無事，則互相猜忌，積不相能。倉卒之間，毫毛之事，羣然而譁，激爲事變。數十年來，如鬧教案、殺遊士，不一而足。上煩九重之慮，下竭舉國之力，僅而後安。不通外情，其流弊乃至於此，可勝痛哉！可勝悼哉！然則求吾民通知外情之道將奈何？曰：欲通知外情，不能不詳述外事；欲詳述外事，不能不廣譯各國之報。此國聞報館之所爲繼諸家而起也。本館取報之例，大要有二：一繙譯，一採訪。繙譯之報，若俄、若英、若法、若德、若美、若日本、若歐墨其餘諸國，萃取各國之報凡百餘種，延聘通曉各國文字之士凡十餘人。採訪之報，如天津本地，如保定省會，如京師，如河南，如山東，山西，如陝、甘、新疆，如奉天、吉林、黑龍江三省，如前後藏，如內外蒙古，外國如倫敦、如巴黎、如柏靈、如森彼得堡、如紐約、華盛頓，訪事之地大小凡百餘處，訪事之人中外凡數十位。本館編報之例，大要亦有二：凡尋常之事，無論內地邊地，中國外國，義取觀覽明曉者，皆登之每日續印之報。至重要之事，亦無論內地邊地，中國外國，苟足備留存考訂者，皆登之十日合印之彙編。閱茲報者，觀於一國之事，則足以通上下之情；觀於各國之事，則足以通中外之情。上下之情通，而後人不自私其利；中外之情通，而後國不自私其治。人不自私其利，則積一人之智力以爲一羣之智力，而吾之羣強；國不自私其治，則取各國之政教以爲一國之政教，而吾之國強。此則本館設報區區之心所默爲禱祝者也。」

附國聞報館章程：

(一)本館出報兩種：日報每日印一張，計八開，用四號鉛字排印，名曰國聞報。旬報十日印一册，約計三萬言，用三號鉛字排印，名曰國聞彙編。

(一)日報首登本日電傳上諭，次登路透電報，次登本館主筆人論説，次登天津本地新聞，次登京城新聞，次登保定山東山西河南陝西甘肅營口牛莊旅順奉天吉林黑龍江青海前藏後藏各處新聞，次登外洋新聞；至東南各省新聞，東南各報館言之甚詳，本館一概不述。

(一)日報另出附張，不取分文。先登告白，次登每日上諭宮門抄京外各衙門奏摺，其所印奏摺四圍留空白，以便閱報諸君將來彙齊裁訂成册。

(一)毁謗官長，攻訐隱私，不但干國家之律令，亦實非報章之公理。凡有涉於此者，本館概不登載。即有寃抑等情，借報章申訴，至本館登上告白者，亦必須本人具名，并有妥實保家，本館方許代登。如隱匿姓名之件，一概不登。

(一)日報每月售制錢三百文，旬報每册售制錢一百五十文，一年計三十三册，定閱全年者，每分售制錢四千文。外埠寄費，按照路之遠近，酌量加費。凡代本館經售各報者，其報貲按八折計算，即以二成作爲代售經費。但各代賣之人，向閱報人取值，不得多於本館所定之數。

(註二)論設立時務日報宗旨「嗚呼！上下之壅蔽，人心之頑固，有如吾國者乎？去年膠事亟，國事安危在呼吸。時東友某君，特航海來吾國，至上海，則詫曰，德踞膠州，吾國上下議若沸，而處其國者聲色如故，酬燕如故。問膠事，或不知，或知之又不悉，又若不相關，何若是歟？至膠州，則又詫曰，吾以爲膠民晏然若處樂土，何又若是歟？嗚呼！吾人心之不動，患在無以動之也。今若是，豈有冀於後歟？日報之制，仿於中國之邸抄，而後盛行於泰西。又大變其制，能通消息，聯氣類，宣上德，達下情。內之情形暴之外，外之情形告之內。在事者得愬艱苦於人；僻處之士，不出戶庭而知全球之事。顧其利或全或偏，或有利不能無弊。然要之，利勝於弊，於撤壅蔽闢頑固，力甚大而效甚捷。譬之隆冬始春，百草枯拼，蟄蟲成僵，震雷一擊，而蟄者起，枯者茁。兩國交綏，戰士懈怠，鼓聲一振，而士皆奮發，悉力致死。然則處今之世，而欲使吾壅蔽頑痼之俗，一變而洞徹，而憤厲，惟日報宜也。顧或謂今上海已有申、滬、新聞、大公、蘇五報，而天津有直報、國聞報，漢口有漢報，長沙有湘報，福州有福報，廣州有中西博聞報，香港有循環、維新、華字、環球四報，意事無不畢論，無不周，何用贅爲？不知聞見患其不博，論説患其不參。博則虛實可相核，參則是非可相校，固不以複出爲嫌也。夫如是，故海上同志，復集款設立時務日報，出其所得以告當途，並陳其一得之愚。海內賢人君子，其亦矜其志而許之歟？若夫市利之誚，不潔之嫌，吾知免夫！吾知免夫！」

附時務日報章程：

本館糾集同人，創建茲舉，一切體例章程，較他報稍異，茲特申明於左，願海宇君子鑒之：

（一）本館之意在轉圜時務，廣屬見聞。論說之文務取遠大精確，篇章但求簡賅，毋取冗長。即所登新聞，均擇緊要有徵之事。凡郢燕市虎之詞，概爲嚴删。

（二）本館重在采譯西報，凡緊要新聞及有益之論說章程，悉行摘錄。

（三）現在風氣大開，公司局廠林列，惟辦理情形，局外無從窺測。本館擬逐細探求，以餉究心時務之人。

（四）本報另立專件一門，凡奏疏章程條陳等件之關於時務者，無不廣爲搜錄，以資考證。

（五）各處如有異常緊要之事，均令訪友即行電告，俾閱者先睹爲快。

（六）報紙分爲三層，俾閱者少省目力；句讀加點，以清眉目。

（七）首頁開明目錄，告白分別門類，以便檢覽。

（八）各處訪友，雖已訂定，惟處事不厭精詳，凡沿江沿海各埠及各都會，有才學識兼優之人，願襄助爲理者，請將新聞隨時寄示，如能入格，即可添訂。

（九）事貴集思廣益，倘有挂漏未妥之處，尚幸諸賢匡其不逮；如有崇論偉議見示者，本館亦爲采登。

（十）報價本埠每張十文，外埠十四文。

（十一）告白價第一日每字五釐，二日至七日每字三釐，以後每字二釐半。登在首頁加一倍。告白至少以三十字爲率，多則以十字遞加。

（十二）本館並登聚會告白，如同業公議及壽筵喜筵，須佈告於衆者，均可代登。此項告白，編於新聞之中，使人易見，實爲最便。每日每事，取洋一

蘇報

蘇報

國民日日報

國民日日報

警鐘日報

ALARMING BELL DAILY NEWS

警鐘日報

民立報

遭難中之民立報

民立報第一張

元。

(十三)凡惠寄論說新聞及各項函件，信資概請自給，登否概不寄還。

討論

(一)如有仿製或創製之物，請即函告本館，即可託人前往試驗，如確，當代登報表揚。

(二)如有新撰新譯書籍，亦請送至本館，當酌爲代登。

(三)如有已開譯書籍及創意欲撰之書，亦可告知本館登報，以免重複。

(四)如報中登事錯誤，請隨時指正。

(五)如有不愜意於報中行言者，請隨時函示。

(六)如有冒稱本館人及訪事人在外生事者，請速函示，俾得查究。如有致各處要函或取要件之函，均有本館總理或正主筆總編譯簽字爲憑。

（註三）時報發刊詞：「時報何爲而作也？記曰，君子而時中。又曰，溥博淵泉而時出之。故道國齊民，莫貴於時。此豈惟中國之教爲然耳；其在泰西，達爾文氏始發明物競天擇優勝劣敗之公理，而斯賓塞以適者生存一語易之。不適焉者，或雖優而反爲劣；適焉者，或雖劣而反爲優，勝敗之林在於是矣。是故狐貉誠暖，不足以當暑；絺葛云麗，不足以御冬。與時不相應，未有不斃焉者也。今之中國，其高居於權要伏處山谷者，既不知天下大勢，謂欲抱持數千年之舊治舊學，可以應今日之變，則亦既情見勢絀，蹙然如不可終日矣。於是江湖恢奇少年踸踔之士，耳泰西各國之由何途而撥亂，操何業而致強也，相與歆之，奔走焉號呼焉曰吾其若是！夫彼之所以撥亂而致強者，誰曰不然，而獨不知與吾輩之時代果有適焉否也。孔子曰：過猶不及。不及於時者蹉跎荏苒，日即腐敗，而國遂不可救；過於時者，叫囂狂擲，終無一成，或緣是以生他種難局，而國亦遂不可救。要之亡國之咎兩者均之。若夫明達沈毅之士，有志於執兩用中爲國民謀秩序之進步者，蓋亦有焉矣。顧亦於常識不足，於學理不明，於事勢不審，故言之不能有故，持之不能成理。欲實行焉，而伥伥不知所適，縱奮發以興舉一二事，又以誤其方略而致失敗者，項相望也。則相與懲焉，不復敢齒及變革。嗚呼！全國中言論家政治家種類雖繁，究其指歸，不出於此三途。耗矣哀哉！今日千鈞一髮之時哉！同人有怵於此，爰創此報，命之曰

「時」於祖國國粹，固所尊重也，而不適於當世之務者，東閣之。於泰西文明，固所崇拜也，而不應於中國之程度者，緩置之。而於本國及世界所起之大問題，凡關於政治學術者，必竭同人識識之所及，以公平之論研究其是非利害，與夫所以匡救之應付之之方策，以獻替于於我有司而商榷於我國民。若夫新聞事實之報道，世界輿論之趨向，內地國情之調查，政藝學理之發明，言論思想之介紹，茶餘酒後之資料，凡全球文明國報館所應盡之義務，不敢不勉，此則同人以言報國之微志也。雖然，西哲亦有言，完備之事物，必產於完備之時代。今以我國文明發達，如彼其幼稚也，而本報乃欲竊比於各國大報館之林，知其無當矣。跬步積以致千里，百川學以放四海，務先後追隨於國家之進步，而與相應焉，斯乃本報所日孜孜也。吾國家能在地球諸國中占最高之位置，而因使本報在地球諸報館中，不得不求占最高之位置，則國民之恩我無量也夫！國民之恩我無量也夫！

附時報發刊例：

第一　本報論說，以公爲主；不偏徇一黨之意見。非好爲模稜，實鑒乎挾黨見以論國事，必將有辟於親好，辟於所賤惡，非惟自蔽，抑其言亦不足取重於社會也，故勉避之。

第二　本報論說，以要爲主。凡所討論，必一國一羣之大問題。若遼豕白頭之理想，鄰貓產子之事實，概不置論，以嚴別裁。

第三　本報論說，以周爲主。凡每日所出事實，其關於一國一羣之大問題，爲國民所當厝意者，必次論之。或著之論說，或綴以批評，務獻蒭蕘，以助達識。

第四　本報論說，以適爲主。雖有高尙之學理，恢奇之言論，苟其不適於中國今日社會之程度，則其言必無力而反以滋病，故同人相勗，必度可行者乃言之。

第五　本報紀事，以博爲主。故於北京天津金陵，均置特別訪事；其餘各省皆有坐訪。又日本東京置特別訪事二員，倫敦、紐約、舊金山、芝加哥、聖路易各一員，其餘美洲澳洲各埠皆託人代理。又現當日俄戰事之際，本館特派一觀戰訪事員隨時通信。又上海各西報，日本東京各日報及雜誌，皆購備全份，精擇翻譯。歐美各大日報，亦定購十餘家備譯。務期材料豐富，使讀者不出戶而知天下。

第六　本報紀事，以速爲主。各處訪事員，凡遇要事，必以電達，務供閱者先覩之快。

第七　本報紀事，以確爲主。凡風聞影響之事，概不登錄。若有訪函一時失實者，必更正之。

第八　本報紀事以直爲主。凡事關大局者，必忠實報聞，無所隱諱。

第九　本報紀事，以正爲主。凡攻訐他人陰私，或輕薄排擠，借端報復之言，概嚴屏絕，以全報館之德義。

第十　本報特置批評一門，凡每日出現之事實，以簡短雋利之筆評論之。使讀者雖無暇徧讀新聞，已可畧知梗概，且增事實之趣味，助讀者之常識。

第十一　本報每張附印小說兩種，或自撰，或翻譯，或章回，或短篇，以助興味而資多聞。惟小說非有益於社會者不錄。

第十二　本報設報界輿論一門，凡全國及海外所有華文報章共六十餘種，本報悉與交換。每日擇其論說之佳者，撮其大意敍述之，使讀者手一紙而各報之精華皆見焉。此亦各報館之通例也。

第十三　本報設外論摘華一門，凡東西文各報之論說批評，其關於我國問題及世界全局問題者，則譯錄之，如報界輿論之例。

第十四　本報設介紹新著一門，凡新印各書，每禮拜彙錄其目，及出版局名，定價數目，其善本加以評論，以備內地學者之采擇。

第十五　本報設詞林一門，詩古文辭之尤雅者隨錄焉。

第十六　本報設插畫一門，或寓意諷事，或中外名人畫像，或各國風景畫，或與事實比附之地圖，隨時采登。

第十七　本報設商情報告表一門，上海各行市價，專員採訪，詳細紀載；外埠亦擇要隨錄。

第十八　本報設口碑叢述一門，其有近世遺聞軼事，雖屬過去，亦予甄錄，以供史料而資多識。

第十九　本報設談瀛零拾一門，凡世界之奇聞瑣記，足以新我輩之耳目者，亦間錄焉。

第二十　本報於京鈔及官私事件，取材務博，別裁務精，要者不遺，蔓者不錄。

第二十一　本報編排，務求秩序。如論說、諭旨、電報及緊要新聞，皆有一定之位置，使讀者開卷即見，不勞探索。其紀載本國新聞，以地別之；外國新聞，以國別之。

第二十二　本報編排，務求顯醒。故一號二號三號四號五號六號字模及各種圈點符號，俱行置備。其最緊要之事，則用大字；次者中字；尋常新聞用小字。用大字者，所以醒目也；用小字者，求內容之豐富也。論說批評中之主眼，新聞中之標題，皆加圈點以爲識別。凡以省讀者之目力而已。

第二十三　本報遇有緊要新聞，特別電報，當發傳單，以期敏速。

第二十四　本報別類務多，取材最富。既用各小號字排入，尙慮限於篇幅，不能全錄，特於每日排印洋紙兩大張，不惜工資，以求贍博，而定價格外從廉。

第二十五　本館廣聘通人，留局坐辦，外尙有特約寄稿主筆數十人，俱屬海內外名士，議論文章，務足發揚祖國之光榮。

第五節　鼓吹革命之健者

報紙之主張革命者，以光緒二十五年在香港出版之中國日報爲始。其最驚人之文字，爲「民主主義與中國政治革命之前途」一篇。繼之者有蘇報、國民日日報、警鐘日報、廣東報、有所謂報、少年報、民呼報、民吁報、民立報、天鐸報、復報、民報、二十世紀之新支那等，皆提倡民族主義，鼓吹排滿。其釀成文字之禍者，則以上海之蘇報案爲最著。

蘇報創於光緒二十三年之夏，爲胡璋（鐵梅）所經營，但由其妻日本女子生駒悅出名，在駐滬日本總領事館註册。後由陳範（夢坡）出資購得。陳係江西知縣，以教案落職，憤官場之腐敗，思以淸議救天下；其主張始屬保皇，後變爲革命。延吳敬恆（稚暉）等爲主筆。先是，有所謂光復會者，爲吳及章炳麟（太炎）、蔡元培（子民）等所組織，爲革命

運動中之理想的指導者。其會員有徐錫麟、馬忠漢、陳伯平、秋瑾女士等之實行家；當時卽借蘇報以鼓吹革命。光緒

章太炎先生

二十九年五月，蜀人鄒容組織愛國學社發行革命軍一書，章爲之序，報中亦爲文以張之。又於新書介紹欄，說明此書內容。（註一）清廷大怒，密電兩江總督及蘇撫，轉飭上海道，令會審公堂立出牌票謂：「奉道憲密札，奉蘇撫憲札，欽奉電旨，查有上海創立愛國學社，招集不逞之徒，倡演革命諸邪說，形同叛逆，着嚴密查拿等因欽此。札道拿辦，並先奉南洋大臣諭，滬上各報內，蘇報近更狂吠，愈無忌憚，着卽拿辦。轉飭密派幹役，將單開各要犯分別嚴拿，務獲稟辦，毋稍洩漏疏虞，致被兔脫。一面簽差協捕立將蘇報館嚴行封閉等因奉此。除另單發封蘇報館外，合飭密拿，仰卽協捕立提後開人等，限卽日解候訊究：錢允生、陳吉甫、陳叔疇，以上蘇報館主筆；章炳麟、鄒容、龍積之，以上僞作革命軍匪人；陳範卽陳夢坡，蘇報館主。以上七名，該差不動聲色，卽行按名拿獲，解究毋延。」陳範時適赴日本，僅其子仲彝及章鄒等先後被獲。清廷要求引渡，外交團以此案係國事性質，不允。（註二）結果，乃組織額外公堂，派上海縣會審，幷延律師聲述案由，謂：「陳範住三馬路二十號門牌，登報大逆不道，汚衊今上。閏月初五，登論說界，康有爲與覺羅氏之關

係；」五月二十三，登「滿人九世深仇；」五月初八，登「客民篇；」五月十四，登「讀革命軍，有男降女不降，生降死不降，老降小不降，總之驅逐滿人匡輔眞主；」五月初五，登「章炳麟駁康有爲書，」交通外人，能得歡心，可使中外子民輕衊皇上；五月七日，登「殺人主義卽復仇主義，以四萬萬人殺一人，能不快心；」五月初十，登特別要聞，東京留學生捏造上諭。總之，蘇報汚衊皇上事多，未能一一指出。中國政府飭拿章炳麟、鄒容，因其大逆不道，謀爲不軌。其革命軍第一章，敍披毛戴角之滿洲人應予殺盡，可比登三十六天堂，昇七十二地獄，巍巍哉革命，皇皇哉革命。第二章，革命革命，人心不平，戴滿人而爲君；滿人約五萬人，目不識丁者係親王大臣，唱京調二簧者係將軍都統等語。其餘五人做「康有爲論，」做「革命軍，」應是一起。「內有龍積之，他係二十六年分富有票案要犯，犯事在漢口，俟後歸另案訊辦。」被告亦延律師出而辯護。(註三)先後會審四次，乃由上海縣下諭：「本縣奉南洋大臣委派，會同公廨委員暨英副領事審訊蘇報館一案。今審得錢允生、陳吉甫，一爲報館夥友，一爲司賬，旣非館主，又非主筆，已管押四月，應行開釋。陳仲彝係館主陳範之子，姑准交保，尋交伊父到案。龍積之於蘇報案內雖無證據，惟奉鄂督飭拿之人，仍押候鄂督示諭，再行辦理。至章炳麟作訄書，並革命軍序，又有駁康有爲之一書，汚衊朝廷，形同悖逆；鄒容作革命軍一書，謀爲不軌，更爲大逆不道。彼二人者，同惡相濟，厥罪惟均，實爲本國律法所不容，亦爲各國公法所不恕。查律載不利於國謀危社稷爲反，不利於君謀危宗廟爲大逆；共謀者，不分首從，皆凌遲處死。又律載謀背本國潛從他國爲叛；共謀者不分首從皆斬。又律載妄佈邪言，書寫張貼，煽惑人心；爲首者斬立決，爲從者絞監候。如鄒容、章炳麟照律治罪，皆當處決。今逢萬壽開科，廣布皇仁，援照擬減，定為永遠監禁，以杜亂萌而靖人心。俾租界一羣不逞之徒，知所警惕，而不敢爲匪，中外幸甚。仍稟請憲示遵行。」一時民氣激昂，領事團對此諭亦持異議，相持不能決，乃移京交涉，至次年三月，始改判鄒容監禁二年；章炳麟監禁三年，罰作苦工，限滿開釋，驅逐出境；龍積之省釋。

國民日日報（註四）創刊於光緒二十九年六月十五日，爲蘇報中人所發起，由外人高茂爾（A. Somoll）出面。附刊黑暗世界，由連横（慕秦）編輯，攻擊官僚，不遺餘力。所載南渡錄演義，尤足喚起種族之觀念。清廷鑒於蘇報交涉困難，乃通令長江一帶嚴禁售閱，謂：「上海逆黨著書刊報，煽惑人心，大逆不法。業將蘇報館辦事人等按名拿辦，并將報館封閉在案。乃又有人創辦國民日日報，依然妄肆蜚語，昌言無忌，實屬執迷不悟，可恨已極。仰各屬府州廳縣，將國民日日報荒謬悖逆形情，示知地方商民，不准買看。如有寄售國民報者，提究。」一面又由外務部行文總稅務司，謂：「八月初九日，接准南洋大臣諮稱，據蘇松太道袁樹勛稟稱，查上海蘇報館著書刊報，煽惑人心，業將報館封閉在案。現又有人創設國民日日報，依然放肆蜚語，昌言無忌。該報執事人等，半多寒酸出身，甘於爲非，擾害大局，慫人觀聽，藉廣銷場。但使無人閱其報紙，彼必支持不住，不難立即閉歇。除分諮沿江各省通飭一體示禁，不准商民買看該報外，應請劄行總稅務司轉知郵政局，毋得代寄國民日日報，杜其銷路，絕其來源。」旋總稅務司復外交部文：「查郵政局接收寄件，均以信字為主。隨到隨寄。雖有時因特別之故，有開看之權，然其大致總以如何接收，如何轉寄爲本。現奉前因，除抄錄來往文件，通飭各口郵局，遇有皮面書明國民日日報交局，概不准其收寄外，理合申復。惟查如此禁寄，防不勝防，實屬不妥。查此項日報係在中國印行，前數月蘇報館既由中國官憲封閉，國民日日報似可一律由官憲查封，方爲清源之法。」時郵局初與報多由信局遞寄，故各報亦多譏此法爲徒勞而無益也。

警鐘日報，爲俄事警聞之後身，始名警鐘，係蔡元培等所組織，與蘇報、國民日日報同一宗旨。清廷介德領事函致會審公堂，出票拘究主筆金少甫，劉師培。經理李春波事先離滬。結果戴普鶴以發報出售，監禁一年半；胡少卿係校對，監禁半年；代印該報之機器充公。此光緒三十一年三月事也。

復報與民報，（註五）同刊於光緒三十一二年間，每月發行於東京。其文字之激烈，旗幟之鮮明，較以上各日報爲尤甚。復報由劉師培（光漢）編輯。民報始由張繼（溥泉）編輯，執筆者有汪精衞胡漢民等，其主義以中英文刊於該誌最顯明之處：（一）顚覆現今之惡劣政府；（二）土地國有；（三）維持世界眞正之和平；（四）建設共和政府；（五）主張中日國民的連合；（六）要求各國贊成中國之革新事業。其傳誦人口者，有民族的國民論，支那立憲必先以革命，與小說獅子吼等篇。逮章炳麟出獄東渡，改以章爲編輯。一時有紙貴洛陽不脛而走之概。

光復會之別派，有于伯循（右任）者，以著書排滿，不容於清吏，由陝遁而至滬，與汪瘦岑、汪秉忠等組織神州日報。嗣於同盟會成立之後，先囑其鄉人李季直創刊須彌日報。繼乃經營民呼日報、民吁日報與民立報，（註六）執筆者均民黨之中堅人物。而宋教仁在民立報署名漁父，發表光燄逼人之文，努力鼓吹革命主義。凡所議論，一本學理，能於根本上反復詳言清政府之腐敗；喚起國民擔負國事之責任心，尤受國內外智識階級之歡迎。學校之內，市肆

于右任先生

之間，爭相傳覽。故是時民立報於上海遂有革命黨本部之觀。清廷雖加嚴禁，亦末如之何也。

民呼報創於宣統元年春，專以攻擊官場爲事。當道誣于呑沒陝甘賑款，拘捕房四十餘日，並判于驅逐出境。斯報凡歷九十三日而殤。于走日本，於斯年秋，延談善吾續辦民吁報改變論調，專事攻擊日本。駐滬日領請上海道封禁。出版僅四十二日。于乃於次年九月九日，又辦民立報。執筆者宋教仁外，有呂志伊、王印川、章行嚴、覃壽堃等，主張雖屬急進，而無叫囂之習。日銷多至二萬份，晝夜印機不停。入民國後，乃有「竪三民橫三民」之稱。竪三民者，民呼、民吁、民立也。橫三民者，戴天仇所創之民權、呂志伊所創之國民新聞、鄧家彥所創之中華民報也。橫三民言詞激烈，感情用事，強于從同。于不可，以脫黨相拒。後于以奔走政治，報事完全託之范光熙，迨論調改變，銷數遂一落千丈。二次革命後，只餘千份。未幾，遂以經濟缺乏停刊，民黨與非民黨俱爲惜之。民立廢後，而神州銷路又稍增矣。

（註一）蘇報新書介紹云：「革命軍，凡七篇。首緒論，次革命之原因，次革命之教育，次革命剖清人種，次革命必先去奴隸之根性，次革命獨立之大義，次結論，約二萬言。章炳麟爲之序。其宗旨專在驅除滿清，光復中國。筆極銳利，文極沉痛，稍有種族思想者，讀之當無不拔劍起舞，髮衝眉堅。若能以此書普及於四萬萬人之腦海，中國當興也勃焉。是所望於讀革命軍者。

（註二）慈禧太后以雷霆萬鈞之力，嚴令江督，轉飭上海道，向領事團交涉，將蘇報案諸人引渡。領事已有同意者。幸西報一致反對，故英使薩道首先倡議，謂：「蘇報諸人，當在租界鞫訊，斷不可交與華官。使果有罪可據，則加以應獲之罪，亦不能出租界一步。」英政府藍斯庚侯爵在上議院答施賓塞伯爵之問云：「此次諸人，因刊登激烈之詞於報紙，以致逮捕。予嘗一讀其譯文，亦不能不稱其爲最激烈最勇猛之議論。按彼等所以爲上海工部局所拘獲者，因工部局受上海當道之促迫，不得已而出此。故與華官訂定，諸人當在上海租界之會審公堂審判受罪，迨其中二人既經公堂辯明之罪，則吾等亦不能不照華官所定之約實行之。乃清政府忽有將諸人交出之要求，吾等惟有堅持方針，不爲所移。並須寄語吾國之審判此事者，亦當力拒其要求也。上海各領事之意見，雖屬可疑，但吾等自知其決不致孤立。夫華人之正法於北京者，受慘酷之刑罰，其野蠻之情狀，貴爵當亦知之熟矣。由此觀之，目前所論之案，雖有一派人主張交諸人於華官之手，吾等決不當附和之也。然黨於此派之領事官，吾亦不敢謂其必居多數也。」美外部亦令其領事，不得將蘇報諸人交與華官，並將主張引渡之上海總領事古納調任。

（註三）蘇報案供詞：陳仲彝供：「那陳範是父親，事前到東洋去了。蘇報館總主筆是吳稚暉。這陳吉甫是賬房，錢允生不認識。報館是公同開設，歸父親經理。小的僅止在館內讀書，於主筆事務，不相過問。於報館事務，概不料理。館中共有四個賬房，經理原是父親，如不在館，歸賬房代理。小的祇是專心讀書，不管館中事務。那吳稚暉是專管主筆是實。」錢允生供：「小的實名錢寶仁，并不是錢允生，前堂也曾提及的。係鎮江人，暫寓客棧。蘇報館事，并沒知道。因辦九江鑛務來滬，在新馬路跑馬廳女學堂內被拏，不是在蘇報館中拏來的。是實。」陳吉甫供：「係蘇報館告白賬房，卽二賬房，不管館中別事。如遇經理人陳範有事他出，係三賬房李志園代爲料理。況小的於前年十二月辭去，去年三月又進去，所以銀錢一切都不管的。有舊報告白，呈求明鑒。是實。」章炳麟供：「浙江餘杭人，年三十六歲，不應滿洲考試。革命軍序是我所作，蘇報論說與我無涉。是實。」龍積之供：「廣西臨桂縣人，年四十四歲。由優貢選四川知縣，到過省的。庚子年，唐才常京卿於富有票事，職貢因母喪停柩在滬，雖到漢口，單上並無名字。次年赴廣東，單上又無名字。今唐京卿已死，祇求明鑒。是實。」鄒容供：「革命軍是小人所作，」餘無別供。不錄。堂諭：「此案會商英副領事，着將陳仲彝等六人，暫行還押捕房，卽提供出之蘇報館主筆吳稚暉，代理經手帳房李志園到案，須訊核辦。陳範是否避往東瀛，未可輕信，仍飾差嚴揖解究，毋廷。」

（註四）國民日日報發刊詞：「國民」二字之名義與範圍，東方民族之所不解也；今若易言之曰「蟻民，」則其所順受者也；更易言之曰「鄉民，」則其所尸祝者也。何也？馴伏專制政體之下之既久，一切橫斂慘殺之毒，亦已司空見慣，以爲吾儕小人饒倖寢饋於黑甜之鄉，而老死於黃馘槁項，不見兵戎，亦卽了此一生，安問所謂國民，安問國之屬於誰氏。咄！國何物，而顧以民支配之？豈不以國者，民之集合體也？大凡機體之能集合者，中以含有無數膠粘之質點；卽以無意識非官品之金一類，亦豈各厚質之不相愛而能化合者？況龐然機體絕大之帝國，而以若干不相聯屬蠕蠕蝎蝎之動物闐駢於其內，如豕之圈於笠，如馬之繫於檻，而謂豕視笠，馬視檻，有若何密切之感情，豈可以訓？毋亦視牧兒之惡作劇而已！今以蟻民之名義，定鄉民之範圍，則國一笠也，一檻也，無怪乎三千年來，獨夫民賊，以國爲牧場，以民爲畜類，其所以圈之繫之之術，任憑作弄，而不見有一毫之反動！噫！東方民族之歷史，可以此兩端盡之矣。（蟻民與鄉民）世界陸沈，人道泯棼，卽循此兩端舊由之軌道，亦足以經行於小天地之內。何哉？近世紀之間，有隨歐風美雨，新發現於東大陸之名詞，曰國民，曰國民云云者。

今之自命爲先導者，其發議譁不曰國民哉？而吾強聒之爲國民者，彼且不解國民爲何物。則欲以吾理想之國民，組織國民之事業，是不啻無椎輪而求大輅也。雖然，有果也，必有因。有良果也，必有良因。輿論者，造因之無上乘也，一切事業之母也。故將圖國民之事業，不可不造國民之輿論。輿論誰尸之？此亦不難解決之問題也。夫貴族與平民之界既分，則不在貴族而在平民無疑。然平民之質點甚殽亂，言龐而論駁無當也。蓋輿論者，必具有轉移社會左右世界之力者也。大凡一國家之成立，當無不有一種無名之輿論，隱據於工規師諫之巔，而政治之發見，亦間受其影響。不過公理之未著明，民黨之無勢力，凡文明上之事業，皆甚幼稚，則此種輿論，亦遂旁皇而無所著。自十九世紀歐洲有所謂第四種族之新產兒出世，而輿論乃大定。第四種族者，以對於貴族、教徒、平民三大種族之外，而另成一絕大種族者也。此種族者何物也？乃爲一切言論之出發地，所放於社會之影光，所占於社會之位置，至於如是。

蓋卽由平民之趨勢，迤邐而來；以平民之志望，組織而成；對待貴族而爲其監督，專以代表平民爲職志，所謂新聞記者是也。新聞學之與國民之闘切爲何如，故記者既據最高之地位，代表國民，國民而亦卽承認爲其代表者。一紙之出，可以收全國之觀聽；一議之發，可以挽全國之傾勢。如林肯爲記者，而後有釋黑奴之戰爭；格蘭斯頓爲記者，而後有愛爾蘭自治案之通過。言論爲一切事實之母，是豈不然。

雖然，言論者必立於民黨之一點而發者也。有足爲事實之母之言論，必先有爲言論之母之觀念。所爲民族之觀念是也。故歐洲之有第四種族，必平民得與於三大種族之列，而後以平民多數之志望，併合發表而爲第四種族，乃足以抵抗貴族教會而立於平等之地位。嘻！尙已！哀哉我同胞，誰非民族，而吾民族之觀念何在？

中國民族之歷史，言之實可醜也。其上有僭竊盜賊之習慣；其下有奴隸牛馬之習慣。兩點相幷，其僭竊盜賊也，不可思議；其奴隸牛馬也，愈不可思議。至於今日，羈勒於非種人之下，內奴外奴之重重膠結而不可解。國展轉其已亡；人嬉遊以待死。號稱數萬萬，寧可當歐洲第三種族之一指趾哉？第三種族之沈淪，至於此極；而望第四種族之間起而勃興，胡可也！然第三種族之沈淪，至於此極，而不升高以望第四種族之間起而勃興，又胡可也！

中國之業新聞者，亦既三十年；其於社會有一毫之影響與否，此可驗之今日而知之者也。有取媚權貴焉者；有求悅市人焉者；甚有混淆種界，折辱同胞焉者。求一注定宗旨，大聲疾呼，必達其目的地而後已者，概乎無聞。有之，則又玉碎而不能瓦全也。嗚呼！中國報業之沿革如是，國民之程度如是，而欲蔚成一種族，吸取民族之暗潮，改造全國之現勢，其殆不能乎？其殆不能乎？故以吾國民日日報區區之組織，詹詹之小言，而謂將解說「國民」二字，以餉我同胞，則非能如裁判官，能如救世主，（松本君平之所頌新聞記者）誠未之敢望。亦以當今狠豕縱橫，主人失其故居，竊願作彼公僕，爲警鐘木鐸，日聒於我主人之側，敢以附諸無忘越人之殺而父之義。更發狂囈，以此報出世之期，爲國民重生之日。哀哀吾同胞，儻願聞之！」

（註五）孫文民報發刊詞：「近時雜誌之作者亦夥矣。姱詞以爲美，囂聽而無所終，摘埴索塗不獲，則反覆其詞而自惑。求其斟時弊以立言，如古人所謂對症發藥者，已不可見；而況夫孤懷宏識，遠矚將來者乎？夫繕羣之道，與羣俱進，而擇別取舍，惟其最宜。此羣之歷史既與彼羣殊，則所以掖而進之之階級，不無後先進止之別，由之不貳，此所以爲輿論之母也。余維歐美之進化，凡以三大主義：曰民族，曰民權，曰民生。羅馬之亡，民族主義興，而歐洲各國以獨立。洎自帝其國，威行專制，在下者不堪其苦，則民權主義興。十八世紀之末，十九世紀之初，專制仆而立憲政體殖焉。世界開化，人智益蒸，物質發舒，百年銳於千載。經濟問題，繼政治問題之後，則民生主義躍躍然動，二十世紀，不得不爲民生主義之擅場時代也。是三大主義，皆基本於民，遞嬗變易，而歐美之人種，胥治化焉。其他施維於小己大羣之間，而成爲故說者，皆此三者之充滿發揮而旁及者耳。今者中國以千年專制之毒而不解，異種殘之，外邦逼之，民族主義、民權主義，殆不可以須臾緩，而民生主義，歐美所慮積重難返者，中國獨受病未深而去之易。是故或於人爲既往之陳跡，或於我爲方來之大患，要爲繕吾羣所有事，則不可不并時而弛張之。嗟夫！所陟卑者，其所視不遠。遊五都之市，見美服而求之，忘其身之不稱也。又但以當前者爲至美。近時志士舌敝唇枯，惟企強中國以比歐美，然而歐美強矣，其民實困。觀大同盟罷工與無政府黨社會黨之日熾，社會革命，其將不遠。吾國縱能媲美於歐美，猶不能免於第二次之革命；而況追逐於人已然之末軌者之終無成耶？夫歐美社會之禍，伏之數十年，及今而後發見之，又不能使之遽去。吾國治民生主義者，發達最先，睹其禍害於未萌，誠可舉政治革命社會革命畢其功於一役。還視歐美，彼且瞠目我後也。翳我祖國，以最大之民族，聰明強力，超絕等倫，而沈夢不起，萬事墮壞；幸爲風潮所激，醒其渴睡，旦夕之間，奮發振強，勵精不已，則半事倍功，良非誇嫚。惟夫一羣之中，有少數最良之心理，能策其羣而進之，使最宜之治法，適應於吾羣，吾羣之進步，適應於世界，此先知先覺之天職，而吾民報所爲作也。抑非常革新之學說，其理想輸灌於人心，而化爲常識，則其去實行也近。吾於民報之出世覘之。」

（註六）于右任民立報發刊詞：「秋深矣！鳴蟬寂矣！草木漸搖落矣！萬籟無聲，時聞寒蛩，似斷似續，如訴如泣矣！此佳節乎？而有心人當之，頓生無窮之感。悲天歟？憫人歟？噫！如此乾坤，吾何獨爲此佳節賀，吾亦悲憫中人也！

而孰意萬卉將零之時，獨有植立於風霜之表，經秋而彌茂者，此何物？吾愛其色，吾慕其香，吾特敬其有超出凡卉之氣概。此花耶？此名花耶？此豈非世人之所謂晚節黃花也耶？噫嘻！噫嘻！晚節黃花！噫嘻！噫嘻！晚節黃花！

「蘭有秀兮菊有芳，懷佳人兮未能忘。」當物而思，其思深矣。香草美人，今昔不遠。當此名花照耀東大陸之際，而更有其色其香其氣概，堅於彼壽於彼璀璨於彼者，是何物？非國香乎？萬花環繞，民立現矣！是爲民立發祥之日！是爲民立出世之瑞！

「紛吾既有此內美兮，又重之以修能，」此非昔人之所自命也耶？民立之際此時會，此佳節之中而產民立，天之厚民立，民立敢不自重。大凡一傑物之出現此社會，與此社會卽有際地蟠天之關係；否則新事業無異乎陳死人。倘其適宜於此社會也，雖百刼而不磨，而其精光浩氣，時來時往於兩大之間，時隱時現於世人耳目之表，待時而出，自足風靡乎一世，而社會寶愛之，而國家更須珍惜之。夫然後始能自立於四面楚歌之中，以造福於國民。是以有獨立之民族，始有獨立之國家；有獨立之國家，始能發生獨立之言論。再推而言之，有獨立之言論，始產獨立之民族；有獨立之民族，始能衛其獨立之國家。言論也，民族也，國家也，相依爲命，此傷則彼虧，彼傾則此不能獨立者也。嗚呼！豈不重歟！

秋高馬肥，記者當整頓全神，以爲國民效馳驅。使吾國民之義聲馳於列國，使吾國民之愁聲達於政府，使吾國民之親愛聲相接相近於散漫之同胞，而團體日固；使吾國民之嘆息聲日消日滅於恐慌之市面，而實業日昌。並修吾先聖先賢、閎人鉅子自立之學說，以提倡吾國民自立之精神；搜吾軍事實業、闢地殖民、英雄豪傑獨立之歷史，以培植吾國民獨立之思想。重以世界之智識，世界之事業，世界之學理，以輔助吾國民進立於世界之眼光。此則記者之所深賴，而願爲同胞盡力馳驅於無已者也。雖然，未已也。

內憂外患相逼而來。東海愁雲浸及滿洲原野。插血之約，恐又使馬首欲東者，轉而西圖。新亡國民之臭名，豈獨戴高帽子之族含無窮之痛乎？嗟嗟！將不遑矣！迎秋一葉已先零矣。恐此後切切淒淒之聲難斷也。本館同人之生此時，自痛其智之僅能知此，自信其政見之亦足以濟此，所補助於國民者則此後對外當如何有一定之方針，對內當如何有一定之改革，對經濟恐慌當如何有一定之補救法，對人心卑下當如何有一定之救濟法，容他日分析言之。不敢以訛言亂國是；不敢以浮言傷國交；不敢以妄言愚弄國民。所自期者，力求爲正確之言論機關而已。力雖不逮，不敢不勉。

夫前數年吾國之言論界，其氣魄之雄健何如，其議論之慷慨何如，其精神之發越何如，而今日者，則何如？或者曰：此皆冥頑不仁之政府所致也，而又何言？記者曰：吾思此，吾欲哭；吾哭此，吾欲弔；吾弔此，吾欲作招魂篇。吾特名之曰「騷心」。夫離騷，非愛國者之所作乎？其生也，誰知之；其死也，誰憐之；而其忠愛之心，則自信之。記者讀而泣，泣而又讀，則請誦其辭於同胞之前曰：「余固知謇謇之爲患兮，忍而不能舍也。一

江蘇

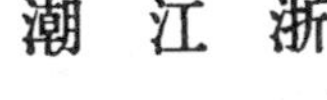
浙江潮

民報

湖北學生界

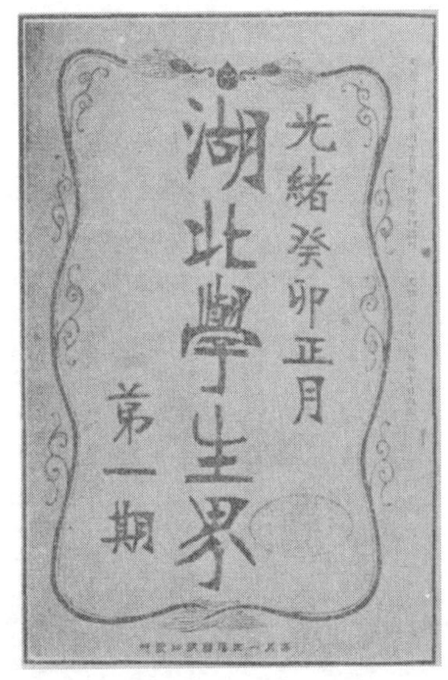

第六節　留學界之出版物

清末留學之風盛行，在日本者最多，美國次之，皆青年銳氣之士也。誦習之餘，常編輯書報，以灌輸新思想新知識於國內為己任。其銷行較多者，類如下：

㈠　以改良桑梓促國人之醒覺為務者：

浙江潮，創刊於光緒二十九年正月，每月發行於東京，為浙江同鄉會所編輯。每册六十餘頁，所載分社說、論說、學說、政法、經濟、哲理、教育、軍事、歷史、傳記、大勢、時評等。出至第十二期而止。

湖北學生界，創刊於光緒二十九年正月，每月發行於東京。編輯兼發行者，為王璟芳、尹援一，執筆者有藍天蔚、劉成禺、李步青、但燾等。每册五十餘頁，所載分論說、教育、實業、軍事、歷史、地理、科學、理科、時評、國聞、外事、留學紀聞等。至第四期後，易名漢聲，由竇燕石編輯。曾出舊學增刊一册。但出二册即止。

江蘇，創刊於光緒二十九年四月，每月發行於東京，為江蘇同鄉會所編輯。每册五十餘頁，所載分社說、學說、譯篇、時論、小說、記言、紀事等。出至第八期而止。

雲南雜誌，創刊於光緒三十二年九月，為吳琨所編輯。每月發行於東京，每册約六十頁。分論說、譯述、記事、外交等，而以英法越緬關於西南之文字為最堪動心駭目。

四川雜誌，創刊於光緒三十三年十二月，每月發行於東京，以輸入世界文明，研究地方自治，經營藏回領土，開拓路礦利源爲宗旨。每册約八十頁，所載分論著、譯叢、時評、文苑、大事記等。但出至三期卽止。

河南創刊於光緒三十三年十二月，每月發行於東京，爲武人朱宣等所編輯。以政治革命爲目標。每册約八十頁，所載分論著、譯述、時評、小說、文苑等。但出至三期卽止。

晉乘爲山西學生所編輯，每月發行於東京。以發揚國粹，融化文明，提倡自治，奬勵實業，收復路礦，經營蒙盟爲宗旨。

㈡　以介紹學術爲務者：

直說，創刊於光緒二十九年正月，每月發行於東京。每册六十餘頁，所載分教育、政治、社會、生計、軍事、外交、傳記、外論等。

游學譯編，創刊於光緒二十九年，每月發行於東京，爲湖南同鄉會所編輯。每册五十餘頁，所載分學說、教育、軍事、時事、歷史、傳記、地理、外論等。出至十二期而止。

譯書彙編，創刊於光緒二十七年正月，每月發行於東京。每册約五十頁。以翻譯歐美關於行政理財之書爲事。由胡英敏編輯。後改名政法學報，始分社說、論說、學術、研究資料等。出至十一期而止。

中國新報，創刊於光緒三十二年十二月，每月發行於東京，爲楊度、薛大可、陳耔美等所編輯。每册約八十頁，所載分論說、時評、譯件，以提倡經濟的軍國主義爲事。出至七期而止。

學報，創刊於光緒三十三年正月，每月發行於東京，每册約百頁。編輯者爲何天柱、梁德猷。所載分論理、地理、傳記、博物、數學、化學、物理、英語、法制、經濟、生理衞生、時事等。

牖報，創刊於光緒三十三年三月。編輯兼發行者爲李慶芳。每月發行於東京，每册約六十頁。所載分社說、教育、法律、政治、經濟、實業、軍事、文苑等。出至八期而止。

科學一斑，創刊於光緒三十三年六月，爲留日學生組織之科學研究會所出版。每册約七十頁，道林紙印。所載分教育、國文、歷史、地理、音樂、體操、博物、理化、算學等。出至四期而止。

學海，創刊於光緒三十四年正月，每月發行於東京。爲北京大學留日學生所編輯，分爲甲乙兩編：甲編專言文、法、政、商；乙編專言理、工、農、醫。每册五十餘頁。

留美學生會年報，創刊於宣統二年，編輯者爲胡彬夏女士。每册約百頁，印刷極精美。所載分美國留學界情形、美國之政治風俗、時事感言、新思想等。

㈢ 以振興祖國及華僑商業爲務者：

實業界，創刊於光緒三十一年，爲美洲學報社出版。每册約四十頁，道林紙印。但出二期卽止。

中國商業研究會月報，創刊於宣統二年正月，爲東京中國商業研究會出版。每册八十餘頁，所載爲論說、學說、調查、統計、英文等。

南洋羣島商業研究會雜誌，創刊於宣統二年，爲李文權所編輯。每月發行於東京，每册約四十頁。所載分論說、譯著、文牘、傳記、調查、報告、僑音等。但出至三期卽止。

中國蠶絲業會報，創刊於宣統二年，每二月發行於東京。以振興祖國絲業爲宗旨。所載多國內各省之蠶業情形，與海外各國之銷行狀況。

㈣ 以介紹法律常識冀祖國立憲爲務者：

法政學交通社月報，創刊於光緒三十二年十二月，每月發行於東京，由孟昭常等編輯。每期約四十頁，所載多該社研究所得之材料。出至四期而止。

政法學報，創刊於光緒三十三年正月，每月發行於東京，由沈其昌等編輯。每册約四十頁，所載分社說、憲法、行政法、民法、商法、刑法、國際法、財政、殖民等。

預備立憲公會報，創刊於光緒三十四年正月，每半月發行於上海，爲孟昭常等所編輯。每册約二十頁，有光紙印。所載分撰述、編輯、紀事三大部。出至二十四期而止。

歐美法政介聞，創刊於光緒三十四年七月，每月發行於上海，爲馬德潤、周澤青等所編輯。每册約四十頁，道林紙印。以輸入歐美各國法律知識，擴充我國人政法之觀念爲宗旨。出至三期而止。

憲法新志，創刊於宣統元年八月，每月發行於東京。爲諮議局事務調查會所出版，由吳冠英編輯。每册約六十頁，所載分論著、時評、譯述、記載、調查等。民國二年六月，改名憲法新聞；至是年十一月止。

憲法新聞，創刊於宣統元年八月，每週發行於北京，編輯者爲李慶芳。每册約五十頁，所載分憲論、憲史、雜纂三大部十六類。出至次年二月止。

㈤ 以提倡女子教育與女權爲務者：

二十世紀之中國女子，創刊於光緒三十三年，每月發行於東京，爲河南學生會所出版。延恨海女士爲主筆。以糾正近世女子教育之謬妄，提倡社會女子，注重道德，恢復女權爲宗旨。所謂近世女子教育，蓋指我國日本化之女子教育而言，因當時各女學多延日人爲教習也。

時孫文、黃興等常親赴東京，聚學生數千人，演說三民主義，學生受其影響，以海外言論之自由，皆明目張膽，痛談革命。浙江潮、江蘇、湖北學生界乃其最著者。清廷末如之何，乃嚴禁學生購閱。謂：「查游學東洋學生，上年冬間在日本東京開設報章，各處分售，晉閱報紙，其中議論，雖在開通民智，而乖謬偏宕之語，亦往往雜廁其間。即令毫無流弊，亦非學生應盡之義務。當經傳電蔡公使並監督，設法禁阻，並續經剴切勸諭停辦在案。茲查此項報章業已出售。誠恐無識之徒，習染其說，殊於學術人心有害。查現在廣設學堂，收召有志之士，優與廩餼，俾得盡心學問，講求實業，冀收明樸忠貞之士，爲國家效用。此等報章，自無慮其蠱惑觀聽。第恐年少學生，血氣未定，或偶喜新奇，致分向學之誠;或多閱報章,有妨學堂功課。查東西各國,學堂章程,入學期內有一定程限,令其專習,不得旁鶩他求。卽如抄印書籍,非各生應學者,除學部命令准置外,不得入堂。是置備書籍,必待學部許可,方令入堂。又況不根之游談,漫浪之雜說,可令其隨意汎覽乎?爲此特申約束,以杜歧趨。學堂中如有購閱此等報章,及爲寄售傳播者,學生卽時驅逐出堂,並加以懲治;堂中委員不事先禁阻,亦一律記過撤差;並望監督分教諸公認眞誥誡,務令遵依。」然禁者自禁,而此等報章依然祕密輸入學堂。當局對之,亦惟有置諸不聞不見而已。

第七節　提倡閱報與禁止閱報

清廷之對於報館,始則以屈於外侮,爲維新而提倡;繼則以誹議雜興,爲革命而禁止。前後逈異,而以戊戌政變爲之鴻溝。各省大吏,望風承旨,自屬當然之事。如鄂督張之洞,在善後局撥款定購時務報二百八十八份,發給全省文武大小衙門及各書院各學堂;浙撫購時務報,發給各府州縣;湘撫購時務報,發給各書院;廣西洋務總局,通飭全省府廳州縣,購閱知新報;直督袁世凱通飭各衙署局所,購閱外交報;湘學新報見於湖南學政江標之奏牘;渝報見於川東道之告示。此皆當時報紙所引以爲榮者。而各省大吏,亦頗受報紙之影響,常取其言論以入奏。故光緒二十六年十二月初十日舉行新政之上諭有:「今之言者,率出兩途:一則襲報館之文章,一則拘書生之淺見。更相是亦更相非,常囿於偏私不化;睹其利未睹其害,胥歸於窒礙難行」之語。迨後禁止報館嚴拿主筆之上諭屢下,內地報紙遂寥若晨星，或閉歇，或遷入租界。當時以閱報者學生居多，故學堂章程禁令中，亦定有「(三)各學堂學生，不准離經畔道，妄發狂言怪論，以及著書妄談，刊布報章。(四)學生不得私充報館主筆或訪事員。(五)各學堂學生不准私自購閱稗官小說，謬報逆書。凡非學科中應用之參考書，均不准攜帶入堂」之條。各省且出示禁止言論激烈之書報，如新民叢報，新小說，革命軍等，售者閱者，均須提究。(註一) 此外尚有官紳合辦之宣講所閱報公所，地方人士所設之閱書報社等，此則始終以提倡閱報為事，於開通民智上固極有裨益也。

(註一)查禁悖逆各書示：「准軍機處函開，近聞南中各省書坊報館，有寄售悖逆各書。如支那革命運動、革命軍、新廣東、新湖南、浙江潮、并呑中國策、自由書、中國魂、黃帝魂、野蠻之精神、二十四紀之怪物、帝國主義、瓜分慘禍預言、新民叢報、熱血譚、蕩虜叢書、瀏陽二傑論、新小說、支那化成論、廣長舌、最近之滿洲、新中國、支那活歷史等種種名目，駭人聽聞，喪心病狂，殊堪痛恨。若任其肆行流布，不獨壞我世道人心，且恐環球太平之局，亦將隱受其害。此固中法所不容，抑亦各國公法所不許。務希密飭各屬，體察情形，嚴行查禁，但使內地無銷售之路，士林無購閱之人，此等狂言，不難日就澌滅等因。仰書坊報館及諸色人等知悉，自示之後，倘敢再售前項悖逆各書，一經查出，定卽飭提嚴辦。其各學堂諸生及士民人等，務各束身自愛，不得購閱，致干告戾。」

第八節　君憲民主之論戰

戊戌政變後，清廷益任頑古之守舊派，專橫跋扈，厲行極端之反動政治，遂釀成拳匪之亂。自是以後，全國優秀之士，恐罹黨錮之危，羣不出仕，放言高論於民間，隱培革命之種子；復努力探討康梁之主張，究其所以失敗之原因，其結果惟使漢人恍然自覺，知滿淸之不足與言改革耳。

康有爲走日本後，會孫文亦自倫敦至日本，諸志士欲令孫康攜手，合圖大規模之進行，卒以君憲民主之根本上不容幷立，兩派遂分道揚鑣，距離日遠。前者以梁啓超所主之新民叢報爲根據，後者以張繼、章炳麟所主之民報爲根據，遂正式作民主君憲之論戰，曾有立憲論與革命論之論戰一書發刊。各地報紙，亦顯分兩派如左：

地點	君憲派	民主派
廣州	國事報、羊城日報、七十二行商報	
香港	香港商報	中國日報
上海	時報	神州日報
天津	天津日日新聞	大公報
北京	北京時報、京都時報	全京日報、中華日報
新加坡	南洋總匯新報	中興日報、陽明報
爪哇	烏島日報	
舊金山	金港日報	
墨西哥	墨西哥朝報（英文）	

紐約　紐約日報（華英文）

日本　新民叢報　復報民報各省雜誌

暹羅　啓南報　華暹新報

西貢　光興日報

温哥華　華英日報

巴黎　新世紀

上海閒話云：「至最近辛亥數年之間，政府以預備立憲餂人民而內幕之腐敗愈甚。其尤著者，在官僚亦知輿論之不可終遏，乃設法溝通報館，以爲私人作辯護。斯時報紙之道德固已墜落達於極點，而眞正輿論無可發洩，則激成反動力，主張根本改革之反對報紙，乃應時而發生也。自此類報紙盛行，全國爲之風靡。清政府一方以政治上壓力制止之不效，則別組反對報紙以反對之。所惜者，此中有一極大機會，政府未能利用以和緩反對派之勢力。則當時立憲派與革命派，其所主張之政見本自不同。立憲派之言曰：「國體無善惡，視乎政治，就原有之基礎以謀改良，其事較根本改造爲易。」革命派之言曰：「清政府決無立憲之望，不能立憲，惟有亡國；故以根本改革爲宜。」此兩派之所爭持，其以立憲爲前提則一也。使彼時清政府果能實行憲政，則根本問題卽已解決，革命派之消融或在意中。卽不然者，事實上幷可倚重立憲派以與革命派互持，未始非政治上之作用。惜乎滿清不足語此，名爲立憲，違憲之事日出不窮，而結果上立憲派亦有愛莫能助之隱。至庚戌辛亥時，卽立憲之報紙，悉已一折而入於革命運動。此則清廷存亡絕續之大關鍵，尤上海報紙黨見離合之一段落矣。」

第九節　清末報紙之厄運

文字賈禍，自古有之；報紙旣行，於今爲烈。語其最早者，當爲申報之郭星使畫像案（註一）以紀載不實，致受外界之詰責。次之則爲洩漏機密案，見之彭玉麟之奏議。（註二）故當時大吏之守舊者常禁民間閱報；言論稍有鋒芒，鮮有不遭蹂躪者。報律頒行以後，官廳益有所根據，憑己意以周內。如光緒三十一年漢口楚報以宣布粵漢鐵路借款合同被封，主筆張漢傑監禁十年。重慶日報以宣布知府鄂芳劣迹被封，主筆卞小和下獄死。光緒三十二年北京中華新報以登載軍機大臣瞿鴻機衞兵搶掠，被封，主筆杭辛齋、彭翼仲遞籍。宣統元年湖北日報以插畫有諷刺當道嫌疑被封。宣統二年天津北方報以廣告內有「監督政府，嚮導國民」字様被封。宣統三年漢口大江報以時評題爲「大亂者救中國之妙藥也」被封，主筆詹大悲監禁一年。北京國報與中央大同報以宣布安奉路條約被封。廣州可報與汕頭中華新報，以論溫生才刺廣州將軍孚琦事被封。奉天大中公報以登載巡警總局防疫所眞相，與東省日報以主張共和提倡獨立被搗毀。此皆犖犖大端在人耳目者。尤可異者，外人以我國報紙之常揭其短，忌之，利用我國官吏之畏葸，亦時有干涉言論界之舉。如光緒二十六年，廣州博聞報、嶺海報、與中西報，以登載拳匪獲勝西軍敗績事，外人請粵當道封禁。光緒三十年，北京京話報載華工往南非後，將遭英人虐待，致應募者寥寥，英使請外部禁止發刊。三十一年，漢口漢報載道勝銀行行員陳延慶所開之慶安錢莊資本不充足，致被提款而擱淺，俄使請鄂當道封禁。廈門鷺江報以載金門教案失實，英領請廈門道封禁。濟南報及上海中外日報、時報、警鐘日報屢載德國在山東有不利於中國，德領請魯當道及上海道禁止登載。天津大公報以載不購美貨新聞，美領請直當道禁止人民閱看。三十四年，廣州各報以論佛山輪船命案，葡領請粵當道嚴行申斥。宣統元年，上海民吁報於中國之危急，泰東之和平，與錦齊鐵路事，有所論列，日領謂有關日本名譽，請上海道封禁。宣統三年，哈爾濱東陲新報以載俄人在蒙古招兵及擾傳家甸防疫權事，俄領請西北道封禁。如此者，又屢見不一見。其他借故罰款，或停刊若干日者，尚不勝枚舉。且有報館因時受摧殘，而自行停業者。蓋官權之無限久矣，出一言而莫予敢違，以習慣之所趨，而成爲不文之法。今忽有昌言無諱之報館，與立於極端反對之地位，而時時刺取不可告人之隱事，宣諸萬衆之聽聞，惡其所爲，則思去其籍。彼巍然民上之有司，其痛心疾首於報館欲得而甘心以爲快者，豈一朝一夕之故哉？獨是外人之干涉實別有用心，乃亦推波助瀾，隱有「各由自取，權不我操」之意，其情爲最不可恕耳。

（註一）上海閒話記郭星使畫像案云：光緒四年六月二十日，申報登一新聞，題云「郭星使駐英近事」，據載：英國各新聞紙言及中朝星使事，每涉詼諧。近閱某日報，言英國近立一賽會院，中有一小像，儼然大清國郭嵩燾星使也。據畫師顧曼云：「余欲圖大人小像時，見大人大有躊躇之意，遲延許久，始略首肯。余方婉曲陳說，大人始允就座。余因索觀其手，大人置諸袖中，堅不肯示。余必欲挖而出之，大人遂愈形跼蹐矣。」既定，大人正色言：「畫像須兩耳齊露；若只一耳，觀者不將謂一耳已經割去邪？」大人又言翎頂必應畫入；余以頂爲帽簷所蔽，翎枝又在腦後，斷不能畫。大人卽俯首至膝問余曰，「今見之否？」余曰，「大人之翎頂雖見，大人之面目何存？」遂相與大笑。後大人願科頭箕坐，將大帽另繪一旁。余又請大人穿朝服，大人又正色言，「若穿朝服，恐貴國民人見之泥首矣。」以上悉畫師語。該西報又言畫成後，郭以畫像精妙，并欲延顧曼畫其夫人云。自該報郵寄至歐，爲郭使所見，而絕大交涉以起矣。

申報登載此節新聞，不得不先解決兩大前題：(一)郭使是否有畫像事；(二)卽有顧曼畫像事，臨畫時是否有是項語言。此二前提不決，則郭使之怒，怒其造謠乎？抑怒其顚倒事實乎？茲先就當時畫像事實略敍如下：

前清光緒元年，政府以中外交涉日繁，允總理衙門之請，特派使臣出駐各國，此爲中國派遣欽差駐洋之始。當時派赴英國者，正使爲郭嵩燾，副使爲劉錫鴻。二年冬放洋，至三年夏間，劉副使偶於倫敦某書畫會見一天主神母畫幅頗佳，以價昂故，因囑隨員馬格里（英人，由郭劉在中國攜往倫敦充隨員者）代覓畫工摹仿一幅。馬隨荐一畫師名顧曼者應之。顧曼摹畫天主像既竣事，郭使見之，甚爲獎飾。顧曼因云：「今蒙欽差不棄，願畫尊照一幅，不計畫工，但賜筆費，於願足矣。」郭聞之喜，隨議定筆費二十磅。正擬擇日繪畫，郭又以不耐久坐商之顧曼，可否先以相片作藍本。顧應之，卽於次日偕同馬格里、顧曼赴照相館拍照而回。當拍照之時，郭意頂珠必須露出，否則外人不知所戴爲何帽，又面不可正，亦不可過偏；一一如法拍成，交顧攜往。及十日後，送畫稿來，亦邀郭使賞鑑。此當時畫像情形也。闔使館人員所見聞者如是。

事實如此，而申報所登者如彼。時郭使適在法都巴黎，見報後，卽飭馬格里函詰畫師顧曼，何以妄造此言；一方電詢申報，根究此項新聞究譯自何報，務求水落石出而止。乃顧信去後，得伊家屬覆函云：「顧已挈眷出遊，此時行蹤無定，俟回後再行通知作覆。」申報則兩次電詢，均無回音。迄九月初，始得顧曼來信云：「刻在倫敦繪畫爲生，無暇赴法面謁。惟上海申報所登各節，全係虛妄；鄙人以繪畫爲生，此後聲名既壞，衣食爲難。既據申報係譯載西報，鄙人惟有一方致函各報辯白，一方根究此項新聞究出何報，何月何日，以爲恢復名譽之地」云云。而申報兩次去電未復，第三次并將復電之費隨電匯去，電中告以如不作復，定當訴之法庭。至九月初十日，始據申報覆電云，「該項新聞，新譯自本年四月某日歐臥蘭美報。」郭使遂飭馬格里前赴該報根問。乃根問之結果，則該報係每星期日發行者，申報所云之四月某日，並非星期，則該館並不出報。馬以申報電復，恐其月日有訛誤，遂將該報全月若干分，出價購來，乃偏閱亦無是說。於是郭使之怒則更甚。嗣有人爲郭使言，根究申報譯載何項西報爲一事，先行致函申報以及各西報，以證明新聞之錯誤爲又一事。今前一事，不妨緩爲根究，而更正之舉，似不容緩。郭使善之，旋畫師亦由馬格里覓至使館，當由郭使命顧曼及馬格里各具一辨白之函稿；稿成，譯成漢文，經郭使點竄數過，然後分寄上海申報館及歐洲各日報登載，以明眞僞。至馬格里之具函辨白，蓋當時畫像，郭使與顧曼應對之詞，均由馬爲之舌人也。畫師顧曼更正之函如下；

啟者：頃閱本年六月二十日上海申報登載，星使駐英近事一則，或謂係由僕口傳出者，殊屬詫異。僕以聲名爲重，安甘受告。今特陳數語以辨其誣。查申報所述，係中國欽差在倫敦令僕畫像各情，及畫成後懸諸畫閣之事，所言諸多謬妄。僕目下正在追求原委，茲先爲辨正其詞，以免外間之誤會。夫僕之畫像，係馬格里爲之先容。帶見時，乞得照像爲藍本；畫成後，請星使臨視二次，星使極爲稱許。僕方感謝不盡，何至有揑造譏誚之理？且僕與星使言語不通，概由馬格里傳說。馬來詰僕，僕茫然無以爲對。謂以全無影響之詞，出自僕口，即馬格里含糊，僕亦斷不能隱忍。以上各情，除函上海申報先行辨正，一面根究來歷外，并請貴報刊登，俾閱此報者得知中國此段申報，傳自何人，刊自何日，可以早日知照鄙人也。畫師顧曼啓。

馬格里辨正之函則如下：

敬啟者：前於法京獲見本年六月二十日上海申報，披閱之下，不勝詫異。查顧曼爲欽差畫像，係由僕所引荐。畫成後，欽差初不愜意，經顧曼再三修飾，欽差始言略得形似。迨懸於畫閣，見者極爲稱賞；由是，顧曼畫名噪於海外焉。蓋英人以欽差初次來英，詫爲罕見，遂使顧曼之畫名，頓爲增重。當其畫像之時，彼此言語不通，一切由僕傳達。若如申報所言，則僕從欽差將及兩年，曾未見有此形狀。似此平空侮慢，令僕何以自處？後由法京回倫敦，詰以此事之緣起。顧曼指天明矢，堅不承認。且在倫敦閱看新報十餘家，亦未見此一段文字。僕以此等譏誚文字，或因他人有意誣衊，故借畫像爲詞，或出自顧曼手筆，要皆無足輕重。蓋顧曼不過一畫工耳，輒敢矢口譏笑，自有人責其非。乃申報遽謂英國新聞紙言及中朝星使，每涉訴諧，而僕自隨欽差來此，所見新報，無不欽佩，絕不聞有涉及訴諧者。因思泰西各國，無不講情理，無不講法律，各新聞之司筆墨者亦多明白事理之人，故於各國駐劄星使，從不肯有所譏誚。如若申報所載，甚非英人所樂聞也。今顧曼已有辨說，更望將僕此論載入貴報，稍正前言之誣。顧曼之得失不足與校，惟僕自覺其人由僕引荐，言語由僕口傳，此等誣衊之詞，實令僕無顏以對欽差也，用瀝陳之，伏候

鈞鑒。馬格里啓。

自顧曼馬格里兩更正之函，登入各西報，外人始知此事之原委，而郭使以事隔多時，怒亦稍息。嗣經館員詳細調查，則知申報所登，確有來歷，惟不若原西報之故甚其詞。而西報之所以得此新聞，則蛛絲馬迹亦復別有原因。茲再將事後館員所查得之消息，彙錄於下；時則郭使已瓜屆回華，此事卒亦未具何等之結果也。當顧曼畫像之後，有顧丹者，顧曼之弟，充英倫新聞紙名代立太理格拉蕃館之主筆。偶聞乃兄代中國欽差畫像，則探問之。顧曼初次為中國達官畫像，則亦故甚其詞以告顧丹，云中國有割耳之罪，故畫貴人時必將兩耳齊露。所言不經，大抵類是。顧丹即以是告之代立太理格拉蕃館員，嗣又恐礙及顧曼，乃以是說介之別一新聞紙名喀爾司喀爾納者，於四月十六日登出。事經顧曼、顧丹、代立太理格拉蕃、喀爾司喀爾納轉展附會，及該報傳至上海，又經上海某西報裝點其詞。時則申報尚在外人之手，不問事實之有無及眞僞，即與盡情披露。觀六月二十日所登之文云，英國各新聞紙言及中朝星使事，每涉詼諧者，即指喀爾司喀爾納報而言云。近閱某日報云云者，即指上海某西報。及郭使致電詰責，始無以對，則置之不復。後經郭使將復電之費一并匯滬，乃知事終難諱，不得已泛指一英京之星期報以為搪塞，固不虞郭使之志在澈究也。然始終未將上海某西報指出，并喀爾司喀爾納報之登載，亦未舉以告郭。蓋當時中國無所謂報律，而就轉載別報之件以甚其詞，則幾同勾串造謠矣。宜其黓以延宕為緩兵之計也。此案開始於光緒四年四月十六日英報之登載，而上海西報則於六月初轉登，申報則於六月二十日轉登。迄巴黎倫敦上海展轉函詰，直至光緒五年秋間郭使受代，然後此案成一不了之了局。其亦華字報紙最初鼎巨之交涉乎？濡筆錄之，作為上海報界之一大紀念也可。

（註二）彭剛直奏議：「奉軍機大臣字寄四月二十八日奉上諭，近來寄信，緊要事件，往往漏洩，甚至外間傳播刊入新聞紙中等因欽此。竊維機要事件，似此刊布通都，互相傳播，臣向未曾聞見。近來乃有寄諭及各省緊要公件，未經見有明文，而外間已傳說紛紜，刊入報紙。初謂民間謠傳，未足深信，旣而無不脗合，殊堪詫異。即如此次天津所議簡明條約，未接奏咨以前，已見各報館詳為刊列。其得信不知從何而來，誠有不可解

者。查該報館意存壟斷，惟務蒐採新聞人所未及知者，列入報中，使人以先睹爲快，售廣利贏。彼既惟利是視，則所以用其探刺者，無所不至；亦難免不別有營謀，此事之所由漏洩也。且有變混黑白，以無爲有，任性議論，尤堪痛恨。臣嗣後惟加謹愼，不敢稍有疏忽，致取愆尤」

第十節　結論

以龐大之中國，敗於蕞爾之日本，遺傳惟我獨尊之夢，至斯方憬然覺悟。在野之有識者，知政治之有待改革，而又無柄可操，則不得不藉報紙以發抒其意見，亦勢也。當時之執筆者，念國家之阽危，懍然有棟折榱崩之懼，其憂傷之情，自然流露於字裏行間。故其感人也最深，而發生影響也亦最速。其可得而稱者，一爲報紙以捐款而創辦，非以謀利爲目的；一爲報紙有鮮明之主張，能聚精會神以赴之。斯二者，乃報紙之正軌，而今日所不多覯者也。

清初漢學最盛，詳於考證，闇於經世。中葉而後，外侮頻仍，人民之留心政治者，咸以振興爲事。康有爲學於廖平，取其「三世」與「先進」「後進」之說而張大之，以通經致用爲揭櫫，號爲維新，風靡一時。然此派實力薄弱，而視天下事太易，故其發爲議論也，燏煌光怪而有餘；其施於政治也，誠實懇摯而不足。殆清室徒有變法之名，無以慰人民之望，於是種族之學說起，與維新派立於對峙之地位。其純一之目的爲排滿，其主義以先破壞後建設爲唯一之手段，章炳麟實爲此派巨子。同時國粹派復取顧亭林、王船山、黃黎洲之墜簡遺編而推闡之，其說乃益有根據。清廷之秉政者，既無悔禍之心，又復顯滿漢之界限，以激發人民種族之痛苦。卒之此說易入漢人之心，直截了當，終覩辛亥之成功。綜論之，自報章之文體行，遇事暢言，意無不盡。因印刷之進化，而傳布愈易，因批判之風開，而眞理乃愈見。所謂自由博愛平等之學說，乃一一輸入我國，而國人始知有所謂自由，博愛，平等。故能於十餘年間，顚覆清社，宏我漢京，文學之盛衰，係乎國運之隆替。不其然歟！

第五章　民國成立以後

武昌舉義，全國景從，報紙鼓吹之功，不可沒也。「人民有言論著作刊行之自由，」既載諸臨時約法中；一時報紙，風起雲湧，蔚爲大觀。茲舉其知名者如下。

北京　共和報　新民公報　亞細亞日報　通報　中華日報　燕京時報　北京日日新聞　民命報　民權報　商務報　國華報　國報　民意報　中華民報　大凡日報　公論報　中央新聞　共和日報　新華日報　民國報　羣強報　新中華報　亞東新報　民牖報　五民日報　五族民報　大民報　大自由報　東大陸日報　快報　大一統報　工商公報　民主報　北京時報　國權報　新直報　新社會日報　黃鐘報　新華報　世紀新聞　救國報　興華日報　先聞報　平權報　國民自強報　新中國報　燕聲日報　新世界報　塞北公報　女學日報

天津　民意報　天津公論　國風日報

漢口　國民新報　共和報　震旦民報　民國日報　新聞報　大漢報

武昌　武昌公報　羣報
南昌　晨鐘報　民報　商務日報　大江報　天俌報　新聞迅報　豫章日報　章貢潮
安慶　民巖報　皖報　公論日報
南京　中華報
揚州　民聲報　揚州日報
常州　公言報　新蘭陵報
無錫　錫報　新無錫報
蘇州　蘇州日報
南通　通海新報
上海　大共和日報　民國報　民報　太平洋報　黃報　中華民報　民信日報　共和新報　民強報　民權報　愛國報　民聲日報　民國新聞　啓民愛國報　演說報
杭州　之江日報　漢民日報
紹興　越鐸報
福州　民聽報　民言報　民心報　羣報　共和報　福建民報　求是報　民興報　正言日報　輿論日報

民生日報

汕頭　中華新報

廣州　震旦報　平民報　廣南報　新醒報　廣州共和報　大公報　嶺華日報　南越報　惟一報　天職報
　　　華嚴報　華國報　商權報

奉天　醒時報

吉林　吉長日報　新吉林報

濟南　大東日報　山東日報　新齊魯公報

煙台　鐘聲報

太原　山西公報

開封　自由報　河聲報　民立報

長沙　長沙日報　湖南公報　黃漢湘報

常德　沅湘日報

成都　川報　民國公報　蜀報　民憲報

香港　香港實報　大光報

檳榔嶼　光華日報

雪黎　民國報

菲列濱　民號報　公理報

磐谷　中華民報

當時統計全國達五百家，北京爲政治中心，故獨占五分之一，可謂盛矣。乃未幾二次革命發生，凡屬國民黨與贊同革命黨之報紙，幾全被封禁。籌安議起，更以威迫利誘之手段，對付報館，至北京報紙，只餘二十家，上海只餘五家，漢口只餘二家，報紙銷數亦由四千二百萬降至三千九百萬。蓋自報紙條例公布，檢查郵電，閱看大樣，拘捕記者，有炙手可熱之勢也。自是而後，有督軍團之禍，張勳之復辟，護法之役，直皖直奉及江浙之戰，與最近東南及東北之戰，兵連禍結，歲無寧日。雖內地報館，前仆後繼，時有增益，然或仰給於軍閥之津貼，或爲戒嚴法所刦持，其言論非偏於一端，即模稜兩可，毫無生氣。以視民國初元之僅以事雜言龐爲病者，蓋不勝今昔之感焉。

第一節　兩度帝制之倏現

袁世凱本無意於共和，姑假之以覆清室耳。故自贛寧一役後，即以大刀闊斧之手段，努力排除異己，積極爲家天下之預備。其首先覺察袁氏之陰謀者，爲北京之國民公報。當時又有北京之國風日報，天津之民意報，漢口之震旦民報，民國日報，廣州之覺魂報，開封之民立報，南昌之新聞迅報，福州之民心報，民世報，民聽報，福建民報，香港之實報，新民報等，相繼而起，類皆據理執言，公正雄健，莫不首遭封禁之禍。迨美人古德諾氏之「君主與共和利弊論」，在北京報紙上披露，旋有籌安會應之而起。於是楊度之「君憲救國論」，劉師培之「國情論」，紛然幷作。其鼓吹最力者，當推亞細亞報，蓋御用之機關也。又知人民心理殊不贊成帝制，則進行自以祕密爲愈。始則限制報紙，僅得登載將軍巡按使之文電，繼則一律不准登載關於國體問題之文字。北京之天民報，卽以學理的對籌安會加以評論而被封禁者。其他持反對之論調，如時事新報，愛國報，中華新報，民信報，民國日報，民意報，益世報等，（註一）在內地則勒令停版，在租界則停止郵遞，在國外則禁止輸入。當時眞正之民意，幾不能於字面求之矣。民國四年十二月，參政院推袁爲帝。北京各報除日人之順天時報外，皆印紅報，阿諛備至，而「臣記者」三字，遂成一新名詞。但上海之亞細亞報，則連於九月十二月兩度發見炸彈。（註二）是南方之空氣，究與北方不同也。次年改元洪憲，令各報照登。上海各報獨否，僅載西曆年月。旋淞滬警察廳致上海日報公會函云：「上海各報應各改用洪憲紀元一案，前奉宣武上將軍接准內務部佳電，如再沿用民國五年，不奉中央政令，卽照報紙條例，嚴行取締，停止郵遞等因，飭行到廳，當經函請遵改在案。茲接上海郵務管理局來函：以此案奉交通部電飭照辦，函請查照前來。查各報不用洪憲紀元，既奉部飭停止郵遞，敝廳管轄地內，事屬一律，應卽禁止發賣，幷將報紙沒收。第以報紙爲言論機關，且上海各報館亦與敝廳感情素篤，爲再具函奉告，務希貴會轉知各報館，卽日遵改。如三日內猶不遵改，則敝廳職責所在，萬難漠視，惟有禁止發賣，并報紙沒收也。」各報不得已乃以六號字之「洪憲紀元」四字，橫嵌於年月之下，并將警察廳來函同日登出以求國民之諒解。近人虎厂雜記載此事甚詳，并言及假時報事，亦可見當時壓制眞正民意而外，尙有假造民意之活劇。其言曰：『籌安時代，京中各報，懾伏於權力之下，咸一致擁戴。惟順天時報頗多譏諷不滿之詞。然此報爲日人機關，且日人什九與項城不睦，宜其有非難之聲。故時人則不重視之。惟上海各報，除薛大可組織之亞細亞報外，所持論調頗爲國人所注目。及民四冬月，項城有令改明年爲洪憲元年，曩時部中卽通令各省一律遵用。上海各報以格於禁令，勉強奉行，乃以近於滑稽之手段，改民國元年爲西曆紀元幾年，更於西曆下別刊「洪憲元年」四小字，字絕纖細，讀者苟不察，幾不能見，其用心亦良苦矣。蓋若不刊「洪憲元年」，銷場只及上海一隅之地，不能普及全國，而郵局亦未能爲之代遞也。項城在京中取閱上海各報，皆由梁士詒袁乃寬輩先行過目，凡載有反對帝制文電，皆易以擁戴字樣，重製一版，每日如是，然後始進呈。項城不知也。一日，趙爾巽來謁，項城方在居仁堂樓上閱報，命侍衞延之入。寒暄畢，趙於無意中隨手取時報一紙閱之，略一審視，眉宇間不覺流露一種驚訝之狀；項城奇之，詢其故。趙曰，此報與吾家逕閱者截然不同，然此固明明爲上海時報也，故以爲異。項城乃命人往趙家持報來，閱竟大震怒。立傳乃寬至，嚴詞詰之，乃寬竟瞠目結舌，觳觫而不能對。』於此有一至可痛惜之事而不可不紀者，則民國四年十二月二十七日黃遠庸（遠生）氏以舊金山華僑誤認爲帝制派而殺之也。黃初嘗爲北京亞細亞報撰文，兼爲上海東方日報通信，東方日報停刊，乃爲時報通信，後又爲申報通信，其理解力及文字之組織力，實

滑稽之洪憲紀元

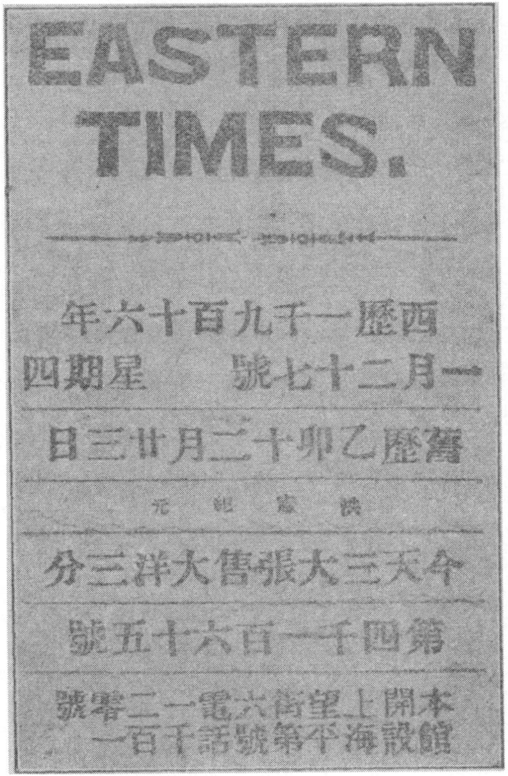

EASTERN TIMES.

西歷一千九百十六年

一月二十七號　星期四

舊歷乙卯十二月廿三日

洪憲紀元

今天三大張大售洋三分

第四千一百六十五號

本開上望街六電一二號

館設海平號第話千百一

曇花一現之平和日刊

平和日刊

平和日刊

發刊辭

論說

有過人處。嘗謂「新聞記者須尊重彼此之人格，敍述一事，貴能恰如其分，調查研究，須有種種素養；」蓋報界之奇

黃遠生先生

才也。帝制議起，袁之爪牙，以黃之通信極能吸引讀者，賜其作贊成帝制之文。上海亞細亞報成立，并約其爲總撰述。時帝制派炙手可熱，黃不敢顯爲反對，姑以似是而非關於帝制之文應之。九月，卽託故離京，假名赴美遊歷，辭去申報通信及上海亞細亞報之預約總撰述。猶憶去滬之一夕，尙過予時報館，談笑多奇趣，不意竟爲最後之晤別也。黃所爲文，通信外又散見少年中國，東方，庸言，論衡，國民公報諸雜誌，已由其友人林志鈞氏彙集成書，名曰遠生遺著。

民國六年七月，以參加歐戰問題，府院間發生意見。段祺瑞嗾北洋派之武人倡解散國會之議，黎元洪免段職，召張勳入京。張乘機率兵擁宣統復辟。雖旋起旋滅，爲時不過十二日，而北京報紙停刊者達十四家云。

（註一）當時各報著論，痛詆袁氏，目之爲民賊，政府爲叛逆之政府，而梁啓超氏「異哉所謂國體問題者」一文，尤傳誦於人口。西報亦有著論反對帝制者。如法文巴黎人道報題云「奸險無賴之袁世凱」，俄文哈爾濱報題云「中國之自擾」，英文京津泰晤士報題云「武力耶民意耶。」「論袁氏僭帝之責任。」「痛斥袁氏愚弄國人之手段」，字林報題云「喜劇耶滑稽劇耶，」具見公理之不可沒也。

淞滬警察廳布告：「案奉江蘇都督民政長兼會辦江蘇軍務行署通令內開照得新聞報紙爲輿論機關，自非宗旨純正，議論平允，不足以代表人民心理，導引政治進步。乃有民權民立民強各報，專爲亂黨鼓吹異說，破壞民國，揑造事實，顛倒是非，信口開河，肆無忌憚，亟應從速禁售，以免淆亂人心。爲此訓令該廳長遵照，凡民權民立民強暨亂黨各種機關報紙，立卽禁止售賣，並布告人民一體知悉，切速勿違，此令等因，奉此。合亟布告周知，仰各賣報人遵照，嗣後凡民權民立民強暨亂黨各種機關報紙，均卽禁止售賣，凡我人民，亦應一體勿再購閱上開各項報紙，以免淆亂人心，是爲至要。」

(註一) 北京亞細亞報總理薛子奇氏，於民國四年秋至上海，創辦亞細亞報。事先已接有匿名信，或稱「君主之敵」或稱「中國公民一份子」，謂如果出版鼓吹君主問題，必以激烈手段對付。九月十二日爲該報出版之第二日，下午七時許，該館望平街十一號門首，卽有人往擲炸彈，當死華捕一及路人二，傷者十餘。該報並不停刊，且挾政府之力要求從嚴根究。乃十二月十七日下午九時，又有炸彈從二層樓窗口擲入，炸毀桌椅器具及對街之玻璃窗，主任劉竺佛氏幾被殃及。該館附近商店，以兩次發生炸彈案，非但危險，且營業大受損失，因由房主稟請會審公堂，限三禮拜遷移。該報因他處不能得屋，始停刊。

第二節　雜誌

一國學術之盛衰，可於其雜誌之多寡而知之。民國以來，出版事業日盛。以時期言，則可分爲歐戰以前與歐戰以後。以性質言，則可分爲學術與政論與改革文學思想及批評社會之三大類。歐戰以前，民國初造，國人望治，建議紛如，故各雜誌之所討論，皆注意於政治方面，其着眼在治標。歐戰以後，國人始漸了然人生之意義，求一根本解決之道，而知運命之不足恃。故討論此種問題之雜誌，風起雲湧，其着眼在將盤根錯節之複雜事彙，皆加以徹底之判斷，如國家政治，家族制度，婚姻，迷信等等思想上之問題，舉數千百年來之積習而推翻之，誠我國思想界之一大變遷也。世界新潮，澎湃東來，雖有大力，莫之能禦。然一方面雜誌之大聲疾呼，使鼾睡者霍然醒覺，其影響亦非淺鮮，蓋可斷言。然吾人有不可不注意者，卽破壞之能事已盡，而建設之能事未舉。且矯枉過正，昔人所悲，今則將成爲事實矣。夫我國社會上之根本問題，自不能不力謀最有效最安全之方策。故吾人苟主張婚姻自由，男女平等，財產共有，無政府主義，凡曾經三思者未嘗不可提倡，如徒襲他人之文章，不問本國國情之是否適合，則其發生之惡影響，亦殊可懼。雖然，眞理以討論而漸明，今日之議論百出，亦爲進步過程之不可免；吾人固不能不大有待於今後雜誌之努力也。至已發行之諸雜誌，所惜創始易，繼續難，此非完全執筆者不努力之咎，實亦社會要求程度太低之故。今擇內容較有精采，銷行較廣，而較持久者，介紹於後。掛一漏萬之譏，知不免焉。

以學術爲主體者

孔教會雜誌於民國二年二月發刊於北京，由陳煥章編輯。每月一册，志在提倡以孔教爲國教。

科學，於民國四年正月發刊於上海，爲留美學生所組織之科學社之言論機關，以傳播世界最新科學知識爲旨，每月一册，分通論，物質科學及其應用，自然科學及其應用，歷史傳記諸欄，其印法旁行上左，兼用西文句讀點句，蓋便於插寫算學物理化學諸方式也。

觀象叢報，於民國四年七月發刊於北京，爲教育部中央觀象台之言論機關，由高魯編輯。每月一册，分論說，乾象，曆象諸欄。言天文之唯一出版物也。

清華學報，於民國四年十一月發刊於北京，爲清華學校師生所合編。每季一册，分著述，記述，譯述三大部，有中文本，英文本二種。近自研究院成立，王國維梁啓超等爲講師，中文季刊大見精采。

民鐸，於民國五年六月發刊於日本東京，爲中華學術研究會之言論機關，由李石岑編輯。初每季一册，後改每二月一册，現改每月一册。以促進民智，培養民德，發揚民力爲宗旨，立說務求平近而切世用，力去艱澀之弊。

新教育，於民國八年二月，發刊於上海，爲新教育共進社之言論機關，由蔣夢麐等編輯。其主旨在以教育爲方法，養成健全之個人，使國人能思能言能行，能擔重大之責任，創造進化的社會。現歸中華教育改進社主持。又增刊新教育評論，由陶知行等編輯，每週一册。

學藝，於民國八年四月發刊於日本東京，爲中華學藝社之言論機關。志在介紹科學及藝術，從兩方面發闡自然及人生諸問題。初爲季刊，後改爲月刊。分文科，理科，小說，雜文，通信諸欄。

史地學報，於民國十年十一月發刊於上海，爲國立東南大學史地學會之言論機關。初每季一册，現改每年八册。分通論，專著，研究，世界新聞等欄。

北京大學月刊，於民國八年一月發刊於北京，爲北大職員學生共同研究學術，發揮思想，發表心得之言論機關。每期由校長及各系主任輪流編輯。每年十册，材料多則出增刊。其印法旁行上左，與科學雜誌同。

學林，於民國十年九月發刊於北京，每月一册。以研究學術，批評世界思潮爲宗旨。分哲學文學組，社會經濟組，政治法律組與交通系有關係。

學衡，於民國十一年一月發刊於上海，爲劉伯明吳宓等所編輯，每月一册。以昌明國學，融化新知爲宗旨。蓋提倡文學革命之反響也。

社會學雜誌，於民國十一年二月發刊於上海，爲中國社會學會之言論機關，由余天休編輯。每年六册，用中英文合刊。

社會科學季刊，於民國十一年十一月發刊於北京，爲北大教授顧孟餘等所編輯，每季一册。汎論政治，經濟，法律，教育倫理，史地，及其他社會科學，從學理上立言。

國學叢刊，於民國十二年夏季發刊於上海，爲國立東南大學高師國學研究會之言論機關，由顧實編輯。以整理國學，增進文化爲宗旨。每季一册。曾特刊小學，經學，史學，文學，諸子學等專號。

華國，於民國十二年十月發刊於上海，爲章太炎所編輯。以甄明學術，發揚國光爲宗旨。每月一册，分通論，學術，文苑，記事諸欄。

國學季刊，於民國十二年一月發刊於北京，爲北大教授胡適等所編輯，以發表國內及國外學者研究中國學之結果爲宗旨。其方法：（一）用歷史的眼光，來擴大國學研究的範圍；（二）用系統的整理，來部勒國學研究的材料；（三）用比較的研究來幫助國學材料的整理與解釋。現因材料甚富，又附出週刊。其博大精深，爲國內外學術界所推重。

工程，於民國十四年一月創刊於上海，爲中國工程學會所編輯，每季出一册，其宗旨爲發展工程學識引起社會對於工程之興趣。

自然界，於民國十五年一月，發刊於上海，爲杜亞泉周建人等所編輯。每年十册，志在提倡中國的科學化，而以考訂名詞，調查納非科學的環境於科學中三者爲工具。

以政治爲主體者

獨立週報，於民國元年九月發刊於上海，爲章士釗所編輯。分紀事，社論，專論，投函，評論之評論，別報，文藝諸欄。蓋章出民立報後而別主調和之說者。

庸言，於民國元年十二月發刊於天津，由梁任公主撰，係繼國風報而發行者。意在利用袁世凱。每月二册，分建言，譯述，藝林，僉載四大部。

不忍，於民國二年二月出版於上海，由康南海主撰。志在以孔教爲國教。每月一册，分政論，說教，瀛談，藝林等欄。是年十一月，南海丁母艱，停刊。至民國六年十二月，曾續出，但未幾亦廢。

國民，於民國二年五月發刊於上海，爲國民黨之言論機關。孫中山黃興作出世辭。每月一册，分言論，專載，紀事，叢錄四類。勉黨員以「進步思想，樂觀精神，準公理，據政綱，以達鞏固中華民國，圖謀民生幸福之目的。」

雅言，於民國二年十二月發刊於上海，爲康逵[illegible]所編輯。每月二册，分論說，紀事，文藝諸欄。蓋康出甲寅後而別主贊助袁世凱之論者。

正誼，於民國三年一月發刊於上海，爲谷鍾秀，楊永泰，丁世嶧，孫潤宇，盧信等所組織。每月一册，分論說，紀載，譯述，文藝諸欄。爲失望於袁世凱而作。

甲寅，於民國三年五月發刊於日本東京，爲章士釗所編輯。每月一册，分時評，評論，論評，通信，文藝諸欄。以條陳時弊，樸實說理爲宗旨。蓋反對袁世凱而有學理之出版物也。民國十四年七月，改爲週刊，在北京發行。

大中華，於民國四年一月發刊於上海，由梁任公主撰，每月一册。以養成國民世界知識，增進國民人格，研究事理眞相，以爲野朝上下之南針爲宗旨。其特色注重社會教育，論述世界大勢戰爭之因果及吾國將來之地位，與夫國民之天職，爲歐戰後之重要出版物。

太平洋，於民國六年三月發刊於上海，爲甲寅分出之英法派人所編輯，每月一册，分論說，海外大事，評林，譯述，國內大事等欄。考證學理，斟酌國情，以求眞是眞非；於財政經濟各問題，尤多所論列。

建設，於民國八年八月發刊於上海，爲國民黨之言論機關，每月一册。孫中山作發刊詞，有云：「鼓吹建設之思潮，闡明建設之原理，冀廣傳吾黨建設之主義，成爲國民之常識，使人人知建設爲今日之需要，知建設爲今日易行之事功。由是萬衆一心，而建設一世界最富強最快樂之國家，爲民所有，爲民所治，爲民所享。」爲有顯明主張之唯一出版物。

解放與改造，於民國八年九月發刊於上海，爲北京新學會之言論機關，每月二册。主張解放精神物質兩方面一切不自然不合理之狀態，同時介紹世界新潮，以爲改造地步。分評壇，論說，讀書錄，世界觀，思潮，社會實況，譯述，諸欄，與研究系有關係。出至二卷，改組爲改造月刊。

星期評論，於民國八年發刊於上海，爲戴季陶所編輯，而沈玄廬孫棣三助之，志在提倡經濟改革。

法政學報，於民國十一年一月出版於北京，爲法政大學之言論機關，每年十册。分論著，雜感二大部。關於政治，經濟，法律，社會，心理，歷史，哲學等文字，均兼容并包，不以法政爲範圍。

努力，於民國十一年六月，發刊於北京，由胡適編輯，爲討論政治之週刊。民國十二年，因胡病停刊。

嚮導，於民國十一年九月發刊於廣州，爲陳獨秀等所編輯，每週一册。以統一，獨立，自由，和平爲標語。中國共產黨之宣傳品也。

現代評論，於民國十三年十二月發刊於北京，爲周鯁生等所編輯，每週一册。言論趨重實際，不尚空談；態度趨重研究，不尚攻訐。包涵政治，經濟，法律，文藝，哲學，教育，科學各種文字。

語絲，於民國十四年一月發刊於北京，由周作人等編輯，每週一册。注重於新思想之宣傳，其評論政治社會各

特殊之報紙

遠東運動會報

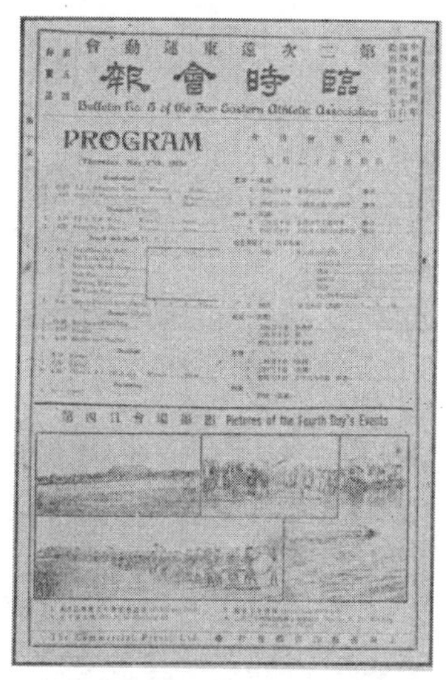

第二次遠東運動會

臨時會報

Bulletin No. 5 of the Far Eastern Athletic Association

PROGRAM

Pictures of the Fourth Day's Events

航空特刊

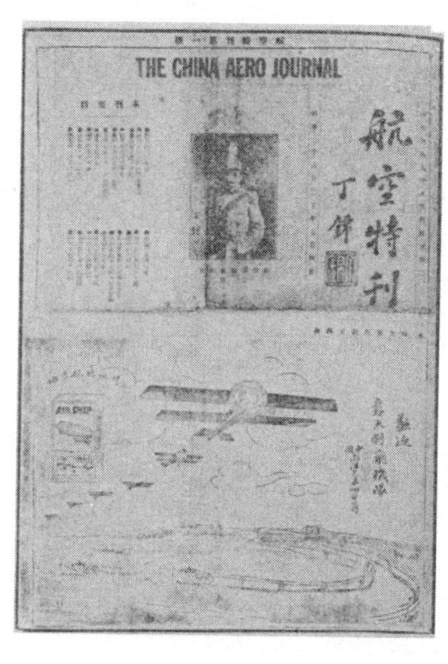

THE CHINA AERO JOURNAL

航空特刊

年假特刊

THE CHINA TIMES

時事新報

拒毒特刊

拒毒特刊

除無窮之害

特殊之報紙

團體之報紙

全國學生聯合會日刊

CHINESE STUDENTS

教育潮出版

上海三洋涇橋 東林義記廣告

工廠之報紙

恒豐

會議之報紙

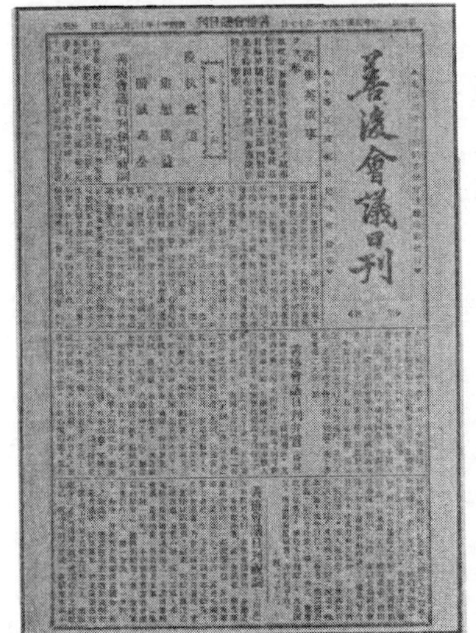
善後會議日刊

黨會之報紙

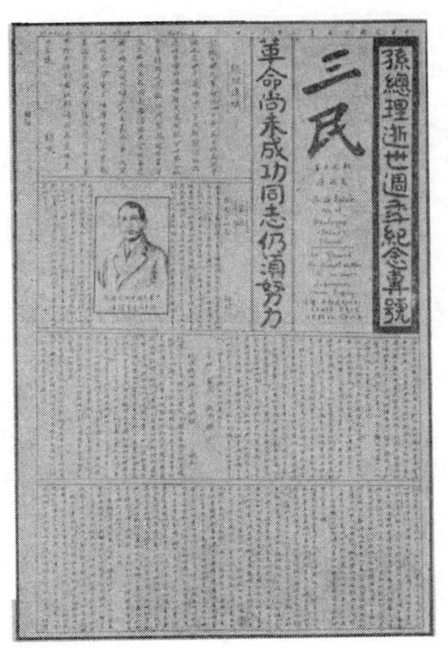
孫總理逝世週年紀念專號

三民

革命尚未成功同志仍須努力

特殊之報紙

報館之報紙

申報

家庭之報紙

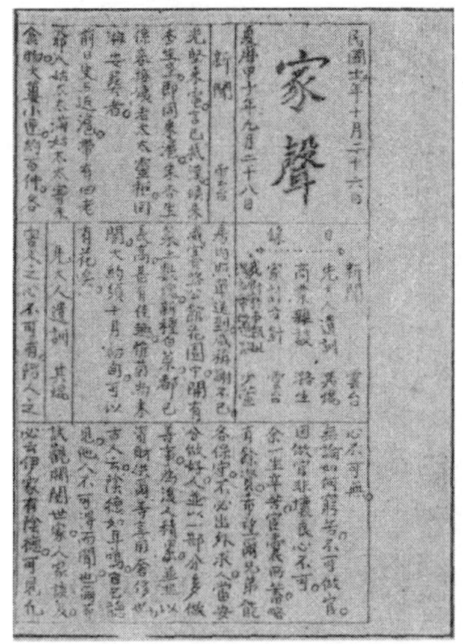

家聲

學校之報紙

北京大學日刊

商店之報紙

聯益之友

特殊之報紙

蒙文報紙

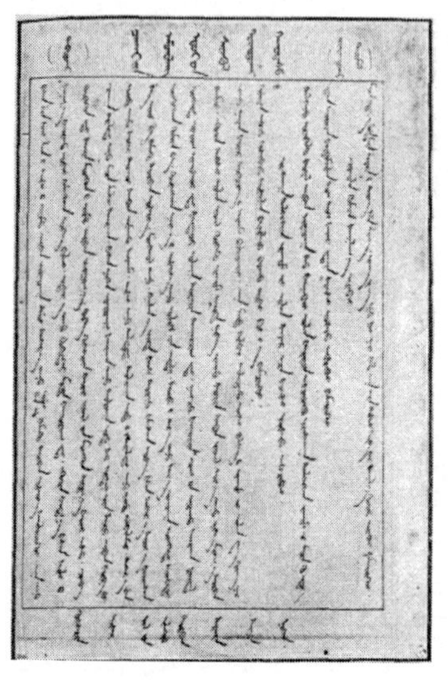

藏文報紙

藏文報

中華民國四年十月

中華郵局特准掛號認為新聞紙類

第七期

注音字母報紙

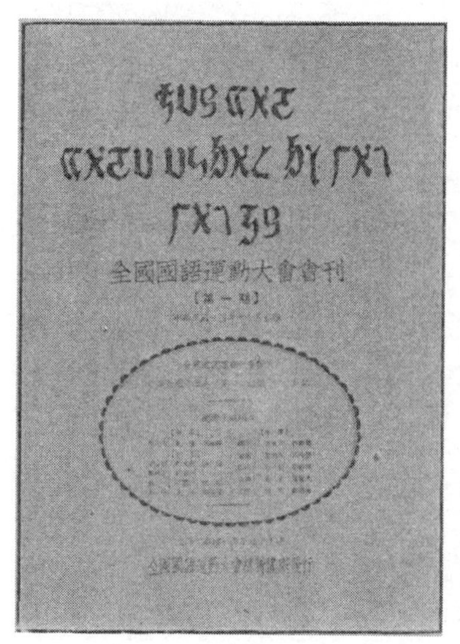

全國國語運動大會會刊

[第一期]

回文報紙

نور الاسلام

回光

Light of Islam

方面之事實雋永有味

遠東，於民國十四年十月發刊於北京，爲吳統續所編輯，每月二册，以研究遠東問題與宣達國際消息爲宗旨。用中英法三國文字合刊。與交通系有關係，以改革文學思想及批評社會爲主體者。

新青年，於民國四年九月發刊於上海，爲陳獨秀所編輯，每月一册。初提倡文學革命，後則轉入共產。勉青年以「發揮人間固有之智能，抉擇人間種種之思想，孰爲新鮮活潑而適於今世之生存，孰爲陳腐朽敗而不容留於腦際。利刃斷鐵，快刀斬麻，決不作牽就依違之想。」

新潮，於民國八年一月，發刊於北京，爲北大學生傅斯年羅家倫等所編輯，每月一册，亦提倡文學革命者。

每週評論，於民國八年，發刊於北京，爲陳獨秀李大釗等所編輯，志在改革社會思想，但不久卽爲警廳所封禁。

創造季刊，於民國十一年六月，發刊於上海，爲郭沫若，成仿吾，郁達夫等所編輯，志在提倡國語文學。次年五月，又創週刊，但後均停止。

第三節　國內外會議與我國報界

我國報紙之紀載，曩祗注重東亞一隅，所譯歐洲消息，徒以充篇幅而已。自民國三年夏奧塞因事起釁，德法英俄意比先後捲入漩渦，釀成有史以來空前之大戰。至是滬報始購用路透公司電報，以求消息之靈通。是年秋，日本藉口英日同盟，向德宣戰，與英兵合佔青島。於是歐戰遂直接與我國發生關係。日本以列強不遑東顧，於次年一月十八日，突向我國提出二十一條之要求。五月七日，迫令承認。其苛酷足以制我國之死命而有餘。并要求嚴守祕密，禁止報紙登載。當時各報之論調，均憤慨異常，莫不主張拒絕日本無理之要求，并有提議召集國民大會抵制日貨，以爲政府之後盾者。各地日領乃請中國官吏禁止報界開會。上海公論西報 (The National Review) 以「失信」一文，責英人與日人同惡相濟，竟被控於法庭。（註一）強權之下，固無公理之可言也。民國六年，我國以德潛艇之任意襲擊商船，繼美而向之宣戰。各國與我國曾互提希望條件。孰知民國七年，巴黎和會開幕後，爲英美日法意各國所把持，對於我國所提出之由德國直接交還山東之一切權利，取消被迫承認之二十一條要求及取消列強所得於我國之種種不平等條約各條件，均曲徇日本之意，無公平之解決。此消息傳至中國，舉國大譁，電代表不得簽字於德約。五月四日，北京學生有激烈之示威運動，且請罷免曹汝霖，陸宗輿，章宗祥三親日派。全國學生響應，商界繼之。上海商店首先罷市，杭州，南京，武漢，天津，九江，山東，安徽，厦門繼之。工界亦有罷工者。報界則發起救國儲金，爲實力對外之提倡。日人知我國民氣之不可侮，時以直接交涉相引誘。美上院亦以處置山東問題未當，不批准和約。旋於民國十年召集華盛頓會議，期挽回其國際上之地位。我國亦被邀請，提出前此未解決之各案。各報均直接由美發電，并試用交通部南洋大學無線電，以傳達消息。此種消息常置於國內電報之前，其注意可知矣。

自山東問題起，始喚起中國報界對外之輿論；而駐外特派員，乃漸萌芽。如參與巴黎和會之胡霖；參與國際聯盟之朱少屏夏奇峯王一之李昭實；參與華盛頓會議之許建屏王伯衡錢伯涵等，雖不能向外宣傳，然而關於我國之消息，固常有通信報告也。

美人畢德生，所著中國之報業一書中，曾言及中國報紙在外交上活動之成績，著者曾譯載東方雜誌中。茲節錄如左：

「歐洲大戰期間，藍辛石井條約簽字後，中國各報紙之第一報告，均含有日本在中國之特權主張已經美國承認之意味。此種紀載之結果如何，則中國全國事實上不論何處何人均憤怒如狂是也。幸而此一種外交之實在內容，其後爲中國人士所知，始得風平浪靜。其次則二十一條件，中日兩政府簽字之際，學生運動，及各報界繼起而抵制日貨，亦報紙活動之結果也。

「及至華盛頓會議，關於山東問題，中國與日本舉行分離的會議時，中國報紙所得之急報，祇有直接交涉之一語。但未曾說明在每次會議時，英美二國之全權代表必出席其間；又中國保存完全抗議之一端，亦未曾聲明。中國讀者，遂以爲中國政府方面數次拒絕。如此會議後，中國代表竟終至於賣國，各國竟均承認日人行動，於是華盛頓中國公使館。接受無數忠告之海底電報，中國全國各處皆有示威運動，均要求中國代表辭職。英美及其他各國，均受中國人之非難，中國人的信念幾完全震動矣。一月後，始有第一之正確報告，但其時中國代表已將辭職，華盛頓會議之中國民間的各方面代表，亦同時證實直接交涉，而不加以詳細之說明，直至外交總長顏惠慶發出正式報告，將情形詳說後，中國人始稍得安靜。

「此一例，可具體證明中國報之勢力。讀報者雖限於少數人士，但報紙發表之意見，由公衆的或私人的議論，幾於下等之苦力亦受其宣傳。讀者之人數固日見增加，已受較良訓練之新聞記者之活動，亦日有進步，有力出版物銷行亦盛。此乃關於國內將來之安定，中國在國際間位置之穩固上，大有希望之一端也。更進一步言之，雖謂爲萬國和平上一眞希望，亦無不可。」（註二）

民國以來，以法律之爭執，成南北對峙之局。八年二月，南北各派代表議和於上海，各報以此會關係國內和平，均派員至滬，以通消息。因各地記者之聚集，遂成立全國報界聯合會；當時并出有和平日刊，與會相終始，爲嚴密之監視。

後此又有國是會議，國民會議，善後會議等，雖或發起而未開，或開而無結果，然各派均知利用報紙以宣傳一己之主張也。

（註一）民國四年五月十五日，上海公論西報載有「失信」一文，其原文如下：「中國人知親貴之不可恃，於是改專制而爲共和。今乃知所謂國際條約保護弱小之國以抗禦強敵者，亦曾不足恃。日英兩國既嘗正式擔保，復一再爲明白之宣言，以維持中國之獨立完全爲己任，至其間接之聲明，則更不可以次數計也。然除二三外交家之宣言外，世之確信日本有絲毫維持中國獨立或完全之意者，殊居少數。若朝鮮之合併，南滿之吸收，與夫暗助黨人陰謀擾亂中國之治安，凡此數端，無不足爲日本無意踐言之明證。蓋日本之視其宣言，初無異於工廠中傭役之婦孺

僅思利用以經營事業，而初不足勞其一盼也。顧日雖如此，而世人猶希冀其信託二國以爲信誓，而二國今竟失信。自今以後，彼於二國之約言，惟視之爲一無價值之譫語而已。顧英方有戰事，不暇東顧，或可藉此以自解。然英固可呼美國爲助以援中國，而英不然。故論棄絕中國之辜，美猶在英國之下。當下議院某議員質問英政府，英美兩國間曾否有關於中日交涉之文件往來時，英外相格雷答以無有，謂惟僅有一簡短非正式之談話而已。夫日本所開之強要條件，凡先於最後通牒或即在最後通牒之內者，其於中國之自立與領土之主權，皆有重要之危險，固爲公衆所承認。乃英國對斯二者，雖嘗有切實之擔保，佈告天下，今竟漠然置之。其他若門戶開放主義，今雖以東蒙之條約而廢棄，已成封閉之域。英美二國間，且井上三者，不過爲一非正式之談話。中國於此，當可不再望外交之援助，而欲求諸滿口大言毅然以維持中國獨立爲完全己任之國，則更不足深恃矣。要之，日本哀的美敦書之成功，日英美法俄德諸國皆應各負其責。其中除日本爲茲罪戾之實犯者外，其負有可恥之罪責者，尤當以英爲首。夫法語之言，其味最苦，然以爲苦而祕之，必於人無若何之裨益，是乃所以爲眞理也。」英政府延律師控告該報主筆李治氏。(W. Shedon Ridge)上海英日按察使署以其有意煽惑，違反一九〇九年英日勅令，雙方辯論甚長，不具錄。證人伍廷芳氏謂此文於中英兩國友誼，只有益而無害，王寵惠氏亦謂此文不致發生惡影響於華人。結果，宣告被告無罪。

(註[1]) D. D. Patterson: The Journalism of China, P. 74.

第四節　結論

民國以來之報紙，舍一部分之雜誌外，其精神遠遜於清末。蓋有爲之記者，非進而爲官，即退而爲營業所化。故政治革命迄未成功，國事窳敗日益加甚。從國體一方面觀，當籌安時代，號稱穩健之報紙，多具曖昧之態度，其是否有金錢關係雖不可知，若使無民黨報紙之奮不顧身，努力反抗，則在外人眼光中，我國人之默許袁氏爲帝，似無疑義。故從嚴格立論，若當袁氏蓄意破壞共和之時，各報即一致舉發，則籌安會中人或不敢爲國體問題之嘗試，是以後紛亂，可以不作。更進一步言之，使袁氏至今而健在，則其爲害於民國，有爲吾人所不敢想像者。報紙之失職，有逾於此邪？其實袁氏雖死，繼之而起者，往往倒行逆施，無所恐懼。雖曰其故甚多，而輿論之輭弱無力，不可謂非一種誘因。從社會思想方面觀，各種學說，如共產無政府諸主義之輸入，紛紜雜錯，目迷五色，論其學理，無不持之有故，言之成理；然其果適合於我國國情否，果適用於我國今日之人否，是尚不能無所躊躇。身爲記者，於此應先下一番研究功夫，以徐待事實之證明，若根據捕風捉影之談，人云亦云，漫爲鼓吹相攻擊，其不爲通人所齒冷也幾希。從科學方面觀，可謂最無貢獻。因科學之不發達，而迷信遂益難打破。乩壇可以問政，建醮可以弭兵，野蠻時代之把戲，居然能在二十世紀之新舞台上與人爭長短，不可嗤哉？甚至「天皇聖明，」「天命所歸」之文字，竟能在報紙上發表，此眞足悲憤者也。從藝術方面觀，如音樂，戲曲，繪畫，文學等，均爲人生必不可少之正當娛樂，而報紙多不提倡。試以上海一隅言，大部分之女子，除吃著生育而外，惟有燒香，打牌，看戲，逛遊戲場，請問此爲何等生活邪？其所以致此者，爲一方面無高尚之娛樂，一方面多惡劣之引誘。譬如小說，尚不脫章回窠臼，公然提倡嫖賭，無絲毫清醒之氣，則無知女子之日趨墮落，亦不足怪。報紙於此種現象，豈不應注意邪？聞之埃及都丹(Tut-Ankh-Amen)王陵之發現，歐美記者紛往參觀，其研究之所得，報紙常連篇累牘而載之。其在我國，如最近美國博物院所派遣之亞洲考古隊，在蒙古所掘得之古代器物，及恐龍獸之化石，歐美各報爭相影印，而我國報紙若不知其有事。又如敦煌石室之發現，實爲研究我國古代藝術之絕好材料，在理我國報紙應大拓篇幅，以發揮我先民之優越，其價值與埃及王陵相較，有過之而無不及。試問我國報紙對於此種事業之成績如何，能不捫心自愧否？今日之報紙，惟搜求不近人情之新奇事物，以博無知讀者之一笑。其幼稚誠不堪言矣。從外交方面觀，國際因交通與經濟之關係，息息相通。外人之對我國也，其政策均有一定步驟，雖五卅慘案之猝然發生，可謂震動全國，而外人之態度依然不改其鎮靜。蓋由平日知之有素，自可因病而下藥也。我國報紙向不注意國際間事，外交常識可云絕無。每遇交涉，則手忙脚亂，恆不能導民衆入於有利之途。上者爲外人宣傳而不自覺，下者則以受外人之津貼爲得計。言念及此，不寒而慄矣。雖然民國以來，報紙對於社會，亦非全無影響。如人民閱報之習慣業已養成，凡具文字之智識者，幾無不閱報。偶有談論，輒爲報紙上之紀載。蓋人民漸知個人以外，尚有其他事物足以注意。本來我國人對於「自己」之觀念甚深，而對於社會國家之觀念則甚薄。「各人自掃門前雪，休管他家瓦上霜」之消極人生觀，實爲我民族積弱之由來。今則漸知自己以外，尚有社會，尚有國家，去眞正醒覺之期不遠矣。且人民因讀報而漸有判斷力。當安福專政時代，報紙多爲收買。凡色彩濃厚者，俱爲社會所賤惡，而銷數大跌。年來報紙之主張不時變易者，雖竭力振刷精神，而終不得社會之信仰。是可見閱報者之程度日見增高，能辨別孰眞而孰僞，孰公平而孰偏頗。宣傳之術，不容輕售矣。外此，報紙之作用，已爲一般人所諳知。故一家庭有報，一學校有報，一商店有報，一工廠有報，一團體有報，一機關有報。其不能有報者，亦知藉他報以發抒其意見。即就報界自身言，亦知經濟獨立之重要，而積極改良營業方法；知注意社會心理，而積極改良編輯方法。不過自本國言之，似比較的有進步；若與歐美之進步率相比較，則其進步將等於零。至此，吾不能不希望我國報紙之覺悟，吾更不能不希望我國報界之努力！

第六章　報界之現狀

報界之進步甚速，此章所述，祇以現狀爲限。就著者所經歷，故所述又以上海之情形爲多。舉一反三，大致固不相異也。

第一節　報館之組織

報館之組織，採公司制度者，常較完備。然事務有繁簡之異，則設科用人，卽有多寡之殊。下列新聞報公司統系表，可供辦報者之參考也。

董事會—總理處
- 總務科
- 文牘科
- 稽核科
- 會計科

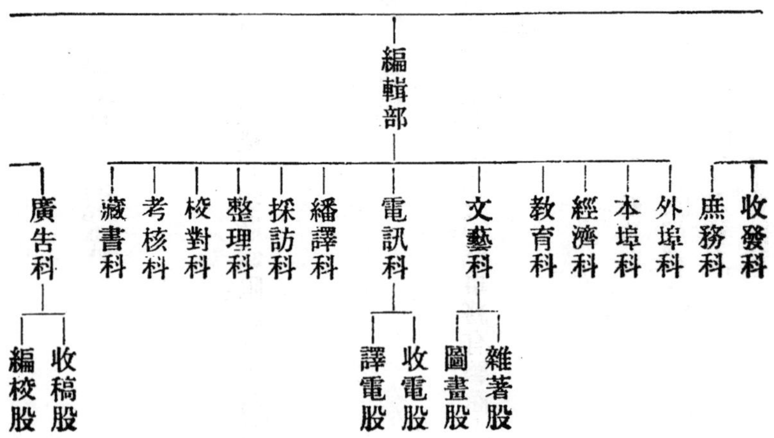
編輯部
收發科
庶務科
外埠科
本埠科
經濟科
教育科
文藝科
雜著股
圖畫股
電訊科
收電股
譯電股
繙譯科
採訪科
整理科
校對科
考核科
藏書科
廣告科
收稿股
編校股

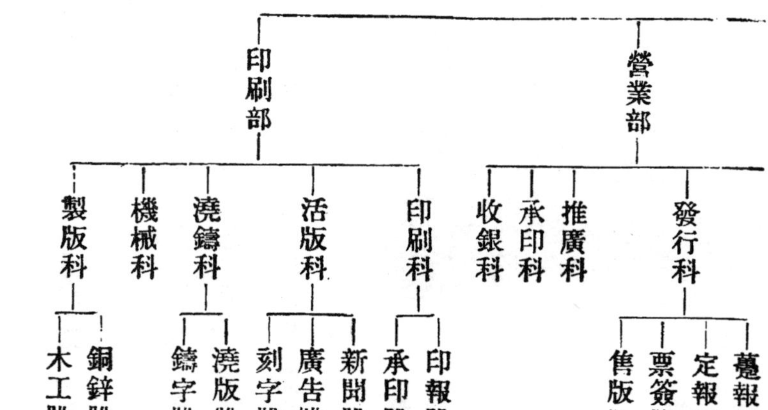
印刷部
營業部
製版科
機械科
澆鑄科
活版科
印刷科
收銀科
承印科
推廣科
發行科
木工股
銅鋅股
鑄字股
澆版股
刻字股
廣告股
新聞股
承印股
印報股
售版股
票簽股
定報股
躉報股

報館之自建房屋者極少，有之亦與普通房屋無異。惟申報館之房屋，比較合於報館之用。茲特將其內部之佈置，紀之於左，以供參考：

第一層：營業部，接待室，服務部，收款處，印機間，早市發行處，（地底）印機間。

第二層：總理室，營業主任室，總主筆室，會計處，新聞排字房，告白排字房，鑄字房，侍役室，小便所，（夾層）營業部辦公室，庶務處，問訊處，排字房，西文排字房，打紙版房，澆版房，日用儲藏室。

申報館之房屋

第三層：編輯室，校對室，書記室，記者室，招待室，儲字室，書版排字室，銅模室，鑄字室，零寄間，臥室，侍役室，浴室，廁所。

第四層：銅版室，銅版部辦公室，藏書室，膳室，臥室，箱件間，浴室，廁所。

第五層：編輯辦公室，文稿儲藏室，會議室，浴室，臥室。

申報館平面圖

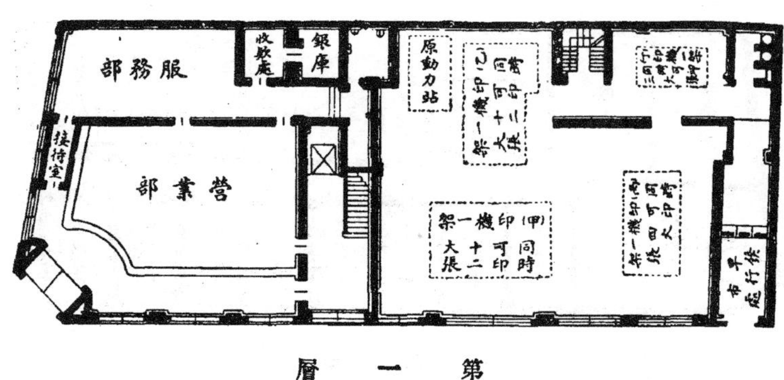

第一層

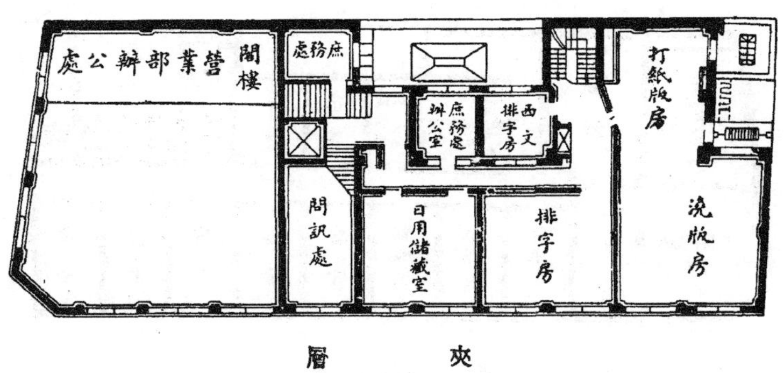

夾層

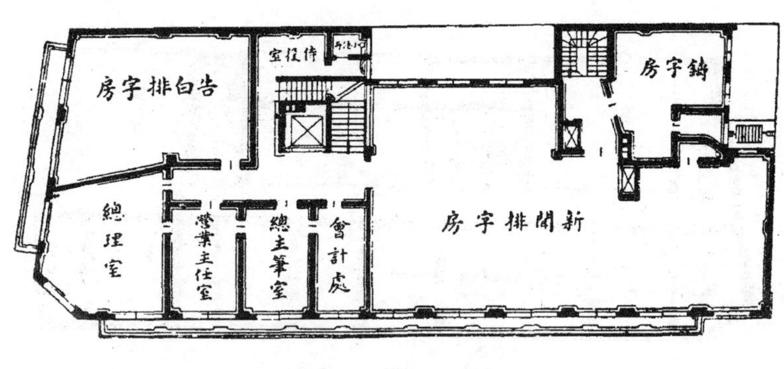

第二層

申報館平面圖

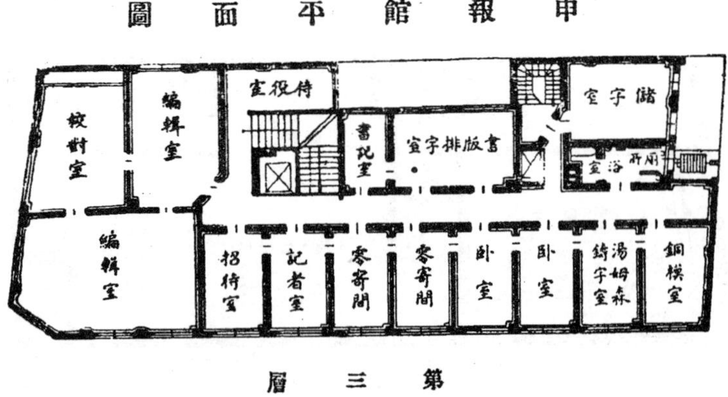

第三層

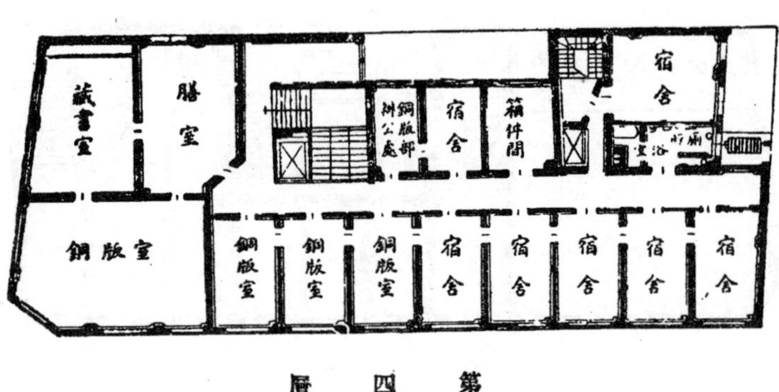

第四層

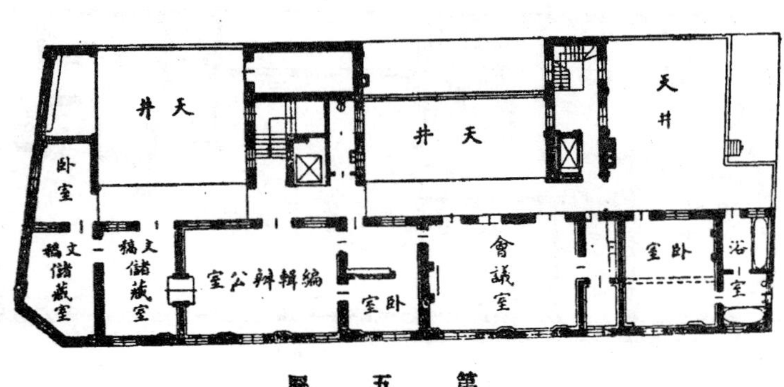

第五層

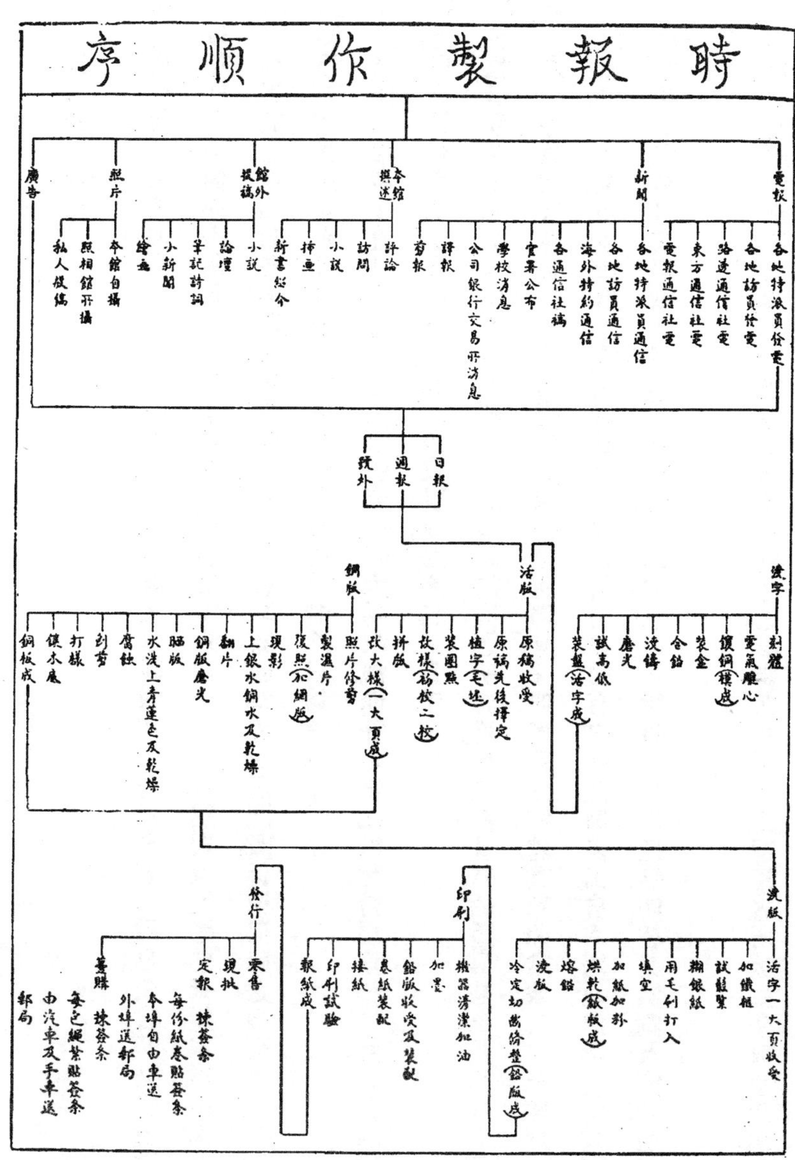
時報製作順序
電報
各地特派員發電
各地訪員發電
路透通信社電
東方通信社電
電報通信社電
新聞
各地特派員通信
各地訪員通信
海外特約通信
各通信社稿
官署公布
學校消息
公司銀行交易所消息
評報
剪報
本館撰述
評論
訪問
小說
插畫
新書紹介
館外投稿
小說
論壇
筆記詩詞
小新聞
繪畫
照片
本館自攝
照相館所攝
私人投寄
廣告
日報
通報
號外
鑄字
刻體
電氣雕心
鍍銅(模成)
裝盒
合鉛
澆鑄
磨光
試高低
裝盤(活字成)
活版
原稿收受
原稿先後擇定
植字(毛坯)
裝圖點
校樣(初校二校)
拼版
改大樣(一大頁成)
銅版
照片修剪
製濕片
復照(加網版)
現影
上銀水銅水及乾燥
翻片
銅版磨光
晒版
水洗上赤蓮色及乾燥
腐蝕
剣剪
打樣
鑲木底
銅板成
澆版
活字一大頁收受
加鐵框
試鉛質
糊紙版
用毛刷打入
填空
加紙加彩
烘乾(紙版成)
熔鉛
澆版
冷定切齒修整(鉛版成)
印刷
機器清潔加油
加墨
鉛版收受及裝配
卷紙裝配
接紙
印刷試驗
報紙成
發行
零售
現批
定報
每份紙卷貼簽條
本埠自由車送
外埠送郵局
直購
揀簽條
每包綑紮貼簽條
由汽車及手車送
郵局

第二節　新聞

報紙最初所載之新聞，以選錄邸報、轅門抄、及告示爲大宗，譯報次之，訪稿寥寥可數也。蓋當時訪員實由各地派報者兼任，偶有新聞，亦必附致賬房信中轉交主筆；賬房中人如以爲不可登，則竟置諸字紙簏。本埠新聞則由主筆就所見聞者記之，或出自各衙門書吏之報告；所謂社會新聞，卽官吏起居、門毆、拆梢、回祿之事而已。有時新聞缺乏，則以邸報中之奏摺補充，或竟任之空白。社會亦司空見慣，不以爲異也。

戊戌以後，辦報者多曩日當路之士，政治新聞，一時大爲改觀。而各地報紙紛起，得以互相轉錄，社會新聞，亦遂不虞缺乏。以後又有專電及特約通信，彼此仿效競爭，進步自一日千里矣。

近日報紙新聞之來源，大率不外五種：（一）爲本館訪員之所記錄，如電報及特約通信是也。北京與上海爲政治與商務之中心，故常有專員駐其間，所得新聞，爲一報所獨有。餘則多就地招聘，其新聞常兼見二三報以上。（二）爲通信社所送，大率電報多出自外人通信社，而本國通信社亦間有之；新聞則多出自本國通信社。（三）爲譯報，以翻譯該報所在地之英日文報紙爲多。（四）爲剪報，係轉載他報之新聞。（五）爲投稿，卽公共機關及個人所公布之稿件。

我國報紙所載之新聞，常注意於何方面，其及於社會之影響又若何；此爲讀報者所欲知。今取京、津、滬、漢、粵五地之報紙各一種，由十一年十一月十日起，積累四十日，而統計之，分析之，平均之；雖其結果未盡正確，然亦可以得其大要矣。

下列第一表，爲新聞之分類，以國內新聞爲限，專電通信瑣聞市情均屬之。第二表爲新聞面積及性質之測量。第三表爲新聞面積與全張面積及非新聞面積之百分比，可知一報新聞容量之多寡。第四表爲新聞面積與國內新聞及國外新聞面積之百分比。第五表爲國內新聞分類之百分比，可知一報新聞何種最多，何種最少。惟各表乃依事實分析，未經科學嚴格之訓練也。

△第一表　新聞之分類

甲　政治新聞：

(1)內訌　指對內戰爭

(2)內閣　指組閣倒閣及關於內閣各類新聞

(3)議會　指縣議會省議會及國會一切消息

(4)外交　指對外一切交涉無論地方中央均屬之

(5)生計　指委任撤任鬧薪裁員

(6)和議　指統一議和休戰

乙　經濟新聞：

（1）公債　指內債外債路債

（2）實業　指商務農業工業

（3）勞動　指罷工加薪示威

（4）物價　指匯水物價市價行情

（5）交通　指鐵路輪船郵電

（6）稅務　指常關海關釐卡

（7）金融　指銀錢行市擠兌

（8）財政　指整理清理籌款過關

丙　文化新聞：

（1）教育　指學校風潮學界新聞

（2）演講　指學術演講名人演講

（3）戲劇　指新劇舊劇電影

丁　社會新聞：

(1)窮困　指窮困自殺餓死
(2)遊藝　指運動球戲賽馬賽槍
(3)土匪　指攻城奪地擄票刦人之土匪
(4)集會　指開會歡迎歡送追悼
(5)訴訟　指民事及刑事
(6)慈善　指施粥施衣施棺

戊　罪惡新聞：
(1)殺傷　指傷人殺人暗殺
(2)偸騙　指偸拐騙
(3)搶奪　指盜刦行爲
(4)烟賭　指種煙煙稅私吃聚賭

己　雜項：　指一切新聞不能歸入以上各目者

(按)此表見清華學報，分類頗有未洽處，如罪惡新聞與社會新聞，卽有牽混之憾。

△第二表　新聞面積及性質之測量

	上海申報		北京晨報		天津益世報		漢口中西報		廣州七十二行商報	
		英方寸		英方寸		英方寸		英方寸		英方寸
全張面積		五八五〇		二八八〇		四八六四		三六〇七		三二一八
新聞面積		一八二五		九四九		九五五		一一九七		一二七七
國外新聞		一六〇		一二六		九		三三		
國內新聞		一六六五		八二三		九四六		一一六四		一二七七
國內新聞分類	次數	英方寸	次數	英方寸	次數	英方寸	次數	英方寸	次數	英方寸
政治新聞	五九	四二二	一一	三三九	四七	五七六	三九	五七二	二七	三〇五
內訌	二八	一六八	四	一三〇	一九	二六七	一〇	一八一	七	六八
內閣	三	七			三	一七	一七	二一五	一四	一七一
議會	七	一〇九	三	九八	一一	一四二	五	七五	三	二九
外交	一三	一〇二	三	一〇四	一〇	一〇四	五	八四	三	三七
生計	八	三六	一	七	四	四六	二	一七		
和議										
經濟新聞	六三	五八六	九	一二〇	七	一〇一	一四	二一三	一三	二〇四
公債	三	四五	一	一四	一	五				

實業	八	九五	三	四九	一	七	一	三二		
勞動							三	四九	一	一九
物價	三七	三三五					一	五	一	六二
交通	五	三八	三	二四	三	七四	三	三九		
稅務	三	四二					三	二六	七	七八
金融	三	一四	一	一六			二	六〇	二	二七
財政	四	一七	一	一七	二	一五	三	二	二	一八
文化新聞	一三	一三〇	五	一九四	六	六〇	二	四三	五	一五七
教育	一一	一〇二	五	一九四	五	五六	二	四三	四	一五二
演講	二	二八								
戲劇					一	四			一	五
社會新聞	一八	二三七	二	一八	二	一七	一一	二〇一	一五	三二六
窮困			二	一八			一	一二	一	一一
遊藝	一	七二			一	一二			一二	二三八
土匪	四				一	五	一	一〇		
集會	七	八四					六	一三三	二	一二九

訴訟	六	七〇					二	一一	一	四八
慈善							一	三五		
罪惡新聞	一六	六六	四	三八	一	七	三	二八	九	一八〇
殺傷	二	八					一	二	一	一
搶奪	五	三二							六	八六
偷騙	九	二六	一	九			二	一五	一	九二
煙賭			三	二九	一	七	一	一一	一	一
雜項		二二四		一一四		一八五		一〇七		一〇五

△第三表　新聞面積與全張面積及非新聞面積之百分比

	上海申報		北京晨報		天津益世報		漢口中西報		廣州七十二行商報	
	英方寸	百分比	英方寸	百分比	英方寸	百分比	英方寸	百分比	英方寸	百分比
全張面積	六五〇一	一〇〇	三〇四五	一〇〇	四八六四	一〇〇	三六〇七	一〇〇	三二一八	一〇〇
新聞面積	一八〇五	二八	一〇四六	三四	一〇一五	二〇	一一九七	三三	一二七七	三九
非新聞面積	四六九六	七二	一九九九	六六	三八四九	八〇	二四一〇	六七	一九四一	六一

△第四表　新聞面積與國內新聞及國外新聞面積之百分比

	上海申報 英方寸	上海申報 百分比	北京晨報 英方寸	北京晨報 百分比	天津益世報 英方寸	天津益世報 百分比	漢口中西報 英方寸	漢口中西報 百分比	廣州七十二行商報 英方寸	廣州七十二行商報 百分比
新聞	一八〇五	一〇〇	一〇四六	一〇〇	一〇一五	一〇〇	一一九七	一〇〇	一二七七	一〇〇
國內新聞	一七四六	九六	八六一	八二	九七一	九六	一一六四	九七	一二七七	一〇〇
國外新聞	五九	四	一八五	一八	四四	四	三三	三		

△第五表　國內新聞分類之百分比

	上海申報 英方寸	上海申報 百分比	北京晨報 英方寸	北京晨報 百分比	天津益世報 英方寸	天津益世報 百分比	漢口中西報 英方寸	漢口中西報 百分比	廣州七十二行商報 英方寸	廣州七十二行商報 百分比
國內新聞	一七四六	一〇〇	八六一	一〇〇	九七一	一〇〇	一一六四	一〇〇	一二七七	一〇〇
政治	四二九	二四·六	三三八	三九·三	四九九	五一·四	五七二	四九·一	三〇五	二三·八
經濟	五八九	三三·七	二三九	二七·七	一八七	一九·三	二一三	一八·三	二〇四	一五·九
文化	一二九	七·四	七八	九·一	四一	四·三	四三	三·七	一五七	一二·三
社會	二一二	一二·二	六五	七·五	一〇〇	一〇·三	二〇一	一八·一	三二六	二五·二
罪惡	一〇七	六·一	六四	七·四	三一	三·二	二八	二·四	一八〇	一四·〇
雜項	二八〇	一六·〇	七七	九·〇	一一三	一一·六	一〇七	九·〇	一〇五	八·三

我國報紙所載之新聞，苟以充篇幅而已。敍一事也，常首尾不具，前後矛盾，同一事也，而一日散見二三處，重見二三處，無系統，無組織，浮詞滿紙，不得要領。其故前者由於訪員不研究紀事之法，以抄錄爲範圍，後者由於編輯不爲讀者着想，以省事爲要訣。纍纍數十頁之報紙，而精采黯然，此極可惜之事也。

報紙材料少，固不足以饜讀者之望；有材料而不善編輯，直如衣錦夜行，在報館尤爲極大之損失。今將京津滬漢粵五地報紙之編輯方式，列表於下，以供研究：

上海申報（十四年五月八日）

第一張　時評　國內專電　特約路透電

第二張　特約路透電二　公電　國外要聞　國內要聞　（附）游藝叢刊

第三張　國內要聞二　地方通信　專件　（附）教育消息　自由談

第四張　本埠新聞　（附）商業市況

第五張　本埠增刊

北京晨報（十四年四月十一日）

第一張　軍政要聞爲一類　國外要聞爲一類　普通新聞爲一類

第二張　各處特約通信爲一類　本京新聞爲一類　（附）經濟界　北京

國內新聞分類之百分比圖

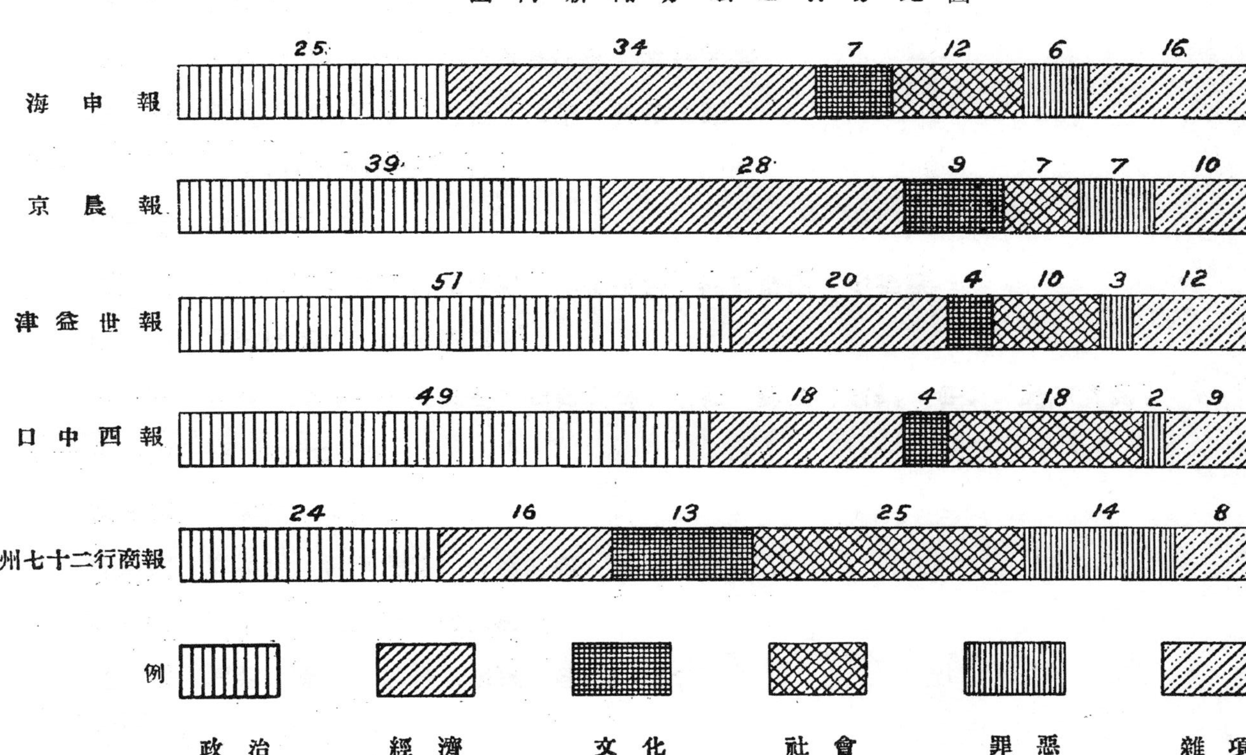

天津益世報（十四年四月十日）

第一張　社論　專電　譯電　公電　要聞　命令

第二張　時評一　要聞二　教育叢載

第三張　時評二　順直新聞　本埠新聞　本埠瑣聞

第四張　益智椶　專件

漢口中西報（十四年五月六日）

第一張　評論　專電　中國電報　通信社電　快信　譯電　公電　命令　緊要新聞一

第二張　緊要新聞二　各省新聞

第三張　本埠特別新聞　武昌新聞　各屬新聞　漢口新聞　公佈欄

第四張　舊藝林

廣州七十二行商報（十四年四月八日）

第一張　電訊　大元帥令　國聞　省聞　本市新聞

第二張　本市新聞　瑣聞　（附）國學研究　科學研究

第三張　中外要聞　小商人

以上五報，以晨報紙張最少，而其編制獨精。蓋專電俱有題目，且與新聞合登，重要者排列在前，不問其為京內京外之事也。其他紙張愈多者，分欄亦愈多，支離破碎，毫無活氣。欲求其美觀醒目，自不可能矣。

英國報界鉅子北巖創辦每日郵報，以戰勝倫敦各報及使體裁能適合於公忙者為目的。吾人細味「適合於公忙者」之旨，即知編制有改良之必要。或者謂中國人讀報，嘗能自首至尾，一字不遺；但此種人必非眞正注意時事之人。否則必無此餘暇也。著者前編時報，即首將專電分類標題，關係全局之事，則專電與新聞合登，有時助以圖畫。今各報已漸見採行。自其趨勢上言之，專電之有標題及與新聞合登，似已不成問題；今後之競爭，將在編制之藝術方面矣。

歐美名記者對於我國報紙之評論，僉謂「政治新聞多，而社會新聞少；外來之新聞多，而自行採集之新聞少」。誠為不刊之言。蓋一般記者，重視軍人政客權利之爭，而社會生活及學問藝術，絕不措意。有某批評家言，若各通信社同日停止送稿，則各報雖不交白卷，至少必須縮成一版。此非近於滑稽之言。試觀各報新聞，十分之七八雷同，編制亦無大異，閱過一報，則他報即一無可閱。事實誠如此也。

報紙雖以揭載新聞為主，然評論為意見之表示，亦未可輕視。歐美大報社，均設所謂論說記者團，以總主筆為之領袖。今我國多以編輯兼之，精神不能貫注，則敷衍塞責，亦固其所。美國名記者韋廉之言曰，「新聞、評論、及廣告各欄，務求其能引起閱者最濃厚之興味。」願我國報界其注意之。

第三節　廣告

廣告費之銷耗，以報紙爲最鉅；而報紙之支出，亦多仰給於廣告。故在歐美發達之報紙，其廣告費常占收入十分之九而強。我國商業未興，無劇烈之競爭，視廣告爲無足重輕，而報館又不能表顯其廣告之效力，以博得商人之信託，而裕其財源；一方面又不知廣告之內容，亦足引起讀者之注意，與新聞同其價值。

又如（1）廣告章程，視爲具文，取費時並不依據，此何以取信？（2）廣告編制，雜亂無章，不若外報將同性質者彙列一處，使讀者易於尋覓，（3）北方報紙所載之官營業廣告，如鐵路廣告銀行廣告等，實爲津貼之變相，足以養成報館貪惰之風，此皆廣告不能發達之大原因也。

往者交通阻滯，報紙鮮少，偶有廣告，亦只輪船進出、拍賣貨物、及尋人之類耳。然猶西人之廣告居多。同治年間，每字取錢五文；光緒年間，乃易錢碼爲洋碼。後又分論前、論後、長行、短行，而論前取費倍於其他。民國初元，又加二成。近則分類益繁。茲擇上海中國各報所定最高之價，列表如下：

一等　登於新聞中高三英寸強，每日每行四角五分。

二等　登於封面及專電或評前，高十英寸，每日每行一元四角。

三等　登於分類欄，以六十字起計算，如超過此數，以十五字遞加，每日每字一分二厘；登於文藝欄下同。

四等　登於普通地位，高十英寸，每日每行八角；短行每日每字一分。

例外　以方寸計算者，每方寸七角；但以普通地位為限。

報紙廣告之來源，大約可分為三種：(一)商人直接送至報館者；(二)由報館派人招攬者；(三)由廣告掮客或廣告社介紹者。

廣告之定價，各地不同，又因銷數之多寡而折扣亦異。有高至九折者，有低至一二折者。廣告介紹人，又常較普通得再減一二折。

廣告雖為商人所登載，亦由商人自負其責，然一經報紙宣佈，遂影響於社會。故歐美報紙之登載廣告，其慎重與新聞等。凡有害於風俗人心者，皆在拒絕之列。我國報紙上之廣告，對於以上所言為如何，試取京津滬漢粵五地之報紙各一種，自十四年四月十日起，積累三十日而分析之，其結果恐不免飢不擇食之誚。故第二屆全國報界聯合會會勸告各報禁載有惡影響於社會之廣告也。

下列第一表為廣告之分類。第二表為廣告面積及性質之測量；其面積以醫藥一種所占最大，外人以東亞病夫謚我國，誠非誣也。第三表為廣告面積與全張及新聞面積之比較；讀之可知何報廣告面積最大，及廣告面積多於新聞若干。第四表為廣告每門面積與廣告全部面積之比較；讀之可知何報何種廣告最多，及何地何種事業最盛。第五表為廣告各門之每次平均面積；讀之可知何報於何種廣告登載力最強，及其平均所占地位若干。惟各表乃事實上之分析，非科學之分析也。

△第一表　廣告之分類

甲　商務廣告：

(1)商事　指商店開張遷移讓盤拍賣等

(2)商品　指商品之末列入特項者

(3)金融　指金融界之廣告及儲蓄招股等

(4)物價　指市價漲落

(5)機器　指重要機械物品

(6)醫藥　指醫生及藥品

(7)奢侈品　指烟酒及化粧品等

乙　社會廣告：

(1)集會　指各商業機關各商店召集之會議

(2)聲辯　指聲明辯正等

(3)法律　指公告律師保障等

(4)招尋　指尋人謀事招租等

(5)慈善　指賑濟施捨等

(6)遊戲　指戲劇遊藝等

(7)賭博　指彩票跑馬等

丙　文化廣告:

(1)教育　指學校招生開學展覽會等

(2)書籍　指各種出版物

丁　交通廣告:

指航期車班郵電等

戊　雜項:

凡不能列入以上各門者屬之

(第二表　廣告面積及性質之測量

	上海申報	北京晨報	天津益世報	漢口中西報	廣州七十二行商報
	英方寸	英方寸	英方寸	英方寸	英方寸
全張面積	五八五〇	二八八〇	四八六四	三六〇七	三二一八

新聞面積		一八二五		九四九		九五五		一一九七		一二七七
廣告面積		二四九八		一二五八		三〇一六		二一〇九		一六九四
廣告分類	次數	英方寸	次數	英方寸	次數	英方寸	次數	英方寸	次數	英方寸
商務門	一七六	一七九〇	五四	七二九	一一五	二五三九	七一	一六六七	八五	一一九〇
商事	三七	二二三	八	五六	一三	一六八	一七	二五一	四三	三一五
商品	三六	二四三	一〇	七二	二三	四三四	一二	二六五	七	一八九
金融	一六	一二五	一一	一三八	二四	三〇九	八	一六九	一二	一三八
物價	三	二二							一	三
機器	三	三二			五	一三五	一	一一	一	一一
醫藥	六九	七五八	三二	三二七	四八	一四二六	二六	六八一	一六	三三五
奢侈品	一二	三八七	二	一三六	二	六七	七	二九〇	五	一九九
社會門	二一四	一二九五	四三	二九九	四七	三五九	二一	二七三	四三	三三六
集會	一一	七四	一	八	一一	九八			一	六
聲辯	四八	一〇六	一〇	三九	一一	八三	九	七四	三〇	二二一
法律	二一	一〇八	七	二八	五	六五	三	五八		
招尋	三四	九五	一四	二四	一三	二五	四	四四	四	二五

慈善	三	一四			一	一五	一	九	一	二一
遊戲	八二	六四六	一一	二〇〇	三	三〇	一	五九	七	六三
賭博	一五	九六			三	四三	三	三一		
文化門	二一	二二四	一二	一六三	五	八〇	五	四六	八	一〇九
教育	六	二八	四	五七			三	二三	五	四九
書籍	一五	一九六	八	一〇六	五	八〇	二	二三	三	六〇
交通門	四	一一五	一	二九	二	一二	一	七	二	一五
雜項	一五	七四	七	三八	五	二六	一〇	一一六	五	四四

△第三表　廣告面積與全張及新聞面積之百分比

	上海申報	北京晨報	天津益世報	漢口中西報	廣州七十二行商報
5 全張之百分比	五九·八	四三·六	六二·〇	五八·四	五二·六
5 新聞之百分比	一九一·〇	一三三·〇	三一五·八	一七六·〇	一三二·六

△第四表　廣告每門面積與廣告全部面積之百分比

	上海申報		北京晨報		天津益世報		漢口中西報		廣州七十二行商報	
	英方寸	百分比	英方寸	百分比	英方寸	百分比	英方寸	百分比	英方寸	百分比
商務	一七九〇	五一·一七	七二九	五七·九四	三五三九	八四·一八	一六六七	七九·〇四	一二九〇	七〇·三五

社會	一二九五	三七·〇三	二九九	二三·七五	三五九	一一·九〇	二七三	一二·九四	三三六	一九·八三
文化	二二四	六·四一	一六三	一二·九六	八〇	二·六四	四六	二·一八	一〇九	六·四三
交通	一一五	三·二八	二九	二·三一	一二	〇·三〇	七	〇·三三	一五	〇·八九
雜項	七四	二·一一	三八	三·〇三	二六	〇·八七	一一六	五·五〇	四四	二·五九

△第五表　廣告各門每次平均面積

	上海申報			北京晨報			天津益世報			漢口中西報			廣州七十二行商報		
	次數	面積	平均	次數	面積	平均	次數	面積	平均	次數	面積	平均	次數	面積	平均
商務	一七六	一七九〇	一〇·一七	五四	七二九	一三·五〇	一一五	二五三九	二二·〇八	七一	一六六七	二三·四八	八五	一一九〇	一四·〇〇
社會	二一四	一二九五	六·〇九	四三	二九九	六·九五	四七	三五九	七·六三	二一	二七三	一三·〇〇	四三	三三六	七·八一
文化	二一	二二四	一〇·六六	一二	一六三	一三·五八	五	八〇	一六·〇〇	五	四六	九·二〇	八	一〇九	一三·六四
交通	四	一一五	二八·七五	一	二九	二九·〇〇	二	一二	六·〇〇	一	七	七·〇〇	二	一五	七·五〇
雜項	一五	七四	四·九三	七	三八	五·四三	五	二六	五·二〇	一〇	一一六	一一·六〇	五	四四	八·八〇
總平均	四三〇	三四九八	八·一三	一一七	一二五八	一〇·七五	一七四	三〇一六	一七·三三	一〇八	二一〇九	一九·五三	一三四	一六九四	一一·八四

廣告爲商業發展之史乘，亦卽文化進步之紀錄。人類生活，因科學之發明日趨於繁密美滿，而廣告卽有促進人生與指導人生之功能。如留聲機之廣告，可供世人以高尚之音樂，得精神上之安慰；汽車之廣告，可化世界之險

廣告分類之百分比圖

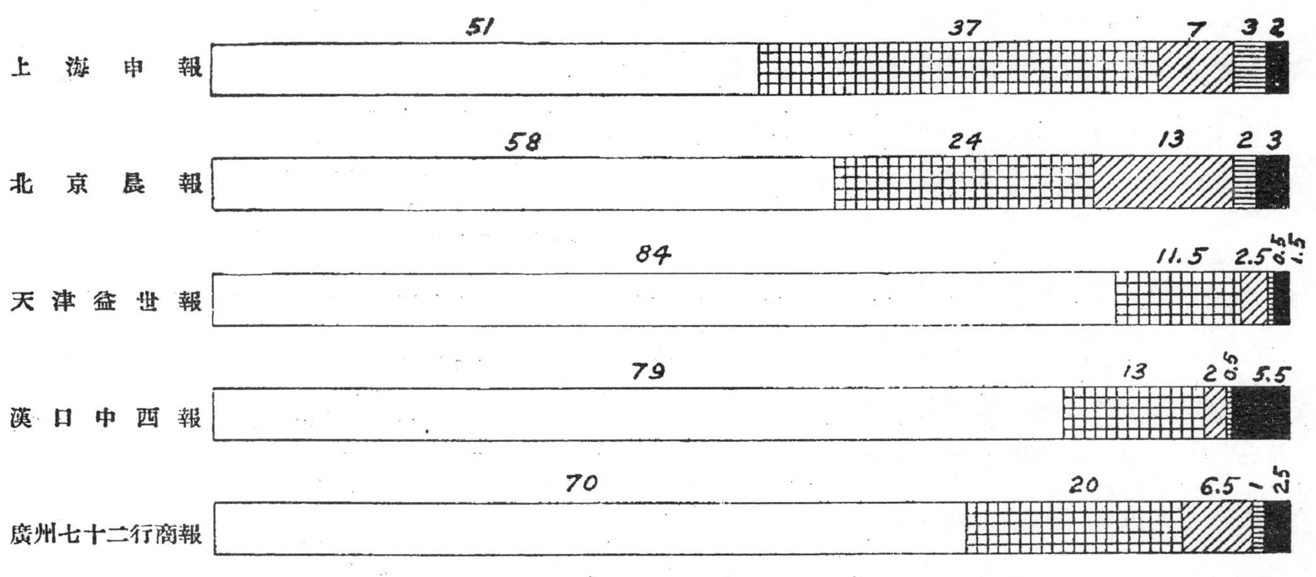
上海申報
51
37
7
3
2
北京晨報
58
24
13
2
3
天津益世報
84
11.5
2.5
0.5
1.5
漢口中西報
79
13
2
0.5
5.5
廣州七十二行商報
70
20
6.5
1
2.5
標例
商務
社會
文化
交通
雜項

阻爲坦途，同臻交通利便之域。其他廣告，均可與世人以利益與便宜。故廣告不僅爲工商界推銷出品之一種手段，實負有宣傳文化與教育羣衆之使命也。

我國廣告事業，年有進展，自爲可喜之現象。如申報、新聞報、益世報之經濟充裕，不可謂非廣告之賜。然就上列各表觀察，則外貨居十之六七，國貨僅十之二三；而就國人廣告論之，除書籍外，大半爲奢侈品及藥品，其中且有不道德與不忠實之廣告。此不但爲我國實業界之大憂，亦廣告界之大恥也。報紙爲買賣貨物之媒介，雜誌亦然；應設法引誘本國商人登載廣告，爲之計畫，爲之打樣，爲之盡力，必使商人不感困難，又排列務求美觀，印刷務求淸晰，地位務求明顯，俾易入讀者眼簾，使其出費小而收效大。而欲得買賣雙方之信託，尤應嚴厲拒絕含有欺騙性質之廣告。是一方雖爲推廣報館營業，而一方卽足以促進實業。至關於商業之報紙與雜誌，可特闢專欄，研究廣告學，以引起商人對於廣告之興趣，則又應盡之天職也。

年來上海報紙所載之廣告，以屬於英日商人者爲最多。五四運動後，拒登日商廣告；五卅案後，又拒登英商廣告。從各報之收入上言之，誠受一極大打擊。關於此問題，尚有一事足述在五卅案發生後，上海工部局發行一種宣傳品，名曰誠言者，遍貼市肆之間，無非英人片面辯護之詞；嗣又在申報與新聞報之廣告欄登載，以期傳布較廣。次日各界見而大憤。上海學生聯合會卽在其他各報，登載啓事，將該會在該二報所登廣告，一律撤銷；同時又在華界扣留該二報，不准出售，並擬通告全國，一致激烈對付。該二報不得已，向學生會解釋內容。學生會因提出要求：（一）

登載關誠言之廣告，(二)登載關誠言之評論，(三)登載啓事，向全國道歉，(四)印關誠言傳單十萬份，(五)捐助工人十萬元，該二報除第五條改爲自定捐助數目外，餘均承認，其事始寢。因一廣告而發生極大波瀾，此乃上海報界之創聞也。然事過境遷，今又有登載英日商人廣告者，未聞有人訾議。其報界之健忘歟？抑社會之健忘歟？

(附件一)全國報界聯合會通過勸告禁載有惡影響於社會之廣告案：

廣告固爲報社營業收入之一種，然報紙之天職在改良社會，如廣告有惡影響於社會者，則與創辦報社之本旨已背道而馳。如獎券爲變相之彩票，究其弊可以凋敝民力而促其生計；且引起社會投機之危險思想。又如春藥及誨淫之書，皆足以傷風敗俗，惑亂青年。此種廣告，皆與社會生極大之惡影響，而報紙登載，恬不爲怪。雖曰營業，毋乃玷污主持輿論之價值乎？且貪有限之廣告，而種社會無量之毒，抑亦可以休矣。報界聯合會爲全國報界之中樞，有糾正改良之責，宜令在會各報一律禁載上述之廣告。其類此者，亦宜付諸公決，禁止登載。犧牲廣告費之事小，而影響於社會大也。

(附件二)新聞報廣告簡章：

一　本報收登廣告，其措詞與體裁，以宗旨正當不越法律範圍者爲限；其有關風化及損害他人名譽，或跡近欺騙者，一概不登。

二　廣告種類計分六等：

(一)特等（登於新聞欄內者；　(二)頭等（登於封面及專電前者；）
(三)二等（登於緊要分類欄內者；　(四)三等（登於快活林欄下者；）
(五)四等（登於後幅之長行；）　(六)五等（登於後幅之短行。）

三　登戶須先付清刋費，然後照登價格依刋例，不折不扣。

四　登戶納費，均以上海通用銀元爲限，零數不滿大洋一元者，照市貼水，雜鈔次洋不收。

五　廣告收稿股辦事時間，每日以上午九時起至下午六時爲止。

六　廣告來稿，須用墨筆繕寫清楚，註明等次，登出日期、行數或面積、或字數，加蓋圖章或簽字，並註明通訊處或電話。登戶如不能撰稿，可委託本館代爲擬撰，不另收費。

七　廣告來稿經本館認爲必要時，得酌囑登戶覓具保證人，塡立保證書。前項之廣告一經登出，如發生交涉時，由登戶及保證人負責。

八　廣告經紀人送登之廣告，登戶如欲停止或改字或到期後仍須繼續登載，應自向原經紀人接洽。

九　出版物之廣告，不得有誨淫詞句；如標題奇突，書目穢褻者，該書內容須經本館檢閱後，認爲無關風化，方可登載。

十　廣告地位，由本館支配，按日次第推動，登戶不能指定何處。但有特約者，不在此例。

十一　廣告內所需銅版鋅版，可委託本館製版科代製，照例納費（製版價目另詳。）如登戶自備，應向本館廣告收稿股詢問張數因本館係用複版印報，如僅一版，不能照登。

十二　登戶如委託本館所備之信箱代收信件，須照下列各項辦理：

（甲）信箱廣告，登戶不得徵收投函人之保證金或其他有價值之證劵。

（乙）登戶須將姓名住址詳細書明，交存本館廣告收稿股備查。

（丙）登戶於送登廣告時，本館給以取信憑單，註明信箱號數以便憑單隨時取信；惟以廣告登完後半個月爲限，逾時須續繳信箱費。

（丁）登戶如委託本館將已收到之信件由郵局轉遞，則不另給取信憑單；無論掛號平信，郵資概由登戶自理，先期交付本館。

（戊）廣告登出後，如有信到本館，隨卽保存於指定之信箱內，以備登戶來取；但廣告登完後，設並無信到者，本館不負責任。

（己）寄函人不將應納之郵費貼足，所有欠資，概由登戶負責繳還本館。

（庚）兩廣告所徵求之函件，不得用同號信箱。

（辛）信箱代收信件，每次納費大洋一元。

十三　廣告刊例另訂之；如有變更時，依本報報端所列者爲準，不另通告。

十四　本簡章如有未盡事宜，本館得隨時增訂之。

（附件三）申報廣告章程：（原件係英文）

（一）賜登廣告，須附稿樣。

（二）指登廣告之日，如遇本館紙張缺乏、罷工、火災、或力不能免之困難，得將該項廣告，延期登載。

（三）定期合同須指明每週或每月中登載之日期。

（四）每版尺寸爲二十吋半長之「格吋 Column inch」七個半，全張共爲一百五十三又四分之三「格吋」。

（每「格吋」爲二吋寬一吋長。）

（五）廣告地位，至少一「格吋」。雙行廣告，其長度不能少於二吋；三行者不得少於四吋；四行者六吋；五行者七吋；六行者八吋；九行以上之廣告，必須全行。（全行長十又四分之一吋）

（六）繪圖製版等工作，另行計價。來稿及來版，如有模糊不淸，本館概不負責。

（七）承賜定單，卽視爲承認本館一切價目及條件；同時本館卽在報紙上留出相當地位。如因筆誤，關係價目上下，本館可不經通知手續，逕行登載，照價目表計價。

（八）訂有折扣合同者，如所用地位，較少於合同所訂，則付價時之折扣，須照折扣表上較低之一級；但所用較多，不超過次級數目，得適用次級折扣。惟超出之數（卽超過合同之數）如在新價目單刊出後使用，亦須照新價計算。

（九）廣告中如有重要舛誤，得於出版後二日內聲請免費更正。惟其舛誤對於廣告不生重大影響及過期者，均不在此限。

（附件四）申報廣告刊例：

日常報紙，每日每「格吋」一元四角。

星期增刊，每日每「格吋」一元六角。

長年登載之折扣

（甲）以地位計算者（包括日常報紙及星期增刊）

每年所登之「格吋」數	折扣
五百	百分之一
一千	百分之二
二千	百分之三
四千	百分之四

六千	百分之五
一萬	百分之六
二萬	百分之七
三萬	百分之八
四萬	百分之九
五萬	百分之十
十萬	百分之十五

上項折扣，僅給與訂有合同者，每次至少二「格吋」。其以時間計算而享有折扣權利者，不再給此項折扣。

（乙）以時間計算者（包括日常報紙及星期增刊）

每週所登之次數	折扣
一次	百分之二
二次或二次以上	百分之三

上項折扣，須在一年中每週繼續登載，每次至少二「格吋」。

特別地位價目（按照折扣合同）

地位	至少長度	每日每「格吋」價目
評前及封面	十又四分之一吋	二元五角二分
新聞前後或上下	三吋半	二元三角二分

第四節　發行

報紙編輯刷印俱佳，而不善於分配，是永與讀者無謀面之機會也。我國報紙之發行，初係贈送不取費，次則雇人兜售，及託商店代售，遠道則以信局爲媒介，如是而已。近則報紙大行，已成社會之公共讀物。凡直接訂閱者，本埠由館中派人專送，外埠則由郵局寄遞；間接訂閱者，本埠由報販批購，外埠由分館或代派處代發。以上海情形言，此種報販人數極多，組有捷音公所，團結甚堅。有立街頭叫賣者，有專送住宅商店者，各有主顧，不相侵犯，誠足推廣報紙之銷路也。然報館對於發行之法多不研究，如每日將報中大事揭示於路人注目之處，尚無人舉行；稍僻之區及鄉鎮，卽無售報處所；遠道則非長年訂閱者不可得；已訂閱者無地址之存留，一朝停閱便成陌路；未訂閱者，亦不設法兜攬。如外商得一新顧客，則曲意與之聯絡，斷不使其中止；卽使其中止，亦必連寄數月，希望其賡續。登載一關於某人之新聞，必設法使某人知之，而勸其訂報若干年或若干月。若在我國則不然。辦事者疏懶成性，偶有詢問報紙因何不到，亦置不復；若有投報紙以不滿意之函，亦未嘗研究如何可以改良；對於分館推銷，亦任其自然，不爲之計盡而指導之。故吾國報紙之銷行日多，乃社會進步促成之，非報館之努力也。

上海華字日報之定價，以申報爲最高，茲照錄如下：

國內　零售每份大洋四分。

預定一月一元二角，三月三元四角，六月六元六角，一年十二元八角。

新疆蒙古每月二元二角五分。

國外　日本朝鮮與國內同。

歐美各國一月二元七角，三月八元一角，六月十六元二角，一年三十二元四角。

以此定價與歐美日本相比較，似無所軒輊；若自我國人民生活程度言之，則較歐美日本爲高。但躉購之價則又甚廉，故於報販最爲有利。

（附件一）申報分館章程：

本報除由上海總館與閱報人直接寄送外，於內地各處，又廣設分館，代派本報，所以便閱報人隨時隨地與之間接購定也。凡願承辦此種分館而專以行銷本報爲其職務者，該分館得襲用本館名義，定名爲申報分館。其性質不與分售處同，卽其應守辦法亦稍差別，茲爲揭載如左：

一資格　於指定區內，承認本報每日銷數達五百份以上者，始得稱爲分館。

一責任　分館被人積欠款項，由分館經理人自負其責，與本館絲毫無關；卽分館營業上一切開支，無論盈絀，本館亦概不過問。

一承攬　承辦分館之先，例有承攬訂立。自訂立後，須照承攬辦理，雙方皆應遵守。

一證金　訂立承攬時，須按照認定報紙數目，繳存證金，每份計銀圓一元。於退辦時，如無積欠未了情事，准可如數收回。

一保證　證金以外，更須自覓滬地妥保來館接洽，如將來分館不照承攬辦理或有積欠等情，其責任當由保證人擔負之。

一年期　承辦分館，於承攬上須訂立年期，期內不得自行退辦；惟若違背本館章程，雖未滿期，本館得以中止之。

一界域　承辦分館，須先劃定所屬之界域，於所屬以外，不得侵犯他分館之權限。

一銷數　照承攬載明認定之數，祇許有增無減，如於認定之後，其銷數不能達到承攬所載之數目者，本館仍須以承攬上之數目結算收賬。

一付款　上月應付之款，不得延至下月十號以外，須照數付清。如有不能踐約，應將報紙卽行停寄，一面向保證人追繳。再付款之時，銀兩須照上海市價計算，銀圓須求通用，如郵票代價，概作九折，病洋照市貼水。

一權利　分館應享之權利大別爲三：(一)爲得本館優待，凡所訂定報紙，其價格外從廉。(一)爲得本館特許，如蒙介紹廣告，於刊費之內，可提出一定折扣，以作酬勞。（一）爲得本館贊助，凡遇法律上當行之事，若分館力薄不勝，本館可協助之。惟一切使用，仍須由分館自行擔任。

（附件二）申報分銷章程：

凡未設本報分館及分銷之處，如有願與本報經理者，本館無任歡迎，所有承辦條例，開列如左：

一銷數　每日認銷之數，須以十份起碼。自開辦後，只可增加，不能減退。但銷至十份以上，亦得酌予增減。

一證金　每份報紙，須預存證金一元。先照認銷之數，將證金寄來，方能發報。嗣後增添報數，證金應按數加增。

一批價　每份報紙批價大洋二分二釐，連郵費在內。銷數多寡，一律照份數計算。

一繳款　每月報費，須按月淸繳，例如甲月報費，乙月十號以前，必得如數交到。否則查欠款已超過所存證金之數。報紙卽照停發。除將證金抵冲外，倘有不足，仍須向經理人追償。『本館賬目來往，均以陽曆計算，每逢月底，有賬單開寄。』

一寄報　本館一俟證金及詳細地址交來，報紙隨卽由郵作總包寄交承銷人，歸其自行分送閱戶。

第五節　銷數

報紙之銷數，各館常祕不以告人，否則卽以少報多，更不可信。然合全國而統計之，最多者一館不過十萬，最少

郵遞報紙統計圖表

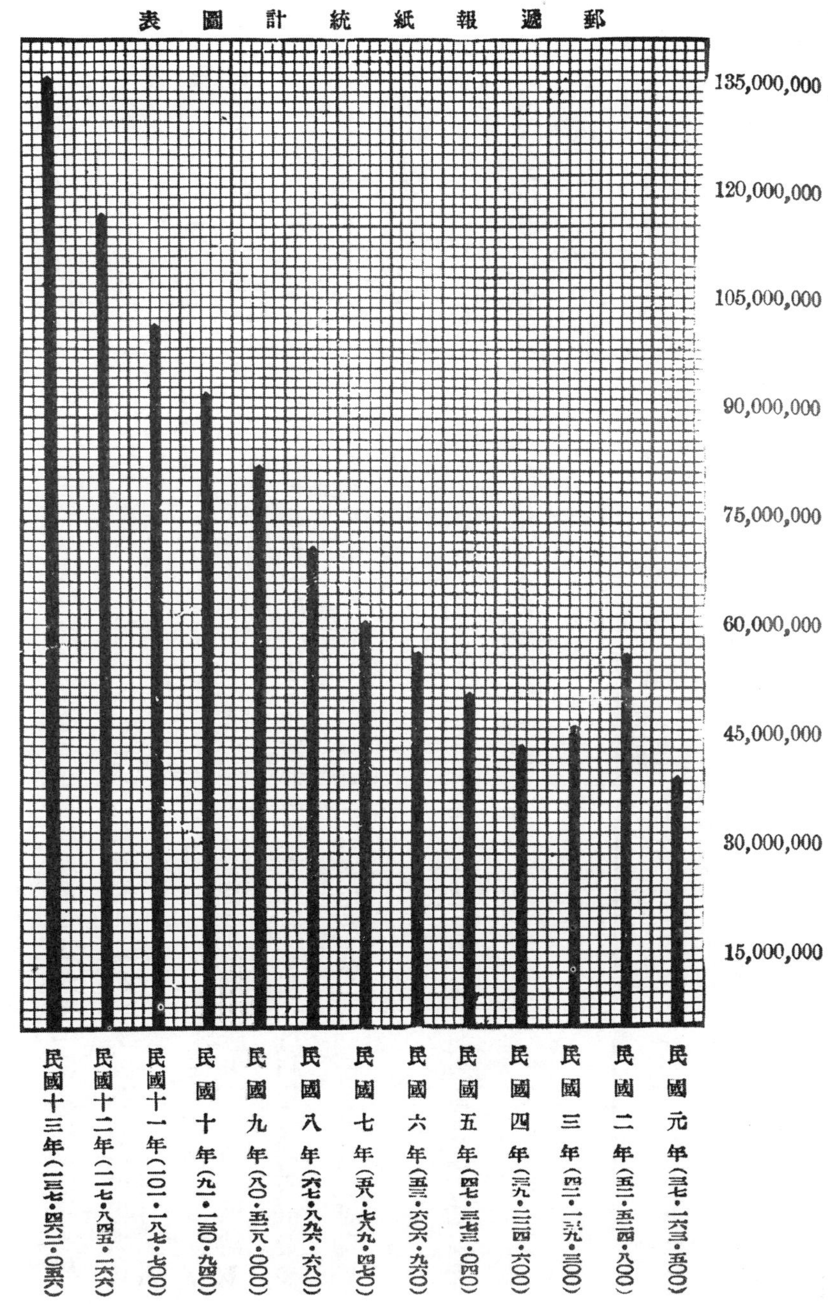
135,000,000
120,000,000
105,000,000
90,000,000
75,000,000
60,000,000
45,000,000
30,000,000
15,000,000
民國十三年(一三七·四六二·〇五六)
民國十二年(一一七·八四五·一六六)
民國十一年(一〇一·一八七·七〇〇)
民國十年(九一·一三〇·九四〇)
民國九年(八〇·五二八·〇〇〇)
民國八年(六七·八九六·六八〇)
民國七年(五八·七八九·四七〇)
民國六年(五三·六〇六·九六〇)
民國五年(四七·三七三·〇四〇)
民國四年(三九·二三四·六〇〇)
民國三年(四二·一三九·三〇〇)
民國二年(五三·五二四·八〇〇)
民國元年(三七·一六三·五〇〇)

者乃僅數紙。若分而計之，則各省之報紙銷路常不逾一省，其能銷至各省者以滬報為多。至一報之良否，則不必繫乎銷數之多寡。如倫敦時報(Times)銷數不及每日郵報(Daily Mail)而聲價則遠過之。又如我國之民報與民立報，其壽命甚短，而至今猶在人記憶中也。

歐美報紙常自宣布其銷數，請會計師或專門家證明之，以誇示於同業，而誘致多量之廣告。故全國報紙銷數之統計，於年鑑中不難一檢即得。若在我國，則殊無法可以知之。今姑照郵局之統計，以與人口相比較，則報紙最多之地，每九人可閱一份報紙；最少之地，每三萬人祇閱一份；全國平均每一百六十四人可閱一份。然此尚包括印刷物在內，足見我國報紙之缺乏也。

報紙銷數之進步，有非報館自身努力之所能致者；故與教育、實業、交通、社會各方面之進步，均有連帶關係。然觀於民國以來郵政之統計，舍籌安時代，則固年有進步，誠不勝欣慰者也。

甲表　郵遞報紙之統計

	報紙及印刷品平常立劵報紙	總包報紙	
民國元年	三七、一六三、五〇〇件		
民國二年	五一、五二四、八〇〇		

乙表　（民國十三年）報紙與人口之比較

民國三年	四二、一三九、三〇〇			
民國四年	三九、二二四、六〇〇			
民國五年	四七、三七三、〇四〇			
民國六年	五三、六〇六、九六〇			
民國七年	五八、七六九、四七〇			
民國八年	六七、八九六、六八〇			
民國九年	八〇、五二八、〇〇〇			
民國十年	九一、一三〇、九四〇			
民國十一年		四三、〇二四、七〇〇件	二九、七六四、四〇〇件	六、三九八、六〇〇件
民國十二年		四五、三七五、五二五	三五、三四四、八〇一	三七、一二四、八四〇
民國十三年		五〇、〇〇九、〇七四	四六、八九〇、三〇〇	四〇、一六二、六八二

郵區	平常立券報紙總	包報紙	人口
北京	七三八萬、八二〇〇件	八四萬、四二〇〇件	四〇一萬、四六一九
直隸	六一九、〇三〇〇	一六四、五三〇〇	三〇一七、二〇九二
山西	一七六、二二〇〇		一一一一、四九五一
河南	六四、一三〇〇		三〇八三、一九〇九
陝西	三五、一二〇〇		九四六、五五五八
甘肅	六、八〇〇		五九二、七九九七
新疆			二五一、九五七九
奉天	四八三、九七〇〇	四二、三三〇〇	一二八二、四七七九
吉黑	二一三、四五〇〇		九二五、八六五五
山東	三五三、〇三〇〇		三〇八〇、三二〇五
東川	九九、一三〇〇		二四〇一、九三〇三

西川	一五六、八四〇〇		二五七六、三五〇九
湖北	三七〇、一〇〇〇		二七一六、七二四四
湖南	一五三、〇〇〇〇	六〇〇	二八四四、三二七九
江西	七三、八六五〇		二四四六、六八〇〇
江蘇	二二一一、二六〇〇		二八二三、五八六四
上海	五六五、五一〇〇	四二四八、四八〇〇	五五五、〇二〇〇
安徽	六八、五二〇〇		一九八三、二六六五
浙江	二二七、〇一〇〇	八七、一二〇〇	二二〇四、三三〇〇
福建	一六〇、六二〇〇	二〇〇〇	一三一五、七七九一
廣東	二二二、一二〇〇	六一、九一〇〇	三七一六、七七〇一
廣西	二五、四七二四		一二二五、八三三五
雲南	九、一四〇〇		九八三、九一八〇

貴州	七、七六〇〇		一一二一、六四〇〇
總計	五〇四〇、九〇七四	四六八九、〇三〇〇	四、三六〇九、四九五二

上二表所列數字，係郵局得自各處報告，自屬可信。所不免遺憾者，卽各報館在本地未經郵局遞送之報紙並未計入，且其數頗夥，至少較此表須增加十分之三四。欲知報紙之實在銷數，可由此推之也。

第六節　印刷

古代文字之傳世者，以刻骨最先，刻金刻石次之，刻竹刻木又次之。宂重艱難，不可名狀。自蒙恬造筆，乃多書縑；蔡倫造紙，乃有書卷。然僅知鈔錄，繕寫費時；抽閱卷舒，甚爲不便。故非蘭臺石室，或王侯之家，不能藏書。河汾燕閒錄：「隋開皇十三年十二月勅廢像遺經，悉令雕造」（註一）是爲我國雕板之始。唐五代因之；至宋而其道大備。自有印板，節費便藏；文明之化，遂日以廣。然一書之板，動至千百；一書之成，動逾數載。雕刻印刷，手續繁而費用多，雖有可傳之書，人猶憚於印行。夢溪筆談：「板印書籍，唐人尚未盛爲之。自馮瀛王始印五經，以後典籍皆爲板本。慶歷中，有布衣畢昇爲活版。」其法用膠泥刻字，薄如錢脣，每字爲一印，火燒令堅。先設一鐵板，其上以松脂和紙灰之類冒之；欲印則以一鐵範置鐵板上，乃密布字印滿鐵範爲一板，持就火燒之。藥稍鎔，則以一平面按其面，則字平如砥。若止

周之刻金(盂鼎)

周之刻石(石鼓文)

殷之刻骨

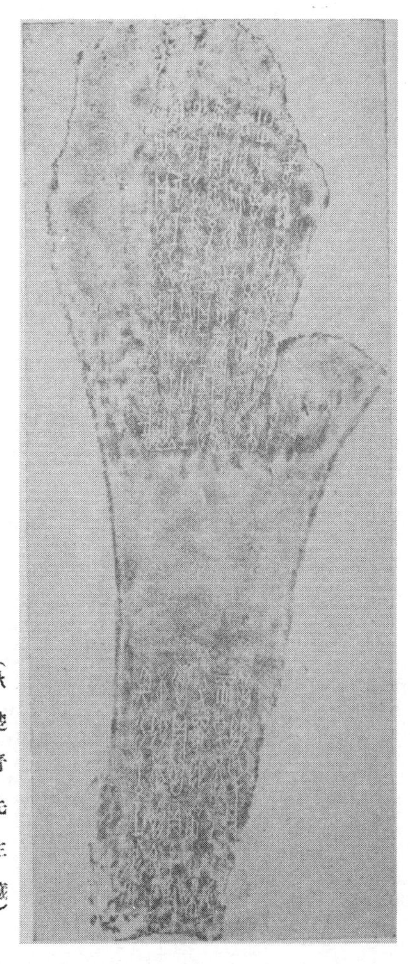

(狄楚青先生藏)

漢之帛書

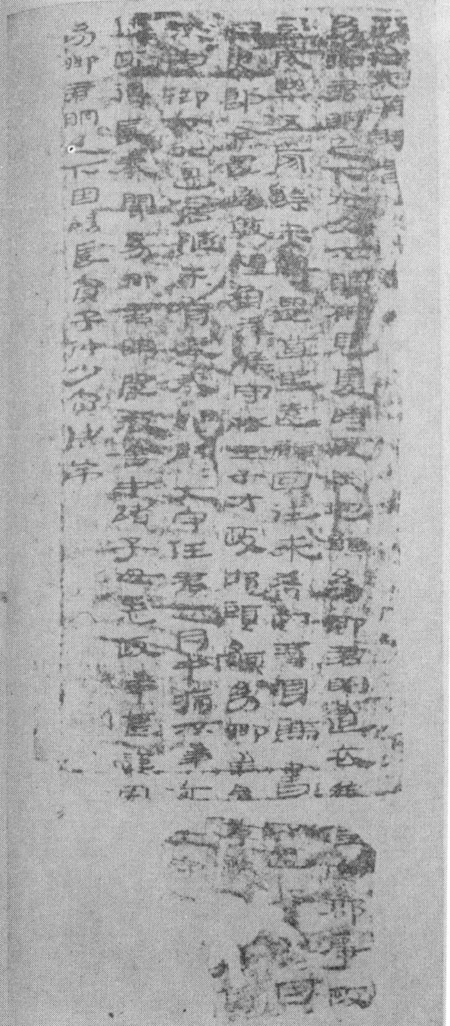

秦之活字

漢之紙片

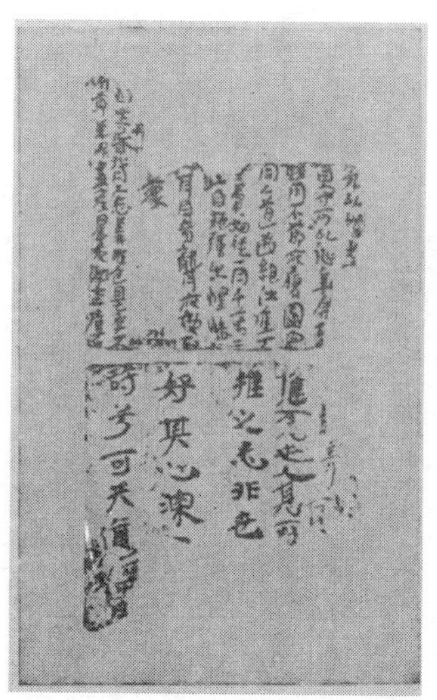

漢之木簡

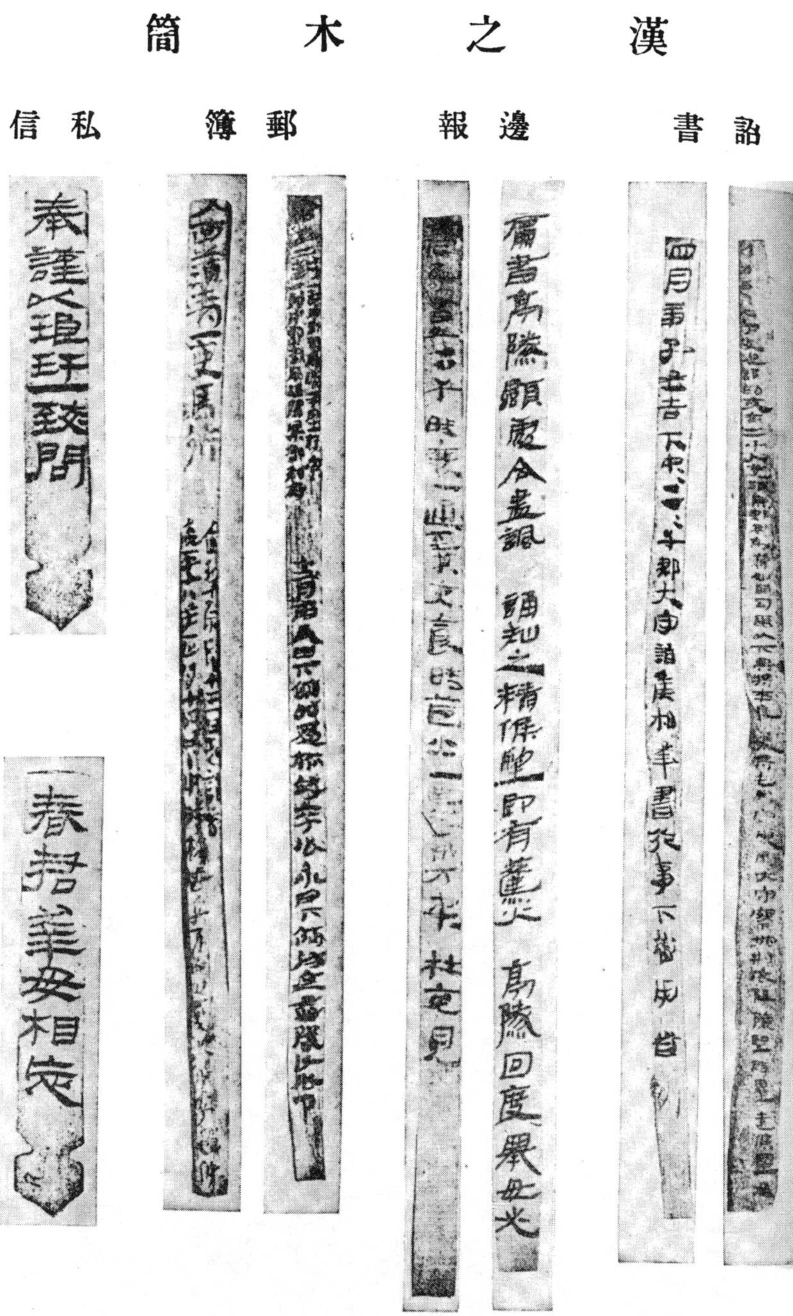

詔書　邊報　郵簿　私信

漢之刻木

唐之雕板

五代之字範

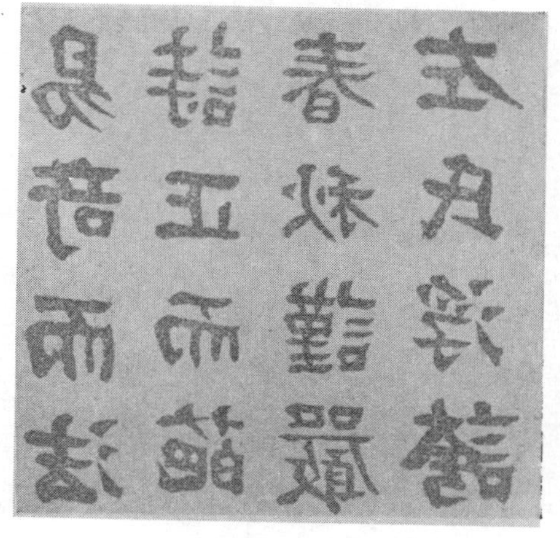

金石屑：「張叔未云：此初刻板本時，宜須是器，以爲雕刻模範。考韓文始鐫于蜀，則此固當是蜀主所命槧鑿者。今蜀刻石經，間遇墨本數紙，好事者已矜爲至寶，況爲梨棗之初祖乎？」

金代之金屬活字版

金泥石屑：「千佛銅牌，多無文字，此有皇統紀元年號，及李稀造題字一行，用活字排集成之，乃活字版傳世之最先者。」

古之金屬活字

今之鉛字

一號　二號　新二號　三號　四號　五號　新五號　六號

銅模

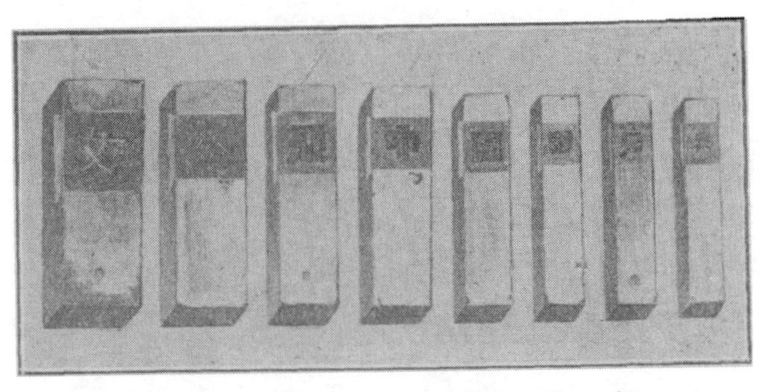

一號　二號　新二號　三號　四號　五號　新五號　六號

人工印刷圖

最初由西洋輸入中國之印機

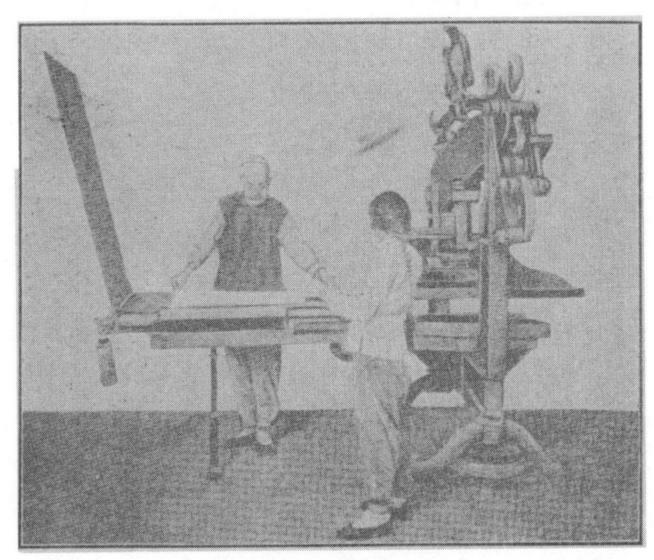

印一二本，未爲簡易。若印數十百本，則極爲神速。常作二鐵板，一板印刷，一板已自布字，此印者纔畢，而第二版已具；更互用之，瞬息可就。每一字皆有數印，如之也等字，每字有二十餘印，以備一板內有重複者。不用，則以紙貼之，每韻爲一貼，木格貯之。有奇字素無備者，旋刻之，以草火燒，瞬息可成。不以木爲之者，木理有疎密，沾水則高下不平，兼與藥相粘，不可取，不若燔土；用訖，再火令藥鎔，以手拂之，其印自落，不沾污。昇死後，其印爲羣從所得，至寶藏之。(註二)

金泥石屑附說：「古活字予曾得一枚，以石膏爲之，薄分許，上有紐可貫穿，疑北宋物。沈存中記畢昇作活字，王禎又記之農書中，述其法益詳，然皆不言有紐以聯貫之。又言用泥爲字，泥不任印刷，今乃知爲石膏，誤以爲泥也。」是爲我國活字版之發明。西人以文明始祖，尊德國谷騰堡(Guttenberg)而不知其發明活字，已後此五百年，(註三)後此活字有瓦燒者，有金屬鑄者，有木刻者，日有進步。而清康熙時爲印圖書集成，乾隆時爲印四庫全書，曾刻銅字木字十餘萬枚，謂之聚珍板，尤爲我國活字印書之盛舉。精美一如刊板，其用益便矣。

印刷爲我國傳入歐洲技術之一，西籍多載之。美人卡德氏(Caater)所著 The Invention of Printing in China 紀之尤詳，特節錄如下：

「歐洲經過黑暗世紀以後，乃與東方之舊文明相接觸，新思潮澎湃於歐洲之十四世紀。火藥、指南針，與黑死病，皆從東方輸入，而較此尤爲重要者，爲紙之進步。在十四世紀之初葉，紙之材料極少，乃由西班牙或大馬色(Damascus)輸入歐洲。」

「歐洲智識的生活既脫離黑暗世紀，而入於光明，於是對於印刷之需要，自然發生。從種種事實上研究中國卻供給許多此項材料。吾人可下一斷語，即印刷最初的動機，係由中國而往歐洲。」

「當時道路業已開通，蒙古之勢力又極大，由幼發拉底河（Euphrates）與倭爾加河（Volga）達於太平洋。在此開放後交通時代之末尾，歐洲之木刻，方始萌芽。」

「若考察印刷品自身所用材料、技巧、及其共有的性質，可信開放後交通之結果甚大。紙固爲中國之材料，所用墨汁與中國相同，方法亦與中國無大異。且印刷只在紙一面。歐洲與東方之道路既通，若今日將最古之印刷品，如畫像、印刷紙牌加以考察，卽可知其關係，已爲密切。且此後歐洲與中國之印刷進步，亦同一方向以進行，其證據亦至明瞭。雖有人抱與此相反之意見，但吾人可以假定中國對於歐洲之影響，不僅造紙，卽歐洲木版之初創，最有價值之原動力，亦受自中國。」（註四）

海禁既開，外人紛至。淸嘉慶中，英人馬施曼在印度學華語，在檳榔嶼譯印新舊約，因造中文鉛字，其書尚有存於我國者。後有臺約爾繼續研究中文，乃造字模大小二種，建屋曰華英書院。鴉片戰後，遷於香港，開局印書。臺死，美人谷玄繼之，廣印書籍。臺所作字模未成者，谷竟其業，更作小學及數目字等共四種。他處印書購字者，悉於此取給，所謂「香港字」是也。

時西人兼傳教印書於日本，日人乃推廣其法，製成大小鉛字七種，因其字體爲明隆萬時人所寫，故謂之「明

刻字

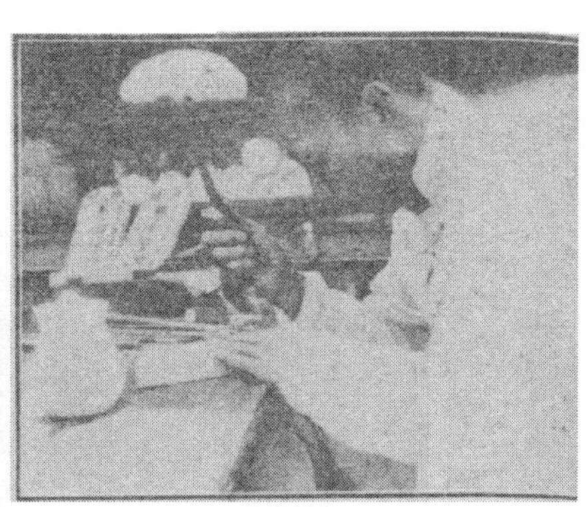

排字

排字房

紙版

朝字。」明文在：「古書俱係能書之士，各隨其字體書之，無所謂宋字也。明季始有書工，專寫膚廓字樣，謂之宋體，是卽今日流行鉛字之體也。我國書報業既興，鉛字輸入日盛。華人仿製，以徐雪村錢裁棠爲妙手，然每副需一二千元；銅模之價尤昂。故當時報館只備鉛字，而不備銅模。每於字版排成後，鉛印則複製泥版，石印則打樣上石，期於原字無損。大約月報多用泥版，故常漶漫；雜誌多用石印，故極清晰。此觀舊日之出版物而可知者。」

現時銅模之價，每枚平均約銀二角。通用者：頭號約五千八百枚，二號七千三百六十八枚，三號七千五百五十六枚，四號六千六百八十五枚，五號六千四百三十四枚，六號五千六百四十五枚，各種符號二百九十枚。近各報以上引六種，尚不敷用，乂增製新二號與新五號二種，大小在二三號與五六號之間，其數約在七千枚左右。

鉛字每一全副，簡用者，每字最少備一枚，繁用者，最多備三百枚，平均在二十枚左右。以重量計之，每鉛一磅，可鑄二號字五十枚，或三號字八十枚，或四號字一百枚，或五號字一百七十枚，或六號字三百枚。全副重量，二號字爲一千四百五十磅，三號字一千二百磅，四號字一千四百五十磅，五號字一千二百五十磅，六號字七百五十磅，外加各種符號約千餘磅，卽可印報，而印報亦不虞竭蹶矣。

凡新字及不常見之字，若爲銅模所未備者，另有空鉛，謂之刻坯，可以隨時雕刻。若字面逾於鉛字者，則刻木戳。然此以廣告爲多，新聞中不常見也。

新式鑄字機，每具約銀八千元，每小時可鑄字三千枚。手搖鑄字機，每具約銀一百三十元，每小時只可鑄字一千枚，且每字不甚光潔，平均須加人工磨琢。澆工每千枚平均在二百四分左右。鉛字以木製三角式之架承之，架分四橫格，每格可容字盤五六盤。常用之字，分置二十四盤，以其取字易也。

木版印刷之法，以墨勻蘸版上，覆以紙，取棕刷之。一紙之成，頗費手續。迨嘉道間，印機漸有輸入，略似今之打樣機，以人工轉動，每小時只可印二百小紙。未幾，印書機盛行，除添紙後，無需人工。每小時可印一二千大張，印刷乃大進步。中國製每機一架約二三千元；外貨倍之。凡銷數不多之報紙，則印書機已可應用。近來報紙進步頗速，凡銷數至一萬以上者，多購用英美製 Duplo 式平版卷紙機，每架約一萬元，每小時可印三四千大張。銷數至五萬左右者，多購用美德製 R. Hae 或 Scott 式之圓版卷紙機，每架約六七萬元。此機有印十二頁十六頁二十四頁與三十二頁之別，每小時可印二萬五千大張。以上二種機器，皆專供報館之用者，自印、自切、自數，無須人工。且墨色勻潔，無濾漫不清之弊。若再加裝機件，又可套印顏色二三種。自上海報界之情形言之，每遇本埠及國內發生大事時，嘗於最後之數十分鐘內，互爭消息之先後。故印刷愈遲，消息愈速。然非備有最高速度印機不爲功。語云：「工欲善其事，必先利其器」，其此之謂矣。

報紙銷數多者，常備二印機以上，而字版則必排二副，可以紙版代之。法以銀皮紙置字版上，浸以水，以毛刷擊之，使深入每字之點畫間，裱以厚紙，烘之使乾，而紙版成矣。然後置於普通澆鉛版機上，灌以沸鉛，稍冷，即成鉛版，與原版無絲毫之異，即可入印機而印刷矣。以人工製紙版及鉛版之用具，約值三百元左右。若以機器製紙版及鉛版，

平板卷紙印機

卷板卷紙印機

非惟節省時間，且絕無漶漫之弊。紙版機，每具約八十元；澆圓形鉛版機，每具價同。

畫報印刷，須極精美，非普通印書機所能勝任。今之最通行者，爲美製 Mirehle 式印畫報機，每架約一萬元。若歐美所通行之德製 Kaeruy Barve 式之印畫報機，我國只商務印書館有一架，報界尚未有備之者。

(註一)中國雕板源流考第一頁。

(註二)夢溪筆談第十八卷第七八頁。

(註三)Carter: The Invention of Printing

(註四)羅振玉唐風樓金石文字跋尾（三十二頁）『秦瓦量乃濰縣陳氏所藏，以前金石家所未見。文字精絕，每行二字，每四字作一陽文範，合十範而印成全文。每範四周必見方廓。觀此，知古代刻字之術發明甚早。近人考中國經籍雕板始於五代，不知三代時已有雕宂也。又活字板始於宋之畢昇，至元代而益改良。今此量以四字範多數排印而成全史，此實是聚珍板之原始，可見古代文明開化之早。』陳氏所藏秦瓦量拓本，曾印入神州國光集中，每四字之周確見凹文方郭。羅氏謂爲活字板之濫觴，其說可信，附此以備參考。

第七節　紙張

古者紀事用竹簡，後用縑帛；但竹簡質重，縑帛價貴，至不便也。前漢書外戚傳孝成趙皇后傳云：「武發篋中有裹藥二枚赫蹏書」顏注引鄧展曰，「赫音兄弟鬩牆之鬩」應劭注「赫蹏，薄小紙也。」（註一）是爲紙見於書籍之始，時民國前一千九百二十三年西曆前十二年也。後漢書宦者傳：「蔡倫字敬仲，位上方令，造意用樹膚麻頭敝布魚網以爲紙。元興元年，至元帝，善其能，自是莫不從用焉。故天下稱漢侯紙。」（註二）後世言紙之發明者，必推蔡倫，蓋倫以近在帝側，易爲人所知耳。故書斷云：「左伯字子邑，能作紙。漢興，有紙代簡。至和帝時，蔡倫亦爲之，而子邑尤行其妙。」(註三) 則倫實不能專美於前也。後人仿其法，有用籐造紙者，有用竹造紙者，有用綿造紙者，種類日多。今江西、湖南、浙江、福建諸省，尙以產紙名也。

我國紙之發明，在二千年以前，於文字之流傳上有功最偉。使無此發明，則當時文化之進步，不能如斯迅速，而各民族間將無同化之機會矣。不特此也，製紙之術東漸而入高麗，後三百年，由高麗僧人傳至日本。唐代我國人與亞剌伯人戰，俘虜中有善製紙者，遂傳其術於斯土。時西曆七五一年也。亞剌伯人始設造紙廠於撒馬爾罕 (Samarkand)，西曆七九三年又設廠於巴格達 (Bagdad) 及大馬色 (Dimascus)，大開製紙之端。其後斯術極盛，遂傳播於西方文明諸國。至十世紀傳至埃及；十一世紀，更發達至亞非利加地方地中海沿岸。亞剌伯人侵入歐洲時，製紙術遂傳入西班牙之薩鐵弗 (Xativa)，時西曆一一五〇年。同時十字軍亦由小亞細亞傳其術於意大利之孟泰芬 (Montefano) 與威尼斯 (Venice)，時西曆一二七六年。此爲歐洲製紙業之濫觴。降至十二世紀，法蘭西之候潤特 (Hiranlt) 亦設造紙廠，但至十四紀乃見其盛。此後流傳益廣，瑞士於西曆一三五〇年，澳大利於一三九一年，德意志於一三二〇年，比利時於一四五〇年，英吉利於一四九四年，瑞典挪威於一五四〇年，俄羅斯於一五六七年，先後設立造紙廠。最後傳而至美利堅，爲西曆一六九〇年。最先以機器製紙，爲荷蘭人李善漢 (W. Rithingham)；今則以美利堅爲巨擘矣。

中國舊法造紙

中國印刷傳入歐洲之媒介

此紙牌得之土魯番。現藏德國博物院。

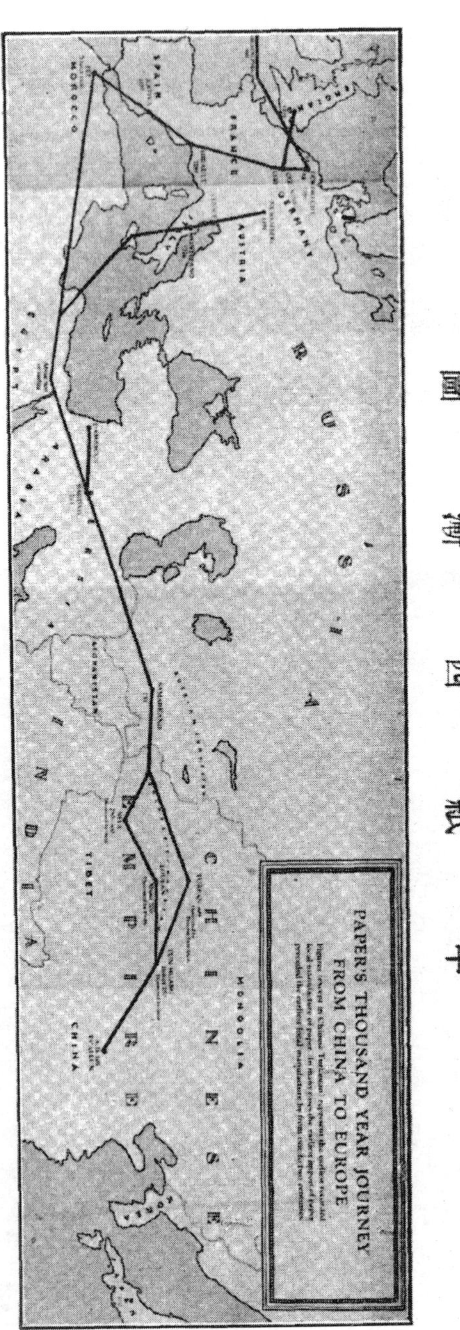
PAPER'S THOUSAND YEAR JOURNEY
FROM CHINA TO EUROPE
CHINESE EMPIRE
MONGOLIA
TIBET
CHINA
INDIA
AFGHANISTAN
ARABIA
EGYPT
MOROCCO
SPAIN
FRANCE
GERMANY
ENGLAND
AUSTRIA
KOREA

中紙西漸圖

十九世紀以後，製紙術之重大發明，頻繁續出，斯業遂起一大革命。機器製法之傳入東亞，始於一八七〇年。日本受歐戰之賜，泱泱然爲一大製紙國焉。我國於光緒十七年（一八九一年）李鴻章創倫章造紙廠於上海楊樹浦，是爲新式機器造紙術之創始。二十五年，又設華章造紙廠於上海浦東。三十二年，又與商人合設龍章造紙廠於上海之龍華路。宣統三年，財政部又設造紙廠於漢口礄家磯。他如武昌之白沙洲，山東之洛南，廣東之江門、鹽步，及香港，又先後各設一廠。於是我國之製紙術，乃環世界一週而歸宗焉。

製紙術之發明，爲我國對於世界之一大貢獻，西籍紀載極多。茲僅節錄名著韋爾斯 (H. G. Wells) 之歷史大綱，以見一斑。（註四）「造紙一事，尤爲重要。卽謂歐洲再興之得力乎紙，亦未爲過也。造紙之術，創始於中國，其應用蓋在西元前之二世紀。當七五一年時，中國進襲撒馬爾罕之阿拉伯回教徒，爲守者所敗，俘虜中有長於造紙者，回教徒遂傳其術。九世紀以來之阿拉伯紙稿，至今猶有存者。造紙術之傳入基督教國，或經由希臘，或由於基督教徒克復西班牙時，佔得回教徒紙廠，唯當在基督教徒勢力之下。時西班牙造紙之業，至爲衰替。十三世紀末造以前，良紙名箋，非歐洲所能製造。十三世紀而後，亦僅以意大利產者爲佳。至十四世紀時，其術始傳入德國。逮本世紀末葉，產量方盛，爲値亦廉，刊印書籍者，方得藉以侔利。印刷之業，當然隨之而發達。智識生活，亦因之而面目一新。人類智識之相傳，不復如往昔之祇爲涓滴，至是成爲滔滔之洪水。預其役者，數以千萬計矣。

我國日報初興在香港出版者用報紙，在上海出版者用我國賽連紙。惟賽連紙質薄而輭，受溼易破，且一遇雨雪，山中車馬難行，常不能按時運到；有時亦以毛太紙、連史紙、關杉紙等充數。迨洋紙輸入漸多，始則以價廉而用油光紙；繼則以兩面印刷，其價益廉，而用報紙。今則洋紙之輸入，一歲在二千萬兩以上，浸成一大漏巵焉。

今日所通行之報紙，大率分為兩種：一平紙，一捲紙。平紙約長四十三英寸，闊約三十一英寸，每五百張，謂之一令(Ream)。捲紙則如布匹，由印刷機隨印隨裁，用此可免添紙之勞。每捲約十二令至二十一令，其價以重量計，每磅在三兩三錢左右，但時因來貨之豐嗇而漲落。此貨以日本來者為最多，意大利瑞典次之；挪威德意志又次之。我國仿造洋紙廠，最近統計不下十餘所，然規模太小，出貨無多，營業不振，時起時蹶。以地大物博之中國，又為發明製紙術之鼻祖，竟沈淪不振，坐視利權外溢，誠可慨也！

據海關之統計，洋紙之輸入，幾年有增進。茲列表於下以明之。惜其中包括印書紙、綿紙、包皮紙之類，不能分析。但報紙最占多數，平均約在四分之一而弱。據美國商務報告民國十三年上海一埠報紙之輸入，計重量四九·四三一·四七七磅，值二·七四三·四七五海關兩云。

甲表

	價值（海關兩）
民國元年	四、三二三、七一二
民國二年	七、一六九、一九五

報紙輸入統計表

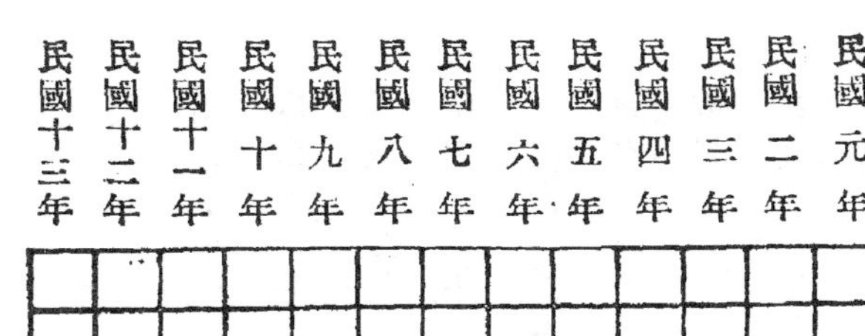

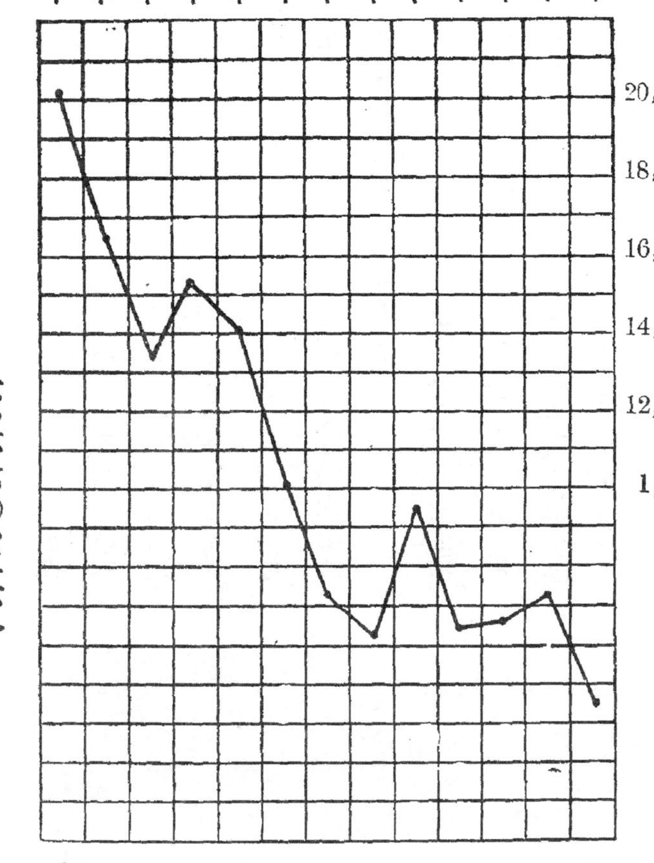

年份	數額
民國元年	四、三三三、七一二
民國二年	七、一六九、一九五
民國三年	六、六七〇、二六一
民國四年	六、三三五、〇四五
民國五年	九、五二八、六三七
民國六年	六、二九四、二九三
民國七年	七、二四三、五六四
民國八年	一〇、二一二、六五二
民國九年	一四、一五九、一八六
民國十年	一五、三一一、八七三
民國十一年	一三、六八七、二五八
民國十二年	一六、六二六、五一九
民國十三年	二〇、一〇八、六七八

民國三年　六、六七〇、二六一

民國四年　六、三三五、〇四五

民國六年	六、二九四、二九三
民國七年	七、二四三、五六四
民國八年	一〇、二一二、六五二
民國九年	一四、一五九、一八六
民國十年	一五、三一一、八七三
民國十一年	一三、六八七、二五八
民國十二年	一六、六二六、五一九
民國十三年	二〇、一〇八、六七八

乙表　民國十三年進口始最多之國

日本	四、八三二、九七五兩
英國	二、二三二、八五四兩
香港	二、五五一、七三一兩
美國	二、八〇二、五三六兩
德國	一、八六五、二一九兩

瑞典　一、七九〇、五六一兩

挪威　一、五九三、〇〇二兩

觀於上列各表，則我國造紙工業之急待振興，夫何待言？當民國元年，全國報界俱進會在上海開會時，其第一議案，卽爲自辦造紙廠。（註五）惜其規模太大，非少數資本所能將事，迄無成議。玆將商務印書館所述困難情形，附錄於後，以供參考。

「查造紙一事，敝公司於五六年前，曾經詳細考查。我國雖有種種原料，而欲以機器製造，必須先將原料造成塊片，紙漿方可通用。若竹若草，均可用作原料，但如何化製成漿，我國此時尚無所發明。最高之料，厥爲碎布。查各紙廠所用碎布，凡分五等。惟我國之碎布，或使用過久，質已腐爛，或攙有雜物，污穢不堪，加以選擇工資太巨，故欲與各國所分五等之碎布相比，尚且不及。則惟有用極强烈之化學藥品以資溶洗，原有纖維腐蝕殆盡，故造成之紙毫無韌力。卽市上所稱洋連史，恐卽欲作上等包裹之用，而亦有所不能。今世界所通用者，爲木類所造之漿。我國東三省境內所產此類木料甚豐，儘可敷用。然漿廠規模更大，且必須有鐵路煤礦與森林毗連，更有極大之水源，以供一切之用，方可著手。我國此時是否有此偉大之資本家；卽有此資本家，東三省此時能否發起此等工業，恐尙是一問題。否則仍須向外國購辦原料，而機器及其他一切附屬物品，均須仰給於人，恐仍不足以爲漏巵之塞也。」

我國報紙需要量之日增旣如彼，而造紙之困難又如此，則爲目前計，報界應有節用報紙之覺悟。大城市日報，每份可減至二張，小城市日報，可減至一張，如此，不特可稍塞漏卮，而徒充篇幅之材料亦可大大刪削。總之，我國倘不自造紙，終不免仰人供給，一旦與外人開戰，則來源絕而報業停，國人其不閉明塞聰有若聾瞶者幾希矣。

（註一）前漢書第九十七卷第四頁。

（註二）後漢書第百〇八卷（第十一頁）；元興元年爲西曆一〇五年。

（註三）書斷列傳第一第六頁。

（註四）H. G. Wells: The Outline of History (Third edition) Chap. XXIV, § 4, p. 718.

（註五）全國報館俱進會自辦造紙廠議案：「報社支出紙爲大宗，統計全國報館，不弱五百，平均日出二大張，發行五千份，日用紙當得五千令，每令平均一兩七錢五分，則日支出銀須八千七百五十兩，年計三百十九萬三千七百五十兩，此三百十九萬三千七百五十兩之紙費，今因已國無適用之紙，悉輸諸海外。此鉅項之紙，自外輸入，水脚關稅及保險費等，平均以百分之十計，當得銀三十一萬九千三百七十五兩。使已國有一適用之紙廠，則關稅保險水脚諸費，可減至十分之二，約贏二十五萬五千三百兩，而賣紙之贏利，亦將轉而利吾已國之資本家矣。集上述之款爲紙廠基本金，得其人，得其法，不數年間，即可以良好適合之紙，遍饗全國報館。利權之收回，豈不甚溥。不然者，蹉跎十年，金錢之輸出者，將益不貲，矧今後言論方興未已，輸出之紙款，將更不止此耶？因是擬議由全國報界俱進會發起創辦紙廠，自造報紙，以挽利權，草議二條，述之如下，請議：（一）先設造紙廠籌辦處於京滬粵漢等處；（二）由全國報館認募股份，每報認股在一萬兩以上。

第八節　用人

報館譬之人體，人材則靈魂也。故報紙之良不良，可自其人材多寡而知之。大率一館之中，出類拔萃者僅十之二三，餘備員而已。

總理爲一館之領袖，故宜知編輯、營業、印刷三方面之眞相，尤貴在知人善任，以全力盡忠於其職務。其月薪約在三百元左右。

總編輯亦稱總主筆，爲編輯部之領袖。其職務在平日似甚單簡，惟有時定大計，決大疑，其無形之責任則滋重也。總編輯常兼司社論，其月薪約在一百五十元至三百元之間。次於總編輯，爲編輯長，亦可稱理事編輯。其事務至繁，指揮館員，考核訪員皆屬之，而要在能估計一日所需之材料，而善爲調節，其月薪約在一百五十元左右。在編輯長之下者，有要聞編輯，取舍關於全國或國際間之新聞。有地方新聞編輯，取舍關於一省一縣或一地方之新聞，其月薪均約在八十元左右。有特派員，如上海報館必有專員駐京，或專事發電，或專事通信，每人月薪均在百元左右，交際費在外。有特約通信員，或在國內，或在國外，大率以篇計算，每文一篇，約在十元左右。有訪員遍駐國內各要埠，專任者每名月薪約四十元，兼任者僅十餘元。有翻譯，每名月薪約五十元至八十元。有校對有譯電人，每名月薪二十元左右。

本埠編輯亦可稱城市編輯，亦爲編輯部之要人，宜熟知當地情形，且富有訪事之經驗。未來之事，排日書之於册，或揭示編輯部中。雖至瑣屑之新聞，亦常以與讀者接近，而勿任其遺漏。其月薪約在八十元左右。屬於本埠編輯指揮之下者，有特別訪員，爲本館所專聘，平時外出交際，有事發生，則立即出而訪問，以補普通訪員所不及，月薪約在四十元至六十元之間。有體育訪員，專紀運動新聞，月薪約在三十元左右。有普通訪員，常兼任他報；但報館亦得令其專注意某一事，而作爲特別訪稿。以上海情形言，論區域，有英界、法界、城內、閘北、浦東、吳淞之分；論事務，則有教育、商務、市政、軍事、司法之別；論交通，則有鐵路、輪船之殊。各事其事，不相侵犯。每人月薪約在十元至三十元之間。

副張均載文藝及滑稽之作，另有一編輯司之，月薪約六十元左右。副張之名稱各報不同，其取材亦異。如北方重文藝，南方偏於滑稽，是乃一地之風氣使然耳。

外此，有各報所特注意之事而另出增刊者，如教育、經濟、外交、婦女、小說、勞工、科學、圖畫、汽車之類，須延一專門家司之，亦有由一學術機關供給材料者。其薪水與報酬，至不一律。

營業部有部長，純粹爲商人性質，須幹練而長於會計，月薪約在百元左右。屬於其下，有專司廣告者，有專司代派者，有專司定報者，有專司零售者，有專司出納者，有專司中外書牘者，有兜攬廣告者，有承接製版印件者，其月薪每人均在三十元左右。

印刷部由嫻於機械者管理之，或由營業部長兼任。屬於其下者，有排字之工人，有鑄字之工人，有打紙板澆鉛版之工人，有印刷之工人。其制度有直接雇用者，每名月薪均約在十元至二十元之間，但仍須擇一人爲領袖，使監察一部分之事務，月薪約四十元。有包辦者，其費視事務之多寡而異。大都直接雇用，則館中責重事繁；包辦則領袖漁利，用人有濫竽之弊，是不易避免耳。

製銅版鋅版者，另爲一部，有時兼外出照相，月薪均約在三四十元之間。

以今日生活程度之高而薪水之少如此，（此就上海而言，他處恐尙不及此數）其不能養廉必矣。上焉者，則兼任館外之事；下焉者，則有外面津貼，其數且常較報館所給爲優。報館以爲經濟所限，亦明知故昧，而無如之何也。

才難之歎，自古已然。況甫具萌蘗之報界乎？今後之辦報者，欲卓然有所樹立，將不在資本之募集，而在專材之養成。故遇有可造之材，宜少責以事，使有讀書之暇，多與以薪，使無生計之憂。倘能實行年功加俸之制，則人自不至見異思遷，視報館如傳舍矣。

第九節　附刊與小報

音樂會與跳舞會不多有，戲園與游戲場喧囂齷齪特甚，當此社會設備不完美之時，凡有文字知識者，舍讀日報副張以調節其腦筋外，幾別無娛樂之可言。

今日各報之副張，果能應此需要否？或偏於舊，一意模仿古人作品；或偏於新，有類學校講義。下焉者，則搜羅新奇之事物，謂姑誌之以供博物學家之研究，非失之荒唐，卽失之滑稽。是編者欲供讀者以娛樂，而結果適得其反。

吾意副張之材料，必以文藝爲基礎。如批評、小說、詩歌、戲曲與新聞之類，凡足以引起研究之興味者，均可兼收並蓄，而要在與日常生活有關，與讀者之常識相去不遠。

歐戰以後，一切社會制度皆入於懷疑之狀態。此後須另覓新智識，爲生活之指導。於是報紙上時見討論學問之文，而週刊遂應運而生。每館少者一二種，多者六七種。大率政治問題雖足以一時引起全國人之視線，然社會分子複雜，未必盡有關係。報紙爲力避單調之弊與迎合各方面讀者計，每週供給以專門之材料，亦時勢所要求也。日報與雜誌，只供人以趣味，研究學問須用書籍，此通論也。然我國雜誌不多，專門之雜誌尤少，於是週刊又兼有一部分之雜誌工作。關於宗教、哲學、科學、文學、美術等，乃幾無所不包。然二者性質終屬不同，蓋專門雜誌務求其深，週刊務求其廣，且須力避教科書之色彩也。

圖畫爲無音之新聞，不識字者亦能讀之。故在各種週刊中，以圖畫週刊爲最受讀者歡迎。

我國報紙，每逢雙十節與新年，必增出若干紙，述一年中之經過與希望，今已成爲一種風氣。籀往知來，綢繆未雨，其意未可厚非也。

京師爲人文淵藪，其中有思想高超，研究深密，發爲文章，投諸報紙者，雖片語隻字，都覺可觀。以言附刊之精采，舉國無其匹也。

報館因紀念而出之書籍，有時報新屋落成紀念册，申報五十年紀念册，新聞報三十年紀念册；其中以申報五十年紀念册爲材料最豐富而有精采。關於報紙者，有時報之世界報紙大觀。

與大報副張頡頏者有小報，以其篇幅小故名。其上焉者，亦自有其精采，未可以其小而忽之也。戊戌以後，笑林報世界繁華報等，踵時務報等而起，文辭斐茂，爲士夫所樂稱。今則北京之春生紅上海之晶報等，均銷數甚暢，不讓

時新報

笑林報

獨立報

采風報

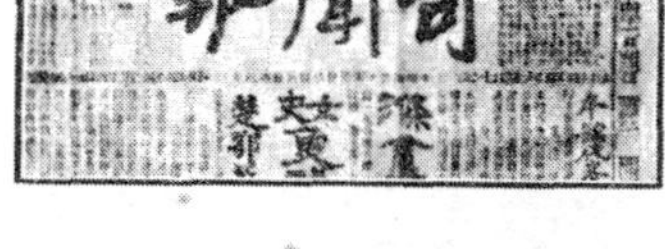

奇聞報

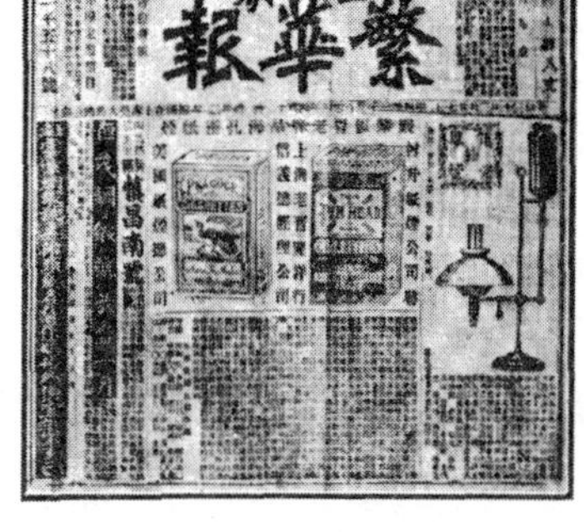

繁華報

寓言報

便覽報

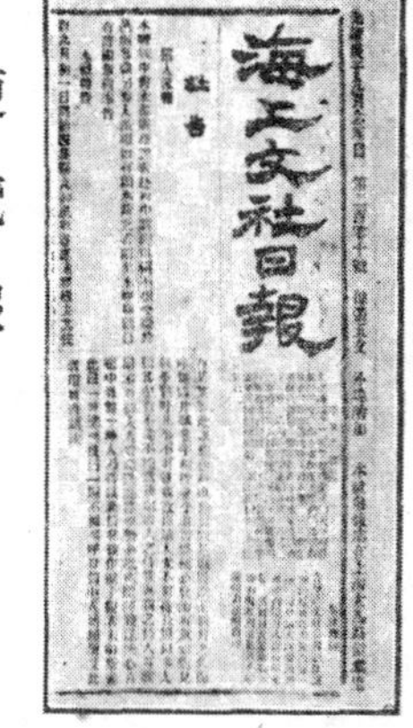

海上文社日報

奇新報

大報。其優點乃在能紀大報所不紀，能言大報所不言，以流利與滑稽之筆，寫可奇可喜之事，當然使讀者易獲興趣。惟往往道聽塗說，描寫逾分，卽不免誨淫誨盜之譏。若夫攻訐陰私，以尖刻爲能，風斯下矣。

第十節　圖畫與銅版部

文義有深淺，而圖畫則盡人可閱；紀事有眞僞，而圖畫則赤裸裸表出。蓋圖畫先於文字，爲人類天然愛好之物。雖村夫稚子，亦能引其興趣而加以粗淺之品評。英國名記者北巖氏謂圖畫爲無音之新聞，最能吸引讀者而推廣一報之銷路，誠至論也。

我國報紙之有圖畫，其初純爲曆象、生物、汽機、風景之類，鏤以銅版，其費至鉅。石印旣行，始有繪畫時事者，如點石齋畫報，飛影閣畫報，書畫譜報等是。惜取材有類聊齋，無關大局。迨民立輿論時事太平洋等畫報出，乃漸有進步，有時諷刺時局，可與大報相輔而行。惟描寫未必與眞相相符，猶是一病耳。自照相銅版出，與圖畫以一大革新。光復之際，民軍與官軍激戰，照片時見於報端。圖畫在報紙上地位之重要，至此始露其端。近則規模較大之報館，均已設有銅版部，圖畫常能與有關之新聞同時披露，已於時間上爭先後，乃可喜之現象也。

銅版部之設備，最要者爲照相房與暗室。其用具則有照相架、鋸牀、鑽牀、刨牀等。照相架每具約四百元，自製者僅百五十元左右，但對光常不甚準確。鏡頭每枚自百五十元至三百五十元，鋼版則有六十五線八十五線百線百三十三線之分，價各不同。報紙質粗，宜用六十五線與八十五線；道林紙質細，宜用百線與百三十三線。如夜間製版，須用鎂燈，每盞約二百元。至在外間照相之六寸快鏡，合於報館用者，每具約二百元。由照相起至製成銅版止，其時間常需二小時半。

民國九年，時報創圖畫週刊，注意中外大事，印以道林紙，是爲我國有現代畫報之始。近北京晨報亦發行星期畫報，注意時事與藝術，皆取材嚴謹，足以引起國民之美感。吾意畫報之精采，第一在印刷淸晰，圖畫則必取生動者。一片之優點何在，須能表而出之。至材料之時時變易，排列之參差有致，又其次焉者也。

圖畫之色澤濃淡不分者，如地圖表解之類，可製鋅版，凡善製銅版者必優爲之。近來各報館銅版部，有以代製銅版鋅版爲業者，其收入亦頗豐藉以減輕銅版部之支出。惟本報上之圖畫反不多見，舍本逐末，則未免有失設部之意耳。

新聞照相，在取得一事之要點，與普通照相之專供紀念者不同。歐美報館，均有照相隊，其搜羅材料之能力，常與記者並駕齊驅。我國報館，今尚未知養成此種專材，故多與照相館合作。

歐美以供給照相於報館爲業者，其規模極大。蓋各報莫不重視圖畫，其需要至廣也。數年前，北京曾有人組織中央寫眞通信社，每月平均送稿八次，每月取費十元，其材料頗合報紙之用。惜各報多無銅版部之組織，訂購者不過數家，故未能持久。近上海亦有人擬組攝影通信社，但以費拙，至今尚未送稿。茲錄其章程如下，以供參考：

上海攝影通訊社章程：

本社專事攝製時事、裝飾、風景、風俗、藝術、（音樂、舞蹈、繪畫、雕刻、舞台劇、電影劇。）以及種種影片，以便本外埠各報及各雜誌之採取。

本社因採取材料手續繁簡之關係，故於每一攝成之影片上加以等級，並定相當之價格如下：

種類	價格			備註
時事	甲五元	乙三元	丙一元	軍事區域，以及其他能危害攝影者之安全者，及不易發見之祕密等稿件，不在此例。
裝飾	甲四元	乙二元	丙一元	
風俗	甲三元	乙二元	丙一元	
風景	甲三元	乙二元	丙一元	
名人	甲四元	乙二元	丙一元	
藝術	甲三元	乙二元	丙一元	

影片業經選定，卽須將款付足。

影片如已選定，及經付款手續後，不得掉換及退還。

關於時事之照片，本社有以同一稿件分送各報者，惟能切實擔保其形式上之不同。（如因瞬息間攝成而無重攝機會者不在此例。）

按月特約者，本社每日下午六時以前將稿件送到，稿費每逢陽曆月底清算。

本社除上列辦法外，亦能受人特別約定指攝任何事物，但除面訂手續費外，尚須收取材料及車資等費用。（如在遠地，並須供給旅費。）

本社除攝影外，尚有各種附帶事業：甲、有關時事之諷刺畫及報頭插圖；乙、評論藝術，及其他簡短而有興趣之文字。

本章程有未盡善處，得隨時修正之。

第十一節　華僑報紙

外人之經商我國者，凡聚居之處，莫不有報紙，淺言之，可以互通聲氣，研究商情，法至善，利至溥也。華人之僑居於國外者，其數近千萬，（註一）則其所發行之報紙，殊有可述之價值也。

華僑以英荷二屬爲最多，故有報紙亦較早。（註二）如新加坡之叻報，八打威之華鐸報，其著者也。各報銷數多者二千份，少者數百紙，然其中亦有以獲利聞者，則兼營印刷之故也。

華僑所辦之馬來文報紙

PEWARTA SOERABAIA

Onderling Belang

華僑報紙之言論，大率在前淸分爲維新與革命二光復後，維新革命，均失其標幟，色彩漸淡。未幾洪憲事起，又分爲擁袁與倒袁二派。袁死，擁袁者轉而擁陳炯明，倒者轉而擁孫中山，互相攻擊，今猶未已。其他則模稜兩可，一定之宗旨也。

華僑報紙之難於發展其故有四：(一)華僑教育未生長其地者，且不識華文，故社會程度甚幼稚，非特閱報少，即覓一有價値之新聞亦不易也；(二)編輯人才缺乏，大率執筆者，在南洋方面多係政客，美日方面多係學生，輩來去無常，報館內部，遂時有更變；(三)華僑成見甚深，視報紙爲黨爭之工具，互相攻訐，置華人生活之苦痛於顧；(四)前淸時，華僑報紙，可自由發抒意見，今外人見中國民氣之蓬勃，華僑智識之增進，乃摧殘不遺餘力。總之僑無遠大之眼光，以報紙爲對外之利器。我國果注意僑務，莫妙於由國內實業教育兩界中人，赴華僑聚居之處，辦日報，導華僑在商業上，與外人相競爭。政府若能創辦此種報紙，亦足聯絡祖國與華僑之感情，於華僑事業之展上，實至有關係也。

(註一)據十五年四月三日時報載，駐外各領事報告僑民數目，約九百六十三萬四千人。計香港四十四萬四千六百四十四人，緬甸十二人，坎拿大一萬二千人，荷領印度一百八十三萬五千人，西伯利亞二萬五千人，俄國七萬一千零二十一人，澳洲二萬五千七百七十二人，美國十五萬人，菲列濱四萬二千人，馬來半島九萬三千人，爪哇二萬七千人，法領印度一百零三萬人，祕魯四萬人，朝鮮一萬人，喜浪島三千五百人，法領不拉紀魯二千人，美領愛姆一百五十萬人，其他各國屬地共十四萬三千人。

（註二）舊金山華僑，於同治十三年六月初二日發行週報，石印，是爲華僑報紙之最早者，惜不知其名。（見同治十三年七月二十五日申報）

第十二節　通信社

因報紙上新聞材料之需要殷繁，而有通信社；因世界報紙之發達，而通信社遂成大規模之營利事業；二者蓋相互爲用者也。自今日之國際眼光觀之，報紙之銷路常爲文字及地域所限，若通信社之消息，則常能間接遍及各國。故通信社之勢力，駸駸乎駕報館而上之。此各國政府所以不惜歲縻鉅帑，從事於此，爲外交上之利器也。

胡政之先生

我國人自辦之通信社，起源於北京，即民國五年七月，邵振青所創之新聞編譯社是也。今據中外報章類纂社所調查，全國共有通信社一百五十五家，北京最多，武漢次之。自其數目上言，誠不爲少，但實際設備甚簡，只爲一黨一派而宣傳其消息至不爲國內報紙所信任，對外更無論矣。其中惟胡霖（政之）所主持之國聞通信社，內部較有組織，現方於京津滬漢各埠試發電報，則四年來努力之結果也。

宣統二年，全國報界俱進會議決設立通信社，先從北京上海東三省蒙古西藏新疆及歐美入手，以次推及內地。（註一）民國九年，全國報界聯合會又議決組織國際通信社，選派富有學識經驗之員，分赴歐美重要都會，協同該處留學生，將國際情勢，探訪調查，緩用郵告，急以電達。（註二）所見甚遠，惜均未實行。外人所設之通信社，其爲本國宣傳，夫人而知之。然我國報紙以經濟拮据，不得不用，所謂飲酖而止渴也。歐戰以前，我國報紙之國外新聞，大率譯自外報。歐戰發生，始出資購買，與外報同日登載。然謂各報注意國外新聞乎，則又未必。平時則徒以充篇幅，有事則爲人宣傳，似至今未覺悟也。路透電報社（The Reuter Telegraph Co.）爲英人之機關，供給我國報紙以國外及太平洋之消息，而於英國事爲最詳。其取費以報館大小爲等差，每月由五元至一百七十五元。外人通信社中之翹楚也。次爲東方通信社，爲日本政府之機關；電報通信社，爲日本政黨之機關。供給日本消息，而於我國北方事爲特詳，其取費甚廉。次則蘇聯通信社爲俄政府之機關，中美通信社爲美人之機關。外此；如上海顧家宅無線電台，膠東無線電台可接收法德二國所發之半官消息，而間接供給於各報。近美國聯合通信社（The United Press）已由無線電供給各西報以該國之消息，我國報紙時有譯載，但以取費甚昂，尚未購用。

外人通信社勢力之偉大既如此，華人通信社勢力之薄弱又如彼。當此進退維谷之際，吾意較有力之報館，應有自助之法。其法維何，即由報館合組通信社是。（註三）美國有合衆通信社(The Associated Press)者，爲各重要報館所合組。每一報館爲一社員，相互的爲新聞之蒐集與交換，其經費因力量之大小而分任之，與普通新聞社之以新聞而營利者大異。今則倫敦巴黎柏林羅馬東京北京維也納各大都會均有其分社，消息靈通，勢力雄厚，是我國報界所可效法者也。

至國際間交換新聞，非有大規模之組織不可。且必須於國內有鞏固之基礎與信用，而後始可向外發展，得對方之尊重。如英之路透，法之合法(Havas)，德之華夫(Wolff)，意之司丹法(Stefam)，澳之考比潤(Corburean)，日本之聯合，美之合衆，其所以能佔世界一部分勢力者，豈一朝一夕之故哉！

（註一）報界俱進會組織通信社之提案：「報館記事，貴乎詳確捷。今日吾國訪員程度之卑劣，無可爲諱。報館以採訪之責付諸數輩，往往一事發生，報館反爲訪員所利用，顛倒是非，無所不至。試問各報新聞，能否適合乎詳確捷三字？吾恐同業諸君，亦不自以爲滿意，而虛耗訪薪，猶其餘事。同人等以爲俱進會者，全國公共團體，急宜乘此時機，附設一通信機關，互相通信，先試行於南北繁盛都會及商埠，俟辦有成効，逐漸推行，俾各報館得以少數之代價，得至確之新聞，以資補助而促進步。是否有當，應請公決。」

（註二）全國報界聯合會通過之組織國際通信社案：「國際情勢，瞬息萬變，外交樞機，尤貴神速。苟應付之術少疏，斯禍患之來無已。千鈞一髮，稍縱即逝。報紙爲輿論代表，對於政府各種政策，皆有監督批評指導之責。言論必本諸記載，判斷必根於事實。眞僞既殊，是非自別。是以採訪不厭其周詳，調查務求其眞確，良以立言之當否，影響於國家前途之安危者，至重且大也。吾國報紙，歐美情勢及外交消息，類皆取材外電，彼多爲已國之利害計，含有宣傳煽惑之作用，故常有顛倒是非，變亂眞僞之舉。抄載稍一不愼，鮮不墮其術中。而各國通信社在吾國中者，其數又多，各本其主旨，任意散布，指鹿爲馬，入主出奴，混淆龐雜，取信無從。報紙之論評，既難期中鵠；閱者之從違，自旁皇莫定。將欲蟠除此弊，使對外之言論趨於一致，非自行創立一通信社，採報各國情勢不可。惟玆事體非因循敷衍所能奏功，亦非一手一足所能爲力。必合羣策羣思，共同籌謀，始克有成。最近雖留法學生有巴黎通信社之設，然資力微弱，難稱完美。鄙意擬由全國報界聯合會醵集基金，組織一國際通信社，選派富有學識經驗之員，分赴歐美重要都會，協同該處留學生，將國際情形探訪調查，綬用郵告，急以電達，俾對外言論，有所遵循，不至爲外電所左右。是否有當，統俟公決。」

（註三）國聞通信社緣起及簡章：「新聞紙者國民之喉舌社會之縮影也。無論何國。欲覘其羣衆之意志。與社會之現象。胥可於其新聞紙中得之。中國之有報已有年矣。顧其規模與勢力。恆不能與歐美日本諸國之報比擬。除通都大邑間有報紙足以代表一部分輿論外。卽其他省會商埠亦往往不能求一比較完善之報。此誠國民之羞也。閒嘗思之。輿論之發生。根於事實之判斷。而事實之判斷。則繫於報館之採報。因採訪之不周。或來處僞之紀載。視聽旣淆。判斷易誤。輿論之根據已不確實。其不足以表現國民之眞正意志。蓋無待論。各國報館內部有完善之組織。外部有得力之訪員。更有通信社搜集材料爲之分勞。其消息靈確。輿論健全。實由於此。中國則因報界組織不完全之故。報道歧出。眞相難明。同在一國而南北之精神隔絕。同在一地而甲乙所傳各別。吾人欲謀新聞事業之改進。舍革新通信機關殆無他道。同人創立玆社。志趣在此。將欲本積年之經驗。訪眞確之消息。以社會服務之微忱。助海內同志之宏業。創設之始。規模雖簡。而發展之途則期懷頗遠。尙乞　明達。賜予扶持。謹具簡章。卽希公鑒。」

第一條　本社以採訪各地各界確實消息。彙集發表。以供新聞界之採擇爲主旨。

第二條　本社報告以事實爲主。不加議論。

第三條　本社職員如左。

主任一人　　主持全社事務。

總編輯一人　　主持編輯事宜。

編輯若干人　　分華文洋文兩部。助理編輯事宜。

事務員若干人　分任庶務會計各事宜。

第四條　本社總社設於上海。分社設於北京天津奉天漢口長沙重慶廣州貴陽等處。

第五條　本社於總支社均特約得力通信員。關於各種新聞。隨時以專電快信爲詳確靈敏之報告。

第六條　本社除於各外國陸續聘任專員通信外。凡各國報紙有重要消息。仍隨時譯述以供報界參考。

第七條　本社通信在上海每日發刊兩次。外埠每日發刊一次。

第八條　本社通信價目如左。

一私人訂閱　每月四元

二本埠各報訂閱　每月六元

三外埠各報訂閱　每月八元

四外埠快郵訂閱　每月十元

第九條　本社社員均係新聞界積有經驗之士。願任外埠各報館特別通信職務。無論函電。均可担任。其報酬應另行函訂。

第十條　本簡章於本社成立之日實行之。未盡事宜。隨時酌議增補。

第十三節　報業教育

報業教育，在歐美亦甚新，矧在我國，其幼稚固不待言也。

歐美名記者，往昔僉謂報館爲最佳之報學院，實用方法，恐難於教室內教授。故報業教育初興之時，頗遭報界之輕視。然自此種人材加入報界之後，覺成績優良，遠過於未受專門訓練者，於是報界之懷疑始去，而樂與教育界攜手。世間有一顛仆不破之公例，卽學問絕無害於經驗，而有助於經驗也。

記者之職責至重，而社會之希望於記者亦甚高。然執今之報界中人，而詢其因何而爲記者，如何而後成良好之記者，恐能作明瞭之答復者千百之十一耳。故由道德上理想上以造就報業人材，則報館不如學校；學問與經驗，兩不宜偏廢也。

抑尤有進者，報業職業也；（註一）一論一評一紀事，須對讀者負責任，非有素養者，曷足以語此？譬之醫之處方，可以活人，亦可以殺人。往昔私相傳授，惟重經驗；今則非大學生不得肄習，非有卒業證書，不得爲人治病。此無他，愼重人命而已。歐美名記者，固有出身於報館者，然此種人不數數見，豈足以應報界之需？故報業之必須有教育，卽使有志於此者，於未入報界之先，予以專門之訓練，及關於政治學心理學社會學上之高級知識，乃尊重職業之意，豈有他哉？

報學之有人研究，不自今日始。然研究報學之熱度，則在歐戰後始高。如美國哥侖比亞（Columbia）威斯康新（Wisconsin）等大學，夙爲研究報學之最高學府，而歐戰以後研究最力者，則德國是也。

歐戰或謂之宣傳戰，或謂之報紙戰，蓋大戰之勃發，對於報紙方面最先注意者，英國是也。在英國，以稱爲報王之北岩爵士（Lord Northcliffe）爲宣傳之領袖，其下有宣傳最力之二大通信社：一爲英國之路透（Reuter），一爲法國之合法（Havas）。此專對外宣傳者也。若對於國內之宣傳，則爲北岩所有之倫敦時報（Times）與每日郵報(Daily Mail)等。德國覩此情形，爲之驚愕異常。但德國之大陸電報通信社及其所屬之宮廷派保守派同人，對於報學素未容心雖報紙之利用，爲鐵血宰相畢士麥(Bismark)所深悉而曾行之但終不知愛好與尊重。故報紙之進步當然爲之阻礙。迨歐戰勃發，英法二國利用二大通信社，巧爲對外宣傳至是而大陸亦踵行之，然已落後一步矣。蓋英國有海底電線長四十五萬開羅，而德國僅有三萬五千開羅。且通信社之內部組織，亦優劣逈殊。號稱報王之北岩又聚精會神以赴之，德人視之，實有遜色。故宣傳政策，謂由歐戰而開一新紀元也無不可。

德人既於歐戰中得宣傳失敗之經驗，故革命之際，同時知研究報學之價值。對於報學有興味者，始有研究報學之組織。其後各大學均添設報學科。今柏林諸大學之報學科，又比較更爲完美，且有報學專門學校。加之法科、文科、商科各分科大學內均將報學列爲必修科，其意卽社會之任何方面，對於報學應有正當之理解，然後對於社會之發達方有正當之引導也。

近年我國留學歐美之對報紙有研究者日有歸國；同時歐美之名記者，又多來我國考察，足迹所至，必有關於報紙之演講及種種討論；而報館因營業上之發展，亦漸有改良之傾向，於是報學之在我國，遂引起興味而下一種子。

民國元年，全國報界俱進會曾提議設立新聞學校，是爲我國知有報業教育之始。(註二)民國九年，全國報界聯合會已進一步，議決新聞大學組織大綱。(註三)惜兩會均因不久瓦解，未能見諸實行。民國七年，國立北京大學

全國報館俱進會攝影

北京新聞學研究會攝影

上海新聞學演講會攝影

學生，得學校當局之贊助，設立新聞學研究會，是爲報業教育之發端。民國九年，上海聖約翰大學於文科中，設立報學系。民國十年，廈門大學成立，列報學於所設八科之一。民國十二年北京平民大學；民國十三年北京國際大學、與燕京大學；民國十四年上海南方大學等，又先後設立報學系。最近上海光華大學與國民大學成立，亦有報學課程。至是，報學乃在教育上佔一位置，誠可喜之現象也。

國立北京大學之有報學課程，已五六年，於茲，爲政治系四年級選修課之一。然該校學生之有報學興味者不少，故最近選修是科者，竟達七十人，文科法科均有之。每週授課二小時，教授爲徐寶璜。去年曾新編講義，但未幾即改用其所著之新聞學，以爲課本。參考書指定爲 Harrington and Trankenbery 著之 Essentials in Journalism; Given 著之 The Making of a Newspaper; 邵振青著之新聞學總論等。前曾發行新聞週刊，對於一週之新聞，爲系統之紀載，下公允之評論，爲中國唯一傳播新聞學識之報紙。

上海聖約翰大學，於民國九年由教授卜惠廉 (W. A. S. Pott) 在教務會議中提議設立報學系，附於普通文科，請密勒氏評論報主筆畢德生 (D. D. Patterson) 兼任其事。故授課均在晚間。約大週刊（英文）亦於此時發行，編輯者即爲報學系中人。一時選讀者達四五十人。校長見學生對報學至有興味，乃函告美國董事部，添聘報學教授一人。民國十三年，得武道 (M. E. Votau) 來華主任教務，於是報學課程漸多，每學期選讀者，均約五六十人。以教授人數太少，未設專科，故畢業者，仍給以文科學士學位。

廈門大學成立於民國十年，爲華僑陳嘉庚所創辦，內設八科，報學其一也。斯時草創伊始，教授缺乏，學生只一人而已。課程與文科同，徒有其名。翌年夏，江浙學生負笈前往者漸多，入報學科者增至六人。惟學校當局重視理科，而漠視其他；報學科學生乃組織同學會，內則要求學校當局聘請主任，添設課程，購買圖書與印刷機器，外則介紹同志加入此科。民國十一年冬，學校因聘孫貴定爲報學科主任。孫於報學頗有心得，銳意經營，報學科遂日有起色。不意民國十二年，發生反對校長風潮，教授九人與全體學生宣言離校，赴滬創設大夏大學。於是幼稚之廈大報學科，遂成曇花一現。

北京平民大學創辦之初，即規定設立報學系。民國十二年，第一屆預科畢業，該系即正式成立。今共有三級，學生計男百〇五人，女八人。聘北大報學教授徐寶璜爲主任，北京國聞通信社長吳天生，京報社長邵飄萍等爲教授。有自編講義者，有口授而令學生筆記者。學生課外組織，有新聞學研究會，有時亦至報館實習。其所發行之新聞學系級刊，每半月出版一次，爲報學界罕有之出版物。(註四)

北京燕京大學，於民國十三年設立報學系，分爲兩級。最

北京平民大學
新聞學系級刊
創刊號
本刊每半月出版一次
目錄

初僅有學生九人，內有女子一人，專習者只二三人，亦有僅選讀課程之一二種者。然無論專習或選習，均須三年或四年級生。斯系聘布立登（Roswell S. Brittan）爲主任，藍序（Veanon Nash）等爲教授。燕京通訊社（Yen-ching News Service）爲該系師生所合組，隨時採集新聞，供給北京、天津、上海、漢口、香港、東京、紐約、報紙十餘家。始僅出英文稿件，今又增出中文，均酌取稿費。該系本擬自出報紙，因經濟關係，尚未實行。但燕大週刊之新聞副刊，已歸該系編輯。該系學生有在北京導報（Peking Leader）及其他報館服務者，或爲長期，或僅充暑期訪員。

北京民國大學，於民國十三年設立報學系。惟現仍係預科，俟預科畢業，始可正式開課。

上海南方大學，於民國十四年春，延申報協理汪英賓爲主任，設立報學系及報學專修科。必修之學科凡三：報學原理及廣告原理，由汪自授，訪事學由時報編輯戈公振任之。專讀者，報學系十八人，內有女子一人，專修科五人，選讀者八十餘人，內有女子一人。課外則組織南大通訊社，學生分日出外採集新聞，供給本埠各報館之用，不取費。暑假中發生復辟風潮，報學系亦遂渙散。今雖尚存其名，然主持已非舊人矣。（註五）

上海光華大學，爲上海聖約翰大學反對校長之師生所組織，學程中仍有報學一課，延汪英賓爲教授。選讀者六十餘人，文科學生居多。廣告學選讀者二十餘人，商科學生居多。

上海國民大學，爲上海南方大學反對校長之師生所組織，設科一仍其舊。報學系延戈公振講中國報學史，商報編輯潘公展講編輯法，時事新報總編輯潘公弼講報館管理，商報總編輯陳布雷講社論編寫。該系學生曾聯合光華大夏二大學報學學生，合組上海報學社，內則提倡讀書，外則參觀報館。學生之課作，有登載各報者，亦有兼任報館訪員者。專讀者六人，選讀者三十餘人。

(註一)威廉氏(W. Williams)之報業定義云：「新聞家者，主紀錄，辨申訴，買賣新聞，判斷詞訟，保障民權，任指導又任解釋疑義者也。若專紀錄，則成鈔胥；專盲賣，則成裨販矣。嚴格論之報業者，非營業也，職業也，職業之爲解釋疑義者也。」(Practice of Journalism)

(註二)報界俱進會組織報業學堂之提案：「吾國報業之不發達，豈無故耶？其最大原因，則在無專門之人材。夫一國之中，所賴灌輸文化，啓牖知識、陶鑄人才，其功不在教育下者，厥惟報業。乃不先養專才，欲起而與世界報業相抗衡，烏乎得？且報業之範圍，固不僅在言論，凡交通、調查諸大端，悉包舉於內，而爲一國一社會之大機關。任大責重，豈能率爾操觚？吾國報業，方諸先進國，其幼稚殊不可諱。一訪事，一編輯，一廣告之佈置，一發行之方法，在先進國均有良法寓其間，以博社會之歡迎，以故有報業學堂之設。不寧惟是，且有專家日求改良，以濟其後焉。吾國報業既未得根本上之根本籌畫，欲求改良，果有何道？土廣民廣，既甲於世界，若就人口及地面爲標準，以設報館，（先進國報館取屬人主義，滿若干人口，應設報館一，取屬地主義者，有若干地面，應設報館一）則尙邈乎其遠。通埠雖稍有建設，而勢尙式微。今後若謀進步，擴張之數，正未可量。而能勝此重負，幾何不先有以養育之？僅此寥寥有數人才，流貫交通有數之地點，其有補於國家社會之處，固屬有限。即對於各本業專學之前途，究如何以有操勝之權，亦未能必也。某也目光所及，擬於根本上改良，爰公同提議組織報業學堂，敬候公决。」

(註三)全國報界聯合會所議决之新聞大學組織大綱：

第一條　新聞大學之宗旨(一)造就新聞專門人材，(二)促進全國新聞業之發達，(三)補助國際輿論，(四)輸入新文化。

第二條　新聞大學之成立，由全國報界聯合會選舉委員五人，擇定國內相當之大學籌備組織之。

第三條　新聞大學設立於擇定大學內，即名爲某大學之新聞大學科。

第四條　新聞大學之經費，由擇定大學與本會兩方合併籌足固定基本金三十萬元，存儲生息，以作常年經費之用；以後視發達之程度，逐漸推廣。

第五條　新聞學主要學科，由大學教授會定之。

第六條　新聞大學應附設函授科，週行科，使國內現在從事新聞事業及一般有志入學而不得者，皆得受大學同等之教育，並促進社會之文化。

第七條　新聞大學審經濟之狀況，應聘請國際著有名望得各國輿論信用之新聞學大家主持教授。

第八條　謀新聞大學之發達起見，得設定各種名譽職，授與各方之熱心援助本大學者。

第九條　本大學學員之收錄，由籌備員與擇定之大學協定之。

第十條　本大綱一切應行修改，或未盡事宜，均由籌備員與擇定大學兩方協議定之。

(註四)平民大學新聞學系分年課程表：

第一學年　共計十二種科目授課時間二十三小時

一、新聞學概論(2)　二、速記術(1)　三、經濟學(3)　四、政治學(2)　五、文學概論(2)　六、哲學概論(2)　七、民法概要(2)　八、中國文學研究(2)　九、英文(讀報)(2)　十、日文(讀本文法)(2)　十一、憲法(2)　十二、文字學(1)

第二學年　共計十二種科目授課時間二十三小時

一、新聞採集法(1)　二、新聞編述法(1)　三、廣告學(2)　四、社會學(2)　五、照相製板術(1)　六、財政學(3)　七、中國近代政治外交史(2)　八、平時國際公法(2)　九、統計學(2)　十、中國文學研究(2)　十一、英文(讀報)(2)　十二、日文(讀報)(2)　十三、文字學(1)

第三學年　共計十一種科目授課時間二十小時

一、新聞經營法(1)　二、新聞評論法(1)　三、採編實習(2)　四、評論實習(2)　五、時事研究(2)　六、現行法令綱要(2)　七、戰時國

際公法(2)　八、中國近代財政史(2)　九、現代金融論(2)　十、近代小說(2)　十一、英文(讀報)(2)

第四學年　共計十一種科目授課時間二十小時

一、新聞事業發達史(2)　二、特別評論法(戲評書評)(1)　三、出版法(1)　四、採編實習(2)　五、評論實習(2)　六、羣衆心理(2)　七、時事研究(2)　八、現代各國政治外交史(2)　九、現代社會問題(2)　十、近代戲劇(2)　十一、英文(新聞學選讀)(2)

(註五)南方大學報學系及報學專修科規程：

目的　報業高尙之職業也。惟其感化人民思想及道德之重大無比，故亟宜訓練較善之新聞記者，以編較善之報章而供公衆以較善之服務。報業之爲職業也，舉凡記者主筆經理圖解者通信員發行人廣告員，凡用報章或定期刊以採集預備發行新聞於公衆者皆屬之。本科之唯一目的，爲養成男女之有品學者以此職業去服務公衆。

資格　(一)本系生—凡具有入系之資格，即修畢大學本科二年學程者，遵照本系學程研究期得學位者皆屬之。(二)專修科生—凡具有入專修科之資格，即大學預科或高級中學畢業相當程度者，遵照本專修科學程研究期得畢業證書者皆屬之。(三)特別生—凡無入本系或專修科之資格，並不期得學位或畢業證書，而具下列資格一項者，皆得入本系或專修科爲特別生：(甲)有一年編輯之經驗，或本性相近者；(乙)國文精通者；(丙)能直接聽記英文講義者。

學位與證書　報學系生修完必修與選修各課，並滿八十學分而經畢業試驗及格時，授與報學士學位。報學專修科生修完必修與選修各課，並滿一百念學分，考試及格時，給與畢業證書。特別生選讀學程考試及格時，給與修業證書。

課程

報學系一年級

學程	學期	學分
報學歷史與原理	二	六

訪事一	一	三
訪事二(或廣告之編寫與銷售)	一	六
廣告原理	一	三
補系必修課	二	一〇
隨意課	二	一二—二四

報學系二年級

報館管理一	一	三
報館管理二(或社論編寫)	一	三
編輯法	二	一〇
報學指導	一	二
補系必修課	二	一〇
隨意課	二	一二—二四

報學專修科一年級

報學歷史與原理	二	六
訪事一	一	三
廣告原理	一	三
社會科學選修科	二	一〇
外國語選修課	二	六

隨意課	二	一二—二二
報學專修科二年級		
訪事二(或廣告之編寫與銷售)	一	六
報館管理一	一	三
社會科學選修課	二	一〇
外國語選修課	二	六
隨意課	二	一四—二四
報學專修科三年級		
報館管理二(或社論編寫)	一	三
報紙指導	一	二
編輯法	二	一〇
社會科學選修課	二	一〇
外國語選修課	二	六
隨意錄	二	八—一八

第十四節　圖書館與剪報室

記者縱極淵博,絕不能將古今大小事實,一一牢記於腦中,而消息之來常甚兀突而簡單,非加以引伸,則讀者將莫明其所以然。故足備記者之遺忘，而增加消息之價值，則圖書館與剪報室尙已。

圖書館，國內多有之，關於圖書館組織之書籍亦不少，予不復論。剪報室則未之前聞，玆轉錄予在東方雜誌所發表「剪報室之研究」一文，以資有志者之仿行。近北京有中外報章類纂社之發起，時報有刊行索引之舉，方法雖異，而其爲用則一也。

報館剪報室之研究

剪報云者，卽將一人或一事之新聞之散見於各報者，剪取而彙聚之，整理之事也。世事綦繁，千變萬化，忽有一事之發生，一人之出處，足以引起社會之興味者，欲藉記憶之力，則事多輒致遺忘，若欲翻檢舊籍，正如大海撈針，何從覓得？而新聞記者又安有如許功夫？有此剪報，早於平日預爲儲蓄，則綱舉目張，一檢卽得。其利之可言者，約有四端：一、可以省時間，二、可以得要領，三、可爲新聞保存之便利，四、可爲事物本原之考查。

歐美日本大報館均有剪報室之設備，其材料之豐富，視圖書館殊無遜色。請分言之：

美國　美國報館之剪報室，以世界報爲最大。室與圖書館幷列，延十餘人事其事。門首張以銅網，非室員絕對不許入內。借閱材料，則由銅網上之窗口傳遞。其手續與圖書館同。剪取之材料，大率出於各種報紙、雜誌、小傳、與片段之印刷品。每件必記其發行日期於其背面，且有兼記報紙名稱者，然後裝入一堅固之大封套內而保存焉。

剪報之整理，大別之爲二部：

甲傳記部　關於個人或個人家族者。

乙、雜　部：關於其他者。（文字之附有照片者，則照片亦幷置封套中。）

傳寄封套以 a. b. c. 爲順序排列架上，在一定距離以內間以木板，以防封套傾側。此木板較封套略高，通稱爲節板。每兩板之中，通稱爲一節 (one section)。每節板 (section plate) 之上，必書明右方所置封套之順序。如右方封套之順序爲 Staa-Stae，則節板所書應與之相同。再次一節封套之順序爲 Staf-Stah，則節板之書法亦如之。

依此排列，檢閱頗便。每一節中必有一雜類封套，凡不能獨立之材料，皆入之。若某一人之材料不爲一封套所容時，卽可析而爲二。

同姓之材料，如搜集日富，亦可另置一封套。如其姓爲 Stafford，則封套卽書 Stafford 諸氏。

同姓之材料，如非常增加，則可以其名 Chrislian name 分析之，卽以其名書於封套之上。惟此時應另立一節，節板之上亦應書明 Stafford A 與 Stafford B。

B. 某一人之材料，若收納日富，則以其事實之不同而分置於各封套中，如哈禮門

封套圖一

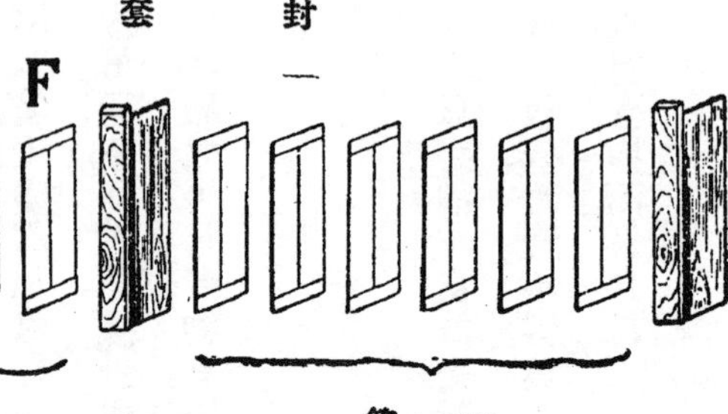

(Harriman E. H.) 者，美國之有名人物也，其材料至可別之如下列：

家庭，親眷，交游，健康，運動，旅行，政見演說報紙上之談話，與羅斯福，與太平洋鐵路，與伊里諾中央鐵路，與芝茄哥鐵路與紐約中央鐵路與大北保險公司鐵路，鐵路以外之商業與內地商業之關係，鐵路以外實業之收入，保險投資之證據，Alaska 長途旅行，Harriman 之不正行爲，Harriman 之夫人，世界報論說照相雜類（Harriman 系之利害。

由此觀之，僅 Harriman E. H. 一人已需封套二十餘枚。推而至於威邇遜哈定羅斯福諸氏，則其量當更夥矣。

以上關於傳記部剪報之整理，可再概括說明如下：

甲、一人之材料適可置一封套。

乙、一人之材料日多，可分置二封套至數十封套。

丙、數人之材料適可置一封套。

丁、數人之材料日多，可分置二封套或二封套以上。

今請進而言雜部剪報。

雜部剪報，析爲三十餘類（division），每類又因材料之多寡，而析爲若干節，每節更因題目（subjeat）之異而析爲若干封套焉。

世界報之分類如下：

1雜類（報紙葬儀），　2宗教（婦人），　3社交（運動及娛樂），　4總會(Club及會)，　5犯罪，　6裁判（刑罰慈善），　7動物，　8教育，　9學藝（文藝科學），　10醫學，　11公共事業，　12紐約市，　13紐約州，　14其他各州，　15歐洲，　16亞洲，　17其他諸國，　18人種及蠻人（水陸），　19災害，　20政治，　21政府，　22國際關係，　23海軍，　24遊艇，　25船，　26鐵路（鐵路雜類），　27市街鐵路及其他交通，　28勞動，　29公司，　30商業。

第一類之材料，乃不能置入其他各類者。依a b c之順序，分爲二十四節。如兒童、電氣、大富翁，均自成一節，因其材料較多也。新聞及葬儀則分爲紐約報紙、報紙雜類、死亡、葬儀四節，而排列於第一類之最後。

第五類以犯罪之材料爲主體。

第六類專取審判之材料。

第十八類之材料，以人類爲主體。如關於中國日本者，第十六類固有之，而移民問題黃禍問題，則屬於第十八類也。每類常分爲若干節，茲舉例以說明之。

第二十八類　勞動　1罷工，　2團體，　3工資，　4雜類，　5農業與畜牧，　6林業與田畝，　7煤炭，

8銅，9金，10鐵及鋼，11錫，12鑛業，13動物生產，14土地出產，15飲料出品，16發明，17爆發品，18工場出品雜類。

第二十二類　國際關係（陸軍）　1英美關係，2對外關係（雜類），3全美問題，4外交官，5條約，6稅則，7互惠條約，8白林海，9漁業，10歐洲事件，11國際雜事，12國防，13美國陸軍，14美西戰爭，15軍械及彈藥，16陸軍（雜類）。

第三十類　商業　1商業，2紐約旅館，3各地旅館，4保險，5交易所，6銀行（某銀行），7銀行（紐約）8銀行（雜類），9銀，10投機，11財政，12失敗，13電話電報公司，14電報電話（雜類），15印刷。

每類之材料多，則分節以儲之；每節之材料多，則分封套以儲之。其整理之法，固與傳記部同也。

又如第二十九類公司中之美孚煤油公司（Standard Oil Co.），亦美國之有名公司也，其材料之多，乃獨占一節。因題目之異，乃分置封套如下：

紐約百老匯路二十六號該公司辦公處，營業方法，煤油以外營業之收入，分紅，股票收入，雇員罷工，火災爆發，海外收入，海外輸出，各種團體之調查，國內商業分店之調查，煤油管之分佈，政治對於律師之規定，煤油價，組織，密蘇里州（Messouri）之訴訟及調查，俄亥俄州（Ohio）之訴訟及調查，密士失必州（Mississippi）之訴訟及調查，美政府之訴訟及調査，高等法庭之判決（雜類）。

世界報之剪報室，其內容大概如此。每封套之內，於材料之外，又附以紅色及黃色硬紙(card)各一。黃色之一紙，正反印有若干橫線，遇該封套須借出時，則取出此紙，書明借閱日期及借閱者姓名，而置於該封套之原址。紅色之一紙，則印有文字如下：

> **記者注意**
>
> 取用此剪報之時，不可不細加辨擇。蓋錯誤與虛偽，或在其中，且當時受人非難者，或現已消滅也。下筆之時，若有未盡信之理，須研究之。今之受人稱譽者，卽使曩昔偶有不善，如無正當之理由，決勿形之於筆端。總之，在公平與正確而已。

世界報之利用剪報，平均每日五十封。換言之，卽世界報所載之論說與記事，乃參考此種材料而成。該報之能揚芬宇宙，占報界之上游者，蓋努力二十五年之結果，非一朝一夕之故也。

此外剪報室之規模宏大者，當推哥倫比亞大學之新聞科。該室占圖書館地位三分之一，其整理係從杜威氏法則(Davy's system)。此爲一般藏書家所熟知，予不贅述。

德國

德國報館之編輯員，人各一室，各人所需之參考材料，亦各置之己之室內，無剪報室之設備也。

來比錫（Leipzig）大學及門占（Muenchen）大學之新聞研究所，其所採用之整理法，并不以實用爲目的，故不足供新聞家之參考。

法國　法國報館之內容，一部分與德國同，但多數於圖書室內設有剪報部，以供館員之參考。巴黎報館，以晨報爲最大。其所用之方法，與剪報異，乃一種索引也。自該報第一號起，直至今日，以硬紙每日紀其內容而整理之；以與剪報較，自覺範圍狹隘耳。

晨報之整理法，可分爲二部：甲、記事部；乙、照片部。記事以人名、地名、雜類爲別，各書於一硬紙上，而附以單簡之說明，再以abc之順序排列之，檢閱頗便。如紀載人名之紙片，則人名書於頂端，俾顯而易見；次爲說明，字較小；再次則爲該報登載此人之號數頁數與欄數。

照片部，則有兩種索引：一爲abc，一爲年月日。abc之索引，夫人而知之。若年月日之索引，則用之者甚鮮。蓋有許多照片，外觀似無大差異，而當登載之時，必另有一原因，爲期日久，將不知以何種題目而保存。晨報之復以年月日爲索引者，職是故耳。

晨報於保存照片外，且保存紙版，以供臨時之需求。

英國　英國報館之剪報整理法，因頗自矜祕，外間甚難得其眞相。

日本　日本報館視剪報與收藏圖書照相并重，名曰切拔，并已有兼以此爲營業者，名曰切拔通信社，其制度與歐美同，受定閱此項切拔之預囑。譬如關於鑛業者，卽每期以此鑛業之新聞切拔寄與定閱者，其於他業亦然，人咸稱便。蓋以報紙浩如煙海，安得舉全國報紙而一一讀之？有此切拔通信，則僅就我所欲讀者讀之可矣。

結論　我國報館，以限於經濟，微特無剪報室，卽圖書室亦無之。設有之，則圖書亦寥寥可數，不足供參考之用也。剪報之法，簡而易行。以我國出版界之沉滯，與專門著述之缺乏，欲求事實上之便利，則剪報室之設置，似轉急於圖書館。我國人對於新聞無興味，對於國外之新聞尤甚。則一事之突然而起，雖報紙累日聯篇以載之，而閱者常不知其原因之所在。是皆平日無預備，臨時無參考之故也。

日本名記者本山有言：「新聞貴新鮮，有如蔬菜魚肉之不可陳腐，而儲蓄禦冬之計，亦不可不爲之綢繆。」吾國報館，有起而行之者乎？跂予望之！

民國十四年度時報索引緒言

報紙之功用，非祇傳遞消息而已。舉凡世界大事，人羣進化，科學發明，文藝著述，莫不統見於是，洵一活頁之曆史也。報紙之取材，除供人逐日瀏覽之外，亦極有參考之價值。試詳言之：

（一）供給最近之消息與最新之學說。凡科學工藝有所發明，朝夕間卽可披露，較書本雜誌，尤爲迅速。故研究學術者，欲得最新學理與發明，非參考報紙不可。

（二）報紙所載之材料，有因範圍極小，爲書本雜誌所未及者，或因篇幅有限，不能撰成專書者，往往在報上發表。如名人之演講，發明家之口述等，均極有參考之價值。

(三)報紙逐日出版內容極爲複雜。其中雖多一時一地之事，但紀載一事，其起因結果，無不詳爲探討。苟彙而存之，於歷史上極有參考之價值。

(四)所載事項，每採取各方面之意見，及各地方之消息，逐一披露。較書本雜誌，似少偏倚。

由此可見報紙與吾人學術思想之關係，及其參考之價值。惟閱者閱後每多隨手棄去，良可惜也。故近來各圖書館各機關，及各科學者，莫不有報紙之貯藏，以備異日之參考。但報載內容異常複雜。若欲查考一事，非憶及其年月日期不可。苟代遠年湮，忘其時日，卽失其效用。如欲逐一檢查，則虛耗時間，豈可勝算？欲求補救之法，故有日報索引之編輯。如美國之 New York Times Index, New York Times; Index to Dates of Current Events, Bonker; Information Annual, N. Y. Cumulative Digest Corp. 英國之 London Times Official Index 德國之 Halbmonatliches Verzeichnis, 將報中重大事件，分類羅列，而系以月日，編成索引。考其利益，厥有五端：

(一)將一年中重大事件，分目羅列，一目了然。既便檢查，且可節省時間。

(二)凡事不必記其年月，祗須依類檢查，一索卽得。

(三)保存報紙，原欲便於檢查，如無索引，則檢查困難，卽失其效用。

(四)報紙敍事，或斷或續，或散見數處，或綿延數月，今有索引，可以依類歸列，前後互見，既有系統，復便檢查。

（五）各事分類編列，每題之下，載明月日。卽不參閱原文，亦可知各事之起訖，及其關係。

我國刊行報紙，垂數十年但未聞有索引之舉。本報有見及此，爰將本年度之報紙，編爲索引，以便閱者之檢查。卽向未收藏本報者，亦可因其日月，旁考其他各報，如於學術上有所參考，須檢閱原文者，則本報所藏原文，亦可公諸同好。如因事不能到館檢閱原文者，本館亦可代爲抄錄，務使報載各件，均足爲我國學者參考之助，以求學術上之進步。是則本報之微意也。

凡例

（一）本索引，自民國十四年一月一日起，至十二月三十一日止。

（二）凡左列各件，均分類編入：

1、凡關於全世界或全國之事件；

2、凡關於地方之事，而爲全國或全世界所注意者；

3、凡關於科學之發明，研究之報告，及重要問題之討論；

4、凡關於各地方各種學術工商業之調查報告；

5、凡關於地方之事而爲全國或全世界所注意者，名人之演講及著述，要人之歷史及傳記；

6、凡篇幅較長，敍事較有系統，而有參考之價值者；

7、凡關於各項重要統計;

8、其他重要事項。

(三)凡關於左列事項概從略:

1、凡例行各件,如火車時刻表,物價單,審判報告等;

2、凡廣告啓事,徵求聲明等;

3、凡短篇文字,如時評雜纂及地方新聞等;

4、凡無關重要之電報通電命令,雜訊等;

5、凡局部暫時之事,無參考之價值者。

(四)本索引分類,係倣杜定友著之圖書分類法分類而略加增删,以應實用。

(五)每事列爲一條,每條之下注有數目,以代表日月及張數。如十一、十五、四,即係十一月十五日第四張。

(六)每類名之前,有號碼一枚,係用以指明各類之次序。如200爲教育300爲政治等,以便閱者按號檢查。

(七)各類號碼不相連貫,以便以後有新材料之插入。

(八)凡同屬一類之事件,則依性質相近者排列一處,庶便檢查。

(九)凡一事可以歸入二類或二類以上者,則分錄各類,一一重見,以便互相引證。

（十）各條以事實爲標題，如報中有同一事件，而標題各異者，則擇用其一，或另定題目，以歸一律。

（十一）本篇因時間上手續上之關係，祇列分類索引一種，其餘如人名索引，類名索引，標題索引，地名索引，及日期索引等，暫從略。

（十二）本索引，事屬創舉，疏漏在所不免，幸閱者諒之。

中外報章類纂社簡章

第一條　本社廣集國內各埠及歐美名都報章，用科學的分類法，從事纂集，逐日剪貼於本社特製之紙片，成爲類稿。俾各報所載，皆以類相從，有條不紊。雖歷時數年，俯拾卽得。定名爲中外報章類纂社。

第二條　本社貼報之紙片，大小一律，極便裝訂及保存。凡訂閱本社類稿者無異收藏中外報章之全量，其消費可謂極廉。本社類稿曾經極精之分類，閱者就其需要，擇類訂閱，比之直接閱報，其時間之省，尤不可數計。

第三條　本社所用之分類法，綱目極繁，非簡章所能備舉。玆爲訂閱者便利計，因「人」與「事」之別，區其類稿爲二種：

甲種　報章紀載之關於個人者。（說明一）此種類稿之訂閱者，不僅限於本人，凡社會有名之士，其親若友，或其敵黨，欲注意中外報章有關其人之紀事或評論，皆可委託本社徵集。

乙種　報章紀載之關於某種事項者。（說明二）本社爲引起閱者興味起見，閱者得就其欲研究之事項，自由命題。大者若政治經濟，其資料之廣與專書無異，本社必以其能力所及，詳分細目，明其系統。小者若政治中之某一事，經濟中之某一項，閱者亦得自訂範圍，委託本社，其範圍以內若能分目本社亦必善爲分析，以便閱者。其尤小者，例如「瘋犬咬人」此至細微之事，雖研究社會事業者或無暇注意及之，若有閱者欲徵集此類事實，稍積歲月，自可得一明確之觀念。若更加以統計，至少應知瘋犬咬人之事，每年何時發生最多，何地發生最多，被咬後之病態。究有幾種，其治法安出，其預防之法若何，此類知識爲書卷所不載，最有益於人羣。（說明三）本社剪貼報章，不複不遺，各報同紀一事，其內容相異者幷存之，相同者不複存，藉以節閱者之消費。

第四條　本社類稿收費以件計，每件收費五分。其篇幅較長，分載報章數日始畢者，按日計件。

第五條　預訂本社類稿者，按問題之大小，收定金二元至十元，每月按照定價九折結算一次。若應繳之費，已過定金之半，應補足定金。停閱者若定金有餘，照數繳還。預繳定金百元者，七折收費，每年結算一次。

第六條　若有機關或個人訂閱本社類稿，其指定之範圍較大，或不欲預定何項問題，遇有重要事件發生，臨時囑本社送達，亦可照辦。其繳費方法另議之。

第七條　訂閱本社甲種類稿者，每月雖無資料，亦收檢閱費一元。

第八條　本社所出類稿，每類中中外報章皆備，若訂閱者不慣閱外國報章，亦可聲明除外。其須本社譯成送閱者，本社爲優待閱者起見，僅收極低廉之譯費。

第九條　本社類稿遞送法分二種：

1、每月遞送　每月月終由郵局遞送，其每類頁數較多者，由本社裝訂成册，不另取資。如需掛號，郵費另加。

2、每日遞送　本京逐日專差送達，每月收專差費一元，外埠逐日郵寄，郵費另加。

第十條　本社同人，極願爲社會効力，其兼辦之事項如左：

(一)代登各埠報章廣告，(二)代發表事項，(三)代更正事項，(四)徵集當代名人照片及其事蹟，供各報之用，(五)受各報之委託，辦理發電通信發行廣告事宜，(六)承辦中英法德俄日西班牙文件之擬稿及翻譯，(七)承辦英法俄德文文件打字，(八)代介紹譯文。

第十五節　團體

光緒三十一年春，時報揭「宜創通國報館記者同盟會說」，謂有可袪之害三，有可興之利三。報界之知有團體，似自此始。(註一)宣統二年，南洋勸業會開幕，時報乃與神州日報發起，藉各報記者聚集南京之便，成立中國報界俱進會，然以經費無出，不三年而瓦解。民國八年，南北和議開幕，由七十二商報及新民國報發起，藉各報記者聚集上海之便，成立全國報界聯合會，然以受政界津貼，不三年而亦瓦解。至今無有繼起者。至各地之報館公會與記者公會，近雖次第設立，因各報宗旨不同，精神依然渙散也。

（註一）可袪之害三：（一）對於在外者，（二）對於在上者，（三）對於報館之記者。可興之利三：（一）可得互相長益之助，（二）可得互相扶助之力，（三）可得互相交通之樂。見是年二月初八初九十一十二等日時報。

（一）中國報界俱進會

中國報界俱進會，由上海之時報神州日報發起，得上海之申報中外日報、輿論時事報、天鐸報，北京之北京日報、中國報、帝國日報帝京新聞憲志日刊、京津時報、國民公報，天津之大公報北方日報，奉天之東三省日報、大中公報、微言報、醒時白話報，營口之營商日報，吉林之自治日報、長春公報，哈爾濱之濱江日報，廣東之時報、又新報、國事報，香港之商報，南昌之江西日日官報、自治日報，贛州之又新日報，漢口之中西報，杭州之全浙公報、浙江日報、白話新報，南京之江寧實業雜誌、勸業日報，福州之福建新聞報，成都之蜀報，重慶之廣益叢報，貴陽之西南日報，蕪湖之皖江日報，汕頭之中華新報，無錫之錫金日報之贊同，各派代表藉參觀南洋勸業會之便，於宣統二年八月初一日，開成立會於南京，推郭定森君（寶書）爲主席。宣統三年八月初一日，開第二次常會於北京，推朱洪君爲主席。除章程外，議決重要之案如下：

（一）陳請郵傳部核減電費寄費案；

（二）設立各地通信社案；

（三）聯合設立造紙公司，幷用中國紙印報案。

民國成立，該會於元年六月四日開特別大會於上海，新加入之報館，有上海之民立報、太平洋報、民國新聞、民強報、愛國報、民報、大共和報、黃報，北京之公民報、天民報、中央新聞，揚州之民報，聲南昌之晨鐘報、民報、商務日報、豫章日報，武昌之武昌公報、震旦民報、國民新報，吉林之吉長日報、新吉林報，紹興之越鐸報，廣州之震旦報、平民報，推朱葆康君（少屏）爲主席。除章程稍有修正，并易名稱爲中華民國報館俱進會外，議決重要之案如下：

（一）加入國際新聞協會案；

（二）不認有報律案；

（三）自辦造紙廠案；

（四）設立新聞學校案；

（五）設立通信社案；

（六）設立廣告社案；

（七）組織記者俱樂部案。

附章程

第一條　本會由中國人自辦之報館組織而成。

第二條　本會以結合羣力、聯絡聲氣、督促報界之進步爲宗旨。

第三條　凡願入本會者，須由在會報館介紹，經幹事全體之公認。

第四條　在會各報館，除按照本會所定各類調查表式填注外，并須將經理人及編輯部各人姓名履歷，詳細開列，送交本會，有更易時并須通知。

第五條　每年八月開常會一次，其應行議決及商榷之事件如次：

一、關係全國報界公通利害問題；

二、須用本會全體名義執行之對外事件；

三、對於政治上外交上言論之範圍；

四、修改章程。

第六條　遇有緊急重要之問題，經二埠以上之報館發議，得開臨時會。

第七條　左列各埠，爲本會輪開常會之地點，每年由事務所與各該地之通信處商定本年開會之期，一月前通知本會各報館。其臨時開會之地，以上海爲限。

一、上海或南京，

二、北京或天津，

三、漢口，

四　東三省

上列各地點，如有提議增改者，得於大會時公決之。

第八條　常會臨時會，在會各報館均須代表人到會，以便取決多數。其議權每報以一人爲限，但以一人而代表二報館以上者，仍祇以一權計算。非報界人，不得派爲報界代表。

第九條　常會臨時開會時，各報館皆有提出議案之權，惟至遲須開會第一日交到本會。

第十條　本會執行常會臨時會議決事件，所有對外之公牘函電，一律由本會各報館全體列名，不用俱進會名義。其列名之次序，除第六條所列事件應臨時酌議外，每年於常會時決定之。

第十一條　本會設事務所於上海，辦理會中一切事務，幷於第七條所列各埠通信處，以期通信之便利。

第十二條　本會設幹事九人，四人駐事務所，五人分駐各通信處，其所負責任如左：

一收發函電，　二管理收支賬目，　三保存各種文件，　四編制各項報告，　五酌定全期預備會場，　六整理議案，　七執行議決事件。

第十三條　通信處應需費用，由各該埠在會報館墊付。每年常會時，由事務所照數歸還。

第十四條　本會常年經費，由本會各報館按照左列數目，量力擔任，每年於常會前寄交事務所：

甲每年百元，　乙每年五十元，　丙每年三十元。

第十五條　凡已入會之報館，如有放棄會務或名譽墮落等事，經幹事三分之一以上之報告，或二埠以上報館之提議，得於大會時，以多數之同意令其退會。

第十六條　凡會外之人，有志同道合能盡力於本會者，得公推爲名譽贊助員。

（二）全國報界聯合會

全國報界聯合會，係廣州之七十二行商報與新民國報所提議，由廣州報界公會致電上海日報公會發起。謂「歐戰結束，南北息兵，世界與國內和平問題，關係國家存亡，人民利害。全國新聞界應不分畛域，泯除黨見，研求正議，一致主張。外爲和會專使之後盾，內作南北代表之指導。準茲前提，特由本會同業共同議決，結合全國報界，開聯合會於滬上，并由各報推定代表赴滬，協商組織事宜。除通電全國報界外，謹電奉聞。至斯會開於上海，擬公推貴公會就近主持一切，事關報界全體，尙望預爲籌備。」上海日報公會當復電贊同。加入之報館，計北京十五家，上海十三家，廣州九家，南京七家，漢口五家，天津一家，浙閩各三家，川滇黔共六家，湘皖各二家，魯桂各一家。餘如內地之揚州、武進、無錫、桐鄉，海外之小呂宋、檳榔嶼、仰光、曼谷、檀香山、維多利亞、雪梨、舊金山亦均有代表與會。民國八年四月十二日，廣州報界全體在滬宴請各報館代表，又議定加入外報暨各通信社。旋於十五日開成立會，計到報館八十三家，代表八十四人，推葉楚傖君爲主席。除討論章程外，議決重要之案如下：

（一）對外宣言案；

(二)對借款宣言案;

(三)維持言論自由案;

(四)減輕郵電各費案;

(五)陰曆年終報紙不停版案;

(六)拒登日商廣告案。

民國九年五月五日,該會開第二次常會於廣州,到會報館及通信社一百十二家,代表一百九十六人。惟上海重要報館未參與。推羅嘯翺君爲主席,議決重要之案如下:

(一)對外宣言案;

(二)對時局宣言案;

(三)請願國會以絕對自由保障言論出版條文加入憲法案;

(四)表揚報界先烈案;

(五)派員考察勞農政府內情案;

(六)電請美國上院對於山東問題主張公道案;

(七)組織國際通信社案;

（八）組織審定名詞會案；

（九）拒登日商廣告案；

（十）籌設新聞大學案；

（十一）推行註音字母案；

（十二）力爭青島案；

（十三）勸告勿登有惡影響於社會之廣告與新聞案；

（十四）加入國際新聞協會案。

該會第三次常會，本定民國十年五月在北京舉行。乃會員忽分而爲北京日報與晨報之二派，各自開會，互相攻訐。結束後，第四次常會，北京日報派定在福州，晨報派定在漢口，各報館無所適從，而此會遂歸消滅。

附章程

第一條　本會定名中華民國全國報界聯合會。

第二條　本會以國內之日報社、雜誌社、通信社、及中國人在國外所辦之日報社、雜誌社、通信社組織之。但通信社須有固定之發行編輯所，及負責之編輯發行人，其派出各省訪員須有十人以上者，方得加入。凡外國人在國內所辦之日報社、雜誌社、通信社，有贊成本會宗旨者，得推爲名譽會員。

第三條　本會之宗旨及目的如左：

(一)爲謀世界及國家社會之平和的進步，得徵集全國言論界多數之共同意見，以定輿論趨向；

(二)保持言論自由，聯合人類情誼，企圖營業利便，以謀新聞事業之進步。

第四條　第二條第一項所定之各社，皆得加入本會，派代表一人列席會議，但名譽員不在此例。

第五條　列席會議之各代表，無論其代表一社或二社以上，每人祇有一表決權。

第六條　各社代表有損害本會名譽者，經大會議決，得要求該社撤換其代表。

第七條　本會每年春季開常年大會一次，開會地點於上屆常會決定之。但同一地點，不得繼續開兩次以上。

第八條　由三省省會或通商口岸二十社以上之發起，得集召臨時大會。會議之日期及地點，由發起者定之。

第九條　常年大會及臨時大會，須赴會各社代表三分之一以上列席，始得開會。須列席代表過半數之同意，始得表決。

第十條　凡議案之提出，須列入議事日程，先期通知各代表。

第十一條　常年大會及臨時大會，期間至多不得逾三星期。但經列席代表三分之二之決議，得延長之。

第十二條　各社代表提出議案，須有代表五人以上之連署。

第十三條　凡已加入本會之各社，均須繳納入會費與常費：

（甲）入會費每社十元，於報名加入之日徵收之。

（乙）常費每社每年繳納十元，一次徵收之。

第十四條　各社有欠繳上年會費者，得停止其代表出席會議。

第十五條　除本會議決執行之募捐案外，如有熱心捐助本會經費者，得以無條件收受之。由捐款者逕寄大會所指定之銀行，更須通告全國報社登報鳴謝，仍應報告於次期大會，要求追認。其有特種要求或囑託者，應絕對拒絕之。

第十六條　本會設立通訊處於每年大會所在地，其職務如左：

（一）通信及文件之保存；

（二）常年大會及臨時大會議決事業，交付執行者執行之，但關於重要議決事業，推舉臨時委員執行之；

（三）大會會場應由通信處與大會所在地籌辦之；

（四）庶務；

（五）會計。

第十七條　通信處職員列左：

（一）書記長一人，　（二）書記二人，

(三)庶務二人，(四)會計二人。

第十八條　職員由常年大會選舉之，其任期以下屆常年大會選舉職員之日爲止。

第十九條　職員有損害本會名譽，或由常年大會或臨時大會議決免職者，即舉員接替之。

第二十條　本會章程得經大會議決，得修正之。

(三)　世界報界大會

世界報界大會(The Press Congress of the World)於一九一五年七月成立於舊金山，加入者三十四國。至一九二一年十月十日，開第二次大會於檀香山時，我國始派代表與會。代表凡六人，許建屏君代表上海日報公會及大陸報，董顯光君代表上海密勒氏評論報，錢伯涵君代表天津益世報，黃憲昭君代表廣州明星報，王天木王伯衡二君代表上海申報。公推美國名記者威廉博士爲會長，副會長每國二人，我國爲史家修黃憲昭二君。

我國代表在大會之演說，董顯光君爲中國記者對於世界記者之謹告(An Appeal from the Republic of China to the Press of the World)，大意謂中國近已成爲世界緊要國之一，而各國報紙關於中國之紀載殊少，即有亦略而不詳。其惟一原因，即世界記者對於中國問題向無研究之故。中國之政治、敎育、實業、社會近均有顯著之進步，世界記者未能明瞭，以致紀載中國新聞時，非常隔膜。願各記者至中國遊覽并研究，爲一誠懇之請求。王伯衡君爲中國印刷之歷史及中國與報界密切之關係(China and Press)，大意謂此會爲國民外交會之雛形，中國爲印刷及報紙之祖先，近日中國報界之進步，深信有組織世界通信社之必要。夫中國之和平，即世界之和平，而欲求世界之和平，必先自世界報界之協助中國始。許建屛君爲中國報界對於世界報界之意見（Chinese Press Opinion of World Press），大意謂歐戰時，世界報界有無數世界外交家對於世界和平政見之紀載。及和會既終，此種政見，皆未見實行，以致世界人類，受絕大之失望，其過確在報界。蓋徒知爲各外交家登載政見而不知爲外交家督促其政見之實行。故中國報界，以爲世界報界未能執行其職務。黃憲昭君爲美國宜組織一記者團至中國，大意謂中國新聞事業，現在幼稚時代，美國宜送多數新聞學家至中國，以提倡新聞教育。

該會通過重要之議案如下：

一、請世界各國政府扶助各該國報紙，將所有新聞一律發給登載，并將所有各政府機關准新聞記者出入，以便採擇。

二、請世界各國政府協助減少新聞電費、改良郵電交通諸機關，以期消息格外靈通。

三、請世界各國政府取消種種關於國際旅行不方便之處，若護照若交納費用等，以便新聞記者之往來。

四、請世界報界大會會長選派下列各委員會：（甲）新聞傳達委員會，（乙）促進言論自由委員會，（丙）辦理交換新聞記者委員會，（丁）提倡新聞教育委員會，（戊）維持報界道德委員會，（己）組織新聞記者互助委員會。

五、請世界各大報館互換新聞記者，以資聯絡國民感情而謀世界和平之捷徑。

六、請世界各國報紙注意各國民情風俗，以資研究而去誤會。

美大總統哈定出身新聞記者，當時曾致書世界報界大會，期勉甚至。大意謂「余新聞家也，操此新聞事業，已逾半生，夙知新聞事業之重要。然余不因余嘗爲新聞家，而將新聞事業之重量估計逾分。此次世界大戰，及停戰以後發生之事情，不但使吾人重新感想報紙之用處與價值，并亦顯明報紙濫用宣傳政策之危險。」

「大戰中因緊急事態之必要，宣傳政策幾成爲普遍之習慣，或可更謂已成爲新聞家之一種科條。其宣傳之用意，自在自愛其國，爲國家主義之貢獻，爲人類社會謀幸福。然其結果，往往不盡公平，不盡合乎情理。質言之，戰時之宣傳，固爲盡一種光輝之義務，然使吾人爲新聞家者，以爲一種宣傳政策，卽爲一種正當辦理之報紙之唯一主要目的，則世上錯誤之大，殆無逾於此！」

「來書述及今夏在檀香山舉行之教育會議，余心中所抱支配一種正當報紙之理想，乃因而觸發。余以爲報紙之教育效用，實非常宏大。報紙爲一種社會機關，其根本目的斷然在開發人之心思，而非在閉塞人之心思。而宣傳政策之根本目的，則在閉塞人之心思，使不能得宣傳者所不欲得之論斷，而惟將宣傳者所欲之論斷注入他人之心思中。若夫教育則不然。教育在啓人智慧，使能容受一切事象，而自下論斷。換言之，宣傳政策爲智慧之痺痲劑，教育則爲智慧之興奮劑。人能自思自決，自較他人代思代決爲佳。當今之時，尤需人人能自爲深沉之思想，而解決彼等自己之問題。目前之世界，幾已成爲民治主義國家之大集合場，然民治主義之高度，決不能超過於其國民平均思想力水平線之上。卽民治主義國總體之高度，決不能遠過各分子國民平均思想力水平線之上。今日民治主義已在大試驗之中，試驗之結果如何，大半視其能否使人自思想，及使人自己思想之程度而定。民治主義果欲成功，必須證明其有應得成功之價值。價值維何，卽爲引致一般平凡之人，能自己鄭重的不斷的有效的考慮彼等平凡之問題。」

「欲達此目的，必須從事於教育，而教育之效力，據吾人目下所知，實以報紙爲最偉大。今日者，尤爲報紙顯其教育效能之最大機會。」

「今太平洋上之諸君，邀請世界各國之新聞家，開大會討論現時人類之問題。諸君會議之時，又正值世人企望各國集合協商限制軍備，維持世界和平之際。故諸君之考慮，苟能以較良之目的，對於維持和平或解除軍備之問題，有所貢獻，則諸君實與將在華盛頓集議此等問題之政治家以絕大助力。

「近年以來，太平洋問題之呼聲，洋洋盈耳。吾以爲此不過人類間國際間一般問題中之一方面而已。當此全世界騷然不安人類創鉅痛深之際，而太平洋對岸之各文明民族，猶謂有武力衝突之事實出於意想之外。此等民族人種、社會組織、政治制度、及思想方式，均各不同。因此種種之不同，正不妨爲和平之競爭，以期斷定何方面所抱之理想更足以助人類之進步。總之，太平洋應爲東方西方生活理想之博大自由公開的競爭場，應爲人類最老最新之形式之比較地，而斷不應有衝突與競爭。」

「諸君集會之場，適在太平洋十字道上，集會之時期又極適宜，此正諸君爲人類幸福而工作之好機會。余對於諸君及大會之希望，惟望其結果得爲國際間一種諒解之先趨，而此種諒解爲世界和平之保障，爲廢止壓迫人類之軍備之左劵，爲確立人類間友睦親善之證據」

大會既畢，是月二十一日又開太平洋新聞記者大會，凡沿太平洋各國之代表均參與。我國董顯光君曾爲主席之一，并演說外交公開太平洋報界之目的及希望(Open Diplomacy, the Hope of the Pacific Press)。

附譯宣言及章程於下。宣言云：「出版自由，及無限制傳布新聞之兩問題，根本上關係一切國家政府及人民，不獨關係新聞家而已。一切國家政府果欲消弭下次戰爭之危機，必須於其未發生之前，覺悟謊語欺謾爲終無利益之事，卽在平時亦無利益。苟能覺悟及此，則或可阻止或可展緩下屆戰爭。每一國家之公衆，對於外交政策，實際上莫不具有多少之勢力，而欲其依理解而指導國際事務，則新聞之自由傳布及公表，乃絕對必要。謂此種自由，可致成黃金時代，固無人信之，此唯改良人之心思與智慧，始能達到。惟無限制的傳布新聞，縱不能改良人之心思，要能增進人之智慧；縱不能使人從事思想，要能救人不肯思想之習慣。蓋新聞之傳布若不自由，則人以爲不確，對於報紙所載，輒以懷疑之心對之，而不肯深思熟慮之矣。自由傳布云者，卽電信對於一切無不公開容納之。謂凡黨派之意見，偏陂之評論，與大公無私，直書事實眞相之報告，一律樂爲傳遞。夫眞理不能爲任何人所壟斷，每一作者於下筆時，終不免挾有若干個人的見解，惟電信果能盡傳一切，報紙亦盡載一切，則公衆縱不能辨别新聞之孰眞孰僞，至少能辨其孰爲較可信，孰爲較不可信。如是，則於公衆對外觀念，大有裨益。不然，每一外交政策，皆無異於暗中摸索，有顚躓之虞也。此就報紙自由之積極方面言之也。若就消極方面言之，則檢查報紙之舉，實有害無利。凡電信曾經檢查，新聞記者能立卽覺察之。此疑念一經成立，縱檢查終止，懷疑亦尙不已。凡愛黑暗之人，皆喜檢查新聞。蓋彼等之行爲，乃黑暗而不可告人之行爲也。故一國家或一政府，欲博世界惡名，其唯一捷徑，卽爲檢查對內對外之新聞。」

章程：

（一）名稱　本會定名爲世界報界大會。

（二）目的　本會目的在藉各種會議，討論及聯合努力以求報業各方面之正當發展，此種會議，專爲討論直接關係報業之各種問題，惟不得涉及政治宗教與國事。

（三）會員　各國報界任何部分之服務者，從事增進報界之正直與福利，均得被選爲會員。

（四）職員　職員除名譽會長由執行委員推薦外，餘由每次大會選舉。計名譽會長一人，會長一人，副會長每國二人，須爲會員。書記兼會計一人，執行委員，由會長、書記兼會計、及由副會長中選出之五人組織之。有缺額時，由執行委員就各國所推薦者補充之。

（五）會議　會議之時期與地點，由執行委員決定。

（六）附則　本章程可於每次會議修改，經執行委員通過。

第三屆世界報界大會將於日內瓦舉行，係應國際聯盟之請也。茲將國際聯盟公體股致上海日報公會函錄下．「上海日報公會均鑒。逕啓者：一千九百二十五年九月間，國際聯合會第六屆開會時，智利代表雅里斯君提議，爲徵求環球報界設法贊助和平機關起見，聯合大會應請行政院考慮可否召集一全世界新聞專家委員會，其討論事務如左：（甲）使報界傳播消息之方法較前更易，費用較前更輕，俾各民族間誤會之機關得以減少；（乙）各種新聞職業改善問題之有益世界和平者。上述議案，於九月二十五日經大會全體一致通過，咨達行政院查照。同日行政院報告員比國代表伊猛斯君向行政院報告，大會議決之報界與和平機關合作一案；問題重大，宜展期至十二月行政院開會時，再行審查，庶有充分時局，細爲考慮，同時應請聯合會祕書長，於十二月間開會前，設法徵集直接關係者對於大會議決案之意見等語。此報告亦經行政院通過。聯合會祕書長遵將本案經過情形，通知各國政府，並飭祕書廳公布股向報界正式詢問意見。查此種詢問辦法，範圍旣廣，欲得各國報界團體一一發表意見，自非易事。現在敝股奉詢尊處之唯一問題，祇欲知尊處對於此會議是否以爲應行召集及應否照聯合大會議決案進行而已。聯合大會通過智利代表議案，及行政院辦理此事之用意，與伊猛斯君所具報告，皆係完全尊重報界獨立之精神，召集新聞專家委員會！係爲研究新聞專門方法之完備，使消息更易傳達，費用更加減輕，及其他職業上改善問題。此項專家委員會茍經召集，將完全自由獨立。而行政院提出以爲有益之建議，因國際聯合會所在地與世界上具報界重要地位之若干中心相距遙遠，深恐各國報界對於敝股詢問之答復，難以如期收到，故又將一千九百二十五年十二月間行政院會議時再行討論上述各節。即乞尊處加以考慮，并以卓見見示，復信請逕寄瑞士日來瓦國際聯合會祕書長查收。此項復信，請用公會名義。如未入公會之報館，亦可單獨答復，或用英法文或用華文均可。倘尊處仍欲詢問詳細情形，國際聯合會祕書長所轄各機關，當儘所知奉告也。更有陳者，國際聯合會行政院報告員伊猛斯君當向大會報告，請在籌備召集期中，如行政院查悉有其他私人團體或國際新聞記者會等類之機關，辦理同一事務者，則聯合會不獨不與競爭，且願從旁贊助其成，以示合作之意。尊處若知此項情事，務懇將該團體辦理詳情及印刷品見惠，敝股不勝翹企之至。專此敬布，並頌公安。國際聯合會公佈祕書夏奇峯敬啓。一千九百二十六年一月十五日。」

（四）報館公會與記者公會

光緒末年，上海神州日報以載印度巡捕違法事，爲工部局所控告，各報不平，乃起而組織上海日報公會，爲之後盾。此爲我國報界有團體之始。自後各地仿行，或稱報界公會，或稱報界聯合會，或稱報界同志會，名雖略異，而性質則同也。

公會之組織，係以報館爲單位；其以記者爲單位者，則有新聞記者俱樂部，新聞記者公會，新聞記者聯歡會，中日新聞記者懇親會，萬國新聞記者俱樂部等。

上述各會，皆限於一地方者。觀其章程，靡不陳義甚高，而考其內容，則腐敗特甚。自會內言之，不爲少數人所把持，卽羣視之若不甚愛惜。自會外言之，則假名招搖者有之，收受津貼者亦有之，名存實亡，宜不爲社會所見重也。

上海日報公會會章

總綱第一

一定名　本公會爲上海日報所組織，故定名曰上海日報公會。

二宗旨　本公會以互聯情誼共謀進行爲主旨，與各館內部組織無涉。

三組織　本會係獨立機關，應公同訂立會章並辦事細則，以定方針而資遵守。

四會費　願入本公會各報館，應繳入會費及月費，其數目由細章規定。

以上四則定爲永遠遵守之條。

辦法第二

一會所　本會自賃房屋一所，以爲辦公議事之用，附設記者俱樂部並藏書室。

二人員　本會設辦事員若干人，其職務名稱數目等列下：

(甲)幹事長一人，主持本會議行各事，由在會各報輪值，每家一月，擔任義務，不另開支薪水伙食，雖不必常川住宿，惟每日必須到會一次。
(乙)幹事員一人，執行本會議定各事，並司賬目、及本會器物，由本會公聘，月支薪水，伙食臨時公決，常川駐會。
(丙)書記一人，掌管修發本會一切公件函牘，由本會公聘，月支薪水，伙食臨時公決，常川駐會。
(丁)繕寫一人，專任抄寫案件，并司俱樂部書報，由本會公任，月支薪水，伙食十六元，常川住會。
(戊)茶房二人，專供會內役使之用，由本會公用，每人月支工食洋各六元，住會。
(己)信差一人，專任差遣送信之用，由本會公用，月支工食洋六元，住會。

經濟第三

一入會費　自本章程施行之日起，凡有加入本會者，須繳入會費六十元。
二常費　暫定在會各報館每月各繳洋二十元，以爲本會常費，於每月初一繳入，如用有不敷，於次月一號開報時再行均攤。
三報告　用款出入，由本會於值月幹事員於次月一號出具報告，分送各報館。

集會第四

一常會　每星期一下午四點鐘開會一次，由書記於前一日先將待議各件，摘由條舉於知單中，通知在會各報館。
二臨時會　由幹事長召集，並將待議事件及急於開會理由，並聚集時刻，預先通告。

三約法　開會時刻一到，無論人數多寡，卽行開議，遲到者雖可入席，然已決之件不能復生異議，不到者亦如之。每次議案，當日由本會書記謄送在會各報館，以便遵守。

四議例　在會各報館每出代表一人，多到者祇須旁聽。表決議事秩序等情，以議會通法爲準。未經預告之議案，祇許提議，不能表決。

權限第五

一公共利益　本會議設公共便利方法如左：

(甲)本埠商情及輪船進出口訪員，

(乙)鈔錄重要各衙署公電員。

以上各種，均由本會公議直延，非在會各報館不得享此權利。

二公共機關　本會會所及記者俱樂部及藏書室，非在會各報館不得闌入。

三公共交際　凡在會各報館，對於本埠會外各報館所有函電新聞，概不轉送。會外報館轉來函電新聞，無論何種，亦概不照登。

要則第六

一處罰　凡違犯本會會章及議決條件，由本會公議罰以二十元以上一百元以下之罰金。如不受罰，除由本會公同宣佈斥退外，並由各報公布犯者之無道德，由本會公擬一稿，令會內各報登諸論前一月，以聲其罪。

二修訂　本會章如有施行未便應行增減之處，可以隨時修訂，惟必須三分之二以上之贊成。

三施行　本會章於在本會獨立會所開過第一次會議後，即於次日施行。非經正式修訂，永遠有效。

本會章業於陽曆三月二十八號特開會議，公同決定。

（註）民國十四年五卅案發生後，上海報界曾有改組日報公會之擬議，章程雖經一度之磋議修改，但迄未有所成就。此處所錄仍爲舊章也。

上海新聞記者聯歡會章程

第一條　定名　本會定名爲上海新聞記者聯歡會。

第二條　宗旨　本會以研究新聞學識、增進德智體羣四育爲宗旨。

第三條　會員　本會會員類別如左：

（甲）會員　本會會員，應有下列四項資格之一：

1. 現在上海中外新聞界（以日報通信社及定期刊之有純粹新聞性質者爲限）編輯部任職者。

2. 現在上海中外新聞界編輯部外任職而時兼任編輯部職務者。

3. 現任外埠中外新聞界駐滬通信職務者。

4. 曾有上列三項資格之一，而與本會有特別關係者；但本項會員無選舉權及被選舉權。

（乙）名譽會員　凡富有新聞學識經驗爲中外所同欽者，得請爲本會名譽會員。

第四條　入會　本會會員與名譽會員入會之手續如左：

（甲）會員　凡願入本會爲會員者，應由本會會員二人以上之介紹，提出本會大會，經四分三以上之通過，填具入會願書，方得認爲本會會員。但本會會員，如有妨害本會名譽及進行者，得由本會會員二人以上之提議，經大會四分三以上之通過後，請其出會。

（乙）名譽會員　本會名譽會員，應由本會會員二人以上之提議，交評議部通過後，再由評議部提交全體大會通過，方奉函敦請之。

第五條　職員　本會職員類別如左：

（甲）執行部　設中文書記、西文書記、會計、庶務各一人，由全體會員於每半年第一次全體大會時選舉之。任期半年，但得間期連任。本部職員不得兼任評議員。

（乙）評議部　設評議員七人，由全體會員於每半年第一次全體大會時選舉之。任期半年，但得連任。本部職員，不得兼任執行部職務。（以上二部之細則另定之）

第六條　職權　本會各部職員之職權如左：

（甲）執行部　本會中西文書記處理本會一切文牘，於必要時，並得代表本會，處理對內對外一切事務；會計管理本會一切收支庶務管理本會集會事務。

（乙）評議部　本會評議員審查議決本會一切重要事務，交執行部執行之。

第七條　會期　本會每半年之第一月第一星期日，開全體大會一次，其餘每月第一星期日，開全體常會一次，遇有必要時，得由中西文書記召集臨時大會。

第八條　會費　本會會員每半年應繳會費一元，每月開會聚餐費由會員分組輪流任之。

第九條　會址　本會通信處暫設中文書記處。

第十條　附則　本章程自中華民國十三年八月十七日全體大會修正通過後施行。遇有必要時，經會員五人以上之提議，全體大會到會會員人數三分二以上之通過，得修正之。

第十六節　郵電

傳曰，「德之流行，速於置郵而傳命。」郵置之設，由來久矣。惟古之郵置，乃供王事之用，與民間無關係。明永樂中，幕友之制盛行。此中人多籍隸紹興，彼等時有函件往還，於是信局遂發生於寧波。嗣後全國私立之信局，咸以此爲中樞焉。報紙初興，其惟一推銷之法，即託信局攜往各埠售賣，每份與以二文之利益，其餘按月結算，未銷去者仍可退回。信局並可按路之遠近，於月杪向讀者索酒資。當時信局幾成報紙與讀者之媒介矣。惟人肩馬駝，所負之重量有限。每遇冬令，由十二月初至二月杪，北方海口封凍之際，報紙改由陸路遞送，乃不得不抽去廣告，僅寄新聞，爲一時權宜之計。光緒初，因條約之關係，海關代遞外人信件後，乃刊發郵票，兼遞華人信件報紙。水路每件二分，陸路國內每重一盎司洋三分，國外四分，再加貼外國郵票。但遇有爲數太多，郵差不能運送時，海關以旣減少報紙之寄費，卽有權緩爲寄遞。光緒二十二年二月，正式下諭，創辦郵政。宣統三年，郵政與海關劃分，歸郵傳部直轄，報紙每張收費一分。然當時報館與信局之關係甚深，且郵局亦僅通商大埠有之，故報紙仍多由信局寄遞。民國成立，上海日報公會呈請南京政府准減郵費二分之一。民國五年七月，郵局重訂新章，寄費論量不論份，汽機已通之處，每百格蘭姆一釐；未通之處一分。近年郵政日益進步，郵路擴展至七十五萬二千二百八十三里，報紙之分配極受其助。故郵政章程中訂有新聞紙專條，茲摘錄如下：

郵政章程第九章　新聞紙類

第四十四條　凡屬各項可以訂購之出版物，無論華文洋文，卽如新聞紙及按期出版物，在中國知名之刷印所按指定之期，挨次編號出版，且係散張成帙，不用木板布皮等套或他項堅實之物質裝訂者，卽准在發行處應赴之郵務管理局掛號，作爲新聞紙類郵寄。僅有如是掛號之出版物，准按郵局新聞紙資例納費。其未經掛號者，應按刷印物類繳納郵資。華文出版物，在中國發行，具有新聞紙之性質者，倘未向郵局照章掛號，卽不准按印刷物或他類代爲郵寄投遞。

第四十五條　新聞紙寄往外洋各國者，香港澳門劉公島（威海衞）亦括在內除日本朝鮮關東日本租借地及青島不計外，如係寄往已入郵會之國，應按刷印物納費詳見本章程後附之寄費清單之內。如係寄往未入郵會之國，應按每重五十公分（格蘭姆）收費五分。其餘手續悉照刷印物類辦理。（參看本章程第五十二條）

第四十六條　新聞紙寄往國內各處者，其資例詳見本章程後附之寄費清單之內。

第四十七條　新聞紙寄往國內及未入郵會各國，其郵資均須預付。新聞紙寄往已入郵會各國者，其郵資雖非必須預行付足，然至少亦須預付若干。

第四十八條　平常及立券新聞紙，每包重不得逾二公斤（基羅），長寬厚不得逾四十五公分（桑笛邁當）；如係捆束或捲，徑寬不逾十公分（桑笛邁當）者，長可至七十五公分（桑笛邁當。）

第四十九條　新聞紙或一分單寄或數分捆總成包寄遞者，其包皮兩端，均須開露或其包皮係用繩帶結束，總期內裝之物易於查驗，不得封固於封套以內。

第五十條　新聞紙內外，祇准書寫收者寄者之姓名住址，並無法投遞時如何繳還，以及新聞紙之名目暨請看某頁某行等字樣此外一概不准書寫，（參看本章程內第五十五條第五十六條）外國新聞紙，如有外國掛號，或經在原出版國認爲掛號新聞紙類，或認爲與該類相同之第二種郵便物者，卽可按新聞紙類納費，否則係照刷印物類辦理。

第五十一條　新聞紙計分三類，卽係：(一)平常新聞紙，(二)立劵新聞紙，(三)總包新聞紙。茲將三類之辦法，開列於後。

一、平常(第一類)新聞紙

(甲)凡此類新聞紙，應函請郵務長准予掛號，函內應將下列各款逐一報明，

(子)報紙名稱(華文或洋文)；

(丑)主及館主姓名；

(寅)發行處所；

(卯)幾日一期；

(辰)每期發行若干分，如係業經出版，並應隨呈一分或數分作爲式樣；

(巳)訂閱價目。

(乙)若經郵局准爲掛號，應將(中華郵政特准掛號認爲新聞紙類)等字掛印於該報名目之下，與號數日期同列一行之內，倘甲節子款或寅款無論有何項更改，必須函請重新發給執據，其丑款或卯款如有何項更改，須將執據繳呈改正。

(丙)平常新聞紙，大抵係以一分寄一處，黏貼郵票，交郵局按平常郵件寄遞投送。

二、立劵（第二類）新聞紙

（甲）無論華文洋文之新聞紙，在中國知名之刷印所，按指定之期出版，每期不逾十日者，准其掛號享受立劵之利益，以其省周折而期迅速寄遞。

（乙）凡欲將新聞紙掛號享受立劵利益者，應向郵務長函請聲明左列之各款：

（子）每期（一）交由郵局投送本埠者，平均計有若干分。（二）交由郵局寄遞外埠者，平均計有若干分。

（丑）每分之平均量若干。

（丙）前項函請，均應將郵局原發之平常掛號執照呈閱，并隨報紙三分以作式樣。

（丁）新聞紙經允准掛號立劵後，應將以下字樣印於報紙名目之下「中華郵政特准掛號立劵之紙。」

（戊）郵費係按每次交寄分數（或係一分一寄，或係數分作爲一寄）之連皮重量以核算之。計本埠分送者，每一百公分（格蘭姆）收費銀元五釐，寄往外埠投送者每五十公分（格蘭姆）收費銀元五釐。按月所計郵費，共係若干，准其核減百之二十。

（己）按月郵資應儘次月初五日以前付清。倘於所限時期尚未經如數照繳者，即將該報停收，俟所欠郵費清付後，始可再爲收寄。

(庚)報館應以等於一個月郵費之款預存郵局，此項存款之數目，得隨時更訂。俟經該報館函請終止立劵契約時，如郵費截至終止之日，業已付清，則原存之款，卽准發還。如遇揑報違章等弊，郵局得將該款一部或全數沒收。

(辛)每次交寄報紙，應隨附報館主筆簽名及塡書日期之小條一紙，開明：

(甲)本埠分送，共計若干束若干分；

(乙)寄往外埠，共計若干束若干分。

此項小條，裝訂成簿，由郵局供備。

(壬)報紙送交郵局投送，由郵局加蓋特別戳記，卽可在本埠投遞，或寄往凡有郵局之處，一概不再索費。

三、　總包(第三類)新聞紙

(甲)凡華文新聞紙，在中國知名之刷印所或逐日或間日出版者，可在郵局掛號，訂立合同，作爲總包新聞紙類，任向中國境內汽機所通而爲該報派有經理人之處所，一體寄送。

(乙)凡欲將新聞紙掛號享受總包利益者，應向郵務長函請，按下開各款報名：

(子)每期約將若干分，寄往汽機所通之處；

(丑)每處所派經理人之姓名；

（寅）每分平均之重量若干。

（丙）原在郵局掛號之執據，無論如何，必須呈閱，其請函并須隨同報紙式樣三分一併呈上。

（丁）新聞紙若經按此掛號者，應將以下字樣印於報紙名目之下，「已在中華郵政特准按照總包特別利益寄送之報紙」交寄之時，必須至少以每五十分結束成捆，或裝於簏內，惟不得每件摺捲，亦不得每件分交各人。所有每捆每簏，應將寄往處所之地名顯明書寫，爲按第三類總包等例收寄得以許可起見，此項總包新聞紙，必須在發行之鐘點後二十四點鐘交寄。

（戊）按此封裝之總包新聞紙，如由輪船運送，係按彼此雙方便利之辦法，在指定之輪船上，由該報所派切實經理人手內收寄，無須海關准單。至寄抵時，亦按該項辦法，交由該報指定之經理人接收。其由火車運送者，大抵必在郵局交寄，惟經郵務長核准，亦可在火車上郵局專間遞交遞送。

（己）每次交寄報紙，無論是否遞交輪船或火車上郵局專間，應隨報館主筆簽名及標書日期之小條一紙，開明寄往每一處所計若干束，并若干分，統計共若干分，此項小條裝訂成簿，由郵局發給備用。

（庚）郵費係按每分重不逾一百公分（格蘭姆）收取銀圓一釐，續加之每百公分（格蘭姆）亦按銀圓一釐收納。

（辛）按月郵費，應儘次月初五日以前清付。倘於所限時期內未經如數照繳者，即將該報停止，俟所欠郵費清付後，始可再爲收寄。

(壬)報館應以等於一個月郵費之款預存郵局，此項存款之數目，得隨時更訂。俟經該報館函請終止總包契約時，如郵費截至終止之日，業已付清，則原存之款，卽准發還。凡遇揑報違章等弊，郵局得將該款一部或全數沒收。

當我國郵政未興之時，各國在通商口岸自設郵局，始僅遞本國人信件，後又兼遞華人信件。最初報紙每份收錢二十文，後則各依其郵章辦理，黏貼該國郵票。民國三四年間，袁世凱停止民黨報郵遞之時，此種報紙，均改由外國郵局寄遞，每年損失，爲數不貲。迨經華盛頓會議，各國郵局撤銷，郵權始歸統一。

我國之有電報，發端於上海，仿行於福州。光緒五年，始由政府沿運河設立電線。當時上諭，由北京送至天津拍發，其費由報界與官界分任之時光緒七年十一月也。光緒二十年，各省電線告成，消息敏捷。報紙常用以拍發鄉試榜名，爭一二日之先後；其納費與商電同，每字一角起，每間一局遞加一分。當時係以線路之遠近，定收費之多寡。迨清末頒定報律，有凡遵行者，得減半收費。民國成立，上海日報公會呈請南京政府准減少電費四分之一。嗣交通部特頒新聞電報專章，本國境內，無論遠近，每字收費三分，洋文六分。茲照錄如下：

新聞電報章程

第一條　電報局由電線傳遞刊登報之新聞消息，准作爲新聞電報，減價納費。

第二條　凡新聞報館、期刊報館、或新聞經理處之訪員，欲發寄新聞電報，須具願書，幷開列左記各項，呈請交通部，或請由就近之電報局轉呈交通部核辦：

(甲)收報之新聞報館期刊報館或新聞經理處名稱，暨該報館發行地點；

(乙)收報者住址電碼；

(丙)發寄之局名；

(丁)投送之局名；

(戊)呈請人及訪員姓名住址。

前項呈請，經交通部核准後，發給憑單，每張應納單費銀二元，兼印花稅二角。

第三條 訪員所發之新聞電報，交與電報局時，須將憑單繳驗。

第四條 新聞電報若用署名者，須用憑單上註明之訪員姓名。

第五條 國內往來新聞電報，祇准用華文或英文明語，其與外國來往者，可用各國電報所准用之文字明語。若憑單上載有收報者名稱住址之簡短字樣或掛號之字，則其電報中得適用之。

第六條 國內往來新聞電報，華文明語每字收銀元三分，英文明語每字收銀元六分。國外往來新聞電報，照外國新聞電報價目辦理。

第七條 新聞電報內，不得載含有私事性質之文句，并不得夾雜藉可收取銀錢之廣告或消息。

第八條　新聞電報內所載銀錢兌換價目及市價，無論有無說明字樣，一律照新聞減價收費。發電局對於電文所載銀錢所載兌換價目，連綴之數目字如有可疑之處，應查詢是否確實由發電人據實證明。

第九條　新聞電報費，如由收電者繳付，應依左列各項辦理：

甲、中國內電報，應預付存款於投送之電報局，此項存款須足敷半月。結算清楚後，應續繳存款。如有短欠，其新聞電報即行停止。

乙、發往各國之電報，須先由呈請人與各該國電報局商妥後，方可核辦。至各國發來電報繳付存款辦法，與前項同。

第十條　新聞報館、期刊報館、及新聞經理處接收減價新聞電報，或須經投送之電報局核准者，應俟該局核准後，方能照辦，如投送之電局認為必要時，得向收報人索取證據。如新聞報館、期刊報館、或新聞經理處總理或主人聲明遵守章程之筆據是。

第十一條　減價新聞電報，以發寄憑單內註明之新聞報館、期刊報館、或新聞經理處為限。若寄與他人或他報館他經理處者，均不能以新聞電報論。但新聞電報可分寄同一城邑之各新聞報館、期刊報館、及新聞經理處，除原報照章收費外，其餘抄送之報，照抄送尋常電報之抄費，一律收取。

第十二條　凡新聞電報，不按本章程第五第七第八各條內所規定辦理者，應照尋常電價收費，又新聞電報不載入新聞紙而別作他用者，亦須照尋常電價收費。其例如左：

甲、電報經報館或新聞經理處接收後，不登入報紙者，（如不能說明理由）或報館於未登報之前傳佈各處，如總會、客寓、換兌所等處是。

乙、凡報館接到之電報，未登該館之報紙以前，先售與他報館刊登者。

丙、凡寄與新聞經理處之電報，不登入新聞紙者，（如不能說明理由）或於未登該報之前，先傳於他人者。

如查有以上三節之情事，其應找之報費，向收電人收取。

第十三條　各訪員發遞新聞電報，倘有報告失實或採及謠傳有妨大局者，一經發電局轉電局或收電局查出，即行扣留，不爲遞送。

第十四條　經交通部認可准發新聞電報之新聞報館、新聞經理處，及其訪員，如有違背本章程及其他不合情事，一經查出，得由交通部酌奪情形，將所發憑單追銷。

第十五條　發寄新聞電報憑單有效期間，以二年爲限；逾期作爲無效。

第十六條　前項憑單期滿時，發寄新聞電報人如欲繼續發遞者，應於期滿前二月，將憑單費及印花稅費，交由本地電局，呈請交通部換給新單。

第十七條　本章程未盡事宜，隨時由交通部修正之。

第十八條　本章程自民國十一年一月一日施行。

請領電報憑單願書

呈爲請發新聞電報憑單事：竊某報館或新聞經理處，派定訪員某，承認遵守萬國電報通例及貴部頒行之新聞電報章程，暨中國電報局去報紙後面所印規則，由某處發寄某處某報或新聞經理處，由收報或發報人付費新聞或尋常或緊急電報，以二年爲限。自某年月日起至某年月日止。伏乞察核立案，准予發給新聞電憑單一張，實爲公便。謹呈

交通部長。

附繳新聞電憑單費一張洋兩元，並印花稅洋兩角。

某報館或新聞經理處戳記

訪員某蓋章　住址某處

新聞電報憑單章程

交通部爲發給憑單事：茲有某報館派定訪員某，承認遵守新聞電報章程，由某處發寄該報館某種電報，自某年月日至某年月日止，合行發給憑單，仰該訪員收執，須至憑單者。　電政督辦某。

1. 此項憑單有效期間，以二年爲限，逾期作廢。

2. 憑單期滿時，如欲繼續發電者，應先期兩個月，將憑單費印花稅交由本地電局呈請換給新單。

3. 凡查有不合情事，應將憑單吊銷。

4. 凡持有此項憑單者，准發寄預付電費新聞電報，或收報人付費新聞電報，尋常電報，與緊急電報，以憑內註明者爲限。至發寄何種電報，應由發報人於每一電底餘言欄內註明。例如緊急電報，應註明『緊急』字樣，餘仿此。但發寄新聞電報者，並須照下列各項辦理：

(甲)凡新聞電報，祇准載關於政治及商務等事刋登新聞紙之消息。

(乙)凡新聞電報，祇准寄與本憑單內註明之新聞報館或按期發行之報館或新聞經理處。

(丙)凡國內往來新聞電報，祇准用華文或英文明語兩種，外國往來者可用各國電報所准用之文字明語。

(丁)凡國內新聞電報，華文每字收銀元三分，英文每字六分，外國往來者照現行價目收費。

據最近交通部電政司統計，全國陸線線路里數十六萬二千一百七十二里，線條里數二十四萬七千八百零五里；水線海線一千七百八十海里零一六，運河水線一百二十六里零四六。

年來時局俶擾，檢查郵電之風盛行，沒收通信，删改電碼，屢見不一見，而軍電濫發，字數復漫無限制，他電受其影響，常有電報到達在快信之後者。夫報紙消息，爭在頃刻，稍事擱積，便成明日黃花。故用電較多之報紙，乃改由外人所設之水線拍發，非得已也。

報界要求減輕電費，其文已數十上，而當局迄未見許。吾意報界應要求新聞電與商電同等待遇，與三等電同時拍發，似較此爲急而易行也。

國外電線，均爲外人所有，平均每碼收費在一元左右。故我國報紙以經濟關係，自發之國外電報不多見。

無線電爲新流行通信之利器，惟政府藉口軍事，限制甚嚴。今計屬於交通部者，有北京、張家口、武昌、吳淞、福州、廣州、崇明、上海八局屬陸軍部者，有南京、保定、天津三局，前者可收發商電，通信距離由二百海里至六百海里。後者專供軍用。學校之裝置者，只南洋大學有之。因裝有二重變音器，通信距離較遠。華盛頓會議時，該校曾供給各報以會議消息，成績甚佳。近新聞報已自設一架，能收受國外消息，但非自發耳。

外此，尚有無線電話，電浪較無線電爲弱。近申報已購置一具，於演奏音樂歌曲之外，亦常用以報告新聞。

報館若用密電，須館中與訪員，先有接洽，或借用官署密碼，若係西文電，則普通均用辦特雷(Bentley's Complete Phrase)密碼。但密碼翻檢爲難，非有要事，不宜用之。否則徒費時間，或致當日不能發表也。

第十七節　關於報紙之法律

報律一名詞，見於光緒二十四年六月二十九日之上諭，至三十三年十二月始行頒布，宣統二年又加修改。在此以前，則有大清律例報章應守規則及大清印刷物專律。光復後，臨時政府內務部曾訂民國暫行報律。但因報界反對，立即取消。故關於報界訴訟，仍援用大清報律。民國三年四月二日，袁世凱公布報紙條例，同年十二月四日又公布出版法，爲彼壓制言論之手段。報紙條例於四年七月十日又加修改。迨黎元洪入京，始下令廢止。此外又有戒嚴法與治安警察法，皆與報紙有密切關係。民國十五年一月二十八日，由段祺瑞下令廢止出版法。但京師警察總監朱深又頒布新聞營業條例，其取締言論自由一也。茲將現存關於報紙之法律，摘錄如左：

（一）憲法

吾國有史以來至清季初無所謂憲法。迨武昌起義，南京組織臨時政府，始由臨時參議院制定臨時約法，斯爲憲法之權輿。其第二章第六條第四項規定：「人民有言論、著作、刊行及結會之自由」，此與報紙有直接關係者。然第十五條又規定：「本章所載人民之權利，有認爲增進公益、維持治安、或非常緊急必要時，得依法律限制之。」夫所謂增進公益，維持治安，非常緊急必要等字樣，漫無範圍，得隨政府或立法者之意思爲伸縮，是所謂自由云者，乃等於紙上之空文矣。嗣制定國會組織法，以制憲權畀諸正式國會。民國二年，由憲法起草委員會於第三章第十條規定：「中華民國人民有言論、著作、及刊行之自由，非依法律不受限制。」但中經洪憲及督軍團之禍，屢議屢輟。至民國十二年，經整理條文委員會改第十條爲第十一條，即於次年雙十節公布。前後亙十年，其艱難挫折，亦云至矣。然國會之自身既發生疑問，國權地方制度之通過又近於草率，民生教育及憲法附則，尚未議及，至今猶未爲人民所承認。即就關於報紙者而言，「非依法律不受限制」，則所謂自由並不澈底，乃相對的而非絕對的。美國憲法曾規定:「國會不得制定何種法律,關於一種宗教之設置,或禁止其自由的信仰行爲,或減縮言論出版之自由,或人民平和的集會,對政府陳告疾苦之請願權。」是關於言論出版,均爲絕對自由不能以通常國會所制定之法律爲干涉。在行政官吏固不能以命令式爲干涉;卽立法之國會,亦不能以法律式爲干涉。脫有國會制定法律而限制之者,卽屬違憲之行爲,在法庭上不生效力。美人之所以絕對尊重自由者,蓋鑒於母國國會之腐敗,不爲君主之附屬品,卽爲一黨之爪牙,故當費府憲法會議之時,初無上列條文,後經各州之詳密審查,卒加入保障人民自由之條文共十條,而始獲諸州立法部之批准,而上條卽爲當日增加第十條中之第一條也。我國憲法應仿美國先例,以絕對自由條文,明白規定於憲法中,删去言論出版自由項下「非依法律不得限制」而加入「人民言論出版自由不得以法律限制」一項。夫所謂絕對自由者,非絕對不受法律之制裁也,實不受專爲言論出版而設之法律之制裁耳。故言論出版物而鼓吹謀叛國家,殺人放火,毁人名譽之擧,則有普通之刑律足以制裁之,固無須另爲加重之法律;更不容於言論出版未實現之際而預爲制裁之。是則報界所宜聯合請求於將來之正式國會,非達目的不止者也。

(二) 刑律

光緒三十四年四月,爲治外法權之喪失,希圖挽回,設立法律館,令伍廷芳沈家本修訂法律,名曰新刑律。清末,因官吏反對者衆,未及實行。光復後,始援用之。玆將有關報紙者錄下。

第一百三十三條　漏洩中華民國內治外交應祕密之政務者，處三等至五等有期徒刑；若潛通外國者，處二等或三等有期徒刑，因而致與外國起紛議戰爭者，處無期徒刑或一等有期徒刑。

（原註）漏洩者，使當事者以外之人皆知其事之謂也。至漏洩之手段，聞知者之多少，并遠因爲如何，法律上均無區別。

第一百三十五條　知悉收領軍事上祕密之事項圖書文件而漏洩或公表者，處一等或二等有期徒刑。

（原註）漏洩與公表有異。漏洩僅告知於特定人，公表且告知於不特定人。但其妨害於軍事之祕密則一，故科刑無區別。

第二百二十一條　以文書圖畫演說或他法，公然煽惑他人犯罪者，從左例處斷：（一）其罪之最重爲死刑無期徒刑者，三等至五等有期徒刑，或三百元以下三十元以上罰金。（二）其罪之最重刑爲有期徒刑者，五等有期徒刑、拘役、或一百元以下罰金。以報紙及其他定期刊行之件，或以編纂他人論說之公刊書册，而犯本條之罪者，編輯人亦依前項之例處斷。

（原註）教唆犯罪與煽惑犯罪，二者似是而非。教唆者，使人生起犯意（故謂之造意）。且在彼教唆者，犯罪之時，卽屬公犯之一體。煽惑者，不分是否生起人之犯意與實行，但以其人曾煽惑他人犯罪者，卽應以獨立之罪處罰也。第二項編纂他人論說之公刊書册，指雖非自行撰述，而編輯他人撰述有煽惑犯罪之文字而言。

其撰述而無公刋之意者，不處罰；所罰者，其彼此通謀刋布者也。（案語）各省簽註：山西謂撰述煽惑犯罪之文者，亦宜處罰。兩廣謂處分過輕。兩江謂其罪最重之本刑應改用情重情輕字樣，或較簡便等語。查文書若不刋行於公共之秩序，美良之風俗爲害較少，尙無必應科刑之理。惟受刋行人之託，知情而爲之撰文，或撰述人自使他人編纂刋行，含有共犯性質者，應依共犯處斷，自不待言。若本罪本無共犯性質，但因使人生起犯意，則按律治罪，已足示懲，未便科以較原案更重之刑，轉涉枉濫。至最重之本刑，係指文書演說中所揭情事實犯應得之法定最重刑而言，改用情重情輕字樣，似亦可行，然究不若就本案分別重輕，更爲簡便。湖南以爲被煽惑之人均不生起犯意，則第一類第二類均無可比較，似未細繹原案之意義。譬如公刊文書中謂當起內亂，即不問其人之應治與否，應科以第一類之刑。又如演說中謂當爲竊盜，即不問其人之爲竊盜與否，應科以第二類之刑，按內亂最重刑爲死刑無期徒刑，竊盜罪爲有期徒刑，準此以爲據，不得謂爲無比較也。

第三百五十九條　散布流言或以詐術損害他人或其業務上之信用者，處五等有期徒刑、拘役或一百元以下罰金。

（原註）信用爲處世最要之端，凡有違法而侵害之者，固屬必罰之行爲。非但被害之人一身所受之損害，應有要求致罰之道，而已失信用之性質，不外名譽之一種，故其處分與前條同。散布流言，謂以不根之言傳播於

外，且其區域極廣漠者也。詐術雖與欺詐相類，而其範圍不同。其單爲詐言者不搆成本罪，而幷無詐欺舉動如賄賂行爲者，則含於詐術之內。

第三百六十條　指摘事實公然侮辱人者，不問其事實之有無，處五等有期徒刑、拘役或一百元以下罰金。

(原註)此條係規定害人名譽之事。但詳徵他人之醜事惡行，公然肆其辱侮，爲此罪成立之要件。至謾罵他人，則另屬違警處分。本條名爲侮辱罪，侮辱指損壞他人名譽而言。所謂名譽，卽人類社會上所有之地位也。本罪以加危害於人類社會之地位而成立。至被害人懷抱羞恥與否，可以不問。本罪自行爲本體觀之，有二：(一)指摘事實，公然毀壞名譽者。是指摘事實，卽具體的表彰其惡事醜行之謂。(二)不指摘事實，惟平空結搆，公然謾罵嘲笑者是。惟前者屬於本條範圍之內，後者當據違警律第三十五條罰之。

第三百六十二條　無故開拆藏匿毀棄他人封緘之信函者，處五等有期徒刑、拘役或一百元以下罰金；無故公表他人祕密之文書圖畫者，亦同。

(三)戒嚴法

戒嚴法，係民國元年十二月十五日所公布。年來軍人執政，濫加援引。(註一)報紙遭其蹂躪者，不知凡幾。茲摘錄有關報紙者如下：

第十四條　戒嚴地域內，司令官有執行左列各款事件之權，因其執行所生之損害，不得請求賠償。

(一)停止結會集社，或新聞雜誌圖畫告白等之認爲與時機有妨害者。

(二)拆閱郵信電報。

(註一)民國八年五月，衆議員王文璞質問書云：「日來報載北京益世報、五七雜誌、救國週刊，均被封禁，并閱警廳布告，准京畿警備總司令部函，以益世報登載魯軍人通電一則，認爲妨害時機，依律應行封禁。謹按臨時約法，大總統得依法律宣告戒嚴。現在大總統并無宣告戒嚴明令，何以施行戒嚴法？又立憲國通例，即已宣告戒嚴，若國會認爲無戒嚴之必要，必須爲戒嚴之宣告。是其慎重宣告戒嚴，即所以慎重人民之自由也。今該司令竟於未曾宣告戒嚴之時而濫用戒嚴法，謂非破壞約法侵害人民自由，誰其信之！」

(四)　治安警察法

治安警察法，係民國三年三月二日所公布。其有關於報紙者如下：

第一條　行政官署因維持公共之安寧秩序，及保障人民之自由幸福，對於左列事項，得行使治安警察權。(二)通衢大道及其他公衆聚集往來場所，黏貼文書圖畫或散布朗讀，又或爲其他言語形容并一切行爲者。

第二十一條　警察官吏對於通衢大道，及其他公衆聚集往來場所，黏貼文書圖畫，或散布朗讀又或其他言語形容并一切行爲，認爲有左列情形之一者，得禁止，并扣留其印寫物品：(一)有擾亂秩序之安寧者，(二)有妨害善良風俗之虞者。

第三十七條　不遵第二十一條禁止扣留之命令者，處以二十日以下之拘留，併科二十元以下之罰金。

(五)　管理新聞營業條例

民國十四年四月，安福系專政，爲壓制輿論計，由京師警察總監朱深，頒布管理新聞營業條例。報界一致反對，要求廢止。朱只將規定過嚴之點，加以修正。茲照錄如下：

第一條　凡在京師地面經營新聞營業，須照遵本規則辦理。

第二條　新聞分左列三種：(一)報紙。凡日刊、週刊、旬刊、不定期刊等，內容專登載新聞者屬之。(二)雜誌。無論定期刊不定期刊，內容係研究學術性質者屬之。(三)通信社。

第三條　發行報紙雜誌，須由經理人依照左列各款呈報於警察廳，以憑發給執照：(一)名稱，(二)體例，(三)發行時期，(四)經理人編輯人發行人印刷人之姓名籍貫履歷住址，(五)發行之地址，(六)印刷之名稱及地址，(七)資本數目。

第五條　營新聞業者，須於呈報時取具妥實鋪保，以資負責。

第六條　報紙雜誌之發行所，通信社之社址房屋，均須商得房主許可。

第七條　發行報紙雜誌或辦理通信社，於呈報後，須俟官廳查明，核准發給執照，方得開始營業。

第八條　凡核准之報紙雜誌通信社，內容如有變更或遷移發行所暨地址時，仍應報廳備案。

第九條　在國外或京外發行之報紙雜誌通信社，及在京設立分發行所或分社時，應遵照本規則辦理。

第十條　本規則自公布之日施行。

至已失效力之法律，現雖與報紙無關，然不能謂無研究之價值，因附錄於下：

（一）大清律例

古無報紙專律也，惟律例耳。讀光緒二十七年所刊行之大清律例增修統纂集成，有「造妖書妖言」一條列於刑律盜賊類。乾隆間之僞造奏摺案，光緒間之蘇報案，判決時均引用之。是最初有關報紙之法律也。

造妖書妖言

凡造讖緯妖書妖言，及傳用惑衆者，皆斬。（監候，被惑人不坐。不及衆者，流三千里，合依量情分坐。）若（他人造傳）私有妖書，隱藏不送官者，杖一百，徒三年。

條律

一、凡妄布邪言，書寫張貼，煽惑人心，爲首者，斬立決。爲從者，斬，監候。若造讖緯妖書妖言，傳用惑人，不及衆者，改發回城，給大小伯克及力能管束之回子爲奴。至狂妄之徒，因事造言，揑成歌曲，沿街唱和，及以鄙俚褻嫚之詞，刊刻傳播者，內外各地方官，卽時察拏，審非妖言惑衆者，坐以不應重罪。

一、凡坊肆市賣一應淫詞小說，在內交與八旗都統、都察院、順天府，在外交督撫等，轉行所屬官弁，嚴禁務搜板書，盡行銷毀。有仍行造作刻印者，係官革職，軍官杖一百，流三千里，市賣者杖一百，徒三年，買看者杖一百，該管官弁不行查出者，交與該部，按次數分別議處。仍不准借端出首訛詐。

一、各省抄房在京探聽事件，捏造言語，錄報各處者，係官革職，軍民杖一百，流三千里。該管官不行查出者，交與該部，按次數分別議處。其在貴近大臣家人子弟，倘有濫交匪類，前項事發者，將家人子弟并不行約束之家主，并照例議處治罪。

（二） 大清印刷物專律

戊戌以後，雜誌勃興，卽日報亦常裝訂成册，定價發售。故光緒三十二年六月，商部、巡警部、學部，會定大清印刷物專律如下：

第一章　大綱

一、京師特設一印刷總局，隸商部、巡警部、學部，所有關涉一切印刷及新聞記載，均須在本局註册。

二、本律通行各直省；其餘各項領土，卽仰各地方該管官酌量辦理。

第二章　印刷人等

一、凡未經註册之印刷人，不論承印何種文書圖畫，均以犯法論。凡違犯本條者，所科罰鍰，不得過銀一百五十元，監禁期不得過五個月，或罰鍰監禁兩科之。

二、凡以印刷或發賣各種印刷物件爲業之人，依本律卽須就所在營業地方巡警衙門，呈請註册。其呈請註册之呈，須備兩份，并各詳細敘明實在及具呈人之姓名籍貫住址，又有股份可以分利人之姓名籍貫住址。

三、各該巡警衙門，收到此種呈請註册之呈文紙後，卽行查明呈內所敍情形，及各種列名人之行狀，及所擔負之責任。如該巡警衙門以爲適當，卽幷同原呈一份報於京師印刷註册總局，幷各以申報之日爲該件註册之日。凡呈請印刷註册事，爲各該巡警衙門所批斥不准者，無論如何情由各該巡警衙門必須將所以不准註册之情由，詳報京師印刷註册總局。　凡各該巡警衙門申報呈請註册事於京師印刷註册總局時，卽將准註册與不准註册之情由，明白牌示具呈人知之。

四、具呈人如以巡警衙門批斥不准之情由爲不適當，可於牌示後十二個月以內，逕上京師印刷註册總局，遞稟上控；或親身投遞，或請代表人投遞，或由郵政局投遞。

五、呈請註册時，須隨呈帶繳註册費銀十元。該費無論准否，卽以五元充巡警衙門辦理一切註册之公費，其餘五元由巡警衙門隨同申報於京師印刷註册總局。　凡因巡警衙門批斥不准註册事，而向京師印刷註册總局遞稟上控註册事件者，無費。　凡當繳之費，卽依本律所載之數繳之；律外幷不征收絲毫浮費。

六、凡印刷人不論印刷何種物件，務須於所印刷物體上明白印明印刷人姓名，及印刷所所在。凡違犯本條者，所科罰鍰不得過銀一百元，監禁不得過三個月，或罰鍰監禁兩科之。

七、凡印刷人須將所印刷之物件，不論文書紀載圖畫等，均須詳細紀册，以備巡警衙門或未設巡警之地方官或委員隨時檢查。　凡違犯本條者，所科罰鍰不得過一百元，監禁期不得過三個月，或罰鍰監禁兩科之。如該衙門官員臨時檢查此等紀册時，如以所載不甚明白，則按本條所科之罰鍰監禁或罰鍰監禁兩科之法減一半科之。

八、凡發販或分送不論何種印刷物件，如該物件并未印明印刷人之姓名及印刷所所在者，即以犯法論。凡違犯本條者，即依本律本章第六條之罰鍰，或監禁，或罰鍰監禁兩科之法科之。并將所有無印刷人姓名及印刷所所在之各該印刷物件充公或銷毁，亦不問該印刷物件之可否印刷。

九、凡印刷人印刷各種印刷物件，即按件備兩份呈送印刷所在之巡警衙門，該巡警衙門即以一份存巡警衙門，一份申送京師印刷註册總局。凡違犯本條者，所科罰鍰不得過銀五十元，監禁期不得過一個月，或罰鍰監禁兩科之。

十、凡違犯以上所載各條至第二次，即依以上所載各科條加倍科之。自此即依上文所載各科條，按所犯次數，遞加所科倍數，甚或加至四倍以外。

第三章　記載物件等

一、所謂記載物件者，或定期出版，或不定期出版，即新聞叢錄等，依本律名目，謂之記載物件。

二、凡印刷或發賣或販賣或分送各種記載物件，而該記載物件并未遵照本律所條向京師印刷註册總局註册者，即以犯法論。凡違犯本條者，即依本律第二章第二條科之。

三、凡欲以記載物件出版發行者，可向出版發行所在之巡警衙門呈請註册，其呈請註册之呈預備兩份，幷各詳細敍明記載物件之名稱，或定期出版，或不定期出版，出版發行人之姓名籍貫及住址，出版發行所所在，有股可分分利人之姓名籍貫及住址，及各種經理人之姓名住址。

四、各該巡警衙門收到此種呈請註册之呈後，卽查明呈內所敍情形，各種列名人之行狀，及所擔負之責任。如該巡警衙門以爲適當，卽幷同原呈一份申報於京師印刷註册總局，幷以申報總局之日爲該件註册之日。凡此種呈請註册事件，爲巡警衙門所批斥不准者，各該巡警衙門仍當依本律第二章第三條辦理。凡各該巡警衙門申報此種呈請註册事件於京師印刷註册總局時，卽將准註册與不准註册之情由，明白牌示具呈人知之。

五、與本律第二章第四條同。

六、凡記載物件之註册費，與本律第二章第五條所載之印刷人等註册費一律。

七、經理記載物件出版之人，須將所出版發行之記載物件，每件備兩份，呈送於發行所在之巡警衙門，幷同時由郵局稟呈一份於京師印刷註册總局。凡違犯本條者，卽援照本律第二章第九條科之。

第四章　毀謗

一、凡印刷物件上關係毀謗者，卽照下開各條辦理。

二、所謂毀謗者有三(甲)普通毀謗,(乙)訕謗,(丙)誣詐。

三、普通毀謗者,是一種謗個人的表揭,或書寫或版印或另用其他各法,令人閱而憎其人,惡其人,甚或其人因此而失官爵,失專業,或失其他各種生業。

四、訕謗者,是一種惑世誣民的表揭,令人閱之有怨恨或侮慢,或加暴行於皇帝皇族或政府,或煽動愚民違背典章國制,甚或以非法強詞,又或使人人有自危自亂之心,甚或使人彼此相仇,不安生業。

五、誣詐者,是一種陷人的口語,或已出版,或藉出版相恫嚇,或挾以爲可以不出版向人要求財物等是也。

六、左開諸色人等均於毀謗中有關法案者:(甲)作毀謗之人,(乙)印刷毀謗之人,(丙)謗件出版所之主人,(丁)謗件出版所之經理人,(戊)謗件之發賣人販賣人或分送人。但本條所列之三種人,均須知情者。

七、關於普通謗者,可以民法刑法處分之。

八、凡依民事訴訟被謗情形,該訴人不必證明因謗而受損害,但須證明是謗非謗,俾承審官可依是非輕重決案,或判予被謗人若干償金。

九、凡依民事訴訟被謗,而案經決定者,可以原案另依刑事訴訟,而業經決定者,不得再以原案依民事訴訟訴之。

十、無論以民法或刑法控訴普通謗於問案衙門,可准被控訴者將被控訴之情形證明實在以爲非謗。無論事涉官事,事涉私事,要之所陳之詞,須靜候問官以爲適當與否,事關公益及應刊布與否。

十一、依刑事訴訟控告被普通謗，而被告證明所控事件，並非有意挾嫌，甚或以原告幷未因此損害爲詞，則問官可以被告所答之詞爲直。然此等案情，如依民事訴訟法，則被告所對之詞，問官不得遽以爲直，惟可因此等實在情形而減輕原告所要求之償金。

十二、凡以刑事訴訟控告普通謗訕，如控告之人係職官，且照定例，控告人有權可以審判此等案件者，又控告人之官階較崇於問官，且有權可以命令之者，均須稟請本管之督撫辦理。要而言之，控告人不得爲問官，亦不得依官而向屬官控告，如欲控告，必須向官階較崇一級之官控告。即上控事件，亦依此類推。倘有官員擅違此制，被告可向京師印刷註册總局申訴。該總局即當據請商部會奏朝廷，察酌辦理。

十三、遇有訕謗情形，不論軍民人等，均應盡國民義務，將訕謗情形向最近之地方官報告，或報告於本轄官長。無論何種訕謗，如報告於地方官長，各該官長即可權衡其事，將一干人逮捕，幷將所有各該訕謗物件查封，一面即將辦理情形申報於本省督撫。各該督撫接到此等申報後，即行按照情形查明實在，如果以爲適當，即派幹事員開堂，將一干人提訊。

十四、凡訕謗事件審實懲辦後，即將所有訕謗物件，按所犯輕重，或充公，或銷毀，或發還，由問官臨時定奪。

十五、凡記載物件，如審實有訕謗情形，除按上文所載各條辦理外，所有印刷人、資本人或經理人等，即不得再以印刷及記載物件等爲業。

十六、凡犯訕謗事件審實後，即依本律辦理，并不依他人所犯論罪。

十七、凡違犯上文所解說各條而審實者，依左開科判：

甲、凡科普通謗案，罰鍰不得過銀一千元，監禁不得過二年，或罰鍰監禁兩科之。

乙、凡科訕謗案，罰鍰不得過五千元，監禁期不得過十年，或罰鍰監禁兩科之。

十八、凡再犯案件，即以初犯所科加倍科之。

十九、凡各種記載物件之經理印刷人，如曾經審實犯有訕謗案一次，普通謗案二次，或合夥誣詐案者，則各該人等所營業之記載物件，大清郵政局可不爲郵遞，或另由定案地方之督撫審酌辦理。凡記載物件之經理人、資本人、印刷人等，凡隸我法權而犯訕謗者，則獲著作人或分送人審訊訊辦後，大清郵政局將此等記載物件不爲郵遞。

第五章　教唆

凡他人之著作，或出版印刷，或錄入記載物件內，因而公布於世，致釀成非法之事者，不論所釀成之事爲犯公法爲犯私法，各該著作人俱依臨犯不在場之從犯論。如此等著作尚未釀成犯法之事，即將著作人依所犯未遂之從犯論。

第六章　時限

一、凡一切文書圖畫，或係書寫，或係印刷，或用漢文，或用其他各文字，而發行或銷售於皇朝一統版圖者，在律卽有治理之權。

二、本律奏奉硃批後，由京師印刷註册總局頒行，滿六個月之後，卽切實施行。

（三）報章應守規則

光緒三十二年巡警部以報律頒布需時，乃先撮舉大綱，訂定報章應守規則九條，令報界遵守。報律頒布後，此規則卽行收回。茲照錄如下：

一、不得詆毀宮廷；

一、不得妄議朝政；

一、不得妨害治安；

一、不得敗壞風俗；

一、凡關外交內政之件，如經該管衙門傳諭報館祕密者，該報館不得揭載；

一、凡關涉詞訟之案，於未定案以前，該報館不得妄下斷語，并不得有庇護犯人之語；

一、不得摘發人之隱私，誹謗人之名譽；

一、記載有錯誤失實，經本人或有關係人聲請更正者，卽須速爲更正；

一、除已開報館之外，凡欲開設者，皆須來所呈報批准後，再行開設。

（四）大清報律

大清報律實脫胎於日本報紙法，由商部擬具草案，巡警部略加修改，於光緒三十三年十二月，由民政部法部會奏交憲政編查館議覆後奉旨頒布。但各報館延不遵行，外人所設者尤甚。宣統二年，由民政部再加修改，交資政院議覆後，請旨頒布。民國成立後，各省尙有援用此律，以壓制輿論者。迨報紙條例頒布，始失效力。茲照錄如下：

第一條　凡開設報館發行報紙者，應開具左列各款，於發行二十日以前，呈由該管地方官衙門申報本省督撫咨民政部存案：

一、名稱，二、體例，三、發行人編輯人，及印刷人之姓名履歷，及住址，四、發行所及印刷所之名稱及地址。

第二條　凡充發行人、編輯人及印刷人者，須具備左列要件：

1 年滿二十歲以上之本國人，2 無精神病者，3 未經處監禁以上之刑者。

第三條　發行編輯得以一人兼任，但印刷人不得充發行人或編輯。

第四條　發行人應於呈報時分別附繳保押費如下：每月發行四回以上者，銀五百元；每月發行三回以下者，銀二百五十元。其專載學術、藝事、章程、圖表、及物價報告等報，確係開通民智，由官鑑定，認爲無庸預繳者，亦同。

第五條　第一條所列各款，發行後如有更易，更於二十日以內重行呈報。發行人有更易時，在未經呈報更易以前，以代理人之名義發行。

第六條　每號報紙，均應載明發行人編輯人及印刷人之姓名住址。

第七條　每日發行之報紙，應於發行前一日晚十二點鐘以前，其月報旬報星期報等類，均應於發行前一日午十二點鐘以前，送由該管巡警官署或地方官署隨時查核，按律辦理。

第八條　報紙紀載失實，經本人或關係人聲請更正，或送登辨誤書函，應即於次號照登。如辨誤字數過原文二倍以上者，准照該報普通告白例，計字收費。更正及辨誤書函，如措詞有背法律或未書姓名住址者，毋庸照登。

第九條　記載失實事項，由他報轉抄而來者，如見該報自行更正或登有辨誤書函時，應於本報次號照登，不得收費。

第十條　訴訟事件，經審判衙門禁止旁聽者，報紙不得揭載。

第十一條　預審事件，於未經公判以前，報紙不得揭載。

第十二條　外交海陸軍事件，凡經該管衙門傳諭禁止登載者，報紙不得揭載。

第十三條　凡諭旨章奏，未經閣鈔、官報、公報者，報紙不得揭載。

第十四條　左列各款，報紙不得揭載：詆毀宮廷之語，淆亂政體之語，擾害公安之語，敗壞風俗之語。

第十五條　發行人或編輯人，不得受人賄屬，顛倒是非。發行人或編輯人，亦不得挾嫌誣衊，損人名譽。

第十六條　凡未照第一條呈報，遽行登報者，該發行人處十元以上一百元以下之罰金。
第十七條　凡違第二三條及第五條之第一項與第六七條者，該發行人處三元以上三十元以下之罰金。
第十八條　呈報不實者，該發行人處五元以上五十元以下之罰金。
第十九條　第四條末項所指各報，其記載有出於範圍以外者，該編輯人處五元以上五十元以下之罰金。
第二十條　違第八條第一項及第九條者，該編輯人經被害人呈訴訊實，處三元以上三十元以下之罰金。
第二十一條　違第十第十一條者，該編輯人處十元以上一百元以下之罰金。
第二十二條　違第十二第十三條及第十四條者，該發行人編輯人處二十日以上六月以下之監禁，或二十元以上二百元以下之罰金。
第二十三條　違第十四條第一二三款者，該發行人編輯人印刷人處六月以上二年以下之監禁，附加二十元以上二百元以下之罰金；其情節較重者，仍照刑律治罪。但印刷人實不知情者，免其處罰。
第二十四條　違第十五條第一項者，該發行人編輯人經被害人呈訴訊實，照所受賄之數加十倍處以罰金；仍究其致賄人，與受同罪。
第二十五條　違第十五條第二項者，該發行人編輯人經被害人呈訴訊實，處二十元以上二百元以下之罰金。
第二十六條　違第十五條者，除按照前兩條處罰外，其被害人得視情節之輕重，由發行人編輯人賠償損害。

第二十七條　違第十二第三條第十條第四款者，得暫禁發行。

第二十八條　暫禁發行者日報以七日爲度；其餘各報每月發行四回以上者，以四期爲度，三回以上者，以三期爲度。

第二十九條　違第十四條第一二三款者，永遠禁止發行。

第三十條　違第十二條致釀生事端者，得照上條辦理。

第三十一條　呈報後，延不發行，或發行後中止逾兩月者，如不聲明原委，卽作爲自行停辦。

第三十二條　違犯本律所有應科罰金及訟費，逾十日不繳者，得將保押費扣充，不足再行追繳，仍令補足保押費原數。

第三十三條　禁止發行及自行停辦者，准將保押費領還，註銷存案。

第三十四條　凡於報紙內撰發論說紀事塡註名號者，不問何人其責任與編輯人同。

第三十五條　報紙以代理人之名義發行時，卽由代理人擔其責任。

第三十六條　除第一條第三款及前兩條所指各人外，所有報館出資人及雇用人等，應均無涉。

第三十七條　凡照本律呈報之報紙，由該管衙門知照者，所有郵費電費，准其照章減收，卽予郵送遞發。其未經按律呈報接有知照者，郵政局概不遞送，輪船火車亦不爲運寄。

第三十八條　凡論說紀事，確係該報創有者，得註明不許轉登字樣，他報即不得互相抄襲。

第三十九條　凡報中附刊之作，他日足以成書者，得享有版權之保護。

第四十條　凡在外國發行報紙，犯本律應禁發行各條者，禁止其在中國傳布，並由海關查禁入境。如有私行運銷者，即入官銷燬。

第四十一條　凡違犯本律者，不得用自首減輕、再犯加重、數罪俱發從重之例。

第四十二條　凡違犯本律者，其呈訴告發期間，以六個月爲斷。

附則

第四十三條　本律自奏准奉旨文到之日起，限兩個月，各直省一律通行。

第四十四條　本律施行前，發行之報，均應於三個月內遵照補報，並按數補繳保押費。

第四十五條　本律施行以後，所有前訂報館條規，即行作廢。

附奏摺

（一）光緒三十三年十二月民政部法部會奏：「竊維報館之設，原以開通風氣，提倡公論爲主。其言論所及，動與政治風俗相關。東西各國，主持報務者，大都爲政界知名之士，而政府亦復重視報紙，藉以觀衆意之所歸。惟是言論過於自由，則又不能免越檢踰閑之慮，故各國皆有新聞條例之設，用以維持正議，防制訛言，使輿論既有所發抒，而民聽亦無淆惑，意至善也。中國報界，萌芽伊始。京外各報，漸次增設。其間議論公平，宗旨純正者，固自不乏；而發行漸多，即不免是非雜出。若不詳定條規，申明約束，深恐啓發民智之樞機，或爲藉端牟利惑世誣民者所波累，而正當之報紙，轉不足以取信於士民。臣部前於光緒三十三年七月二十八日，將報館暫行條規繕單具奏，當經聲明報律現正會同改訂，一俟編纂就緒，即請奏定頒行等語，欽奉諭旨允准在案。查此項報律，先經原設商部擬具草案，由原設巡警部酌爲修改，共成四十六條。當以事關法律，非詳加討論，不易通行。且以京外報館，由洋商開設者，十居六七，即華商所辦各報，亦往往有外人主持其間。若編定報律，而不預定施行之法，俾各館一體遵循，誠恐將來辦理紛歧，轉多窒礙。迭經咨商外務部，體察情形，妥爲核覆。旋准覆稱各項法律，正在修訂之際，尚未悉臻完備，若將此項報律遽爲訂定，一時恐難通行，似應暫從緩議等因。用是審愼遲迴，未敢率行定議。嗣經中外臣工先後條陳催促，仰蒙訓示，飭令妥訂施行。臣等亦以報章流弊漸滋，不可不亟爲防閑之計，故先將該律草案，摘要删繁，擬成暫行條規，奏明試辦。一面復調查各國通例，參照內地情形，就原案四十六條斟酌再三，稿成屢易，現經奉旨飭令迅速妥訂，毋再延緩，自應欽遵辦理。臣善耆臣鴻慈，於會議政務期間，面與外務部堂官悉心籌議，參考中西，務期寬嚴得中，放之皆準，以爲推行盡利之地。並經外務部將英使譯送香港新定報律各款，於十一月二十五日鈔送查閱。臣等查核該律內稱，無論何項人等，凡在香港境內刷印售賣或分送各項報章書籍及一切報告說帖，其宗旨在搖惑中國人心，釀成變亂，或使人民因此犯罪於中國者，得處二年以下之監禁，或五百元之罰金等語。按諸現定各款，亦大略相仿，無甚參差。將來頒布施行，縱令有意外之交涉，亦可援引此照以爲抵制徇庇之計，節經反覆討論，意見相同。謹將改定草案四十二條，繕具清單，恭呈御覽。擬請飭下憲政編查館照章考核，詳旨欽定頒行，一體遵守。庶幾甲令所布，不致成爲具文，而一切邪說橫議乃不禁而自止矣。」

(二)憲政編查館奏：「光緒三十三年十二月十五日，准民政部咨稱，本部會同法部具奏，訂擬報律草案，請旨飭下憲政編查館考覈，奏定施行，以資遵守一摺。光緒三十三年十二月十三日奉旨依議，欽此。遵抄錄原奏，並清單前來。臣等查閱原奏，示讜論之準繩，杜詆諆之隱患，用意至爲美善。竊維環球各國，莫不注重報紙，凡政府之命令，議院之裁決，往往經報紙之贊成，始得實行無阻。英且與貴族、牧師、平民列入四大階級之一，良以報紙之啓迪新機，策勵社會，儼握文明進步之樞紐也。然利之所在，弊亦隨之。激揚清濁，不無代表輿論之功；顛倒是非，實滋淆惑民聽之懼。以故各國俱特設專例，爲之防閑。如俄羅斯、瑞士、挪威並明定於刑法，或違警罪中，而俄之鈐束爲尤烈。中國報界知識，甫經萌蘗。際茲預備立憲之時，固宜廣爲提倡，以符言論自由之通例，而橫言氾濫，如川潰防，亦宜嚴申厲禁，以正人心而昭公是。檢閱原案四十二條，蓋折衷於日本新聞條例，酌加損益，尙屬周密。惟第十四條第一款之詆毀宮廷，第二款之淆亂政體，第三款之擾害公安，皆侵入刑律範圍。現在逆黨會匪，竄伏東南洋一帶，潛圖竊發，方且藉報紙之風行，逞狂言之鼓吹。此等情形，久已上煩宸廑。如照原案第二十一條第二十二條之例，僅處二十日至二年之監禁，附加二十元至百元之罰金，殊嫌輕縱，似仍應分別情節輕重辦理。臣等公同酌擬，請將原案第二十二條改爲

「違第十四條第一款至第三款者，該發行人編輯人印刷人科六月以上二年以下之監禁，附加二十元以上二百元以下之罰金；其情節較重者，仍照刑律治罪。」其餘各條，亦多詳加修補，悉心改正，釐爲四十五條。敬謹繕具清單，恭呈御覽。如蒙俞允，擬請飭下民政部通飭各省，一體遵行。」

（三）宣統二年八月資政院奏：「竊查資政院章程第十五條內載，前條所列第一至第四各款議案，應由軍機大臣或各部行政大臣，先期擬定具奏請旨，於開會時交議等語。憲政編查館覆覈民政部酌擬修正報律一案，於本年八月二十三日具奏請交臣院議決，奏請欽定頒行。旋由軍機處遵旨交出憲政編查館原奏及清單各一件。臣院照章，將前項修正報律一案，列入議事日表。初讀之際，憲政編查館皆經派員說明該案主旨，當付法典股員會審查。該股員會一再討論，提出修正案，於再讀之際，將原案與修正之案，由到會議員逐條會議，並經部派員就該案主旨屢行發議，反覆辯論。嗣於三讀之際，即以再讀之議決案爲議案，多數議員意見相同，當場議決。查此項修正報律，民政部會奏草案，原係改訂四十一條，另輯附條四條。經憲政編查館於文義未協之處，逐條釐正，定爲律文四十條，別爲附條五條。現在修正議決，核與民政部原擬草案意義字句，互爲增損，都凡三十八條，又附則四條。查照院章，即由臣院主稿，咨請軍機大臣及民政部會同具奏。旋准軍機大臣咨稱，該律第十一條第十二條，確有與現行法律抵觸，並施行窒礙之處，仍行提出修正案，並聲敘原委事由，送交覆議等因到院。續由臣院開會，將該律修正之處，逐條議決。除第十一條與軍機大臣修正之處並無異議外，其第十二條軍機大臣修正原文爲「外交陸海軍事件，及其他政務，經該管官署禁止登載者，報紙不得登載。」而臣院議決此條，將政務二字改爲政治上祕密事件，故與原文路有不同。復准軍機大臣覆稱，揆之事理，仍多未便，惟有分別具奏等因前來。查院章第十八條載資政院於軍機大臣咨覆事件，若仍執前議，應由總裁副總裁及軍機大臣分別具奏，各陳所見等語。是此項報律第十二條，既經軍機大臣聲敍原委事由，咨送覆議，臣院第二次議決，所見仍復有殊，自應彙入前次議決各條，繕具清單，遵章分別具奏，恭候聖裁。一俟命下，再由民政部通行各省，一體遵照辦理。」

（四）軍機大臣奏：「竊臣等於宣統二年八月二十三日議覆民政部修正報律案，請旨交資政院議決一摺，欽奉諭旨：著依議，欽此。遵將修正報律案及理由書咨送資政院切議，並派員隨時到會發議。當經議決，咨請會奏前來。臣等覆查該院修正頗多，就中關於第十一條登載損害他人名譽之語，第十二條登載外交陸海及政治上祕密事件二條，臣等以爲關係人民權利及國家政務者甚大，該院議決案實與現行法律抵觸，並有施行窒礙之處，未便遽以爲然。當卽遵照資政院院章第十七條，酌加修正，將第十一條規定爲損害他人名譽之語，報紙不得登載，但專爲公益不涉陰私者，不在此限；第十二條規定爲外交陸海軍事件及其他政務，經該管官署禁止登載者，報紙不得登載等語，咨送覆議去後。茲據覆稱，第十一條已照提出修正條文議決，而第十二條未得贊成，改爲外交陸海軍事件及其他政治上祕密事件，經該管官署禁止登載者，報紙不得登載，咨請會奏前來。臣等查漏洩機密，懲罰宜嚴。現行刑律載，如漏洩機密重事於人絞。新刑律分則第五章，於漏洩機務罪，各有專條。如第一百二十九條，凡漏洩中國內治外交應祕密之政務者，處三等至五等有期徒刑各等語。謂之機密重事，卽不限於外交軍事，謂之內政，卽包括其他政務。此項漏洩機務之罪，按以新刑律法例第二條之規定，雖外國人有犯，均應同一科罰，亦不問其曾經由該管官署禁止。誠以政務之祕密，爲國家安危所繫，故中外刑律，均嚴定科條，所以預防機務之漏洩，與外交軍事同一重視，並無軒輊於其間也。至修正報律第十二條所稱外交陸海軍事件及其他政務，悉指通常關係外交陸海軍事件及其他通常政務而言，官署認爲必要，始而從而禁止其登載，若事涉機密，當然不得登載，本毋庸再由官署禁止。竊以報律雖爲單行法律，究不能過侵刑律之範圍。若輒以言論之自由破壞刑律之限制，揆諸立法體例，未免多所歧紛。今資政院覆議報律修正案第十二條，於外交軍事之祕密認爲報紙當然不得登載，而於政務上之祕密，仍執前議，似認爲當然有登載之自由；違犯禁止登載之命令者，又僅處以罰金。是於保持政務機密之意，實有未合，卽與刑律限制之條，互相抵觸。若於該院覆議施行，恐於國家政務之前途，殊多危險。查資政院章第十八條，資政院於軍機大臣或各部行政大臣資送覆議事件，若仍執前議，應由資政院總裁副總裁及軍機大臣各部行政大臣，分別具奏，各陳所見，恭候聖裁等語。臣等爲愼重政務防洩機密起見，謹遵章分別具奏，並將修正報律第十二條原文繕單，恭候欽定。至其餘各條，臣等均無異議。一俟命下，卽由臣等通行京外一體欽遵。」

宣統二年十二月二十九日諭旨：「資政院奏議決修正報律呈覽，請旨裁奪一摺。又據軍機大臣會同民政部奏，覆議報律第十二條施行窒礙，照章分別具奏一摺。報律第十二條之其他政治上祕密事件，著改爲其政務字樣，餘依議。」

（五） 民國暫行報律

民國元年三月，南京政府內務部以前清報律未經民國政府聲明繼續有效，應即廢止，而民國報律又未頒布，故暫定報律三章令報界遵守。全國報界俱進會當電孫中山表示反對。孫立飭內務部取消，大致謂：「案言論自由，各國憲法所重。善從惡改，古人以爲常師。自非專制淫威，從無過事摧抑者。該部所布暫行報律，雖出補偏救弊之苦心，實昧先後緩急之要序。使議者疑滿清鉗制輿論之惡政，復見於今，甚無謂也。又民國一切法律，皆當由參議院議決宣布，乃爲有效。該部所布暫行報律，既未經參議院議決，自無法律之效力，不得以暫行二字，謂可從權辦理。尋繹三章條文，或爲出版法所必載，或爲憲法所應稽，無所特立報律，反形裂缺。民國此後應否設置報律，及如何訂立之處，當俟國民會議決議，勿遽亟亟可也。」茲將報律三章，照錄如下：

（一）新聞雜誌已出版及今後出版者，其發行及編輯人姓名，須向本部呈明註册，或就近地方高級官廳呈明，咨部註册。茲定自令到之日起，截至陽曆四月初一日止，在此限期內，其已出版之新聞雜誌各社，須將本社發行及編輯員姓名呈明註册，其以後出版者，須於發行前呈明註册；否則不准其發行。

（二）流言煽惑關於共和國體有破壞弊害者，除停止其出版者，其發行人編輯人並坐以應得之罪。

（三）調查失實，污毁個人名譽者，被污毁人得要求其更正。要求更正而不履行時，經被污毁人提起訴訟時，得酌量科罰。

（六）報紙條例

報紙條例係民國三年四月袁世凱所制定，由國務總理孫寶琦、內務總長朱啓鈐之副署而公布也。民國四年七月，又加修改，以國務卿徐世昌之副署而公布之。蓋一種命令式之法律也。茲照錄如下：

第一條　用機械或印版及其他化學材料印刷之文字圖畫，以一定名稱繼續發行者，均爲報紙。

第二條　報紙分下列六種：一日刊，二不定期刊，三週刊，四旬刊，五月刊，六年刊。

第三條　發行報紙，應由發行人開具左列各款，呈請該管警察官署認可：一名稱，二體例，三發行時期，四發行人、編輯人、印刷人之姓名、年齡、籍貫、履歷、住址，五發行所、印刷所之名稱地址。警察官署認可後，給予執照，幷將發行人原呈及認可理由，呈報本管長官，彙呈內務部備案。

第四條　本國人民年滿二十歲以上，無左列情事之一者，得充報紙發行人、編輯人、印刷人：一國內無住所或居所者，二精神病者，三褫奪公權尚未復權者，四海陸軍軍人，五行政司法官吏，六學校學生。

第五條　編輯人、印刷人，不得以一人兼充。

第六條　發行人應於警察官署認可後，報紙發行二十日前，依左列各款規定，分別繳納保押費：一、日刊者三百五十元，二、不定期刊者三百元，三、週刊者二百五十元，四、旬刊者二百元，五、月刊者一百五十元，六、年刊者一百元。在京師及其他都會商埠地方發行者，加倍繳納保押費。專載學術、藝事、統計、官文書、物價報告之報紙，得免繳保押費。保押費於禁止發行或自行停版後還付之。

第七條　第三條所列各款，於呈請警察官署認可後，有變更時，應於十日內另行呈請認可。

第八條　每號報紙，應載明發行人、編輯人、印刷人之姓名、住址。

第九條　每號報紙，應於發行日遞送該管警察官署存查。

第十條　左列各款報紙不得登載：一、淆亂政體者，二、妨害治安者，三、敗壞風俗者，四、外交軍事之祕密及其他政務經該管官署禁止登載者，五、預審未經公判之案件，及訴訟之禁止旁聽者，六、國會及其他官署會議，按照法令禁止旁聽者，七、煽動曲庇贊賞救護犯罪人、刑事被告人，或陷害刑事被告人者，八、攻訐個人陰私，損害其名譽者。

第十一條　在外國發行之報紙，有登載第十條第一款至第三款之事件者，不得在國內發賣或散布。

第十二條　報紙登載錯誤，經本人或關係人開具姓名住址事由，請求更正，或將更正辯明書請求登載者，應於次回或第三回發行之報紙照登。登載更正或更正辯明書，其字形大小，次序先後，須與錯誤原文相同。更正辯明書逾原文二倍者，得計所逾字數，照該報告白定例收費。更正辯明書有違背法令者，不得登載。

第十三條　登載錯誤事項，由他報抄襲而來者，雖無本人或關係人之請求，若經原報更正或登載更正辯明書後，應於次回或第三回發行之報紙，分別登載，但不得收費。

第十四條　論說譯著，係一種報紙之所創，有註明不許轉載者，他報不得抄襲。

第十五條　不照第三條第七條之規定呈請認可發行報紙者，科發行人二百元以下二十元以上之罰金，至呈報之日止，停止其發行。呈報不實者，科發行人二百元以下二十元以上之罰金，至呈報更正之日止，停止其發行。

第十六條　不具第四條第一項之資格，或有第四條第一項各款情事之一，充發行人、編輯人、印刷人者，科發行人以一百元以下十元以上之罰金，其編輯人、印刷人詐稱者同。

第十七條　不照第六條規定繳納保押費發行報紙者，科發行人以一百元以下十元以上之罰金，至繳足保押費之日止，其停止發行。

第十八條　第六條第三項所指各報，其登載事件有出於範圍外者，科編輯人以五十元以下五元以上之罰金。

第十九條　違第八條第九條之規定者，科發行人以五十元以下五元以上之罰金。

第二十條　發行人於呈請認可領取執照後，逾二個月不發行報紙，或發行後中止逾二個月，而不聲明理由者，取消其認可，並註銷執照。

第二十一條　第十五條至第十九條之罰金，及停止其發行之處分，由該管警察官署判定執行之。罰金處分，自該管警察官判定之日起，逾十日不繳納者，將保押費抵充，不足者仍行補繳。保押費已被抵充罰金者，該發行人應於接到該管官署命令後，十日以內，補繳或補足保押費。違者至補繳或補足之日止，該管警察官署得以命令停止其發行。

第二十二條　登載第十條第一款之事件者，禁止其發行，沒收其報紙及營業器具，處發行人、編輯人、印刷人以四等或五等有期徒刑；但印刷人實不知情者，免其處罰。

第二十三條　登載第十條第二款至第七款之事件者，停止其發行，科發行人、編輯人，以五等有期徒刑。前項停止發行，日刊者停止十日以上一月以下；不定期刊、週刊、旬刊、月刊者，停止二次以上十次以下；年刊者停止一次。

第二十四條　登載第十條第八款之事件，經被害人告訴者，科編輯人以二百元以下二十元以上之罰金。前項之登載，若編輯人係受人囑託者，科囑託人以編輯人同等之罰金。前項之囑託有賄賂情事者，按照賄賂之數，各科十倍以下之罰金，並沒收其賄賂。前項賄賂十倍之數不滿二百元者，仍各科二百元以下之罰金。

第二十五條　違第十一條之規定，發賣或散布外國報紙者，科發賣人或散布人以二百元以下二十元以上之罰金，并沒收其報紙。

第二十六條　違第十二條第一項第二項或第十三條之規定，經被告人告訴者，科編輯人以五十元以下五元以上之罰金。

第二十七條　違第十四條之規定，抄襲他報之論說、譯著，經被害人告訴者，科編輯人以五十元以下五元以上之罰金。

第二十八條　第二十二條至第二十七條之處罰，由司法官署審判執行之。

第二十九條　報紙內撰登論說記事塡註名號者，其責任與編輯人同。

第三十條　本條例施行前所發行之報紙，應按照本條例第三條之規定，補行呈請該管警察官署認可，並按照第六條之規定，補繳保押費。

第三十一條　本條例施行前所發行之報紙，其發行人有本條例第四條情事之一者，由該管警察官署禁止其發行。編輯人印刷人有本條例第四條情事之一者，由發行人另行聘雇，呈請該管警察官署認可。違反一項規定者，至另行聘雇呈請認可之日止，由該管警察官署停止其發行。

第三十二條　應受本條例各條之處罰者，不適用刑律自首減輕、再犯加重、數罪俱發之規定。

第三十三條　關於本條例之公訴期限，以六個月爲斷。

第三十四條　本條例所定屬於警察官署權限之事項，其未設警察官署地方，以縣知事處理之。

第三十五條　本條例自公布日施行。

（七）出版法

出版法係民國三年十二月五日袁世凱所制定，由國務卿徐世昌之副署而公布者。其中第十一條所列各款，與報紙最有關係，動輒得咎，非常危險。報紙條例廢止後，政府當局仍襲用其精神，而所謂出版法之運用，彼輩尤視爲非常便利。如國民公報等之被封，皆援引此法者也。民國十五年一月二十九日，因北京報界之要求，政府下令廢止。茲照錄如下：

第一條　用機械或印版及其他化學材料印刷之文書圖畫出售或散布者，均爲出版。

第二條　出版之關係人如左：一著作人，二發行人，三印刷人。著作人以著作者及有著作權者爲限；發行人以販賣文書圖畫爲營業者爲限，但著作人及著作權承繼人得兼充之；印刷人以代表印刷所者爲限。

第三條　出版之文書圖畫，應將左列各款記載之：一著作人之姓名、籍貫；二發行人之姓名、住址及發行之年月日；三印刷人之姓名、住址、及印刷之年月日，其印刷所有名稱者，並其名稱。

第四條　出版之文書圖畫，應於發行或散布前，稟報該管警察官署，並將出版物以一分送該官署，以一分經由該官署送內務部備案。官署或國家他種機關及地方自治團體機關之出版，應送內務部備案，但其出版關於職權內之記載或報告者，不在此限。

第五條　前條之稟報，應由發行人及著作人聯名行之，但非賣品得由著作人或發行人一人行之。其不受著作權保護之文書圖畫，得由發行人申明理由行之。

第六條　以學校、公司、局所、寺院、會所之名義出版者，應用該學校等名稱稟報。

第七條　以無主之著作發行者，應預將原由登載官報，俟一年內無人承認，方許稟報。

第八條　編號逐次發行或分數次發行之出版物，應於每次發行時稟報。

第九條　已經備案之出版，於再版時，如有修改增減或添加註釋，插入圖畫者，應依第四條之規定，重行稟報備案。

第十條　凡信柬、報告、會章、校規、族譜、公啓、講義、契劵、憑照、號單、廣告、照片等類之出版，不適用第三條第四條之規定，但遇有違反第十一條第十二條之規定時，仍依本法處理之。其仿刻照印古書籍金石載在四庫書目或經教育部審定者，適用前項之規定。

第十一條　文書圖畫有左列各款情事之一者，不得出版：一淆亂政體者；二妨害治安者；三敗壞風俗者；四煽動曲庇犯罪人、刑事被告人或陷害刑事被告人者；五輕罪重罪之預審案件未經公判者；六訴訟或會議事件之禁止旁聽者；七揭載軍事外交及其他官署機密之文書圖畫者，但得該官署許可時，不在此限；八攻訐他人陰私，損害其名譽者。

第十二條　在外國發行之文書圖畫，違犯前條各款者，不得在國內出售或散布。

第十三條　依第十一條禁止出版之文書圖畫，及依第十二條禁止出售或散布之文書圖畫，有出版或出售散布者，該管警察官署認爲必要時，得沒收其印本及其印版。

第十四條　違反第三條第四條第八條第九條之規定者，處發行人以五十元以下五元以上之罰金。

第十五條　違反第十一條第一款第二款者，除沒收其印本或印版外，處著作人發行人印刷人以五年有期徒刑或拘役。

第十六條　違反第十一條第三款至第七款者，除沒收其印本或印版外，處著作人發行人以一百五十元以下十五元以上之罰金。

第十七條　違反第十一條第八款，經被害人告訴時，依刑律處斷。

第十八條　違反第十二條者，依第十五條第十六條第十七條處罰。

第十九條　依第十三條第十五條第十六條應沒收之印本或印版，依其體裁，可爲分別時，得分割其一部分沒收之。

第二十條　應受本法之處罰者，不適用刑律累犯罪、俱發罪、暨自首之規定。

第二十一條　關於本法之公訴期間，自發行之日起，以一年爲限。

第二十二條　本法所定屬於警察官署權限之事項，其未設警察官署地方，以縣知事處理之。

第二十三條　本法自公布日施行。

上海報紙發達之原因，上海閒話中曾言之。謂「全國報紙，以上海爲最先發達，故卽在今日，亦以上海報紙爲最有聲光。北京稱上海報爲南報，而廣東及香港南洋羣島稱上海報爲滬報。凡事未經上海報紙登載者，不得作爲徵實，此上海報紙足以自負者也。雖然，此等資格，報紙自身造成之歟，抑別有假借歟？以吾人平心論之，（一）歷史上之地位，則上海爲全國之先導是也。(二)交通上之地位，則水陸交會，傳達消息靈便是也。(三)大商埠之地位，則上海一隅爲全國視線所集，因別種關係，而報紙亦隨以見重於此是也。惟以上三者，第一層所得之歷史資格，則上海各報其初均由外人翊辦，而第二層第三層之交通商埠，亦何一非外人經營有效之後，而吾國人席其勢以謀發展者？是上海報紙發達之原因，已全出外人之賜；而況其最大原因，則以託足租界之故，始得免嬰國內政治上之暴力。然則吾人而苟以上海自豪於全國者，其亦可愧甚矣！」

雖然，往者中國報紙所言，無非改良內政，故外人對之，如秦人視越人之肥瘠，漠然不加喜戚於心。今國人漸知內政之腐敗，與外交大有關係，於是「打倒帝國主義」「取消不平等條約」之文字，時見於報端。此種運動，在外人視之，是不啻欲奪其已得之權利，而致其死命，其痛心疾首爲如何。民國八年五六月間，上海中國學生與商人罷課罷市，要求罷免親日派之閣員，市肆之間，滿貼排斥政府之陰謀及日本之侵略手段之文字。工部局乃藉口治安大受影響，實緣報紙及印刷品傳播之力，乃提出印刷附律於納稅人會議，請求通過。上海書報兩業，以此附律侵害言論出版自由，該局亦無此權能，乃組織聯合會，起而反對。幸納稅人會議，屢次不足法定人數，故至今尚未通過。但工部局亦未聲明撤消，然而如東方雜誌之五卅特刊，竟被控告，民國日報及光華書局，竟被查抄，以防止赤化爲名，正不必待附律之通過也。吾以其關於上海之言論出版自由者至大，更願國人早醒言論在租界比較自由之夢。特附述於此，並將提案要點錄下。

「改訂工部局章程條文內，遺漏報館給照印書館給照之章程，爲事殊未免重大。工部局應有權以保存治安秩序。觀最近學生事件，可見此項風潮，後來逼及中國人間工商各界。最要者，工部局應有權爲立刻之處治，不須憑藉其他權力得以阻止意圖煽惑或破壞和平之印刷物之刊行。故工部局之意，擬於領事團修正，以備提交納稅人會議之章程中第三十四條附律不准條內羊字與賣字之中，加入一語云「或經營印書石印雕刻之業或印行新聞紙雜誌等字樣。」

工部局嗣以原提案實有錯謬之處，立即另提一新修正案如下：

（一）下述附律，當稱爲第三十四條A字附律，請通過：「無論何人，如未先從工部局領取執照，不得經營印刷人石印人雕刻人之事業。或印刷或發行任何新聞報雜誌，或印刷品內載有公共新聞消息或此項範圍內之事件者，如係外人，則其所領執照須由其該管國領事副署。工部局關於此項執照，可徵收執照費，並須行納捐人常會或特別會議所可核准之條例。惟此項條例，於須行以前須由領事團批准。無論何人，凡違犯此附律之規定者，當每次予以處分或處以不逾三百元之罰款，或按違者所適用之法律，加以他種處分。無論何人，凡襄助發行或傳散任何石印品雕刻品新聞紙雜誌或他種印刷品，而不於第一頁載明印刷者之姓名住址，如不止一頁而不於最後一頁亦載明者，當每次予以處分或處以不逾二十五元之罰款，或按其所適用之法律，加以他種處分。

(二)工部局須先經領事團批准後，得對於經營印刷人石印人或雕刻人事業，或印刷或發行任何新聞紙雜誌或印刷品各種執照頒行下述條例：(一)執照當陳列於領有執照屋內顯明之處；(二)值差巡捕與收捐處人員，可自由入內；(三)領有執照屋內所印任何新聞紙雜誌或他種印刷品之名稱，須正式註册；(四)領執照者之名姓、住址，須刊明於任何石印品雕刻品新聞紙雜誌與印刷品之第一頁，如不止一頁，亦須刊明於最後一頁，然後始可發行；(五)領有執照者或領有執照之屋，不得印刷或石印或雕刻或複製或發行齷齪或淫穢性質之件；(六)領有執照者或領有執照之屋，不得印刷或石印或雕刻或複製或發行煽亂性質，或其性質足以煽惑致成破壞治安或擾亂秩序者之件；(七)凡任何印刷品石印品或複製品或發行品，違犯上列第五款第六款者，得由捕房扣留沒收之，而領有執照者，得由捕房控告之。如在不安靜時，凡違犯上列第六款者，其執照得立即中止之，俟領照者所屬之法庭於工部局起訴該領照人時判決應否給還執照，或繼續中止，或永遠吊銷。此外無論在何種情形之下，除先由工部局向領照者所屬法庭起訴後，由該法庭判令停發執照若干時期者外，執照不得中止。

(註一) The Fight for a Free Press in Shanghai, pp. 4-16.

言論出版，關係國家政治學術之良窳及進步。愈放任，則進步愈速；愈壓抑，則反激愈生。與其採高壓主義，致生意外之反抗，無寧採放任主義，使進化於自然。英美之言論出版界最自由，而其結果爲最和平最進步。俄國曩者羅

沒收通信之證據

N. P.-18

郵務局公事箋

逕啟者查本年九月二十三日
尊處曾在奇望街郵局交寄上海有正書局汪湘綸君收
第579號快信一件在案茲據奇望街郵局
來文稱該信已為警察廳所派之檢查員
扣留等語到局相應函達即希
查照為荷此致
鄭方叔先生
江蘇郵務管理局啟

中華民國十三年九月二十三日　第五七號

軍警閱樣後之報紙

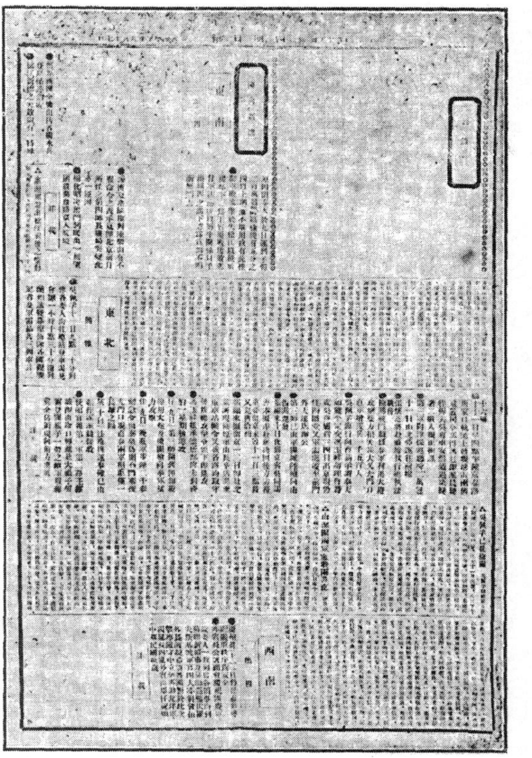

曼諾夫朝之言論出版界最束縛，而其結果爲最激烈。勞農軍之革命，於以成功。即就吾國而論，前清鼓吹革命之報紙，清吏撲滅之不遺餘力，然其結果，不特無損革命主義之毫末，反助鼓吹傳播之功。袁世凱壓抑反抗帝制之言論，而帝制之敗亡愈速。此固歷驗不爽，中外所同者也。鄙意一方面希望除刑律外不另有限制言論出版之法律，或其類似之法律；一方面希望報紙之紀載亦能入正軌，凡揭發個人陰私，爲歐美各國社會所不許紀載之材料，力求減少，以至於無，使我國思想學術，得乎流而漸進焉。

第十八節　總論

書成而意有未盡，因不憚煩複而再綜論之。

（一）

自報紙歷史上言之，邸報之產生，爲政治上之一種需要。漢唐當藩鎮制度盛行時，其駐在京師之屬官，皆有邸報之發行；其紀載甚簡單，無非帝皇詔令、諸臣奏議、與官吏升降而已。清初改稱京報，其性質與前代無異。狹義言之，邸報與京報不過輯錄成文，無評論，無訪稿，似不足稱爲報紙。然當時消息公開傳布，惟此類物，則謂其已具報紙之雛形，亦固無可非議也。邸報與京報之發行，初爲朝廷默認之一種事業，有手寫者，有木刻者，有活版印刷者。清末下詔預備立憲，方正式發行政治官報，爲朝廷宣布法令之機關。而當時各省所發行之南北洋官報等，且於諭摺外，有評論，有新聞儼然與民報相頡頏。官吏有知宣傳之利者，或自出資創辦報紙，或收買報紙，以爲一己之喉舌，此爲半官報之濫觴。迨民報論調多數轉而鼓吹革命，清廷曾於內地厲行封禁，有代以官報之意。惜稗政百出，與人民希望相左，辛亥之局既成，非空言所能挽也。

蒐集社會發生之事件，以一定時期印行者，自西曆一六一五年起，創於德國之政府報（Frankfurter Journal）而踵行於歐美各國。後二百年，基督教新教教士東來，師其成法，於一八一五年發行華文月刊，名察世俗每月統紀傳者，是爲我國有正式紙報之始；發端於南洋羣島，流衍於通商口岸，如澳門廣州香港廈門寧波上海天津與漢口等地。同時又發行西文報紙，調查中國風土人情，爲其國人來華之嚮導。總之，其目的不外傳教與通商二者，以厲行其殖民政策而已。西報之論調，有時似若爲我國借箸而籌，實則大半便利私圖，爲外交上之一種策略；今且利用軍閥之爭，以鼓吹遏止革新運動，傳播國際間之惡空氣爲事，肆無忌憚，此誠我國僅有之怪現象也。

英美之在華官吏教士，於光緒十三年設廣學會於上海，以贊助中國革新相標榜。其最初之手段，在翻譯新書，發行雜誌，我國人頗受其影響。故中日一戰之後，學會紛起，而強學會爲尤著。其所發行之中外紀聞與強學報，主張君憲，實開華人論政之端。戊戌政變後，有志之士，既絕望於朝廷，乃舉其積慮，訴諸民衆，有以介紹學藝爲己任者，有以改良政治爲目標者。於是一般對於報紙，不僅單純的商情觀念，而漸有活潑的政治與學藝思想。未幾，革命之說起於香港，蔓延於上海，沸騰於東京之留學界，而種族學說，尤單刀直入，舉世風靡。雖清廷屢興文字之獄，而前仆後繼，不底於成不止。國人爭自由平等博愛之精神，當以此時爲極度矣。

共和告成以後，革命之目標失，報紙之論調或主急進，或主緩進，然其望治也尙同。迨經洪憲復辟之禍，受年年軍人利誘威脅之蹂躪，輿論顚倒，道德墮落。北京爲政治中心，因利津貼而辦報者有之，因謀差缺而爲記者者有之，怪狀尤百出。於是殺記者封報館之案亦屢見不一見。自好者流，翻然覺悟，改向本身努力，以求經濟之獨立。然商業色彩大濃，漸失指導輿論之精神，是其病也。不過自全體言之，歐戰以後，報界思想之進步，不可不謂爲一線曙光。如對內則有所謂廢督裁兵之主張，對外則有所謂廢除不平等條約之論調，苟循斯途以進行，則去中華民族自決之期不遠矣。

（二）

自報紙內容上言之：同光間之報紙，因受八股盛行之影響，僅視社論爲例文。經甲午庚子諸變後，康梁輩之新民自強諸說出，始爲社會所重視。革命派之報紙，則以社論爲主要材料，執筆者亦一時知名之士；惟其有明確之主張，與犧牲之精神，故辛亥革命乃易於成功耳。當光緒末，宣布預備立憲時，各報均延學律之士主筆政。時報創始後，曾於社論外別立時評一欄，分版論斷，扼其機樞，與今之模稜兩可，不着邊際者，截然不同，故能風靡一時。民國初元，報紙之論調，雖以事雜言龐爲病，然朝氣甚盛，上足以監督政府，下足以指導人民。乃洪憲以後，鉗口結舌，相率標榜不談時政，惟以迎合社會心理爲事。其故或以營業爲宗旨，不欲開罪於人；或有黨派與金錢之關係，不敢自作主張。

於是人民無所適從，軍閥政客無所顧忌；造成今日之時局，報紙不能不分負其責也。

以新聞言：嘉道間雜誌以教務爲主要材料，商務次之，如教士之來去，船隻之進出等是。咸同間日報踵起，以京報爲主要材料，轅門抄次之，各公署牌示又次之，餘爲瑣聞，然亦以官事爲多；嚴格論之，直翻印之官報耳。光緒初，港滬西報漸多，迻譯較便，同時兩地報紙互相轉錄，材料乃不虞缺乏。然關係政治問題者，仍不敢登載，故聊齋式之社會消息，乃占重要位置。甲午以後，維新運動發生，政治新聞始見進步，各國之新事新物，亦能儘量紹介。自戊戌政變以迄辛亥革命，則篇幅幾爲政治新聞所獨占，外交問題，雖注意而不甚了解。歐戰以後，經過巴黎華盛頓諸會議，始稍明瞭世界大勢，而時見有統系之紀載。年來因教育實業之發展，社會新聞已大改觀，如教育商務之各有專欄是。然因軍事擾攘，仍不免偏重於政治方面也。

以文藝言：初均以詩文戲評爲補白之唯一材料，上焉者爲斗方名士自矜風雅之場，下焉者則以提倡嫖賭爲事，腐氣滿紙，不堪入目。庚子以後，此欄始稍稍改觀，時有關係政治之作。民國以後，雖篇幅大拓，而迄未脫舊日窠臼。歐戰以後，世界思潮一變，時報別創教育週刊以灌輸新潮，晨報國民公報等踵起，於文藝上遂發生一大革命。不過重理論而輕事實，雜誌之色彩太濃，未爲一般讀者所歡迎。近申報增設之藝術界，以介紹音樂繪畫與新書爲事，新聞爲主，議論爲輔，漸有改良社會生活之傾向焉。

以廣告言：其形式初均若今日之分類欄，其性質亦完全屬於商務者。甲午以後，始有學校廣告，出版廣告，亦漸多。申報初創時，取價西人廣告較華人廣告爲貴，但以華人殊無登廣告之習慣，故不久取消。西人廣告因是充滿於各報，關於醫藥化妝品之類，占地又特大，華人尤而效之，於是不道德不信實之廣告日多。近年以外交關係，拒登英日廣告，英日廣告之數量，在外人廣告中爲最多，各報收入大受影響。然因報紙日見流行，漸得社會之信仰，華人廣告已漸增多。凡有公告性質者，幾無不以報紙爲媒介。不過報紙之營業色彩亦漸重，至將廣告登於新聞之中，頗得讀者視線。有時且爲廣告而濫登不道德不信實之新聞與評語，此則亟宜矯正者也。

（三）

自報紙外觀上言之：最初報紙之形式，無論每日出版或二日以上，幾一致爲書本式，即以大張發行者，亦分頁可以裁訂。至光緒末葉，日報尚多如此。蓋當時報紙之內容，新聞少而文藝多，直與書籍無異，故報紙當再版出售，而不聞有明日黃花之譏。至時報，始廢棄書本式，而形式上發生一大變遷。民國成立以後，報紙漸多，形式已歸一律，其內容亦新聞日增而文藝日減，舍雜誌外，遂不復爲保存之便利計矣。

日報創自西人，故形式初亦與西報無異，分每頁爲四五直欄，其排列由上而下。至申報始廢直欄，其排列由右而左。至中外日報，始分橫欄。至時報，始分一紙爲四大頁，即今日通行之形式也。當時報初創時，其形式頗爲社會所反對，以爲面積太大，不便閱覽，亦可見習慣之足以囿人也。

日報之編制，其初首爲論說，亦有無論說者；次爲新聞，其題目均爲四字成語，逐日更換用之；末爲詩文，均雜登一處。至中外日報，始分論説、電報、國内外本外埠新聞、及文藝諸欄，各報仿而行之，編制始見改良。然同一新聞，常分載於前後數欄，又如滬上各報，年來電報字數激增，但亦以地方爲綱，均不免缺乏統一之憾。三年前，時報始於電報試加題目；奉直戰事起，又將電報與新聞合登，以事實爲綱，不爲欄所限制。當時報界有非笑之者，今亦漸成各報之通式矣。

以印刷言：雖屬機械作用，然報紙之進步，亦可於其中見之。嘉道間，報紙多木板印刷；咸同間，始多鉛印，但印機甚陋，每小時只印一二百小紙；光宣間，石印機與鉛印機輸入日多，報紙每日可出數千大張，然所用猶普通之印書機也。近來報紙銷數大增，爲縮短時間計，乃不得不用印報輪轉機，每小時可印四大張者萬份。同時爲美術上之配置，且有用套色印報輪轉機者。今因時局俶擾，各報常於最後之數分鐘內，競爭消息之先後，則機械方面之改良，尚方興而未艾也。

發行亦有可言者：嘉道間，報紙多係送閱；咸同間，報紙多係挨戶乞閱；光宣間，報紙始漸流行，然猶茶餘酒後之消遣品也。共和告成以來，報販漸成專業，派報所林立。近則上海各馬路之烟紙店，均有報紙出售，於是報紙有漸與日用品同其需要之趨勢矣。

（四）

自報紙統計上言之：我國報紙之發展，其信而有徵者，據時事新報論載，由嘉慶二十年至咸豐十一年之四十

報名書體之種種

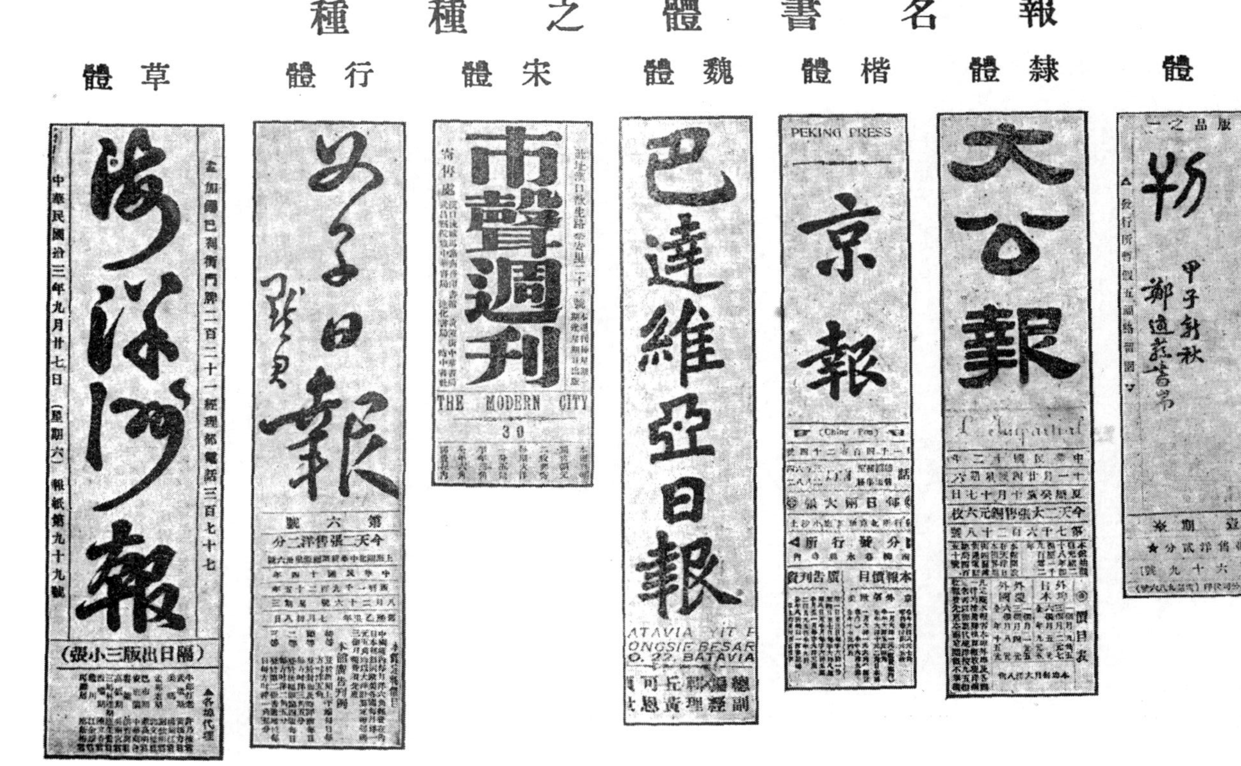

木刻活字報紙

木刻報紙

論看報才知時務

我們這些人　生在古人後　今天要考古人的事蹟　可見古人的心思　雖然隔了幾千多年　尚有法子以曉得古人的事　知道古人的心　無非多看些書就可以一一清楚了　若要不出門　能知天下事　實在艱難　如何的難處　因為天下的事變太多　我們一人的耳目有限　莫說是　用一個人的耳目　要曉得天下的事　就是曉得一州一縣的事　也就難了若是曉得一國的事　更見難了　還說要曉得各國的事　在自己家中　與讀古人的書　曉得古人的一般

石印楷體字報紙

石印宋體字報紙

六年中，計有報紙八種，均教會發行(註一)至光緒十二年，增至七十八種。以地域言之，計新加坡一帶六種，香港六種，廣州二種，臺灣廈門汕頭共五種，福州三種，寧波二種，上海三十二種，漢口五種，九江一種，天津一種，北京一種。以時期言之，計月刊三十六種，週刊八種，日刊一種，餘或隔一日二日十日不等。是二十四年中，較前加至九倍強。又據第二屆世界報界大會紀事錄載，民國十年全國共有報紙一千一百三十四種，內日刊五百五十種，二日刊六種，三日刊九種，五日刊九種，週刊一百五十四種，旬刊四十六種，兩週刊五種，半月刊四十五種，月刊三百〇三種，季刊四種，半年刊一種，年刊一種。是四十年中，較前又加至十五倍弱。今據中外報章類纂社所調查，最近二年中華文報紙之每日發行者共有六百二十八種。以地域言之，北京第一，計一百二十五種；漢口第二，計三十六種；廣州第三，計二十九種；天津第四，計二十八種；濟南第五，計二十五種；上海第六，計二十三種。又外國文報紙之每日發行者，計英文二十六種，日本文十六種，俄文六種，法文三種，朝鮮文一種。就日刊一種言之，三四年中又有若干進步。若合以華僑報紙、學校報紙、公私政治學術社會團體之報紙、及一切屬於游藝性質之報紙，不論每日發行或二日以上，其數當在二千種左右。就本國言之，誠不無多少樂觀。然日本人口僅七千六百萬，有報紙四千五百種，我國人口四萬三千六百萬，只有報紙二千種，不啻一與十三之比，況銷數又不逮遠甚，歐美更無論矣。故從我國地大物博人衆種種方面言之，現有之報紙，不能謂爲供求相應也。

（五）

自報紙改進上言之言論自由，爲報界切膚之問題，此問題不解決，則報紙絕無發展之機會。慨自洪憲以還，軍人柄政，禍亂相尋，有若弈棋。報紙之言論與紀載，苟忠實而無隱諱，則甲將視爲祖乙，乙又將視爲祖甲。故封報館、扣報紙、檢閱函電，十餘年來，數見不鮮。然而返視報界，則渙散特甚，無一機關可代表一地方之報紙，遑論全國？甚有幸災樂禍，以他報之封閉或扣留爲快者。彼且不自尊，欲人尊之也得乎？夫出版法之廢止，要求亘十年之久，出版法廢止矣，而邵飄萍林白水之流，可以身死頃刻，則更無法律可言，豈不足以促我報界之覺悟耶？英國有以「紅旗」名報者，德國有以「炸彈」名報者，國會中有共產黨，而其政府不之禁；今欲假「赤化」以摧殘言論自由，乃無意識之下焉者也！

吾意服務報界文字方面之人，既以先覺自命，爲爭絕對的言論自由，應先有一種強固的職業結合。縱報館之主持者以營業關係，不得不屈服於非法干涉之下；而自主筆以至訪員，爲尊重一己職業計，則不必低首下心，同一步驟。果全體認爲有採某種行動之必要者，則全體一致進行，寧爲玉碎，無爲瓦全，有背棄者共斥之，使其不齒於同類。總之，在位者不論何人，絕不喜言論自由，其摧殘也亦易。一方面固在報界一致團結，以與惡勢力抗，而一方面人民又當爲報紙之後盾，隨時防止惡勢力之潛滋，不稍鬆懈。蓋思想不能發表，徒成空幻，思想者必甚感苦痛，而鬱積既久，無所發洩，終必至於橫決，國家運命之榮枯繫之。擁護言論自由，實亦國民之天職也。

報紙爲公衆而刊行，一評論，一記事，又無往而非關於公衆者。故爲公衆而有所陳述，報紙實負有介紹之義務也。此種陳述，依其性質，可分而爲二：一爲積極的，希望公衆事業之進步者；一爲消極的，更正新聞紀載之謬誤者。我國報紙之態度，普通對於前者似認爲主筆之專責，對於後者只視爲當事人之特權。其偶設有「自由投稿」欄者，亦名難副實。一則因報紙不肯盡量宣布以開罪於人，一則因投函者常取謾罵態度，有越討論範圍。於是「議論公開」之說在我國遂未由實現！其在歐美，無論何人，凡關於公衆之問題，均可投函報紙，苟三次不予發表，得訴諸法律；不過報紙爲節省地位，得酌量刪削耳。吾意議論公開，而後公共之意思乃見。今我國報紙之所重視者，只一般所謂「名人」「要人」之文電，然大半皆私見而非公論，大半皆政治問題而非社會問題。深願主筆政者今後能移易其眼光，開豁其胸襟，予平民以發抒意見之機會，勿執己見，勿護過失，而第以尋求眞理爲歸也。

報紙之元素，新聞而已。今報紙所載之新聞，大半得諸通信社，而此種通信社，並非爲供給新聞而設，純係一種宣傳作用，於是人民不能於報紙上覓得正確之事實，所對於國家或國際政策之思想，遂易誤入歧途而無由集中，此至可痛惜之事也。英國名記者北岩爵在申報館演說，謂『世界幸福之所賴，莫如有完全獨立之報館』。我國報館苟不以倚賴爲可羞與至危，則當憬然覺悟，合全國各大報館組織蒐集新聞之機關，以正確之中國事實，傳播全國與世界，此匪特有助於國家之統一，良好政府之建設，及其他少年中國願望之實踐，即各國亦可因此明瞭我國之現狀，而消除其隔閡至遠且大。即退一步由報界之自身利益言之，如邇來國聞通信社所發之漢口電，與各報之所自發者幾全相同，諸如此類，則可不聯合爲之，將此方面所節省者，利用於其他方面，衆擎易舉。凡今日報界在經濟上所視爲不易爲不肯爲之事，將一一可以實行。如此則不必飲外人之酖毒以爲美。自立者，豈不應若斯耶？

我國字數，據中華新字典所載，多至四萬有餘，常用者不過四千。民國七年，教育部曾頒布注音字母。民國十二年，中華教育改進社曾函請各報改用語體文，（註二）而各報狃於積習，且因時間及經濟上之關係，迄未有具體表示。夫報紙爲普及教育之利器，乃世人所公認；我國教育之不普及，又無待諱言。吾意報紙當此過渡時期，紀事之文，宜力求淺顯，勿引古典，勿用冷僻之字，字數如能倣照日本報紙辦法，減少至二千八百枚則尤佳。必使具小學畢業以上程度者，卽有讀報之機會。至文藝作品，當然不必拘定。如此，則於文化之傳播上，必大有稗益也。

海通以後，報紙日有外事之紀載。如 England 之爲英，Paris 之爲巴黎，Christ 之爲基督，motor 之爲馬達，因習用已久，爲讀者所諳知。然偶遇稍冷僻之地名、人名、或事物之名，則譯文此報與彼報異，今日與昨日異，甚至同日之紀載，前後又異。間有販自日本者，如俄國之 Bolsheviki 黨，其原義爲「多數」，非如今之所謂「過激黨」，日本因此種主義，不便於彼，故稱之爲過激，以駭人聽，而吾國報紙沿用之，去眞意殊遠。故吾國報界應聯合學術團體，延邀於中西文字之士，根求西文之字源，不問其爲何國文字，總以一中國化之譯名爲標準。音義並譯者爲上，譯義者次之，譯音又次之。（註三）在此種標準譯名未訂定以前，各報如遇非通行之譯名，須附列原名，俾讀者易於考查。此事雖小，而關於一國之文化實大。在外人文化侵略之際，更有糾正上述錯誤之必要也。

在最近數年中，報界有二種新事實，有不可不注意者，卽記者與工人之漸知團結是。蓋報紙既成爲社會之必需品，同時報紙又趨於商業化，於是有此二種反動發生。如記者之所謂星期停止工作案，如工人之所謂廢除工頭制案，雖皆未見實行，然與報館當局若已立於相對之地位者。又如上海報販所組織之捷音公所，廣州報販所組織之派報總工會，隱操推銷報紙之權，因利益多寡之關係，常與報館起齟齬。且年來工潮澎湃，報館工人時被牽入漩渦，報紙停刊，數見不鮮。此雖爲一般政治與社會問題，然既與報館直接發生影響，應如何研究預爲消弭之乎？

民主政治，根據於輿論；而輿論之所自出，則根據於一般國民之公共意志。報紙者，表現一般國民之公共意志，而成立輿論者也。故記者之天職，與其謂爲製造輿論，不如謂爲代表輿論；更進一步言之，與其令其起而言，不如令其坐而聽，耳有所聽，手有所記，舉凡國民歡笑呻吟哭泣之聲，莫不活躍紙上，如留音機器然。則公共意志自然發現，而輿論乃有價値而非僞造。否則報紙自報紙，國民自國民，政府自政府，因絲毫無關係也。我國報界之知此義者蓋寡，故報紙之進步甚緩，而最大原因，即爲缺乏專門人才。蓋昔之服務報界者，大半非科舉化之人物，即法政學生化之人物，抱「學以爲仕」之傳統心理，視報紙爲過渡寶筏。彼心目中只知有政治，故不知有社會之重要；只知有官，故不知國民之重要；因官僚幕下集中式的政治，故不知有中央而不知地方之重要；又因功利心熱，投機心切，至甘心爲政治機關，爲黨派利用，則亦必至之結果也。夫報紙爲公共之需要而刊行，則紀載謂根據國民心理而後發達可期，今不問中央新聞地方新聞與本埠新聞，均不離乎政治，而所論及者，又爲政治中最卑鄙而無思想學術關係之一片段，其不受社會歡迎必矣。因是報紙之生活愈難，遂愈不得不卵翼軍人政客之下。寖假而記者隨意下筆，便謂爲代表輿論；軍人政客利用幾家機關報，事先鼓吹，隨意作爲，便謂爲實行民主政治。此眞滑稽之尤，又何怪報業之黯然無光，記者之生涯愈爲寥落乎！往者已矣，來日方長，深願吾同業知環境之不良，有徹底之覺悟，重視本業，勿務其他，迎合世界之新潮，發皇吾儕之美質，天職所在，其共勖之！

（六）

今日所待討論之問題，吾姑舉其大者著者如此。總之，我國報紙，自明以前，多係手寫，只供少數藩閫縉紳之閱覽。後雖改爲手印，然爲數甚少，極難普遍。光緒中因印刷術之進步，遇事鐫版傳布，由是軍國之政，可家喻而戶曉，不獨富貴者能知之，卽貧賤者亦能知之。由此一方面言，是日趨於平民化。往者社會之視報館，蓋賣朝報之流亞，服務其間者，文人之末路也。今報紙漸成社會之日用品，人民之耳目喉舌寄之；於是採訪有學，編輯有法，學校列爲專科，書肆印爲專籍，以討論報紙之最高目的，期合乎人羣之需要。由此一方面言，是日趨於藝術化。歐戰之影響，造成許多惡果，然亦有良果，則報紙之進步，其例也。歐戰以後，世界最近之發展，一一呈現於吾人之眼前，而使世界爲之縮小，舉凡吾國之政治經濟宗教文學藝術，莫不漸棄地方的國內的色彩，而漸帶世界的色彩；而最可以證明其徵兆者，則報紙與雜誌是也。由此一方面言之，是日趨於世界化。準斯三者，以觀既往，測將來，則於報學思過半矣。

（註一）教會報紙，在昔爲獨多，今據民國十三年基督教年鑑所載：報紙之屬於教會者，計有日報六種，週報十六種，旬報一種，半月報三種，月報四十七種，一個半月報二種，兩月報四種，季報十三種；此外有靑年會報十六種，女靑年會報三種，學校靑年會報六十二種，英文報十一種，亦可見教會勢力之與年俱進也。

(註二)中華教育改進社致各報函云:「本社本年在北京舉行第二屆年會時,由本社社員提議,請函各報館,改用語體文,經國語教育組通過後,復經學術會議通過。該案提議理由約有二端:(一)謂報紙與傳播文化至有關係,現行報紙多用文言,非國文程度較高者,不易了解,改用語體文,則能閱報紙者多,文化易於傳播。(二)謂新學制小學改國文爲國語,報紙文字,如亦改爲語體文,則小學生畢業後大部分不能升學者,亦可得閱覽報紙機會。總上二項理由,報紙如悉改用語體,一面於社會文明固足促其發展,一面於報紙銷路,亦可逐漸推廣,實於社會報館,雙方俱利。本社查是項提案既經分組會議學術會議通過,自應將該案提議理由備函奉達貴館,敬請諸位主筆一體量爲採納。倘荷悉允,全國文化幸甚,本社幸甚。」

(註三)同事王一之先生,足跡遍寰宇,精通各種文字,頗持中西語言同源之論,承示其匡略如下:

共 con-(英法德諸文) 共和 con-corde (此非共和政體之謂,乃言共同和諧。)

生-son (英文)子也。 Wilson (William-son)威爾生,威爾氏所出也。

屯-ton (英文)屯邨也, Willington (ton=town)威靈屯。

塘-dam (荷蘭文) damm (德文) Amsterdam 涵塘(荷蘭大商埠。)

學{school,(英文)Ecole,(法文)Schule(德文。)

校{college(英文。)

隄 dijk(荷蘭文)deich(德文。)

蓋 cover(英文。)

穀 Korn(德文)corn(英文。)

角 corner(英文。)

鵝 oie（法文）。

麥 malt（英文）玉蜀黍也。

麥 mais（法文）紹興人稱玉蜀黍曰麥。

蜜 miel（英文）。

巒 mont（英法諸國文）。

華 white（英文）按中國華字亦可作白字解。

白 blanco（西班牙文）。

白 Beo-（塞爾維文）Beo-grad 白郭（塞爾維舊都）。

摸 model（英文）。

妹 maid（英文）

棋 chess（英文）。

綠 soir（法文）。

帆 vela（義文）。

火 fuoco（義文）fire，（英文）feuer（德文）。

家 casa（葡文）。

慳 geizig（德文）形容詞。

琥珀 am-ber（英文）如麻雀牌之叶音爲麻瓊。

蘆 Rohr（德文）德國著名之河流。

餘 übrig（德文）形容詞。

堪 kann（德文）動詞。

檯 table（英文）。

板 bank（英法德諸文）至今以稱銀行家。中國亦有銀行老板之稱。

中國報學史

中華民國十六年十一月初版

每冊定價大洋叁元

外埠酌加運費匯費

著作者 戈公振

校訂者 潘公展

發行兼印刷者 商務印書館 上海寶山路

發行所 商務印書館 上海及各埠

一一二八自

HISTORY OF CHINESE JOURNALISM

By

KUNG-CHEN KO

Edited by

PAN KUNG CHAN

1st ed., Nov., 1927

Price: $3.00, postage extra

THE COMMERCIAL PRESS, LIMITED

SHANGHAI, CHINA